KB268244

나의 살던 고향,
고요한
아침의 나라

Home Was the Land of Morning Calm

나의 살던 고향, 고요한 아침의 나라

한국인 디아스포라 이야기

강견실 지음
(K. Connie Kang)
최광서 옮김

동연

강견실 (K. Connie Kang) 연보

1942년 11월 11일	함경남도 단천에서 영생고 교사 강주한과 초등교사 최석원의 1남 1녀 중 장녀로 출생
1946년	가족 월남
1950년	부친 강주한이 서울대학교 영문과 졸업. Fulbright Scholar
1952년	가족이 일본으로 이주. 부친 강주한이 맥아더 사령부 통역관으로 근무
1961년	미국 유학
1963년	University of Missouri (BA in Journalism) 졸업
1964년	Northwestern University (MS in Journalism) 졸업. 한인 최초 주류 언론 여성 기자 (San Francisco Chronicle/San Francisco Examiner)
1967년	한국 체류. <코리아타임스> 기자. 한국외국어대학교 조교수
1975년	가족, 미국 이민 (샌프란시스코)
1982년	Korean American Journalist Association 공동 설립
1987년	한국 체류. 외무/국무 보도국 한국 지사 기자
1992년	한인 최초 북미 3대 일간지 기자 (LA Times Staff Writer)
1995년	영문 자서전 *Home Was the Land of Morning Calm: A Saga of a Korean-American Family* (초판 Addison-Wesley, 1995; 개정판 Da Capo Press, 2003) 출간
1996년	*Home Was the Land of Morning Calm* 일본어 번역판 출간
1997년	Asian American Journalist Association Lifetime Achievement Award 수상. The Goldsmith Prize for Investigative Reporting (Harvard University) 수상
2017년	Fuller Theological Seminary (MDiv) 졸업
2018년	금문교회 부목사
2019년 8월 16일	암 투병 중 LA 자택에서 하나님의 부르심을 받음 (76세)

강견실 화보

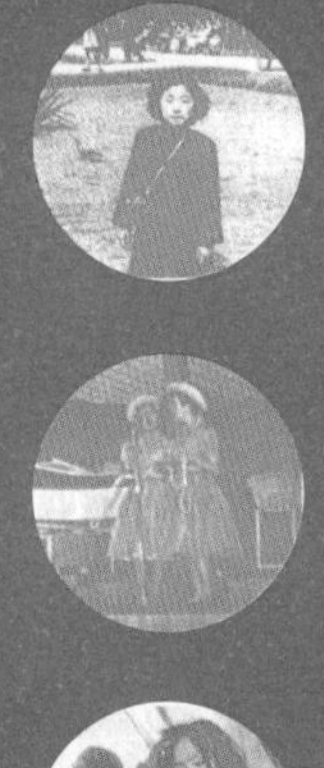

함흥에서

1982년 11월, 멕시코 바야르타에서

1951년 설날, 부산 난민 생활 중 어머니와 함께

1953년 도쿄 히비야 공원, 주일예배 후

1952년 4월, 아버지가 도쿄로 떠나
던 날.
할아버지의 장례 일로 일본에서 돌
아왔던 아버지가 도쿄로 돌아가는 날.
어머니는 상복차림.

1951년 부산 영도다리 위에서. 아버
지가 보낸 옷감으로 만든 옷차림.
공항에 마중 나갈 때 입으려 했으나,
한국전쟁 발발로 입지 못했다.

1951년 부산의 어떤 극장에서 민속무용 공연. 초등학교 친구 탁지숙과 나. 난민학교는 언덕에 설치한 텐트였다. 무대 뒤편에 미국영화 "미녀와 야수" 포스터가, 반 친구들이 좌측에 보인다.

1952년 어머니가 데려간 미용실에서. 일본에서 입으려고 장만
했었다. 그러나 밀입국 혐의로 체포되어 입지 못했다.

1968년 청와대에서 육영수 여사와 함께한 자리

1969년 고2 때 오키나와 수키란 임관 클럽에서. 틴탑스 파트
너 마샤와 함께 선 무대

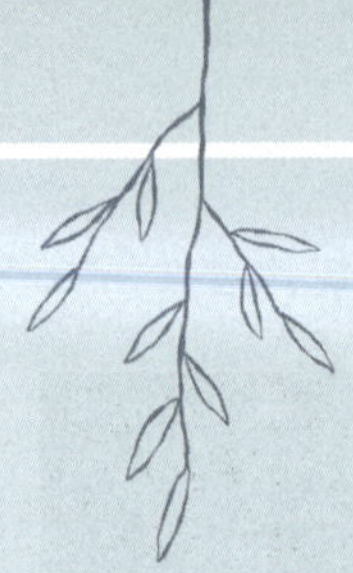

유일하게 남아있는 북한 가족들 사진. 1946년 3월 어머니 등에 업혀 38선을 넘었는데, 사진은 그 두 달 전이다. 당시 나는 세 살. 앉은 사람은 어머니와 할머니, 선 사람은 외삼촌 최석훈과 숙모 최석빈이다.

1988년 봄, 군사정전위원회 취재 차 판문점에서. 자주 마주친 두 명의 북한 장교. 나는 한국정부 발행 완장 차림이다.

1974년 찰스 왕세자의 LA 방문. 유니버셜 스튜디오에서. 그는 큰 보폭걸음이었는데 따라잡으려던 고생이 지금도 생생하다.

1990년 샌프란시스코 집. 왼쪽은 어머니. 앞에는 동생 만열과 아버지

최근까지 나는 차가 없었다. 대중교통을 많이 이용했다. 출근길에 주로 외국어를 공부했다.

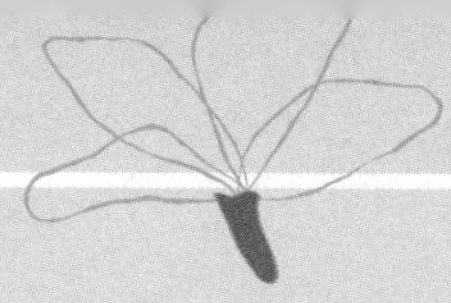

1988년 가을, 광주 망월동 5.18 민주묘지. 한국 체류 중 여러 차례 방문했다.

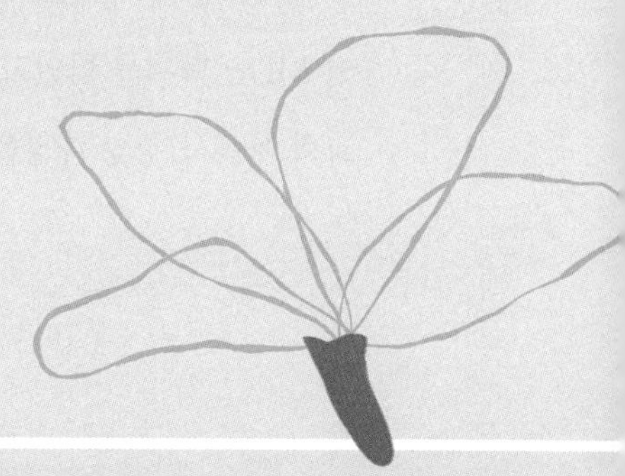

강건실은 1942년에 함경남도 단천에서 태어나 76년 87일을 살고, 미국 땅 LA에서 고향을 거치지 않고 저 하늘나라로 갔다. 거기는 속 좁은 인간 정치 대신 거룩하신 하나님 통치다. 거기서 우리는 모두가 하나다.

그녀는 일제 식민지 한반도에서 생애 초기를 살았다. 사춘기를 일본에서 지냈다. 미국에서 대학과 대학원을 졸업하고 주류 언론 기자로 활동했다. 이후 해방된, 그러나 분단된 한국에 나가 언론인과 교수로 사역하다가 미국으로 돌아와 LA Times Staff Writer로 일했다. 하버드대학교 Goldsmith Prize 등을 수상했다. 할리우드장로교회에서 장로로 사역했고, 이 기간에 *Home Was the Land of Morning Calm* (HLMC)을 저술했다.

은퇴 후 목회자로 소명을 받고 Fuller Theological Seminary에서 MDiv 학위를 받았고, 미국 내 작은 고향 샌프란시스코의 금문교회 부목사 청빙 과정을 마쳤다. 미국장로교 목사 고시 합격 직후

췌장암 투병을 시작, 2019년 8월 14일 수요일, 신문사에서 멀지 않은 자택 거실에서 두 손 들고 "아버지여, 나를 받으소서!" 기도한 이틀 후 하나님의 부르심을 받았다.

탁월한 언어 실력과 빈틈을 짚어내는 사회·정치 감각을 가지고 신문기자로 시작, 대학교수를 거쳐 다시 기자로 은퇴한 그녀는 영혼을 살피는 교회 목회 사역을 위해 마지막 힘을 쏟았다. 신학 공부는 넓었고 깊었다. 어려웠다. 그러나 기뻤다.

한반도가 고향인 그녀는 일본을 거쳐 미국에서 이민자로 살면서 날마다 향수에 젖고 젖었다. 취재차 방문한 판문점 이쪽에서 고향 땅 이북을 바라보기만 했다. 산자락에 내려앉는 안개는 근심처럼 제법 무거웠다. 저쪽에서 온 동생 같은 병사들과 손 인사도 했다. 말을 걸었지만 미소만 받았다.

한반도를 고향으로 두고 세계 각지에 디아스포라로 흩어진 겨레의 아들과 딸이 있다. 삶은 다양해도 생각은 한결같다. 날마다 고향 생각이다. 그것이 지혜와 힘이 되어 억척스레 삶을 살아내는 아름다운 사람들 가운데 오늘 우리가 읽는 이 이야기의 주인공 K. 카니 강, 강견실이 있다. 한국어 "견실"을 "K"로 앞세워 항상 자기 이름을 드러냈다. 타지에서 눕고 일어나면서도 그의 혼이 지향하는 거기는 언제나 한반도였다. 강견실의 부친 강주한 장로도, 샌프란시스코에서 그와 동역하게 된 내 아버지 조종희 목사도 고향을 이북에 둔 디아스포라다. 단천이며, 순천이다.

영문 원서 출간 직후 일본어판이 재일 동포의 손으로 번역되어

나왔고, 곧이어 한국어 번역도 고려원에서 추진되었다. 그러나 출판 사정 등이 겹쳐 지연되다가, 꼭 30년 지난 이제 겨우 한글 빛을 본다. 그래도 감사하다.

금문교회는 해방 80주년을 기념하는 2025년 8월 15일, 해방 80주년 기념 〈샌프란시스코 샬롬 심포지엄〉 자리에서 HLMC 한국어판 출간을 기념하는 자리를 마련한다. 빠르게 잃어버리고 있는 한반도 '샬롬 통일' 비전을 되새기자는 자리다. 20년 전 2005년, 〈해방 60주년 기념 한반도 통일심포지엄〉이 SF 다운타운 메리어트 호텔에서 영어로 열렸는데, 강건실이 사회자였다. 〈샬롬 한반도〉(동연, 2021)가 그 내용을 담았다. 이후 샌프란시스코에서 열린 통일 심포지엄과 미국장로교 한인 희년 총회 주제 강의 "성경으로 내다보는 한반도 통일"까지 포함했다. 우리는 한반도가 샬롬 평화 중에 하나 되기를 기도한다. 세계 평화가 샘솟는 자리. 해서 순천, 단천도 언제든지 찾아가 거기서 잠을 자고 일어나기를 바란다. 보라. 둘이 하나 됨은 하나님의 뜻이다. 말씀 예배로 남북을 통일한 요시야처럼, 오늘 우리 교회는 샬롬 통일을 감사하며 예배드리는 그 꿈을 꾼다. 부모 세대가 뿌린 그것을 우리 세대가 거둔다. 하나님의 은혜다.

그러나, 그러나 말이다. 고향을 등지고 눈물을 떨구며 살아온 척박한 이방의 이 땅도 이제는 또 다른 어떤 고향이 되었다. 강건실은 샌프란시스코를 새로운 고향으로 여겼다. 그래서 "모닝캄" 한반도가 과거형 고향으로 여기 읽힌다. "Home Was".

     나의 살던 고향, 고요한 아침의 나라

키에르케고르 말대로 과거는 현재가 되어야 옳다. 아니면 기억할 가치가 없다. 디아스포라가 기억하는 한반도는 과거 고향, 현재가 되고 미래가 되어가는 그 고향이다. 바벨론 강가에 앉아서 수금을 걸어놓고 시온 예루살렘 고향 노래 부르는(시편 137) 모든 한겨레 디아스포라에게 HLMC를 우리 소중한 모국어로 드린다.

조은석 목사(금문교회 담임)

천성적으로 사람은 모두 매우 비슷하다.
습관이 사람들을 다르게 만든다.

_ 공자, 논어

1951년 1월 한국전쟁의 판도가 뒤바뀌던 그날 밤, 나는 어머니의 손에 이끌려 부산으로 향하는 마지막 열차의 지붕에 올라탔다. 군인, 병자 그리고 부상자로 가득 찬 피난 열차에 뼈를 파고드는 바람이 몰아쳤다. 실내에는 건강한 사람은 물론 아이들을 위한 자리도 없었다.

"어머니, 올라가기 싫어요. 무서워요."

"기차 위에 있는 사람들 보이지? 저 사람들이 지켜줄 테니 괜찮을 거야."

어머니는 자신의 두려움은 감춘 채 나를 안심시키려 애썼다. 그러고는 밧줄을 잡은 채 기차 위에 서 있는 사람을 가리키며 말했다.

"이 기차를 타야 해. 이게 부산으로 가는 마지막 열차야."

어머니와 나는 두꺼운 내복과 스웨터 위에 암시장에서 구한 미군 담요로 만든 바지와 코트를 덧입었다. 껴입은 옷들 때문에 둔해 보였고, 실제로 부피 때문에 빠르게 움직이기도 어려웠다. 우리가 서울을 떠날 준비를 하던 며칠 동안 어머니는 꼼꼼히 옷을 꿰맸다. 그래도 우리는 운이 좋은 편이었다. 모든 사람이 미국 담요를 살 형편이 되지는 않았기 때문이다.

시끄럽고 냄새나는 기차역은 친척의 이름을 외치는 사람들로 가득 차 있었다. 배가 고픈 아기들은 엄마 젖을 찾아 울어댔다. 언제라도 쓰러질 것처럼 보이는 한 수척한 어머니는 아기에게 공갈 젖꼭지 대신 마른오징어 한 조각을 물렸지만, 아기는 그것을 뱉어 버리고 계속 울었다. 등에 아기를 업은 채 머리에 짐을 인 여자들이 많았다. 전쟁에 동원된 남자들이 많아 역으로 몰려든 사람들 가운데는 여자들이 더 많아 보였다. 북적거리는 역사 여기저기서 아이들의 울음소리가 그치지 않았다.

깜빡거리는 희미한 등유 램프 불빛 속에 기차 지붕에 올라 있는 피난민들이 보였다. 마치 기차의 굴뚝처럼 보이는 사람들과 짐 가방들이 끝이 보이지 않게 이어지고 있었다. 저 열차 지붕에 올라타야 한다는 생각만으로도, 나는 어지러움과 메스꺼움을 느꼈다.

"지금 기차를 타시지요. 아니면 자리가 남지 않을 겁니다."

피로로 지쳐 보이는 한 중년 남성이 어머니에게 이야기했다.

"가시지요. 서두르세요."

어머니는 여전히 망설이며 대답했다.

"네, 알겠어요."

나중에 알게 되었지만, 그 남자를 비롯해 몇몇 젊은 남성들은 평양 출신의 신학생들로 우리처럼 여자들끼리 움직이는 가족들을 돕고 있었다. 이미 며칠째 그 일을 해온 듯 그들이 입고 있던 어두운 서양식 바지와 외투는 해어진 게 보였고, 양모 모자에도 구멍이 나 있었다. 어머니가 결단할 수 있도록 도우려는 듯 밧줄을 가지고 온 남자가 내게로 왔다. 그리고 그 밧줄을 내 허리에 묶더니 반대편 끝을 기차 위쪽으로 던졌고, 다른 남자가 위에서 밧줄을 받았다. 마치 깊은 우물에서 양동이를 길어 올리듯, 그가 양손을 번갈아 가며 밧줄을 당겨 나를 끌어올렸다.

나를 끌어올려 준 청년의 도움을 받아, 어머니도 열차 뒤쪽 계단을 조심스럽게 올라왔다. 기차 지붕으로 올라가 보니, 밑에서 올려다봤을 때와는 달리 그곳은 우리 두 사람이 앉고 소지품을 두기에도 충분했다. 우리는 청년의 도움으로 공간을 할애받아 그곳을 우리 가족실처럼 정리했다. 40킬로그램짜리 쌀자루를 한편에 소파처럼 놓고 부엌용품과 옷가지들이 들어 있는 보따리들을 쌀자루 양쪽에 두었다. 나는 그사이에 밀짚 포대를 깔고 쌀자루에 기대어 앉았다. 밀짚 포대는 기차 지붕을 가로지르는 밧줄에 묶어 고정했다. 내 옆에 앉은 어머니는 내가 기차에서 떨어지지 않도록 한 손으로 나를 묶은 끈을 잡고 있었다. 피난 열차는 기적 소리를 내며 논과 밭, 산과 지평선을 지나 밤새 이동했다.

그날 밤 모든 사람이 나처럼 운이 좋지는 못했다. 어린아이 몇 명이 밤사이 사고로 떨어져 죽었다. 긴 여행 내내 내 허리에 묶인

  나의 살던 고향, 고요한 아침의 나라

밧줄을 움켜쥐고 나를 지켜준 어머니가 아니었다면 나도 그들 중 하나가 될 수 있었다. 살을 에는 바람에 나를 붙잡고 있던 어머니의 손은 꽁꽁 얼어붙었다. 어머니는 내가 조는 모습을 볼 때마다 꼬집어 깨웠다.

"잠들지 마. 잠들면 기차에서 떨어진다."

그렇게 말하며 내 허리의 밧줄을 한순간도 놓지 않았다.

북한에서 태어난 아이가 고향을 떠나와 미국의 이민자로 살아가게 되기까지는 우여곡절이 많았다. 서울, 부산, 후쿠오카, 도쿄, 오키나와까지 여러 곳을 거쳤다. 나와 어머니는 너덜너덜한 옷차림새의 노숙자들이 음식을 구걸하기 위해 깡통을 들고 헤매고, 한센병으로 코가 주저앉고 손가락이 잘려 나간 환자들이 어슬렁대는 어수선한 부산에서 빠져나와 1952년 10월의 달빛이 비치던 어느 날 작은 어선을 타고 일본으로 향했다. 우리는 1950년 6월 25일 한국전쟁 발발 직후 뉴욕에서 도쿄로 돌아온 아버지를 그곳에서 재회할 수 있기를 바랐다.

"견실아, 조심히 가거라."

어부들이 해안에서 배를 띄울 때 외삼촌 석훈이 내 이름을 부르며 마지막 인사를 했다. 보름달이 너무 밝아 어른들은 배가 바다에 나가기도 전에 들킬 것을 염려했다.

삼촌은 어머니의 하나뿐인 남동생이었다. 우리가 언제 다시 보게 될지도 알 수 없었다.

"삼촌도 몸조심하세요."

배에 올라탄 내가 대답했다. 배 안에 있던 사람들이 내가 갑판 아래 있는 공간으로 들어가도록 도와주었다. 그곳은 습하고 곰팡내가 났다. 나는 그곳에 얇은 이불을 깔고 누워 긴 항해 동안 어떻게 작은 공간에 갇혀 지낼지를 생각했다. 그러다가 벽에 귀를 대고 모터 소리를 들었을 때, 기분이 좋아졌다. 그 소리로 일본으로 향하는 그 배가 바다에서 큰 파도와 고래도 견딜 수 있는 특수한 동력선이라는 것을 알 수 있었기 때문이다. 나는 삼촌이 다니던 의대를 방문했던 네 살 때 고래 뼈를 보았는데, 그 이후로 고래를 무서워했다. 그래서 어머니가 일본에 배를 타고 가게 된다고 이야기했을 때 고래들이 배를 덮치지 않을까 무서웠다.

어머니와 나는 갈아입을 옷이 담긴 보따리와 작은 음식 봉지를 가지고 있었다. 그 봉지 안에는 양념한 소고기와 채소를 가득 넣은 김밥이 들어 있었다. 우리는 일본에 도착하면 새 옷으로 갈아입을 생각으로 일부러 낡은 옷을 입고 있었다.

그러나 스물네 시간의 항해 끝에 일본에 도착한 직후, 우리는 불법 입국 혐의로 체포되었다. 우리 배는 엉뚱한 곳에 정박했고, 어머니가 가이드로 고용한 일본 태생의 한국인 대학생이 우리를 찾지 못한 것이었다. 우리는 감옥, 수용소, 병원에서 두 달을 보낸 후 보석으로 풀려나 아버지와 재회했다. 후쿠오카에서 도쿄로 가는 기찻길 여정은 마치 꿈결 같았다. 기차는 광활한 귤밭을 따라 수 킬로미터를 달렸다.

"저 귤나무들 좀 보세요."

   나의 살던 고향, 고요한 아침의 나라

나는 몹시 흥분했다. 당시 한국에서 귤은 매우 귀한 과일이었다. 그런데 크리스마스 선물로나 기대할 수 있던 귤이 일본에서는 넘쳐나고 있었다.

흰 레이스가 달린 깨끗한 녹색 벨벳 의자가 있는 열차를 타는 것은 정말 즐거웠다. 그 열차는 부산으로 가는 피난 열차와 대비되었다. 우리는 제복을 착용한 역무원에게서 도시락을 사 먹었다. 도시락에 들어있는 푸른 잎이 달린 귤 슬라이스와 분홍색 생강 슬라이스는 예쁘고 달콤했다. 나는 새집도 마음에 들 거라고 확신했다. 어머니는 도쿄로 가는 기차 여행에서 자신의 15년 전 학창 시절을 떠올렸다. 당시 일본에서 교사 훈련을 받으며 일본인 룸메이트와 함께 살던 시기였다.

"일본인들은 내가 기억하는 그대로네요. 일본인들은 손님들을 즐겁게 하는 데 정말 능숙해요. 그 점은 인정해야 해요."

어머니가 말했다.

도쿄에서 보낸 6년간의 행복한 기간은 내가 고등학교 2학년이 되기 전에 급작스럽게 끝나버렸다. 아버지가 다니던 직장 때문에 우리 가족이 당시 미군정 하에 있던 오키나와로 이동하게 되었기 때문이다. 나는 그 섬의 아열대성 열기와 습기가 마음에 들지 않았다. 오키나와에서 지낸 3년의 기간 중 기억에 남은 건 태풍뿐이었다. 감사하게도 이 생활은 1961년 가을 나의 대학 생활이 시작되면서 끝이 났다.

1961년 9월 푸른 민소매 드레스에 흰 스웨터를 걸치고 추위에

떨며 샌프란시스코 국제공항에 도착한 나는 공항에서 나와 샌프
란시스코 시내의 호텔에 가는 동안 흥분과 두려움을 함께 느꼈다.
샌프란시스코처럼 아름다운 도시는 본 적이 없었다. 햇빛에 반사
된 언덕 위에 있는 흰 건물들이 보석처럼 눈부시게 반짝거렸다. 창
가에는 화초들이 놓여 있었고, 어두운 계통의 옷을 입은 사람들이
세련돼 보였다. 여름옷을 입고 흰 구두를 신고 있는 사람은 나뿐이
었다. 그때는 샌프란시스코가 나에게 제2의 고향이 될 줄은 상상
도 하지 못했다. 샌프란시스코에서 하룻밤을 보낸 후 나는 캔자스
시티를 거쳐 미주리대학이 있는 미주리주 컬럼비아로 향했다.

미국과의 만남은 내 인생을 바꿔놓았다. 사람이 자기 의사에
따라 선택을 할 수 있는 세상에 눈을 뜨게 해주었기 때문이다. 미
국에서는 가족의 허락이 아니라 개인의 의견이 중요했다. 미국은
내게 나의 문화와 가치 체계를 돌아볼 수 있는 새로운 시각을 제공
했고, 미국과의 만남은 나의 내면에 자리 잡은 동양적 사고에 대한
도전을 불러일으켰다. 미국인들이 당연하게 여기는 평등, 정의, 공
정과 같은 가치가 점차 내 가치 체계의 일부가 되었다. 유교 문화
권에서 낯선 개념인 만민의 평등을 나는 다른 누구 못지않게 강하
게 믿게 되었다. 그리고 이전까지 나에게 낯선 개념들이었던 공정
성, 법치, 규칙과 과정의 중요성을 믿게 되었다. 하지만 미국과의
만남은 나에게 축복인 동시에 시련이기도 했다. 미국은 풍요를 선
사하면서 동시에 고통도 안겨 주었다.

6년의 세월을 보내고 1967년 아시아로 돌아왔을 때 나는 이

     나의 살던 고향, 고요한 아침의 나라

미 돌이킬 수 없을 만큼 많이 변해 있었다. 더 이상 이전처럼 편안할 수 없었다. 그리고 3년 후에는 다시 미국으로 돌아왔다. 이번에는 이민자 신분이었다. 1970년 1월 뉴욕의 존 F. 케네디 국제공항에 도착했을 때, 내가 2차 한인 이민 물결의 일부였다는 사실을 당시는 알지 못했다. 향후 20년 동안 이어진 2차 이민 물결은 한인 동포의 인구를 7만 명에서 100만 명으로 증가시켰고, 미국 도시의 면모를 바꾸어 놓았다.

국민학교에 다닐 때부터 미국인 가정 교사로부터 영어를 배운 덕분에 나는 대부분의 한국인 이민자가 겪게 되는 언어로 인한 어려움에 노출되지 않을 수 있었다. 사람들이 선호하는 신문 기자라는 일자리를 얻을 수 있었던 나와는 달리, 대부분 이민자가 식료품점이나 세탁소를 열고자 미국에 온 것이 아니건만 그들의 이전 경력이 인정되지 않는 데다 언어 장벽까지 더해져 직업 선택에 제약이 따랐다.

미국의 중견 신문사에서 일하는 몇 안 되는 한인 기자였던 내게는 미 전역에 있는 한인들로부터 전화와 편지가 쇄도했다. 단순히 친분을 맺으려 하는 이들도 있었고, 어떤 이들은 원하는 기사를 써달라고 요청하기도 했다. 그런 요청은 대체로 주류 언론의 관심사와 부합되지 않았다. 할리우드에서 열리는 한국인 노인 모임에 관해 기사화할 수는 없지 않는가. 한국에서 중요한 정치인이라 해도 그가 미국을 방문했다고 그를 인터뷰할 수는 없지 않겠는가. 산호세의 한 한인 여성은 약 5천만 원의 계약금을 받고도 책임을 다

하지 않은 캘리포니아주 변호사와 싸울 수 있도록 도와달라고 요청했다. 그녀는 캘리포니아의 주립 변호사에 대해 불평했지만, 아무런 소득도 얻을 수 없었다. 대도시의 뉴스국에서 30년간 일한 나는 그러한 이야기들이 미국의 편집자들에게 관심사가 될 수 없다는 사실을 잘 알고 있었다. 그러한 사실을 설명해도, 그들은 전화, 팩스, 편지로 그와 유사한 사연들을 가지고 연락을 해왔다. 그래서 나는 그들이 미국 사회의 어떤 부분이 자신들을 괴롭게 하는지에 대해 주류 사회에 있는 누군가와 한국어로 대화하기를 원하는 것일 뿐이라는 생각을 종종 하곤 했다.

그러나 나 자신이 미국에 동화되었다고 느끼고, 나의 직업을 통해 미국 사회에 잘 적응하고 있다고 여기면서도 결국은 이민자들에게 동질감을 느꼈다. 나도 그들 중 하나였기 때문이다. 조상의 땅에 대한 기억, 맑은 강과 숨이 멎을 듯한 산에 대한 기억뿐만 아니라 가난에 대한 기억도 함께 가지고 미국으로 온 우리는 같은 운명을 공유하고 있었다. 그리고 우리는 일제 식민지, 한국전쟁, 백십만 이산가족을 만들어 낸 장벽, 사랑하는 고향 사람들에 대한 보복의 두려움 때문에 미국에서조차 마음대로 말할 수 없었던 30년간의 남한 군부 통치의 씻을 수 없는 상처를 마음에 가지고 있었다. 할 이야기는 많아도 말을 아껴왔다. 어디에서부터 시작해야 할까? 우리는 누구이며 왜 이곳에 있는지 어떻게 설명해 나가야 할까?

비록 중국인이나 일본인만큼 잘 알려지지 않았지만, 하와이의 사탕수수밭에서 일하고, 새크라멘토 계곡에서는 쌀을 재배하고, 남가주에서는 오렌지를 수확하면서 한국인들은 20세기 초부터 미국에서 살아왔다. 때로는 중국인이나 일본인으로 오해받기도 하면서, 한국이 외세의 지배로부터 자유로워질 그날에 고국으로 돌아가는 것을 꿈꾸며 열심히 일했다. 많은 사람이 힘든 노동의 대가로 손에 쥔 돈을 조국의 독립운동 자금으로 보냈다.

루스벨트 대통령(Theodore Roosevelt Jr.)이 1905년 내린 중대한 결정으로부터 한국인 디아스포라가 시작되었다. 그는 일본과의 비밀 조약에서 미국이 필리핀에 주둔하는 것과 관련해 일본이 개입하지 않는다는 약속의 대가로 한국과 만주에 대한 일본의 지배권을 인정하기로 합의했다. 이후 50년간 계속된 외세의 개입은 나와 우리 가족의 인생만이 아니라 전 세계 7천5백만 동포의 인생을 바꿔놓았다.

나의 선조 가운데 한 사람인 이동휘가 독립운동에 참여하고자 집을 떠나야 했던 것도 결과적으로 루스벨트의 결정으로 인한 것이었다. 나의 할머니의 사촌인 이동휘 장군은 뛰어난 군인이자 웅변가로, 상해 임시정부의 국무총리가 되어 조국을 되찾는 데 일생을 바쳤다. 또한 할아버지 강명환은 독립군으로 일하기 위해 고향 마을인 단천을 떠나 장군을 따라갔다. 6백 년 동안 나의 선조들은 20세기까지도 밤에 호랑이, 표범, 늑대들이 출몰했던, 그림처럼 아름다운 한반도에서 살아왔다. 내 부모는 지금도 금문교에서 몇 킬로미터 떨어진 곳에서 뱃고동 소리를 들으며 잠자리에 들지만, 예전에는 집 근처에서 늑대가 울부짖는 소리를 들으며 잠이 들었다.

이것은 한국인 디아스포라 이야기이다. 그리고 이것은 우리가 아침의 나라라 부르는 토끼 모양을 한 나의 고국에 관한 이야기이다. 또한 20세기의 격동적인 변화 가운데 내 가족이 어떻게 살아 왔는지, 증조할아버지 강봉호가 기독교를 받아들이고 강씨 집안을 서구화의 길로 이끌면서 시작된 나의 미국으로의 여정에 관한 이야기이다.

1995년 3월 로스앤젤레스

　　　　　　　　나의 살던 고향, 고요한 아침의 나라

감사의 말

이 책은 나와 남동생에게 한국인으로서의 정체성과 우리의 뿌리에 대한 의식을 심어준 부모의 인도가 없었다면 나올 수 없었을 것입니다. 선조의 땅에서 떨어져 자란 우리에게 그것은 매우 중요했습니다. 이 프로젝트에 대한 아버지의 공헌은 지대합니다. 이 책을 쓰는 데 걸린 4년이 넘는 시간 동안 여러 차례 원고를 읽고 많은 도움이 되는 제안을 해주신 아버지와 덱스터 워(Dexter Waugh)에게 감사를 전합니다.

애디슨 웨슬리(Addison-Wesley)의 돈 페어(Don Fehr) 편집장님께 감사합니다. 그는 원고에 세심한 주의를 기울여 주었으며, 내가 더 큰 이야기에 집중할 수 있게 해주었습니다. 또한 애디슨 웨슬리의 현재 편집자인 헤닝 구트만(Henning Gutmann)과 린 리드(Lynne Reed)의 공헌에 대해서도 감사를 표하고 싶습니다. 리드와 그 편집팀과 함께 일하는 것은 즐거운 일이었습니다. 바바라 로웬슈타인(Barbara Lowenstein)과 마들린 모렐(Madeleine Morel)에게도 감사합니다. 마지막으로 관대한 마음과 정신으로 나와 또 수백 명의 한인 동포를 키워낸 이경원(K. W. Lee)에게 큰 감사를 드립니다. 모두 감사합니다.

차 례

일러두기

한국 이름 표기에 대한 저자의 메모

한국 이름은 성을 먼저 쓰고 이름을 그 뒤에 씁니다. 이는 가족이 개인보다 더 중요하게 여겨짐을 보여줍니다. 그러나 미국과 다른 서구권 국가에 사는 한국인들은 이름을 먼저 사용하는 서양식으로 이름을 표기합니다. 이는 편의를 위한 것이지만, 동시에 전통적인 행동 양식에 대한 도전이기도 합니다. 나는 이 책에서 서양식으로 이름을 먼저 사용하고, 성을 뒤에 사용하기로 했습니다. 미국에 사는 동포의 이야기인 만큼 그렇게 하는 것이 편하게 느껴집니다.

나라의 상실
(1900~1910)

1

지금은 남의 땅 – 빼앗긴 들에도 봄은 오는가?

나는 온몸에 햇살을 받고
푸른 하늘 푸른 들이 맞붙는 곳으로
가르마 같은 논길을 따라 꿈속을 가듯 걸어만 간다

_ 이상화(1900~1941), <빼앗긴 들에도 봄은 오는가>

강수일 고조할아버지

강봉호 증조할아버지

김봉근 증조할머니

강명환 할아버지

이명화 할머니

이동휘 할머니의 사촌

나의 고향은 함경남도 동단에 자리한 단천군이다. 19세기 중반 그곳에서 나의 고조할아버지 강수일이 자신의 초라한 배경을 딛고 일어서 힘과 권력과 재물을 일구어냈다. 중년이 되었을 때 강수일은 동네 사람들이 시비를 가려 달라며 찾아오는 지역 유지가 되어 있었다. 그는 강직한 데다 설득력을 갖춘 인물로 알려져 사람들 사이에 신망이 두터웠다.

1904~1905년 러일전쟁 이후 조선이 일본에 삼켜지기 전까지 그리고 증조할아버지 강봉호가 기독교로 개종하기 전까지, 그는 존경받으며 만족스러운 특권 생활을 영위했다. 연한 회색이나 푸른색 비단 바지와 저고리, 옥이나 호박 단추가 달린 짙은 청색 두루마기, 검은 갓끈을 턱에 묶어 머리에 쓴 갓까지 흠잡을 데 없이 차려입은 수일은 사랑채의 창호지 미닫이문 안쪽 비단 보료에 다

리를 꼬고 앉아 담뱃대를 물고서 시비가 붙은 양측의 주장을 듣곤 했다. 그런 다음엔 마치 오늘날 판사가 의사봉을 두드리는 것처럼 담뱃대로 옻나무 탁자를 탕탕 때리며 자신 있게 판정을 내리곤 했다. 그러면 시비 당사자들은 그것을 공명정대한 판단으로 받아들이고 떠나갔다. 이처럼 그는 사람들의 문제를 해결해 주는 일을 즐기는 성격이었다.

단천군의 사실상 2인자로서 회색빛 당나귀를 타고 순찰에 나섰다. 전성기 시절 수일은 안뜰과 연결되는 수많은 방이 있는 기와집에 살았다. 곳간에는 이듬해 수확기까지 부족하지 않을 만큼의 쌀, 콩, 말린 생선, 절인 생선, 과일들이 가득 차 있었다. 가진 것 없던 시절을 생각하면 부러울 게 없는 삶이었다.

내 고조할아버지의 행적은 고향 사람들 사이에 전설로 남았다. 수일은 청년 시절에 동헌으로 가는 주요 뱃길인 대남강둑에 살았다. 장마철을 제외하고는 얕은 강이어서 수일은 종종 대남강으로 낚시를 나가곤 했다. 1860년대의 어느 여름날 바위에 앉아 대나무 낚싯대를 드리우고 있는 수일에게 군수가 다가왔다.

"젊은이, 자네 등을 내어주게나."

군수가 요청했다.

군수는 당시의 관례대로 근처에 있는 누군가에게 자신을 업고 강을 건널 것을 요구했다. 자신이 늙은 군수를 업어야 한다는 것을 알고 있었지만, 자존심이 강한 수일은 그 일이 내키지 않았다. 군수를 업고 강물을 반쯤 건너가 물이 허벅지에 닿는 가장 깊은 곳에

　나의 살던 고향, 고요한 아침의 나라

이르렀을 때 수일이 갑자기 걸음을 멈췄다.

"어르신, 제가 어떻게 해드릴까요?"

마치 군수를 물에 빠뜨릴 것 같은 태도로 수일이 물었다.

강 한가운데에서 수일의 등에 업혀있는 군수로서는 예상치 못한 일이었다. 당시 왕이 파견한 수령의 위력은 막강해서 그 일로 수일이 태형에 처할 수도 있었기 때문이다. 그런데 군수는 수일의 배짱이 오히려 마음에 들었다.

"착한 젊은이, 어찌 늙은이를 강 한가운데 두고 떠날 수 있겠나?"

군수는 그렇게 말하여 수일을 달랬다.

"자네 등은 나 같은 노인 열을 업어도 될 만큼 튼튼하군."

수일은 군수를 강 건너에 데려다주고 바위 위로 돌아와 낚시를 계속했다. 다음 날 군수는 수일을 관아로 불러 아전 자리를 제안했다. 수일은 빠르게 일을 배워 몇 년 만에 좌수로 지명되었다. 이 것이 그가 이십 대에 있었던 일이다. 가난하게 자란 수일은 서당에 다니지 못했다. 대신, 비상한 기억력을 가졌기에 관아 업무를 보면서 글을 익힐 수 있었다. 곧 한자는 물론이고 업무 능력도 빠르게 갖춰 나갔다.

수일이 관리가 되자, 편의를 봐달라며 찾아오는 이들이 줄을 섰다. 사람들은 비단, 면화, 모시 원단과 쌀을 비롯해 온갖 값비싼 선물들을 그의 집으로 가져왔다. 당시 조선에는 엽전이라는 화폐가 있었지만, 쌀이나 포가 실제 통화로 사용되었다. 오랜 재임 기간 동안 수일은 그렇게 부를 축적했다. 그가 삼십 대가 되었을 때 강씨 일가는 특권적인 삶을 살게 되었다. 마을에 집이 있고, 과수원과 기장 밭도 있었다. 수일의 재산은 천 냥이 넘었다. "천 냥만 있으면 하늘도 이를 안다"고 했을 만큼 당시로서는 큰돈이었다.

수일이 열아홉 살이 된 1868년 용(龍) 해에 태어난 맏아들 봉호는 집안의 자랑이자 기쁨이었다. 용(龍) 해에 태어난 남자아이는 위대함과 권력의 운명을 타고난 것으로 여겨졌는데, 봉호는 그중에서도 뛰어났다. 다니던 서당의 훈장도 놀라워할 만큼 두각을 나타냈다. 열 살이 채 되기도 전에 한자를 다 익힌 봉호는 동료들 사이에서 인기도 높아 지도자의 자질을 보이기 시작했다. 수일은 아

함경남도 단천 하여진평 물레방아

   나의 살던 고향, 고요한 아침의 나라

들이 아름다운 소녀를 신부로 맞이해 많은 자손을 얻기를 바랐다.

수일은 마을의 판관 노릇을 했을 뿐 아니라 중매에도 재주가 있었다. 그가 많은 인연을 맺어준 덕분에 다 큰 자녀를 둔 부모들이 선물을 들고 찾아오는 일이 잦았다. 수일은 대나무 담뱃대를 길게 끌면서 잠시 생각해 보고 나서, 당나귀를 타고 상대 혼처를 찾아가 혼인을 성사시키곤 했다.

봉호가 열두 살이 되었을 때 강수일은 아들을 위한 신부를 생각하기 시작했다. 옛날부터 강씨 집안은 착하고 강한 체력과 정신을 타고났지만, 자손 운은 없는 편이었다. 수일은 많은 자손을 보고 싶었기에, 부유한 김 노인의 장녀야말로 봉호에게 안성맞춤이라고 생각했다. 김봉금은 마을 최고 부자 중 한 사람인 김 노인이 말년에 혼인한 아름다운 여인에게서 얻은 딸로 애지중지 키워낸 아이였다. 피부는 복숭앗빛에, 코는 오뚝했고, 아몬드 같은 눈은 사파이어처럼 빛났다. 김봉금을 강씨 집안으로 데려온다는 생각에 수일은 저절로 흥이 났다.

수일은 혼인 이야기를 나누고자 김 노인을 방문했다. "존경하는 어르신, 제 딸은 아직 어린아이입니다. 결혼하기에는 너무 어립니다." 김 노인은 최대한 예의를 갖추어 거절했다. 노인은 소중한 딸아이를 내어줄 생각이 없는 것처럼 보였다. 수일은 실망을 감추며 이야기했다.

"잘 알겠습니다. 하지만 곧 다시 오겠습니다."

강수일은 그로부터 일 년간 김 노인을 자주 방문했다. 마침내 김 노인은 수일의 아들이 다니고 있는 서당에 찾아가 알아보았다. 그리고 봉호가 단천에서 가장 똑똑한 아이이며 벌써 사서삼경을 다 익혔다는 이야기를 훈장에게서 들었다. 그 말에 기뻐하며 김 노인은 강수일의 청혼을 받아들였고, 봉호와 봉금은 곧 결혼했다. 그들의 나이 열네 살 동갑이었다.

봉호는 자신의 아버지처럼 지방 관리로 일했다. 그러나 보잘것 없는 배경에서 출발한 아버지 강수일과 달리 봉호는 부잣집 아들의 지위를 한껏 탐닉했다. 매일 동헌으로 출근했지만, 그 시절 관리들 가운데는 한량이 많았다. 그들은 일과 놀이가 따로 있지 않고 공사 구분도 없었다. 봉호도 그런 한량들과 어울려 다녔다.

점심은 느긋하게 즐겼다. 소반 위에 김이 모락모락 나는 밥과 국, 여섯 가지 반찬을 하인이 내왔다. 점심 식사 후에는 몇 가지 서류를 더 처리하고 나머지 시간을 동료나 방문객들과 이야기하며 보냈다. 무더운 여름 오후 봉호는 풀을 먹인 모시옷에 헐렁한 적삼과 바지를 입고 다리를 꼬고 앉아 손에 종이부채를 쥔 채로 꾸벅꾸벅 졸았다. 우리 고향 단천에서의 삶은 자연의 조용한 리듬과 함께 천천히 움직였고, 서두를 일이 없었다.

강봉호의 생활은 당시의 관행을 크게 벗어나지 않았다. 기생집에 가서 접대받으며 유흥을 즐겼다. 어려서부터 훈련을 통해 기예를 익힌 기생들은 노래도 부르고 가야금도 연주할 뿐만 아니라 다른 사람들과의 대화에도 능했다. 나의 증조할아버지는 당시 해당 계층의 남자들이 그랬듯이 기생을 찾아가 흡연, 음주, 도박을 즐기

 나의 살던 고향, 고요한 아침의 나라

며 저녁 시간을 흥청망청 보냈다.

증조할아버지 강봉호는 밤에 술에 취한 채 떠들썩하게 싸움질을 벌이고 집으로 돌아오는 일이 잦았다. 하지만 아무리 늦게 귀가하더라도 아내는 저녁밥을 차려 비단으로 덮은 놋그릇에 담아 따뜻하게 준비해 두고 있었다. 증조할머니는 술에 취하지 않은 다정한 남편의 모습만을 기억으로 간직했다. 증조할아버지가 밤에 음주와 노름으로 떠들어대는 소리는 내 증조부모가 첫 번째 아기를 낳기까지 왜 그렇게 오래 걸렸는지에 대한 설명이 될 수 있을 것이다. 고조할아버지 강수일은 밤낮으로 손자를 기다렸다. 그리고 증조할머니는 귀신들을 달래고 아들을 낳기 위해 무당을 불러 굿을 벌였다. 혼인한 지 거의 6년이 지난 후에야 봉호 부부는 기대하던 기쁜 소식을 들었다.

1887년 돼지(亥) 해에 수일의 첫 손자인 명환이 태어났다. 돼지띠는 장수와 행복을 타고난 운세였다. 아이의 백일을 축하하기 위해 하인들은 살진 소와 돼지를 잡았고, 꿩과 닭을 요리했다. 많은 아이가 백일을 다 채우지 못하던 시절이라 백일잔치는 중요한 행사로 치러졌다. 수일은 기쁨을 나누기 위해 동네 사람들을 불러 잔치를 벌였다.

명환은 어머니로부터 수려한 외모를, 아버지로부터 체력과 총명함을 물려받았다. 일찍부터 아버지 강봉호는 아들의 교육을 마을 서당의 훈장에게 맡겼다. 열세 살 때 명환은 서당의 최우등 생도가 되었고, 그것이 이동휘 장군의 숙부인 이민교라는 학자의 관심을 끌었다. 명환은 총명했고 외모도 수려했다.

'사람들을 가르친다'라는 뜻의 이름을 가진 이민교는 서울에서 650킬로미터나 떨어진 단천에 살았지만, 이름난 학자였다. 그는 자신의 열여덟 살 된 외동딸 이명화의 배필로 그 소년을 염두에 두었다. 훈장과 대화를 나누며 소년의 가족에 관해 들은 이민교는 만족스러워하며 훈장에게 양쪽 집안의 중재자가 되어달라고 부탁했다. 고조할아버지 수일과 증조할아버지 봉호는 예비 신부가 이동휘 집안의 일원이라 들었을 때 몹시 기뻐했다.

소년과 소녀는 유서 깊은 전통 혼례를 올렸다. 양가의 어른들이 혼례와 관련된 모든 준비를 다 했기 때문에, 당사자들은 혼례 당일에야 서로의 얼굴을 처음으로 보았다. 전통적으로 신랑보다 신부가 연상인 경우가 많았다. 부부는 관습대로 처음에는 신부의 부모와 함께 지낸 후 강씨 집안에 거처를 잡았다. 명환과 명화에게는 동향의 좋은 집안 출신이고, 이름이 비슷하다는 것 외에 공통점이 거의 없었다. 둘 다 타협할 줄 모르는 어린아이였기 때문에 어쩔 수 없는 성격상의 갈등은 피할 수 없었다. 날카롭고 호기심 많은 명화는 확실히 순종적인 며느리의 전형은 아니었다. 말(馬) 해에 태어난 소녀들은 매우 총명하면서도 의지가 강하다는 이야기가 있었다. 질문과 호기심이 많은 명화가 바로 그러했다. 명화의 독립심은 강씨 집안에게 새로운 측면이었다. 이때까지 강씨 집안에는 남자를 돌보는 데 불평하지 않는 여성들만 있었다.

아들의 결혼 후에도 봉호는 술과 도박을 즐기는 삶을 이어갔다. 그는 그 시절 관행처럼 첩도 두었고, 목소리에서는 담배와 술을 너무 많이 해서 쉰 소리가 섞여 나왔다. 의사들은 그가 마흔 살을 넘기지 못할 것이라 했다. 막걸리를 많이 마시고 휘청거리며 집에 돌아온 어느 날 그는 도깨비를 보았다고 맹세했다. 도깨비가 다가와 이렇게 물었다고 한다.

"강 선생님, 어디로 가십니까?"

봉호가 집으로 가고 있다고 대답하자, 도깨비는 그에게 잘못된 길로 가고 있다고 말했다. 그렇게 봉호는 도깨비와 나란히 걷게 되었다. 다행히 사고를 당하기 일보 직전에 봉호는 의식을 차리고 대남강둑에 있는 자신을 발견했다. 도깨비는 사라졌는지 보이지 않았다. 증조할아버지는 정말 그 도깨비를 봤다고 맹세했고, 기독교인이 된 이후에 그 이야기를 꺼낼 때면 부끄러워했다.

삼십 대가 되었을 때 봉호는 가산의 상당 부분을 탕진했다. 도박 빚이 너무 커져서 가족은 마을에 있는 집 하나를 팔아야 했다. 봉호와 아내는 강씨 집안의 소유지인 보시골로 이사했다. 그곳에 봉호는 집 옆에 있는 언덕의 경사면이 웅크린 꿩의 모습을 하고 있다고 생각하여 '배 위에 있는 꿩의 마을'이라는 뜻을 가진 보시골이라는 이름을 붙였다. 지역 이름이자 마을 이름이기도 한 보시골은 중국 국경에서 240킬로미터, 러시아 블라디보스토크 항구에서 720킬로미터 떨어진 한반도 동북부 단천 바로 외곽에 있는 전원적인 마을이었다. 봄이면 진달래, 개나리, 흰 사시나무, 사과, 배 그리고 살구나무 등으로 보시골은 꽃이 가득한 숲이 되었다. 내 선조들은 14세기에 강씨 가문의 본향인 한반도 남동쪽 끝에 있는 해변 마을 진주에서 그곳으로 와 정착했다. 그때부터 그들은 이 골짜기, 언덕, 산들을 그들의 고향으로 불렀다. 그들은 자신들만의 작은 봉건사회 바깥에서 무슨 일이 일어나는지 거의 알지 못했다.

세상에 대한 그들의 지식은 중국과 일본을 방문하고 돌아오는 불교 승려와 학자들의 이야기로 한정되어 있었다. 강씨 일가의 고향은 서울에서 멀리 떨어져 있었고, 추수철 적절한 공물을 내는 한 외부의 간섭을 받지 않았다. 가끔 있는 한양 여행과 한양에서 방문한 관리들에 대한 환대로 그들의 자족적인 삶을 이어가기에 충분했다. 그들은 자신들의 땅과 가족에 만족했다. 조상들의 묘지를 돌보고, 소작농들이 충분한 식량을 생산하는데, 그 이상 무엇을 바라겠는가? 나라 바깥에서 일어나는 일들은 그들에게 중요하지 않았다.

그러나 강씨 일가의 평온한 삶은 1904년 러시아를 상대로 한 일본의 선전포고로 끝이 났다. 일본과 러시아 사이의 전쟁은 조선과 만주 지역에 절대적인 영향을 미쳤다. 속담을 빌려 이야기하자면 열강의 교차로에 있는 한국은 러시아, 중국, 일본이라는 고래들 사이에 긴 새우였다. 고래 싸움에 새우 등이 터지는 건 불가피했다.

역사적으로 한반도는 외부 세력의 침탈이 잦았다. 16세기 말 일본의 침략으로 온 국토가 약탈당한 것을 비롯해 수차례에 걸친 외침에 시달린 경험이 있었다. 그리고 이씨 조선은 조공 외교를 통

    나의 살던 고향, 고요한 아침의 나라

해 중국과의 관계를 유지해 왔다.

그러나 19세기 중반에 이르러 서양 열강들이 함포 외교로 중국과 일본의 문호를 개방한 후 조선도 변화하는 세계 정세의 한가운데 놓이게 되었다. 비록 한반도가 주요 교역로는 아니었지만, 외국 선박들이 수시로 해안에 나타나 무역을 요구했다. 조선은 거부했지만, 일본인, 러시아인, 미국인, 프랑스인, 독일인, 네덜란드인들이 계속해서 문을 두드렸다. 마침내 1876년, 4년간의 긴 저항 끝에 조선은 일본에 항구를 개방했다. 그 결과 생겨난 소위 '우호조약'에서 일본은 전혀 우호적이지 않았고 조선을 무시하는 조항들을 강요했다. 이 조약으로 일본 상인들과 관리들은 치외법권을 누리며 재빠르게 한반도에 입성했다. 수 세기 동안 눈독을 들여온 것들을 손에 넣을 수 있다는 생각에 도쿄 위정자들은 셈이 바빠졌을 것이다. 한반도는 일본이 아시아로 뻗어나가는 데서 교두보가 되어줄 것이었다. 그리고 또 다른 정복을 시작하기 위한 군사기지이자 풍부한 원자재의 공급원 그리고 생산품들을 판매할 시장이 될 예정이었다.

일본과의 조약 체결 후 조선은 미국, 러시아, 영국, 독일, 프랑스와도 조약을 맺었다. 중국의 견제에도 불구하고 일본의 침투는 빠르고 광범위하게 이루어졌다. 1890년대에 이르러 일본인들은 한국의 은행과 해운에까지 관여하기 시작했다. 그들은 우편업을 시작했고, 다른 많은 사업체도 운영했다. 기모노 복장을 한 일본인들이 한반도 남부의 여러 정착촌에 거주하기 시작했고, 따각따각

나막신 소리가 한반도 곳곳에서 울려 퍼졌다.

이 시기에 한반도 서남부 호남 지역을 중심으로 '인내천'과 '보국안민' 사상을 내건 동학으로 불리는 토착 농민 운동이 일어나 확산하기 시작했다. 조선 후기 가난한 농민들은 세도정치와 탐관오리들의 수탈에 시달리고 있었다. 농민들의 삶은 고달팠다. 아무리 열심히 일해도 그들의 허리를 쥐어짜는 부패한 관리들과 높은 세금에 넌더리가 난 농민들이 지방 관아를 공격하기 시작했다. 동학은 19세기 조선의 급진적인 사상으로, 사회의 부패한 통치와 불의에 대한 농민 반란이자 모든 인간의 평등을 선언한 하나의 종교였다. 동학 농민들은 척왜, 척양을 내걸었다. 동학농민운동은 엄청난 호소력을 가지고 급속도로 영향력을 확대해 나갔다.

한 부패한 군수의 잔학함이 1884~1885 중일전쟁의 전조가 될 분쟁에 불씨를 붙였다. 조병갑은 1882년 고부 군수로 임명된 이후로 부친의 공덕비를 세우기 위해 쌀을 거두는 등 개인적인 목적으로 백성들을 착취했다. 농민들이 건설한 저수지 만석보의 물 사용에 막대한 세금을 부과한 것이 최후의 결정타가 되었다. 과중한 수세를 경감해 달라는 농민들의 거듭된 청원은 아무런 소용이 없었다. 1894년 1월 전봉준이 이끄는 농민들이 고부 관아를 습격했다. 농민들은 관아를 점거하여 무기를 장악하고 불법으로 수집한 쌀을 빈민들에게 분배한 뒤 만석보를 허물었다. 그러나 농민들은 신임 군수의 약속을 받고 스스로 해산했다. 이 사건을 조사하기 위해 파견된 안핵사 이용태가 봉기에 참여한 농민들은 잡아들이고

     나의 살던 고향, 고요한 아침의 나라

중일전쟁

가족까지 체포했다. 이러한 억울한 상황에 놓인 농민들은 더욱 분노하지 않을 수 없었다. 만여 명의 사람들이 죽창으로 무장하고 집결했다. 800명의 정부군은 상대가 되지 않는 병력이었던 데다, 한양에서 증원군을 파견하기도 전에 농민군은 2만 명으로 늘어났고, 남부 지방 곳곳에서 반란이 들불처럼 일어났다. 농민군을 진압하기 위해 왕실은 청나라군과 일본군을 번갈아 끌어들였다. 결국 이것이 동학농민운동 진압 후 청일전쟁의 직접적인 원인이 되었다.

동학농민운동 진압 후 왕실은 외국 군대가 더 이상 필요하지 않다고 했지만, 일본은 이에 반대하며 계속해서 병력을 보냈다. 청일전쟁은 7월 23일 일본군이 경복궁을 공격함으로써 시작되었다. 이어 7월 25일 일본은 서해에서 청나라 선박들을 이유 없이 공격하면서 동시에 청군을 공격하기 위해 북쪽으로 진군했다. 청일전쟁은 9개월 동안 계속되었으며 끝내 일본이 승리했다.

중국이 패배하고 조선은 사실상 일본의 지배를 받게 되는 일련의 협정들에 서명하는 수밖에 없었다. 일본은 철도와 전신 체계를 건설할 권리를 가져갔고, 이전에는 폐쇄되어 있던 서남해안의 모든 항구가 일본에 개방되었다. 또 새로운 군사동맹 조약에 따라 조선은 사실상 일본의 군수물자 공급원이 되었다. 중국인 거주자들은 모두 추방되었다.

중국의 몰락으로 권력을 위한 경쟁은 이제 러시아와 일본으로 넘어갔다. 왕실 안에서도 친일파와 친러파 사이에 권력 다툼이 발생했고, 러시아와 일본의 경쟁 관계가 격화되었다.

청일전쟁 이후 러시아와 일본은 어느 나라도 조선의 내정에 간섭하거나 사전 상호 합의 없이 군사적 명령이나 재정적 자문을 하지 않기로 합의했다. 그러나 세기가 바뀔 무렵 러시아는 해군 기지를 건설하기 위해 마산에 땅을 조차하려고 했다. 러시아의 계획은 일본의 반대로 좌절되었지만, 러시아의 목표는 분명했다. 러시아가 이 부지를 확보했다면 블라디보스토크와 만주의 아서항이라는 두 중요한 항만을 연결하는 중간 지점이 되었을 것이다.

1900년 무렵 중국에서는 외세 배척 운동인 의화단 사건이 발생했다. 수많은 외국인이 살해되었고, 북경 공사관 구내에 있던 외교관들이 포위되었다. 러시아, 영국, 독일, 프랑스, 미국, 오스트리아, 이탈리아, 일본 등지에서 모인 연합군이 반란군을 진압하고 외

　　　　　　　　　　　나의 살던 고향, 고요한 아침의 나라

교관들을 구출하기 위해 파견되었다. 이 연합군에서 가장 규모가 큰 나라는 일본군이었다. 그러나 러시아군은 연합군 파견 외에도 현지에서 러시아 철도를 보호한다는 명분으로 만주 점령에 대한 별도의 원정대를 파견했다.

불가피해 보이는 러시아와의 충돌에 대비해 일본은 1902년 러시아 팽창주의에 맞서는 영국과 동맹을 맺었고, 러시아는 프랑스와 동맹을 맺었다. 이듬해 러시아인들은 국경을 넘어 압록강 하구의 용암포로 건너가 토지를 취득하고, 건물과 전신선을 설치하기 시작했다. 이 지역에 대한 러시아의 조차 시도는 일본과 영국에 의해 봉쇄되었지만, 그런데도 이 지역의 무역은 개방되었다.

영국을 아군으로 삼고 잘 정비되고 훈련된 이십만 명의 부대를 보유한 일본은 이제 러시아군을 철수시키거나 만주에서 싸울 준비가 되어 있었다. 러시아는 만주에서 군대를 철수시키고, 군사적인 목적으로 사용되지 않는 한 한반도에 대한 일본의 지분을 인정해 주겠다는 제안으로 응답했다. 그러나 그들은 만주가 일본의 영역 밖이며, 러시아 군대가 그곳에 주둔하는 것에 대해서는 일본이 간섭할 일이 아니라고 주장했다. 그들은 한반도의 가운데쯤인 38도선 부근을 기준으로 러시아의 지배 영역과 일본의 지배 영역으로 나누자는 제안까지 했다.

러시아군이 물러나지 않을 것이 명백해지자 일본군은 십 년 전 중국을 공격했던 것과 마찬가지로 예고 없이 공격을 감행했다. 1904년 2월 8일 일본 선박들이 아서항의 러시아 기지에 사격을 개

러일전쟁

시했다. 이틀 뒤 전쟁이 공식적으로 선포되었다. 일본군은 서울 근교의 인천항에 상륙하여 즉시 서울로 진군했다. 왕실은 조선의 왕을 보호하겠다고 약속한 일본의 제안에 서명할 수밖에 없었다. 왕의 안전을 보장하기 위한 것이라는 명목으로 조선 땅 어느 곳에서나 일본군의 군사작전을 허용한다는 제안이었다. 이것은 러시아와의 전쟁에서 조선을 군사기지로 만들려는 일본의 계략이었다.

일본과 러시아 군대가 한반도를 그들의 육로로 사용했다. 서울에서 중국과 접경지대인 압록강까지 이어지는 주요 비포장도로를 따라 일본군들은 병사들을 먹일 식량과 그들의 말과 장비를 챙길 한국인들의 징집을 요청했다. 저항하는 사람들은 구타당했고, 일본군은 조선 여자들에게 우물에서 물을 길어오도록 했다. 여자들은 외진 산까지 가서 물통을 머리에 이고 가야 했다.

러시아 군인들은 조선인을 징집하지는 않았지만, 농장을 약탈하고 그곳에 병영을 설치했다. 그들은 시골을 헤집고 다니며 송아

나의 살던 고향, 고요한 아침의 나라

지, 돼지, 닭을 약탈했다. 가난으로 보리와 쌀을 섞어 먹고, 죽으로 끼니를 때우던 농민들은 가축을 도둑맞고 망연자실했다. 달걀과 고기는 일 년에 몇 번, 생일과 명절같이 특별한 날에만 먹을 수 있을 정도로 귀한 것들이었다. 1905년 7월 러시아는 패배를 인정했다. 이제 일본은 아시아에서 가장 강력한 고래가 되었다.

러일전쟁의 합의 결과는 강씨 일가에 상상조차 할 수 없었던 변화를 몰고 오게 된다. 들어본 적도 없는 미국의 루스벨트 대통령은 우리 집안의 운명을 영구히 바꾸어 놓은 지정학적 핵심 인물이라고 할 수 있다.

1905년 7월 6일 롱아일랜드 오이스터만에 있는 루스벨트의 여름 백악관으로 향하는 마차 안에는 두 명의 젊은 조선인이 긴장된 얼굴로 앉아 있었다. 조국을 위한 중요한 사명을 띠고 가는 그들은 흰 피부에 높은 이마를 가진 스물아홉의 가냘픈 청년 이승만 그리고 이민자들을 위한 통역관이자 감리교 목사로 하와이에서 온 서른 살의 윤병구였다. 그들은 자유주의 사상의 온상인 배재학당의 급우였다. 마차가 언덕 위의 저택에 이르는 마지막 다리를 건널 때 두 사람의 얼굴에는 수심이 가득했다.

이승만은 대한제국의 중추원 의원으로 임명된 적도 있으나 1899년 고종 퇴위 음모에 가담한 일로 한성감옥에 투옥되었다가 육혈포로 탈옥 도중 잡혀 종신형을 선고받았다. 그러다가 러일전쟁 후 영어에 능통하고 국제정세에 밝은 인물을 원했던 민영환과 한규설의 주청으로 1904년 8월 특별사면을 받아 석방되었다. 이제 그는 대한제국의 독립을 보전한다는 임무와 함께 미국 유학길에 오른 참이었다. 공식적으로 이승만은 미국 유학생 신분이었지만, 왕의 부관으로부터 받아온 서신을 자신의 짐 바닥에 숨겨 워싱턴 D.C.로 가져온 대한제국의 비공식 특사였다. 왕은 일본의 감시하에 있었기에 공식적인 임명을 할 수 없는 상황이었다.

미국으로 향하는 길에 그는 하와이에서 며칠을 보내며 가장 큰 한인 공동체를 만나 임무를 위한 자금을 마련하고자 했다. 그리고 오랜만에 만난 동창 윤병구의 집에 머물며 나라의 주권을 지키기 위해 루스벨트를 어떻게 설득할지 논의했다. 그들은 루스벨트가 가을에 뉴햄프셔주 포츠머스(Portsmouth, NH)에서 러일전쟁의 합의를 끌어낼 인물로 대한제국의 운명을 좌우할 사람이라고 이해했을 뿐, '루스벨트의 연막작전'에 대해서는 짐작도 하지 못했다.

전날인 7월 5일 오이스터만(Oyster Bay)에 도착한 이승만과 윤병구는 옥타곤 호텔에 방을 잡고 존 헤이(John Milton Hay) 국무장관과 윌리엄 하워드 태프트(William Howard Taft) 국방성 장관의 소개서를 제출하며 대통령과의 만남을 요청했다. 이승만은 앞서 만난 존 헤이 국무장관으로부터 소개서를 받아두었다. 그리고 한 달 전 태프트가 일본으로 가는 길에 들른 하와이에서 윤병구는 만남을 통해 편지를 받아두었다. 또한 윤병구는 루스벨트 대통령에게 조국의 독립을 지켜달라고 요청하는 조선인 4천여 명의 서명이 담긴 탄원서를 하와이에서 가지고 왔다.

루스벨트 대통령의 여름 백악관 응접실에 앉은 그들은 동포와 조국의 운명이라는 막중한 무게를 느끼며 흥분되는 한편 두려웠다. 루스벨트는 미국 의용 기병대의 제복을 입고 성큼성큼 들어와 그들을 따뜻하게 맞이했다.

"만나게 되어 반갑습니다. 제가 무엇을 도와드릴 수 있을까요?"

애초에 이승만은 양국 간 외교관계를 맺은 1882년 친선조약에 따라 조선이 제3국의 위협을 받을 때 미국은 원조할 의무가 있다고 주장할 작정이었다. 또한 윤병구는 하와이의 조선인 4천 명의 서명이 담긴 탄원에 관해 이야기하려고 했다. 그러나 계획과 달리 이승만은 나중에 기억도 나지 않는 몇 구절만을 중얼거렸을 뿐이고, 윤병구는 탄원서와 편지를 전달했다.

루스벨트는 그 서류들을 재빨리 훑어보고 말했다.

"방문해 주셔서 감사합니다. 내가 할 수 있는 일은 무엇이든지 기꺼이 하겠지만, 공식적인 경로를 통하지 않는 한 내가 할 수 있는 일은 없습니다."

루스벨트는 탄원서를 돌려주며 워싱턴에 있는 공사관을 통해 문서를 다시 보내준다면 9월에 열릴 강화회의에 올리겠다고 약속했다.

　　　　　　　　　나의 살던 고향, 고요한 아침의 나라

"아시다시피, 내 역할은 함께 평화를 만들기 위해 단순히 양국이 만날 자리를 만들어 주는 것일 뿐입니다. 나에게는 개입할 권한이 없습니다."

루스벨트는 그렇게 그들을 돌려보냈다. 두 사람은 면담 결과에 만족해하며 미국 기자들에게 대통령이 한 말을 전했다.

그들은 호텔로 돌아와 짐을 싸고 워싱턴으로 돌아가는 기차를 잡기 위해 펜스테이션으로 떠났다. 다음 날 아침에 워싱턴에 도착했을 때 루스벨트와 만난 사실이 워싱턴포스트에 기사로 실린 것을 본 두 사람은 흥분했다.

그러나 곧 이승만과 윤병구는 뜻밖의 상황에 당혹감을 감출 길이 없었다. 워싱턴 주재 대리공사 김윤정이 청원서를 미 국무부로 제출해달라는 자신들의 요청을 거절했기 때문이다.

"나는 본국 정부의 지시 없이는 이것을 보낼 수 없습니다."

예상을 벗어난 김윤종의 대답이었다. 세 시간 동안 이어진 대화를 통해 확인한 것은 워싱턴에서 조선을 대표하는 자가 자신들이 기대했던 것과는 다른 인물이라는 사실 뿐이었다. 그 해 초 조지워싱턴대학에 입학한 이승만은 워싱턴에서 이미 여러 차례 김윤정을 만나 이번 계획에 대해 논의해 왔던 터라, 이승만과 윤병구는 배신감에 자리를 박차고 나왔다. 잠 못 이루는 밤을 보낸 후 다음 날 다시 찾아갔지만, 김윤종은 경찰에 신고하겠다고 협박했다.

루스벨트는 자신을 찾아온 조선인 청년들을 상대로 '연막작전'을 제대로 성공시켰다. 세 사람이 만나고 있을 때도 미국의 육군

장관은 가쓰라-태프트 밀약을 맺기 위한 비밀 회담에 참석하러 도쿄로 향하는 중이었다. 1924년 미국 역사가 타일러 데넷에 의해 발견된 이 문건은 미국의 필리핀 지배권을 상호 승인하는 내용이었다. 루스벨트는 대한제국의 주미대리공사가 어떠한 조치도 취하지 않을 것임을 알고 있었다. 이승만과 윤병구는 아무것도 모른 채 루스벨트의 말을 그대로 믿었던 것이다. 그 뒤 9월 5일 루스벨트의 주도로 포츠머스 강화조약이, 이어 11월 17일에는 을사늑약이 잇따라 체결되었고, 이는 일제 36년 식민 통치의 발판이 되었다.

포츠머스 조약이 체결되고 한 달 후 고종황제는 거의 이십 년간 알고 지냈던 미국의 교육자 호모 헐버트에게 루스벨트에게 보내는 특사 역할을 맡겼다. 그는 다트머스대학을 설립한 엘리저 윌록 가의 일원이었고, 1882년 조미수호통상조약 체결 후 영어와 근대식 교육을 담당해 줄 교사를 파견해 달라는 요청에 대한 미국 국무부의 응답으로 1886년에 한국에 왔다. 헐버트는 고종의 최측근이 되어 자문 역할을 하면서 황제의 두터운 신임을 얻었다. 고종은 최소한 왕이 외교정책을 통제할 수 있기를 바라며 일본이 포츠머스 조약을 조선에서 구체적으로 실행하기 전에 헐버트가 루스벨트를 만날 수 있기를 희망했다.

하지만 일본은 서둘렀다. 조약의 잉크가 마르기도 전에 도쿄 정부는 전직 수상이자 원로 정치가인 이토 히로부미를 서울로 파견했다. 고종황제와 참정대신 한규설은 헐버트가 워싱턴에 도착하기까지 거의 한 달 동안 이토와의 만남을 연기했다. 그러나 헐버트가 워싱턴에 도착한 11월 17일 이토 역시 일본대사와 군대의 호위를 받으며 창덕궁에 입궁했다. 일본군이 고종의 내실이 있는 건물을 포위하고 있었다. 일본의 관리들은 안으로 들어가 한규설에게 을사늑약의 초안을 보여주며 그와 함께 있던 일곱 명의 대신에게 그 늑약을 받아들이도록 촉구했다. 참정대신은 이를 거절했다. 그는 자리에서 일어나며 왕과 의논해 보겠다고 이야기했다. 그러나 멀리 갈 수 없었다. 이토와 그 부하들이 일본의 계획을 지지하도록 나머지 장관들을 협박하는 동안 옆방에서 일본 헌병에게 붙들려 있어야 했다. 이토는 한규설을 찾아가 다시 한번 설득하려 했으나 실패했다. 그러자 전직 일본 총리는 내각의 과반수가 찬성했기 때문에 조약이 유효하다고 말했다. 그리고는 밤중에 도적 떼처럼 이토의 부하들이 외무대신의 도장을 받아 협정서에 찍었다.

대한제국의 외교권을 일본에 넘기는 이 조약은 헐버트가 워싱턴에 도착한 지 한 시간 만인, 서울 시각으로 1905년 11월 18일 새벽 1시에 발효되었다. 일본 정부는 즉시 통감부를 설치했고, 이토가 첫 통감이 되었다. 11월 22일 도교 정부는 대한제국이 일본 통감부의 손에 외교권을 맡기는 조약을 "자발적으로" 받아들였다고 세계에 발표했다.

헐버트는 워싱턴에서 고종의 메시지를 루스벨트와 최근 사망한 헤이를 대신하여 국무장관 자리에 앉은 엘리후 루트(Elihu Root)에게 전달하려 했으나 허사가 되었다. 미국 관료들은 도쿄로부터의 공식적인 소식을 기다리며 헐버트를 한 주 이상 기다리게 했다. 마침내 도쿄의 급보가 도착한 다음 날인 11월 25일 루트는 헐버트를 만났다. 국무장관은 헐버트에게 11월 17일 한국 정부가 보호조약을 "자발적으로" 수용했기 때문에 왕의 서한은 고려할 가치가 없다고 이야기했다.

1905년 조약 체결로 나의 고조할아버지 강수일이 맡고 있던 단천군의 좌수 자리가 폐지되었다. 새로 만들어 낸 몇몇 직책들도 모두 친일파들이 차지했다. 집안에는 예기치 못한 또 다른 사건들도 일어났다. 수일이 부인과 사별 후 재혼한 젊은 부인이 그를 떠났고, 아들 봉호는 도박으로 더 큰 빚더미에 올라앉았다. 그리고 수일이 관직을 잃어버린 지금 채권자들의 괴롭힘을 피할 길이 없었다. 수일은 경비를 줄이기 위해 읍내에 있는 집을 팔고 아들 봉호 부부와 함께 살기 위해 보시골로 내려갔다.

그 후 증조할아버지 강봉호는 일가의 운명을 결정적으로 바꾸어 놓을 결정을 내렸다. 그것은 기독교로 개종하는 것이었다. 이 일은 일본이 을사조약에 따라 대한제국 육군을 해산하며 봉호의 사돈인 이동휘 장군의 지휘권이 박탈당한 직후에 일어났다. 1904년 강화도에서 대한제국 육군 진위대 참령으로 근무하면서 기독교인이 된 이동휘는 1907년 초 캐나다 선교사들과 함께 단천을 방문했다. 그는 선교사들과 협력하여 사람들을 기독교로 개종시키고자 했다. 그는 증조할아버지 강봉호에게도 기독교인이 될 것을 권했다. 봉호는 술이나 담배에 손을 대지 않는 깨끗한 생활로 잘

　나의 살던 고향, 고요한 아침의 나라

알려진 이동휘 장군을 존경했다. 일찍이 그가 집 건너편에서 부흥회를 열었을 때는 그곳에 가지 않았으나 이제는 듣고 싶은 마음이 들었다. 봉호는 그동안 자신이 원하는 대로 살아오는 동안 인생에 술, 여자, 돈 이상의 무엇이 필요하다는 것을 깨달았다. 다른 생활에 대한 갈망이 봉호의 내면을 뒤흔들었다.

그는 이동휘 장군에게 기독교인이 되기 위해 무엇을 해야 하는지 물었다.

"강 선생님, 아주 간단합니다. 기독교인이 되기 위해서는 술, 담배, 도박, 여자를 버리고 예수 그리스도를 구세주로 영접하면 됩니다."

서른아홉 살의 봉호에게 그 대답은 그저 놀라울 뿐이었다.

"그것만 하면 되는 건가요?"

봉호가 물었다.

"아주 간단하지요."

이동휘가 확인해 주었다.

"그건 할 수 있지요."

나쁜 습관들을 버리고 예수 그리스도를 영접함으로써 존경하는 이동휘 장군과 같이 변화할 수 있다면, 봉호는 그렇게 하고 싶었다. 그러고는 이동휘와 함께 온 선교사 로버트 그리슨 목사로부터 세례를 받았다. 봉호는 그때부터 새사람이 되었다. 상투를 자르고 서양식으로 머리를 짧게 자르고 콧수염을 다듬었다. 그리고 술, 담배, 도박, 여자를 끊었다.

단천 사람들은 봉호가 서양 종교에 홀려서 미쳤다고 수군댔다. 봉호가 새로운 종교에 기울이는 노력은 흡사 한학을 연구하는 학자 같았다. 그는 낮이나 밤이나 필요하다고 느끼면 선교사들과 함께 그곳으로 갔다. 완전히 새로워진 그의 삶에 나타난 변화에 놀라워하며, 사람들이 그를 따라 하기 시작했다. 이 외국 종교가 술과 도박, 여자로 가문의 재산을 탕진했던 강봉호를 바꿀 수 있다면 자신들에게도 도움이 될 걸로 생각했다. 남녀노소 할 것 없이 모두가 그를 찾아왔다. 봉호는 한반도 북부 지역 열일곱 군데에 교회를 세웠다. 자신의 아버지처럼 사교적인 성격이었던 봉호는 설교하는 일을 즐겼다. 기독교가 자기 삶을 변화시킨 사실에 대한 간증이 최고의 증거였다. 그는 여생을 예수 그리스도를 전파하는 데 바쳤다. 그의 아버지 수일의 이야기처럼, 배짱, 재치, 체력을 가진 시골 소년 봉호의 개종 이야기는 그 지역의 전설이 되었다.

 나의 살던 고향, 고요한 아침의 나라

헤이그에 파견된 조선 왕의 특사

한편 궁지에 몰린 고종황제는 조선의 어려움을 세상에 알릴 국제적인 기회를 찾고 있었다. 제2차 만국평화회의가 1907년 네덜란드 헤이그에서 열릴 예정이었다. 조선은 그 회의에 초청받지 못했지만, 고종은 대표를 보내려 했다. 고종은 헐버트에게 헤이그의 특사가 되어주기를 요청했다. 하지만 헐버트는 미국인인 자신은 고문으로 있는 것이 더 효과적임을 설명하고, 조선 사람을 특사로 보낼 것을 제안했다. 고종은 그 제안을 받아들여 이씨 성을 가진 세 사람을 특사로 임명했다. 그들은 전직 부총리 이상설, 전직 대법관 이천, 전 피츠버그 공사관 이위종이었다.

헐버트는 사전 작업을 위해 공식 대표단보다 몇 달 먼저 헤이그에 도착했다. 그는 제2차 헤이그 회의 활동을 전문적으로 다루는 저널 〈쿠리에〉(*Courier*)의 편집자 윌리엄 토마스 스테드(William

헤이그 특사

Thomas Stead)와 안면이 있는 사이였다. 고종의 특사들은 1907년 6월 24일 헤이그에 도착했다. 그들은 3일 뒤 일본을 제외한 모든 대표단에 조선에서 벌어지고 있는 사건을 요약하여 보냈다. 스테드는 그들에게 소중한 아군이 되어주었다. 그는 비록 조선이 회의에 초대받지 못했지만, 고종이 파견한 특사들의 이야기는 경청할 만한 가치가 있다는 편집인의 논평과 함께 특사들의 의견서 전문을 〈쿠리에〉에 실었다. 하지만 회의의 총회장인 러시아 수석대표 넬리도프 대사는 네덜란드 정부가 초청장을 발급하지 않으면 조선 측 대표단을 입장시킬 수 없다는 의사를 밝혔다. 이에 네덜란드 외무장관은 대표단의 접견 신청을 거부하고, 자신들은 보호조약의 타당성에 의문을 제기할 처지가 아니라고 했다. 다른 대표단들의 입장도 마찬가지였다. 고종의 특사들에게는 발언의 기회도 주어지지 않았다.

그러나 세계의 언론사들은 조선의 상황을 호의적으로 다루었다. 스테드가 회장직을 맡은 언론인 모임에서 한 이위종의 연설은 많은 관심을 불러일으켰다. 그는 기자들에게 일본의 침략이 국제기구에 의해 견제되지 않는 한, 자신의 조국은 제국주의 일본에 장악될 것이라고 이야기했다. 그는 어떻게 이토가 군대의 호위를 받아 조선의 관리들에게 보호조약을 강요했는지 조약 체결에 이르기까지의 사건들을 설명했다. 또한 참정대신이 일본 헌병들에게 붙잡혀 있던 새벽 1시에 외무대신의 도장이 강제로 날인되었다는 사실을 알렸다. 그의 탄원은 수많은 뉴스에서 기사화되었지만, 각국 대표단의 입장은 바뀌지 않았고, 이에 비분강개한 이준은 자결로 저항했다.

국제사회에 호소하려던 고종의 시도는 일본 정부를 분노하게 만들어 한국에 대한 전면적인 병합 계획을 서두르게 했다. 헐버트와 한국 특사들이 유럽에서 떠날 준비를 하고 있던 1907년 7월 19일 이른 시간, 일본 관리들은 고종을 강제로 퇴위시키고, 33세 된 그의 아들 순종에게 왕위를 계승시켰다.

고종의 강제 퇴위에 항의하여 벌어진 대규모 시위를 일본군은 총칼로 때려눕히며 진압했다. 국제사회는 아무런 반응을 보이지 않았다. 순종이 재위하던 3년 동안 일본이 강요한 부당한 협약들에 대한 분노는 폭력적 행동으로 표출되었다. 만주에서는 안중근의 총탄이 일본 초대 통감 이토를 하얼빈 철도역의 승차장에서 쓰러뜨렸다. 서울에서는 또 다른 독립운동가의 칼날이 이토를 도와 권력을 잡은 친일파 이완용을 찔렀다. 샌프란시스코에서는 두 명의 조선인 동포가 서울의 일본 통감부를 지원하기 위해 일본인에게 고용되었던 더럼 W. 스티븐스(Durham W. Stevens)를 총살했다. 미국을 방문하는 동안 스티븐스는 조선인들이 일본의 통치를 반기고 있다는 글을 기고했다.

일본 관리들은 더 나아가 순종에게 일본 통감부가 조선의 내정을 통제할 권한을 가지는 새로운 협정에 날인할 것을 강요했다. 이 협정에 따르면 정부는 외국인 중 오직 일본인만 고용할 수 있고, 모든 부처의 차관으로 일본인을 세워야 했다. 1909년까지 정부 관리 중 약 2천 명이 일본인들로 채워졌다. 통감부는 1910년 8월 22일 사법권을 일본 법원에 이양시키고 조선을 식민지로 만들었다. 그로부터 일주일 후 즉위 3년 만에 순종은 왕위뿐 아니라 국권을 포기하는 '한일합병조약'을 강제로 체결해야 했다.

나의 할아버지 강명환은 서울역 앞에 게시된 공고문을 보았다. 스물세 살이었던 그는 서양식 학교를 본떠서 만든 평양의 기독교 학교인 태송학원의 학생이었다. 명환은 사돈인 이동휘 장군의 권유로 태송학원에 입학한 후 여러 새로운 사상들을 익혔다. 태송학원의 설립자는 기독교인 안창호였다. 그는 서양의 학문을 배우기 위해 미국에 갔다가 가족들을 LA에 남겨두고 홀로 귀국한 애국자

　　　　　나의 살던 고향, 고요한 아침의 나라

였다. 안창호는 자신보다 몇 살 나이가 많은 이동휘 장군과 친구였고, 평양에 방문할 때마다 강연했다.

할아버지 강명환은 고향 보시골에서 평온한 여름을 지내러 가는 길에 서울에 들러 하루나 이틀 정도 수도를 구경하려 했다. 역에서 걸어 나오다가 순종의 퇴위를 알리는 공고문 앞에 사람들이 모여 있는 것을 본 그는 가슴이 철렁 내려앉았다. 세기의 전환기에 열강의 권력 쟁탈전이 벌어지는 한가운데서 조선의 통치자들은 일본 제국주의의 침략을 막지 못했다. 그러나 왕이 퇴위 되었다는 공고는 너무나도 큰 충격으로 다가왔다.

눈물을 삼키며 명환은 천천히 기와가 아름답게 덮여있는 남대문을 지나 덕수궁으로 넘어갔다. 그야말로 버림받은 느낌이었다. 어느 곳에도 우리의 우방은 없는가? 조선은 그저 대국들의 권력 투쟁의 제물이었는가? 그는 잠시 발을 멈추고 **개화문**을 지나 **창덕궁** 뒤로 우뚝 솟은 북한산을 바라보았다.* 지난 방문 때 그에게 위안이 되어주던 그 산도 이제 아무런 위안을 주지 못했다. 그는 정동에 있는 옛 미국 공사관 근처의 여관까지 500미터의 짧은 거리도 간신히 걸어갔다. 다음 날 아침 그는 서울에 머무르는 대신 기차로 부산까지 간 후 단천에서 10킬로미터 떨어진 작은 항구도시인 여해진으로 가는 배를 타고 집으로 돌아갔다.

* 역주 덕수궁에서 북한산을 바라본 상황을 고려하면 광화문과 경복궁을 이야기하는 것 같다. 하지만 영어 원문에서는 "Chang-dok Palace, past the Gate of Flowering Culture"로 표기하고 있다.

우뚝 솟은 나무와 활짝 핀 관목과 집 양옆의 개울가로 둘러싸인 지상의 낙원과도 같은 집으로 돌아오는 것은 명환에게 늘 즐거운 일이었다. 보시골은 마술 속의 장소 같았다. 바깥세상의 나쁜 소식이 그곳에는 전혀 영향을 미치지 않는 것 같았다.

그러나 서울 기차역에서 보았던 공고문은 마치 명환에게 조국의 독립을 위해 행동하라는 소명처럼 다가왔다. 할아버지는 만주로 가서 독립운동에 동참하고 싶었다. 명환이 존경하는 이동휘 장군은 이미 만주에 가 있었다. 안창호와 그의 태송학원의 친구들도 마찬가지였다. 1907년 일제가 대한제국 군대를 해산한 후 이동휘는 한반도 전역을 돌며 정열적인 연설을 하고, 도시와 마을에 학교를 설립하는 등 현대식 교육을 장려했다. 그리고 국권 피탈 직전 가족과 함께 중국으로 이주했다. 그는 만주가 아닌 다른 지역에서 군사학교를 조직하여 일본군과 싸울 독립군을 훈련했고, 조선인 망명자와 독립운동가 자녀들을 위한 학교를 설립했다.

독립운동가 비밀 학생회에 속해있던 명환은 국외로 나가서 독립군에 가담하고 싶었다. 그는 스승인 이동휘와 안창호가 말했듯 조선에 새로운 지도자가 필요하다는 생각을 더욱 굳혔다. 새로운 사상과 기술을 가진 새로운 세대가 없다면 조선은 일본의 멍에에서 벗어날 수 없을 것이다. 할아버지는 이동휘 장군이 해준 말들을 떠올리며 조선의 젊은이들에게 낡은 사고방식을 버리고 새로운 교육을 받아 근대를 준비할 것을 촉구했다. 그리고 이동휘와 혹독한 추위 속에서 함께 시를 짓고 걸으며 결심했던 그날 밤의 여행을 떠올렸다. 할아버지에게 이동휘 장군은 가장 용감하고, 가장 정직하며, 가장 원칙적인 사람, 자신이 헌신할 만한 인물이었다. 그는 이동휘 장군이 가는 곳은 어디든 따라다니며 조국의 독립을 실현하기 위해 도와야 한다고 느꼈다.

하지만 상황은 그렇게 간단하지 않았다. 그는 강씨 집안의 장손이자 독자였기 때문에 남아서 가산을 지켜야 했다. 만약 가문의 혈통을 이어받을 아들이 생기기 전에 그가 죽어버린다면 어떻게 되겠는가? 나의 조부모인 강명환과 이명화 사이에는 딸이 둘 있었는데, 병을 앓다가 한 아이는 세상을 떠났고 남은 아이도 치료약의 부작용으로 생긴 지적 장애를 가지고 있었다. 명환은 가족에 대한 의무와 조국에 대한 대의적 의무 사이에서 가슴이 찢어지는 것 같았다.

그는 자신의 운명과 조국의 운명 그리고 통치자들의 후진성을 안타까워했다. 바깥세상이 급변하는 동안에도 그들은 안일한 사고에 젖어있었다. 상류층 남자들은 자기 손으로 일하는 것을 꺼리는 전통 때문에 한학을 추구하고, 족보를 연구하고, 조상을 숭배하는 것 외에 다른 일들은 거의 하지 않았다. 근대화를 위해 국가가 나선 일본과 달리, 조선의 지배층은 구태를 버리지 못한 채 일본에 나라를 넘겨주고 말았다. 결국 명환은 조국을 위한 자신의 임무를 수행하기로 했다. 그의 준비는 아주 조용히 진행되었다. 1910년 가을, 할아버지는 눈물을 흘리는 어머니와 아내를 고향에 남겨두고 만주를 향해 길을 나섰다.

항쟁

2

매운 계절의 채찍에 갈겨
마침내 북방으로 휩쓸려 오다.

하늘도 그만 지쳐 끝난 고원
서릿발 칼난진 그 위에 서다.

어데다 무릎을 꿇어야 하나
한 발 재겨 디딜 곳조차 없다.

이러매 눈 감아 생각해 볼밖에
겨울은 강철로 된 무지갠가 보다.

_ 이육사(1904~1944), <절정>

(주요 인물)

강명환 할아버지

이명화 할머니

강봉호 증조할아버지

김봉금 증조할머니

이동휘 할머니의 사촌

만주는 조선 사람들에게 익숙한 곳이었다. 과거 한때 그들은 그 바람 부는 평원을 내달렸다. 북쪽 국경인 압록강을 가로질러 북서쪽으로 뻗어있는 이 광활한 영토는 7세기에 고구려의 일부였다. 기병과 사냥으로 유명했던 고구려인들은 남쪽으로 오늘날의 서울에서부터 북쪽으로 만주 지역까지 통치했다. 발굴된 무덤의 벽화에서는 말을 탄 고구려 전사들의 모습이 발견된다.

8세기 이후 중국이 그 땅을 차지한 후에도 풍요로운 만주 지역은 탐관오리와 지주의 수탈 아래 있던 가난한 농민들을 계속 불러들였다. 이전의 삶보다는 낫기 때문에 정착민들은 혹독한 만주의 겨울과 정기적으로 그들을 약탈하던 기마 도적들을 견디어 냈다. 국내보다 농사지을 수 있는 기간은 짧았지만, 토양 깊숙이 뿌리내려 잘 자랐기 때문에 수확은 더 많았다. 게다가 그곳에서 수확한 것들은 모두 자신들이 가져갈 수 있었다.

하지만 만주 지역의 인구는 20세기 초, 특히 1905년 러일전쟁 이후 급변하기 시작했다. 일본의 한반도 침탈과 함께 만주는 이제 극동 러시아의 시베리아와 함께 독립운동을 위한 중요한 기지가 되었다. 만주의 농민들 사이로 이제 이동휘 장군이나 안창호와 같은 저명한 지도자들이 도착했다. 지식인, 학생, 군인들이 모두 유입되어 한인 정착촌에 목적의식과 흥분을 고취했다. 이런 상황에서 할아버지 명환이 보시골을 떠나 그곳에 도착했다.

강명환은 열흘 동안 소달구지 한 대가 간신히 지나갈 정도 폭의 흙길을 걸어 만주로 향했다. 올라가는 길에 농가에서 묵고, 흙벽으로 지어진 초가집에서 하룻밤을 쉬어갔는가 하면, 어떤 집에서는 방이 너무 작아서 피곤한 몸을 곧게 펴지도 못했다. 명환은 만주의 매서운 추위에 대비해 목화로 채워진 청회색의 겨울 비단 바지 한 벌, 겉옷, 양말 한 켤레와 네모난 갈색 솜옷에 싸인 짚신 두 켤레만을 챙겨 가볍게 길을 떠났다. 할아버지는 매일 밤 다른 집에서 묵었다. 만주로 향하는 길에서 만난 모든 사람이 하나의 큰 가족처럼 느껴졌다.

어린 시절 내내 강씨 집안의 이야기를 들었던 나는 가끔 할아버지와 함께 여행길을 걷는 내 모습을 상상해 보곤 했다. 장이 선 마을에 방문해 허름한 의자에 앉아 국수 한 그릇을 먹고 지친 발을 쉬는 할아버지를 그려보는가 하면, 과일가게에서 사과를 산 그가 앉은 자리에서 두세 개씩 먹는 모습을 상상해 보기도 했다. 고향의

 나의 살던 고향, 고요한 아침의 나라

과수원 창고에 사과를 쌓아놓고는 사과 값이 비싸 당혹스러워했을 모습도 떠올려 보았다. 그리고 그가 묵은 후 떠나고 나면, 한동안 여관 주인들이 독특한 어떤 인물에 관해 이야기하는 모습을 나는 상상해 보았다. 큰 키와 수려한 외모가 눈에 띄었을 것이다.

"저 젊은이는 외국인처럼 생겼어!"

그들은 명환의 큰 키와 희고 콧대가 두드러지는 외모를 보며 이야기했을 것이다. 건장한 체격의 긴 코트를 입은 그는 180센티가 넘는 키였다.

집을 떠난 지 일주일쯤 지나 만주 국경에 다다랐을 때, 그는 숙소로 잡은 집에서 독립군의 소식을 들을 수 있었다. 국경 마을에서는 일반적인 농민들이나 그들의 가족까지도 조국을 되찾기 위해 해야 할 일에 관해 이야기했다. 독립운동가들이 만주로 오가며 일본군을 상대로 게릴라전을 벌이자, 농사를 짓거나 작은 가게를 열고 생계를 유지하는 이 소박한 사람들은 그들을 돕기 위해 모든 것을 지원했다. 암탉이나 살진 돼지, 송아지를 팔아 얻은 작은 수익을 독립운동을 위해 보탰다. 여자들은 긴 한복 밑 속바지 주머니에 돈을 숨겨놓고 때때로는 남편들에게 알리지도 않고 독립군에게 주었다. 그가 묵은 집마다 명환이 이동휘 장군, 안창호 그리고 그들의 동포들과 함께하기 위해 가는 길이라는 사실을 알게 되면 마치 오래전 잃어버렸던 친척처럼 대했다. 그리고 이동휘 장군이 그의 아내의 사촌이라는 사실이 밝혀지면, 사람들은 기꺼이 그를 자신들의 집으로 데려가려 했으며 음식이나 숙소에 대해 돈을 받지도 않았다.

어떤 이는 명환에게 대한제국 육군과 함께 왔던 이동휘 장군을 본 적이 있다고 이야기했다. 일본군을 습격하고 들짐승을 사냥한 이동휘 장군의 용맹스러움에 관해 이야기하는 그들을 보며, 이런 가난한 마을 주민들까지도 이동휘 장군에게 영감을 받고 있다는 사실에 명환은 뿌듯해했다. 1910년 조선이 일본에 합병되었을 때 이동휘 장군은 민족의 영웅이 되었다. 그는 강한 체력과 큰 콧수염으로 군인의 본보기가 되었을 뿐 아니라, 141개의 학교를 세운 교육자였고, 구원의 메시지를 우렁찬 목소리로 전달하여 사람들을 눈물짓게 만드는 열정적인 웅변가였다. 러일전쟁 직후에 일본인들에 의해 투옥되었을 동안에도 그는 주눅 들지 않았고, 일본 근위대가 그를 존중했다는 이야기가 전해진다. 내가 가장 좋아했던 이야기는 학생들이 모여 있는 장소에서 장군이 보여준 모습에 관한 것이었다. 한 젊은이가 친구에게 언젠가 자신도 장군처럼 양복을 입을 수 있으면 좋겠다고 이야기했다.

"지금도 가질 수 있지."

이동휘 장군은 그렇게 말하며 짙은 갈색 재킷을 벗어 당황한 청년에게 넘겨주었다. 장군은 용맹함과 원칙으로 유명했지만, 동시에 따뜻한 마음과 넉넉한 눈물로도 잘 알려져 있었다. 조선 사람들은 눈물을 잘 흘렸다. 그의 말을 들은 적이 있는 노인은 장군이 조국의 운명을 생각하며 강과 같이 울었다고 이야기했다. 이러한 이야기들은 이동휘 장군을 조선의 민족주의 지도자들 사이에서

 나의 살던 고향, 고요한 아침의 나라

독특한 존재로 만들었다.

11월 초에 강명환은 마침내 목적지에 도달했다. 이동휘 장군은 마지막으로 본 지 벌써 2년이 넘은 명환을 끌어안으며 눈물을 흘렸다. 이동휘 장군은 아내와 두 딸이 준비한 음식이 준비된 집으로 명환을 데려갔다. 고향을 떠올리게 해주는 음식이었다. 등유 램프 아래 그들은 밤늦도록 이야기를 나누었다. 명환의 도착은 시의적절했다. 만주의 혹독한 겨울이 막 시작되고 있었다. 초가집 밖에서 부는 울부짖는 바람 소리는 앞으로 닥칠 혹독한 날씨를 예고했다. 그날 밤 명환은 저항군을 위한 자금을 마련하는 데 얼마나 도움이 절박한지 알게 되었다. 미국에 있는 태송학원에서 온 안창호는 자금을 모으기 위해 그의 가족이 거주하고 있는 캘리포니아로 향했다.

할아버지는 발의 물집과 붓기가 충분히 회복될 때까지 이동휘 장군의 가족과 함께 머문 후 조선인 정착민 가족의 집으로 들어갔다. 그곳에는 이미 독립협회 회원 몇 명이 숨어 있었다. 많은 사람이 할아버지와 마찬가지로 태송학원 출신이었다. 회원들은 피의 맹세를 하고, 일본 경찰에게 잡히면 절대 비밀을 지킬 것을 약속했다. 대다수 청년 독립운동가들은 그들을 아들처럼 여겨주는 가족들과 함께 살았다. 만주에 있는 한국인 정착민들은 대체로 가난했지만, 운동에 헌신적이었고 적극적인 지원군이었다. 만주는 조선에서 가까워서 독립운동가들이 쉽게 오갈 수 있었다. 한국 독립운동의 유산은 오늘날까지 남아있다. 거의 200만 명에 가까운 조선족이 중국에 살고 있으며, 그중 절반은 만주 남동부인 연변 조선족 자치구에 살고 있다.

할아버지의 주요 임무는 기금을 모으고 이동휘 장군의 수행원 역할을 하는 것이었다. 그는 시베리아로부터 무기를 구매하고 만주의 군인들을 양성하는 데 필요한 기부를 요청하기 위해 도보로, 때로는 소달구지를 타고 만주 전역에 있는 조선인 정착촌을 방문했다. 그가 가는 곳마다 조선인들은 먹을 것과 자신들이 줄 수 있는 것들을 내주었다. 때로는 어머니를 떠올리게 하는 노파들이 속주머니 깊숙이에서 아들이 준 용돈을 꺼내어 주었다. 적은 것이지만 그렇게 기꺼이 베풀어 주던 사람들은 명환에게 잊히지 않는 인상을 심어주었고, 결의를 다지게 했다. 처음에는 명환이 존경하는 이동휘 장군과 안창호에 대한 충성심 때문에 이곳에 온 것이었다면 이제는 달라졌다.

증조할머니 김봉금은 아들이 무사하다는 소식을 전해줄 사람을 애타게 기다렸다. 그가 떠난 지 약 3개월 후 태송학원의 동창이 그가 잘 지내고 있으며, 적극적으로 독립 활동을 하고 있다는 이야기를 전했다. 봉금은 독립군에 대해서는 잘 몰랐지만, 당국에 잡히면 문제가 된다는 것은 알고 있었다. 그녀는 아무리 고귀한 일을 위한다고 할지라도 자기 외아들이 희생자가 되는 것은 원하지 않았다. 어쩌면 자기 아들이 이동휘 장군의 가족과 결혼한 것이 실수였을지도 모른다고 생각했다.

아들이 집을 떠난 후로부터 증조할머니는 마치 죽은 사람을 애도하는 것 같은 마음으로 지냈다. 남편과 고민을 나누고 싶었지만, 증조할아버지는 교회와 가족의 과수원 일들을 처리하느라 아들의 일로 초조해할 겨를이 없었다. 아니, 걱정했을지라도 아내에게는 마음을 보여주지 않았다. 그 당시에는 교회에 전임 사역자가 없었다. 목회자들은 마을을 순회했고, 장로가 설교를 포함한 대부분의 교회 일들을 담당했다. 외적인 일들과 대가족을 돌보는 일은 아들의 미래를 걱정하는 것보다 더 큰 책임이었다. 증조할아버지 봉호는 조선인 개종자들 다수가 그랬던 것처럼 새로운 종교에서 위안을 찾았다. 1905년 포츠머스 조약으로 일본의 보호국이 되었을 때 조선에서는 기독교 운동이 교회들을 휩쓴 복음주의의 열정으로 세를 확장했다.

교회들이 독립운동에 참여하게 된 것은 일본 관리들이 기독교인들의 예배를 금했기 때문이다. 이동휘와 같은 많은 저항군의 지도자들은 기독교인이었다. 3년 전의 개종 이후 봉호는 더 관대해지고 수용적으로 되었으며, 그의 오래된 급한 성격도 거의 사라졌다. 아침 식사를 마치고 봉금은 잠시나마 아들을 잊기 위해 바느질이나 수를 놓았지만, 항상 아들 생각이 머리를 맴돌았다. 먹을 것이 부족하고, 숙소가 불편하고, 그의 입맛을 맞출 사람이 없을까 봐 걱정했다. 눈물이 재봉틀에 떨어졌다. 그녀는 걱정을 떨쳐버리려고 노력했지만, 눈물이 그치지 않았다. 봉금은 열네 살에 강씨 집안에 시집온 이후 일단 결혼하면 시댁의 귀신이 되어야 한다는 엄격한 규칙을 따랐다. 당시에 소녀들은 시댁과 남편에게 순종

하라고 가르침을 받았다. 그녀는 자신만 조용히 희생한다면 집안
이 평안할 것으로 생각했다. 그래서 갑자기 예상치 못했던 손님이
저녁 시간에 왔을 때는 자기 음식을 내어주었다. 누구에게도 이야
기한 적이 없기에 아무도 이 사실을 몰랐다. 그러나 하인들이 결국
다른 가족들에게 이야기를 전했다. 마찬가지로 그녀는 혼자 있을
때만 아들을 위한 눈물을 흘렸다. 심지어 자기 며느리이자 내 할머
니인 명화 앞에서도 눈물을 보이지 않았다.

　두 여인은 낮과 밤처럼 달랐다. 봉금은 조용했지만, 명화는 자
신의 마음을 털어놓았다. 말(馬) 해에 태어난 여성에 대한 통념에
따르자면 명화는 당시 여성들에게 기대되는 삶의 방식인 집에 머
무는 활동을 선호하지 않았다. 그녀의 아버지는 이동휘 장군의 작
은아버지였다. 유달리 사이가 가까웠던 이 씨 형제에게는 각각 한
명의 자녀가 있었고, 명화와 동휘는 사촌이라기보다는 남매사이
에 가까웠다. 그녀는 동휘를 오빠라고 불렀고, 동휘의 성공이 마치
자신의 업적인 것처럼 여겼다.

　그래서 명환이 떠난 것에 대해서도, 할머니는 시어머니와는 달
리 매우 자랑스러워했다. 명화는 명환을 항상 반찬 투정이나 부리
는 버릇없고 자기중심적인 어린아이로 여기고 있었다. 그런 그가
자신의 안락함보다 조국의 운명을 우선하는 것을 보니 흡족하기
도 했다. 그리고 남편이 만주와 시베리아에서 조국의 독립을 위한
운동에서 제일의 민족주의 지도자인 이동휘 장군과 함께 일하고
있다는 것을 생각하면 행복감마저 느꼈다. 그녀는 명환이 이동휘

　　　　　　　　　　나의 살던 고향, 고요한 아침의 나라

장군과 머물며 유익한 일을 하기를 기도했다. 그러나 시어머니에 게는 자신의 심정을 밝히지 않았다.

남편이 자리를 비운 사이 명화는 단천에서 300킬로미터쯤 떨어진 원산에 있는 마르다윌슨여자신학교에 입학하고, 거처를 옮겨 그곳에서 6주간 머물렀다. 그녀는 시아버지의 교회를 찾은 선교사들을 통해 전도사 자격을 얻는 훈련 과정에 대해 알게 됐다. 증조부모들은 유부녀가 아이를 데리고 학교에 간다는 것에 깜짝 놀랐다. 이것은 과거에는 들어본 적도 없는 일이었다. 증조할머니는 반대했지만, 증조할아버지는 할머니의 결정을 지지하지도 반대하지도 않았다. 그저 아무 말도 하지 않았다. 명화는 학교에 갔고, 그곳에서 최고로 우수한 학생이었다. 하지만 시댁의 재정적 지원 없이 계속하기 어려워 학업을 마치지 못하고 집으로 돌아와야 했다. 수년 후에도 그녀는 이 일로 불평했다. 서구화된 기독교인이기는 하지만, 여전히 며느리에 관해서는 전통에 얽매여 학교를 마칠 수 있도록 뒷받침해 주지 않은 시아버지에게 상처받았기 때문이다.

만주에서 일 년을 보낸 후 할아버지는 이동휘 장군과 함께 시베리아로 가서 조선인 망명자들을 위한 학교를 세우는 것을 도왔다. 1850년대까지만 해도 조선인들은 국경인 두만강을 건너 극동 러시아 지역인 시베리아에 살았다. 그러나 1860년대의 대기근에 의해 러시아로의 대규모 이민이 촉발되었다. 이때 거의 오천 명의 조선인들이 러시아의 동아시아 지역 연해주에 있는 프리모르스키(Primorskii) 지역으로 이주했다. 시베리아 계곡의 풍요로운 땅에 관한 이야기와 생계를 유지하기가 쉽다는 소문에 수천 명의 사람이 이끌려 그곳으로 향했다.

조선이 일본에 합병된 1910년까지 대략 20만 명으로 추정되는 망명자들이 만주와 러시아 동부 지역에 거주했고, 그중 4만 명이 블라디보스토크 인근의 연해주에 밀집되어 살고 있었다. 러시아의 조선인에 대한 정책은 지역마다 달랐지만, 그들은 불굴의 정신과 근면함으로 찬사를 받는 성공적인 이민자들이었다.

1912년 할아버지가 연해주에 갔을 때 그는 블라디보스토크의 아름다운 북서쪽 외곽에서 시베리아 철도의 동쪽 종착역이었던 항구 주변의 신한촌이라 불리는 번성하는 조선인 거주지를 발견했다. 삐걱거리는 소달구지를 탄 전통 의상을 입은 조선인이 마차를 탄 러시아인과 함께 거리를 다니는 모습은 그를 기쁘게 했다. 그는 수많은 정착민이 농사를 짓고 가축을 기르며, 러시아에 육류와 곡물을 공급하고 있는 상황에 용기를 얻었다. 그들은 만주로 가서 마른 소를 사 와 살찌운 후 잡는 방식을 통해 군납 경쟁에서 중국인들을 앞서고 있었다. 그중에는 꽤 번창한 이들도 있었다. 그 지역에 동화되기를 원하는 많은 사람이 러시아 정교회로 개종했다. 할아버지는 방문한 몇 집의 벽에 황제와 황후는 물론 예수 그리스도와 그리스 성인들의 사진들이 걸려있는 것을 보았다. 일부는 러시아 군대에서 복무하고, 러일전쟁에 참전하기도 했다. 하지만 대부분은 쌀과 채소를 재배하고 가축을 키우는 농부였다. 다른 이들은 블라디보스토크 안팎에서 물건을 지거나 소달구지에 실어 나르는 일용직 노동자로 일하기도 했고, 미용실이나 여관 또는 작은 가게 등을 운영하기도 했다.

조선인들은 자신들만의 학교를 가지고 있었다. 할아버지는 시베리아에 머무는 동안 몇 군데 학교에서 가르쳤다. 러시아에서 태어난 고려인들은 이미 반세기 동안 그곳에서 살았기 때문에 이동휘 장군과 같은 독립 지도자의 통역사로 충분히 활동할 수 있었다. 그 도시에 사는 조선인 인구의 대부분은 실제로 일본의 탄압을 경험한 반일 감정이 큰 새로운 망명자와 피난민으로 구성되어 있었다. 연해주는 고국에서 온 노동자 동포들의 임시 거처인 동시에 해외에 거주하는 독립운동가들의 근거지가 되었다. 만주의 정착촌과 마찬가지로 시베리아에도 열정이 있었다. 일용직 노동자든 부유한 농부이든 아니면 우리 할아버지와 같은 사람이든, 그들은 일제의 멍에에서 조국을 해방한다는 한 가지 목표로 단결했다.

만주와 시베리아의 이민자 사회는 농민과 저항군으로 나누어져 있었다. 농민들은 목숨을 걸고 시베리아에서 무기를 구매하여 만주로 돌아온 저항군들을 지원했다. 시베리아와 만주는 독립운동을 위한 기지가 되었고, 이후 상해까지 뻗어나갔다.

명환은 할아버지 수일과도 다르고 이동휘 장군과도 달랐지만, 훌륭한 교사였다. 돈을 모으거나 다른 지원 활동을 하는 것보다 이것이 그에게 적합했다. 한국 망명자들의 자녀들은 할아버지의 대자(代子)가 되었고, 그들을 교육하는 것이 그의 사명이 되었다.

시베리아에서 명환은 처음으로 전통 복장을 벗고 이동휘 장군이 입은 것과 같은 서양식 양복을 입는 법을 배웠다. 전통 복장의 편안하고 헐렁한 저고리와 끈으로 발목을 묶는 바지와 달리 적절히 모양이 있는 양복에 익숙해지는 데 시간이 걸렸다. 그는 곧 서양 옷이 돌아다니는 데 훨씬 더 실용적이라고 느꼈다.

시베리아와 만주에서 약 3년간 이동휘 장군과 함께 일한 뒤 명

   나의 살던 고향, 고요한 아침의 나라

환은 동포들을 위한 모금을 하고 또 가족들을 만나기 위해 단천을 방문했다. 이동휘 장군과 같은 저항군의 지도자들은 이상주의자였다. 그들은 강한 군대를 훈련한다면 일본과 싸울 수 있다고 생각했다. 사람들의 헌신과 무장투쟁에 신념을 가지고 시베리아와 만주의 개척자로 존경받았던 그는 만 명의 군대가 압록강을 건넌다면 한 달 안에 한반도에서 모든 일본군을 섬멸할 수 있다고 말했다. 돌이켜보면 그것은 비현실적인 이야기이지만, 당시에는 이 희망이 운동을 지속할 수 있게 했다. 그러나 만주와 러시아에서 이루어지는 모금 활동에는 한계가 있었다.

명환은 어두운 밤에 조용히 보시골 안으로 들어갔다. 보시골은 바깥의 사건들의 영향을 받지 않은 듯 멀리서 들려오는 익숙한 늑대 소리 외에는 조용하고 평화로웠다. 긴 여정을 걸어 집 근처에 다다랐을 때 그는 한걸음에 집으로 달려가고 싶었지만, 여정의 끝이 다가오며 지난 이 주간의 피로가 자신을 덮쳐오는 것을 느꼈다. 명환은 부엌으로 가는 작은 나무 문을 열고 안으로 들어가기 위해 고개를 숙였다. 익숙한 집안의 냄새와 온기가 느껴졌다. 김봉금은 아들을 보고 울음을 터뜨리며 두 손을 움켜잡고 끌어안았다. 그의 방문은 완전히 예상 밖이었다. 남편을 보고 반가웠지만, 며느리는 시어머니에게 양보해야 한다는 불문율에 따라 명화는 아무 말도 하지 못하고 옆에 묵묵히 서 있었다.

명환의 도착 사실이 옆집에서 잠을 자는 하인들에게 알려지는 것도 두려웠던 두 여인은 소매를 걷어붙이고 아궁이에 장작을 넣어서 한밤중에 요리했다. 가슴이 터질 것 같이 기뻤던 증조할머니는 아들이 밥을 먹는 내내 옆에 앉아 지켜보았다. 명환이 저녁 식사를 마치고 그의 아버지 방에 들어가 만주와 시베리아의 상황에 관해 이야기했다. 그날 밤 명화가 혼수로 가져온 비단 이불 밑에서 조부모는 거의 3년 만에 처음으로 함께 잠을 잤다.

명환은 집에 온 지 열흘이 채 안 되어 일본 경찰에 체포되었다. 일제가 조선인들을 억압하기 위해 만든 조선형사령 위반이었다. 처벌은 신속하게 집행됐다.

명환은 기절하여 시멘트 바닥에 쓰러질 때까지 뺨, 머리, 등, 다리, 사타구니 등 온몸 곳곳을 두들겨 맞았다. 정식 기소되기 전 며칠 동안 매일 고문을 당했다. 두 팔, 무릎, 발목이 단단히 묶인 채로 의자에 앉힌 그의 다리 사이에 두 개의 대나무 막대기를 끼웠다. 두 명의 경찰관이 막대기를 돌려 그 밧줄들이 그의 살을 파고들게 했다. 어떤 날은 감방에서 꺼내져 바닥에 납작하게 엎드러진 후 살이 터질 때까지 대나무 봉으로 두들겨 맞았다. 때로는 어두운 지하 감옥에 끌려가 차가운 흙바닥에서 밤을 보내야 했다. 그리고 매일의 고문 끝에 재판정에서 18개월의 징역형이 선고되었다. 할아버지가 복역하고 있던 1914년, 나의 아버지이자 그의 첫아들 강주한이 태어났다.

증조할머니가 감옥을 방문하는 것은 쉽지 않은 일이었다. 동북 지역의 모든 정치범이 갇혀있는 함흥 감옥에 가서 아들을 보기 위해서는 꼬박 일주일 동안 걷고, 배를 타고, 기차를 타야 했다. 그녀

  나의 살던 고향, 고요한 아침의 나라

는 아들이 좋아하는 음식을 가득 담은 보따리를 들고 한번 방문했다가, 아들의 멍든 얼굴과 손과 발을 보고 기절했다. 그 후 할머니는 증조할머니의 면회를 말렸다. 할머니도 원산에서 집으로 오는 길에 감옥에 있는 남편을 면회했다.

명환은 수감 생활을 마치고 풀려난 뒤 다시 국경을 넘어 시베리아로 가서 이동휘 장군에게 합류했다. 그는 이동휘 장군이 세운 많은 학교 중 한 곳에서 망명자들의 자녀를 계속 가르쳤다. 휴일이나 여름방학 또는 겨울방학으로 학교가 문을 닫을 때는 운동 자금 마련을 위해 동지들과 함께 여행했다. 명환은 두 번째로 고향 땅을 떠나며 독립이 이루어진 후에야 돌아오겠다고 다짐했다. 그러나 또다시 3년이 지나자, 그는 가족, 특히 어머니 생각에 괴로워했다.

시베리아의 추운 밤 명환은 견딜 수 없을 만큼 어머니를 그리워했다. 전날 밤 어머니가 흰옷을 입고 머리에 띠를 두른 채로 창백하고 허약해 보이는 모습으로 그의 꿈에 나타났다. 그는 사랑하는 어머니가 자신을 보지 못하고 죽어간다는 생각에 견딜 수 없었다. 그는 불교 승려처럼 회색 옷을 입고 짚신과 긴 대나무 밀짚모자를 쓰고 3주간 고향을 방문했다.

그가 떠날 때 아기였던 아들은 이제 다섯 살이 되었다. 증조부모는 명환에게 주한이 이미 천자문을 뗐을 뿐 아니라 다른 초급 한학을 암송할 수 있다고 자랑했다. 명환이 부르자 소년은 마치 손님을 보는 것처럼 멀뚱히 쳐다보며 가지 않으려 했다.

"당신이 정말 제 아버지이십니까?"

소년은 낯선 아버지의 손을 잡고 빤히 쳐다보며 물었다.

"물론이지. 저 사람이 너의 아빠야. 가서 아빠의 무릎에 앉으렴."

명화의 달래는 말에도 소년은 뒤로 물러났다. 명환이 도착한 다음 날 아침 아침밥을 먹고 있을 때 경찰이 문 앞에 들이닥쳤다. 누군가가 명환이 여행하는 도중 그를 발견하고 경찰에 신고한 것이었다.

내 아버지 주한은 자신의 아버지가 체포되던 순간을 기억했다. 명화가 격렬히 저항하며 경찰관들에게 매달렸지만, 경찰들이 어머니를 밀치고 그를 끌고 가는 장면이었다.

수년 뒤, 강주한은 그 순간을 회상했다.

"아침 식사 중에 아버지가 끌려갔어요. 그분이 아버지라는 사실을 막 받아들이기 시작했는데, 갑자기 사라져 버린 거죠."

명환이 마지막으로 갇힌 이후 일본 경찰은 새로운 고문 방법을 추가했다. 그들은 명환의 벌거벗은 가슴 위에 물 적신 가죽조끼를 올려두었다. 질문이 진행되면서 젖은 조끼가 말라 달라붙기 시작했다. 그것은 어떤 사람이라도 미치게 만드는 것으로, 느리고 견딜 수 없는 고문이었다. 그는 기절하고 의식을 잃었다.

그들은 이번에는 기소할 생각도 하지 않았다. 그는 18개월 동안 고문당하고 투옥되었다. 1919년 3월 1일 할아버지가 두 번째로 감옥에 갇혀있는 동안 일본의 식민 통치에 저항하는 전국적인 시위가 있었다. 한 해 전인 1918년 발표된 미국의 우드로 윌슨

 나의 살던 고향, 고요한 아침의 나라

(Woodrow Wilson) 대통령의 민족자결주의 원칙에 입각해 조선의 독립 의지를 세계만방에 널리 알리고자 한 투쟁이었다.

월슨은 이 원칙이 유럽의 많은 소수민족 사이 급증하고 있는 독립 열망을 인정하고, 이에 대응하기 위한 1차 세계대전 이후의 세상을 위한 필수적인 원칙임을 밝혔다. 이 원칙은 체코슬로바키아, 유고슬로비아, 폴란드, 핀란드를 독립시켰다. 식민지하 조선인들은 마침내 세상이 작고 힘없는 나라들을 위한 정의와 자기 결정의 시대를 맞이할 준비가 되었다고 여겼다. 이 원칙은 망명자, 비밀단체, 학교, 교회로 제한되어 있던 독립운동이 전국적인 국권회복운동으로 전환하도록 영감을 주었다. 1919년 1월 상해에서 모인 애국자들은 신한청년당을 결성하고 파리 강화회담에 김규식을 대변인으로 보냈다. 새로운 단체는 한국, 일본, 만주, 시베리아 등에 대표단을 파견해 운동의 세계적인 계획을 발전시켰다.

앞선 두 가지 사건이 독립운동을 부채질했다. 1918년 12월 제1차 세계대전을 마무리하는 파리 강화회담에서 조선이 문제가 될 것을 예상한 일본 관리들은 조선인들에게 독립에 대한 어떤 열망도 포기한다는 청원서를 회람하기 시작했다. 이 문서는 국무위원 이완용을 포함한 몇몇 고위 관리들에 의해 조인되었다. 이 청원서에 도장을 찍으라는 일본 관료들의 요청에 이미 퇴위한 왕인 고종은 분노하여 이를 승인하지 않았다. 괴로워하던 군주는 체념한 채 조국의 운명을 받아들이지 않았다. 고종과 그의 지지자들은 제2차 헤이그 회의에서 시어도어 루스벨트를 설득하려던 노력이 실패한 후에도 나라를 되찾기 위한 투쟁을 비밀리에 계속했다. 이러한 노력은 결국 그의 목숨을 앗아갔다. 곳곳에 첩자들이 포진한 상황에서 점령 중인 일본 통감부는 고종의 일거수일투족을 파악했다.

고종이 조선의 독립을 호소하기 위해 사절단을 파리 강화회담에 보내려는 계획을 일본 관료들이 저지하며 그 노력은 끝이 났다. 그들은 고종을 막을 유일한 방법은 황후처럼 죽음에 처하게 하는 것뿐이라 결정했다. 25년 전 일본의 주된 경쟁자인 러시아가 명성황후를 통해 동맹을 맺고 있을 때 주한 일본 장관인 고로 미우라는 20여 명의 일본인 검객을 동원해 명성황후를 살해할 것을 지시했다. 이제 일본 관리들은 고종을 제거할 음모를 꾸몄다. 1919년 1월 21일 일본 통감부 관리들로부터 협박과 뇌물을 받은 궁중 의원이 황제가 좋아하는 차를 독약으로 바꿔치기했다. 일본 관료들은 고종의 사망 발표를 이틀 미루고 왕이 뇌졸중으로 죽었다고 발표했다. 이를 믿은 사람은 아무도 없었다. 몇 년 후 두 나라를 통합하려는 일본의 계획에 따라 조선 황태자 이은과 결혼을 강요당한 일본 공주 방자는 자서전에서 시아버지가 죽는 날 밤까지 신체적으로 건강했다고 이야기했다. 그날 고종은 수행원들과 함께 덕수궁에서 옛날을 회상하고 있었다. 그리고 밤늦은 시각에 습관처럼 자신이 가장 좋아하는 차를 대접받았다. 그리고 방으로 들어갔지만, 곧 극심한 통증이 그를 덮쳤고 곧 사망했다.

살인이라는 말이 국내 전역과 해외 한인 사회에 퍼져나갔다. 독립운동가들의 은밀한 활동이 준비되었고, 전 세계의 이목을 끌

 나의 살던 고향, 고요한 아침의 나라

기 위해 고종의 장례 행렬날인 1919년 3월 3일을 택했다. 행사를 활용하여 평화적 행진을 시작하자는 주장에서부터 일본 관리들을 공격하는 기회로 삼자는 데에 이르기까지 다양한 의견들이 있었다. 결국 비폭력 노선을 채택했다. 장례식이 거행되는 날 광범위한 경찰이 배치될 것을 예상하고, 주최 측은 날짜를 3월 1일로 앞당겼다. 이 시위가 설사 몇 달에 걸쳐 계획된 것이라 할지라도, 일본 관리들은 깜짝 놀랄 수밖에 없었다.

주동자들은 33인으로 기독교인, 불교도, 천도교인도 함께 있었다. 그들은 만민의 평등과 평화를 전파했다. 이들은 오후 2시를 조금 앞두고 서울 한복판의 식당에서 만나 독립선언서에 서명했다. 이 선언문은 길 건너의 파고다 공원에서 군중들에게 낭독되었다.

吾等은 玆에 我 朝鮮의 獨立國임과 朝鮮人의 自主民임을 宣言 하노라. 此로써 世界萬邦에 告하야 人類平等의 大義를 克明하며 此로써 子孫萬代에 誥하야 民族自尊의 政權을 永有케 하노라.
半萬年 歷史의 權威를 仗하야 此를 宣言함이며 二千萬 民衆의 誠忠을 合하야 此를 佈明함이며 民族의 恒久如一한 自由發展을 爲하야 此를 主張함이며 人類的 良心의 發露에 基因한 世界改造에의 大機運에 順應幷進하기 爲하야 此를 提起함이니, 是ㅣ 天의 明命하며, 時代의 大勢ㅣ며, 全 人類 共存 同生權의 正當한 發動이라, 天下 何物이던지 此를 沮止 抑制치 못할지니라.

이제 우리는 우리 조선이 독립국임과 조선인이 자주민임을 선언한다. 이를 세계만방에 알려 인류가 평등하다는 큰 뜻을 분명히 하고, 자손만대에 알려 민족자존의 올바른 권리를 영원히 누리도록 한다. (우리는) 반만년 역사의 권위에 의지하여 독립을 선언하는 것이며, 이천만 민중의 충성스러운 마음을 모아 우리의 독립을 널리 퍼뜨려 알리는 것이고, 겨레의 한결같은 자유 발전을 위하여 독립을 주장하는 것이며, 전 인류가 순수한 마음으로 바라는 세계 개조의 큰 뜻을 따르고 함께 나아가기 위하여 독립을 주창하는 것이니, 이것은 하늘의 뜻이며 시대의 큰 흐름이며 전 인류가 더불어 살아가는 권리를 얻기 위한 정당한 주장이자 활동이므로, 세상 그 무엇도 우리의 독립을 막지 못할 것이다.

이후 몇 주 동안 자발적인 시위가 전국으로 확산했다. 군중들은 태극기를 흔들고 "만세!"를 외치며 행진했다. 일제는 무자비하게 평화시위를 진압했다. 3.1운동으로 알려지게 된 이 시위에 일제는 민족주의의 잔재를 모두 뿌리 뽑겠다는 결의를 보여주었다. 수천 명이 살해되고, 체포되고, 투옥되고, 고문당했다. 3.1운동으로 7,645명이 목숨을 잃고, 45,562명이 다쳤다. 일제는 약 1,000개의 교회, 학교, 집들을 불태웠다. 서울에서 남쪽으로 35킬로미터쯤 떨어진 수원 근처의 한 마을에서는 일본군이 중요한 발표가 있다며 모든 사람을 교회 안으로 모이게 했다. 그러고는 교회에 불을 지르고 탈출하려는 사람들을 향해 총을 쏘아 사살했다.

 나의 살던 고향, 고요한 아침의 나라

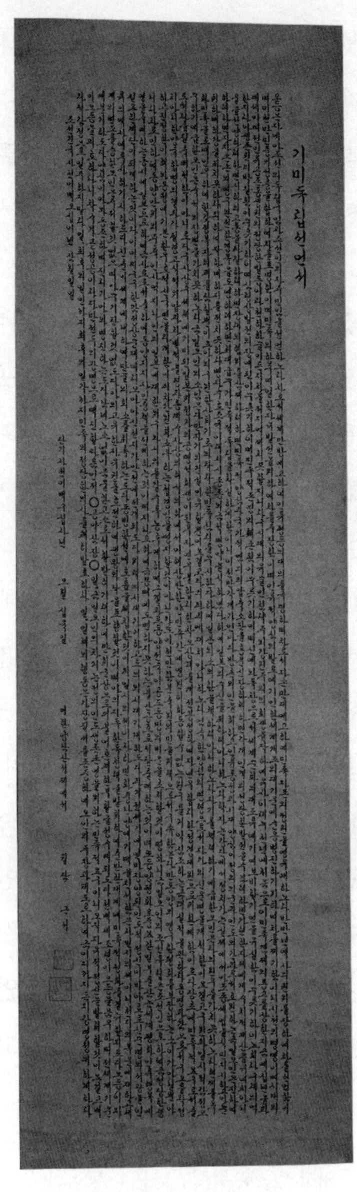

기미독립선언서(복제품)

단천에서 다섯 살 소년 강주한은 그때 황갈색 제복을 입고 붉은 띠를 두른 모자를 쓰고 검은 부츠를 신은 일본 순사들이 무장하지 않은 시위대를 뒤쫓는 것을 목격했다. 흰 외투와 갓을 쓴 노인들도 총검과 소총을 들고 뒤를 쫓는 일본군과 순사를 피해 도망치고 있었다.

같은 고향 출신 유치원 교사인 유동렬은 시위에 참여했다가 체포되었다. 일본 경찰은 그녀를 거꾸로 매단 채 음모를 뽑는 고문을 가했다. 경찰은 유치원 학생들에게 일본인을 비하하는 '왜놈, 쪽발이'라는 말이 담긴 반일본적 노래를 가르쳤다는 이유로 유동렬을 주시해 오고 있었다.

3.1운동에 대한 잔혹한 진압은 미국을 비롯해 세계 곳곳에 있는 조선인들의 분노를 불러일으켰고, 상해 임시정부 수립으로 이어졌다. 미국에서 지도자들은 27개 단체와 멕시코로부터 온 사람들을 모아 한인 회의를 열었다. 1919년 4월 14일 필라델피아에서 시작된 삼일간의 회의 동안 대표단은 기본적인 인권과 민권 보장 등 한민족의 목표와 포부를 망라한 열 가지 결의안을 공포했다. 그들은 국제 연맹에 상해의 임시정부를 인정할 것을 촉구했다.

그들은 헤어지기 직전 **미국 독립기념관의 선언실**을 방문했다.[*] 이곳에서 그들은 조선의 독립선언문을 읽고, 낡고 금이 간 자유의

---

* 역주　영어 원문으로 "The Declaration Room in Independence Hall"로 표현하고 있다. 하지만 역사적으로 독립기념문을 낭독한 위치는 태화관과 탑골공원 내 팔각정으로 알려져 있다.

　나의 살던 고향, 고요한 아침의 나라

종으로 다가갔다. 그들은 눈을 감고 종에 손을 얹은 채 조국의 독립과 새로운 운동의 성공을 기원했다. 1919년에서 1920년 12월 사이에 미국과 멕시코에서 약 7천 명의 이민자들이 20만 달러를 기부했다. 당시 이주 노동자의 평균 월급이 30달러였던 현실을 고려하면, 엄청난 금액이었다. 당시 아버지는 너무 어려서 알지 못했지만, 선조들이 벌인 가장 의미 있는 대규모 시위였던 삼일 운동으로 인해 그는 아버지와 삼촌을 잃게 되었다. 비록 일본 진압군의 탄압으로 제압되기는 했지만, 이 사건은 전 세계에서 조선의 독립을 위한 투쟁을 불러일으켰다. 하지만 국제사회는 조선의 독립운동에 무관심했다. 조선은 너무 멀고 작은 나라였다. 수만 명이 중국, 시베리아, 미국으로 피신하여 국외 독립운동을 강화했다. 일본

3·1운동

인들은 점점 더 억압적으로 대응했다.

3.1운동 이후 일본인들은 기독교인들을 표적으로 삼아 그들을 끊임없이 감시했다. 그들은 목회자와 장로, 교회 신도들을 체포해 감옥에 가두고 고문했다. 종종 반일이라는 단순한 의심만으로도 그들은 사람들을 체포하고 고문했다.

감옥으로 끌려가기 전 자신의 아버지를 하루도 채 보지 못했던 강주한은 마치 아버지 없는 아이처럼 자랐다. 결국 그는 어린 나이에 자급자족하는 법을 배웠다. 1921년 18개월 동안의 두 번째 복역을 마치고 출소한 할아버지는 육체적으로나 정신적으로 망가진 상태였다.

"나는 아버지를 알아보지도 못했어."

내가 아버지에게서 들은 이야기다. 한때 훌륭한 웅변가였던 명환이 이제 거의 말을 하지 않았다. 모든 정치, 사회 활동을 중단했고, 그를 찾아오는 소수의 사람만을 만났다. 이따금 짧은 글을 써서 지역 특파원 출신의 조선일보 기자에게 보냈을 뿐, 그 외에는 집 밖을 돌아다니지 않았다. 심지어 교회에도 가지 않았다. 그는 골동품과 미술품을 수집하고, 담배 연기 가득한 방에서 붓글씨를 쓰며 여생을 보냈다. 밤이면 종종 가족들은 할아버지가 잠결에 부르는 애국가 소리에 깜짝 놀라 깨었다. 그의 목소리는 밤의 정적을 예리한 검과 같이 꿰뚫었다.

   나의 살던 고향, 고요한 아침의 나라

일제 식민지 치하
(1910~1945)

3

우리에겐 아무것도 없다

칼도 권총도 아무것도 없다

하지만 우리는 두려워하지 않는다

철권통치의 힘일지라도 우리를 움직일 수 없다

우리는 의로움을 지키며 길을 걸어간다

_ 최남선(1890~1957), <한국의 땅과 사람들>

주요
인물

강주한 아버지

최석원 어머니

강명환 할아버지

한계손 외할머니

할아버지 강명환이 출옥한 지 얼마 지나지 않아 아버지는 보통학교에 입학했다. 1922년의 일이다. 일본은 12년간 통치해 왔고, 그 영향력은 이제 온 나라 구석구석까지 파고들었다. 예를 들면 일본어가 공용어가 되었다. 학생들은 1학년부터 일본어로 이야기해야 했다. 매일 2시간씩 일본어를 배웠지만, 조선어는 한 주에 세 시간만 배울 수 있었다. 학생들은 자신들의 역사가 아닌 일본의 역사를 배웠다. 일본 관료들은 신속하게 붉은 도리이가 있는 신사를 사방에 세웠다.

할아버지의 지도로 네 살에 천자문을 익힌 아버지는 일찍부터 학교에 가려 했지만, 단천의 보통학교는 나이가 많은 학생들부터 입학시켰기에 4년의 세월을 더 기다려야 했다. 당시 학교가 부족했기 때문에 1학년에 들어가려는 십 대 청소년들도 있었다. 주한은 자신의 차례가 오기를 기다리는 동안 교회에서 운영하는 학교에 다니며 성경과 수학, 음악, 조선어를 공부했다.

마침내 4월의 상쾌한 어느 아침, 여덟 살이 된 주한은 어머니 명화가 바느질한 새 면바지와 신발 그리고 재킷을 입고 아버지와 함께 등교했다. 그는 흥분해 있었다. 1학년은 3개 학급으로 총 180명의 학생이 있었다. 반은 A반과 B반 그리고 12명의 여학생만을 위한 별도의 반으로 나뉘었다. 소년들은 키 순서로 줄이 세워졌다. 교사들은 첫 번째 학생은 A반, 다음 학생은 B반, 이런 방식으로 번갈아 가며 모든 학생의 반을 배정했다. 교실에서의 일과는 학생들이 교사보다 먼저 도착해서 교사를 기다리는 것으로 시작되었다. 교사가 반에 들어갔을 때 반장이 다른 학우들에게 지시했다.

"일어섯. 차렷. 경례. 착석."

꼬마 군인처럼 학생들은 교사에 대한 존경의 표시로 매 수업의 시작과 끝에 이 예식을 했다.

가문의 혈통에 대한 강조로 조혼이 성행했기 때문에 일부 보통 학생들은 이미 결혼을 한 상태였다. 아버지의 짝은 열 살밖에 안 되었지만, 이미 결혼한 상태로 어른스럽게 행동했다. 그는 어른처럼 비단 바지와 저고리 그리고 가죽신을 신었고, 주중에는 단천에 있는 집에 머물렀다. 그는 토요일 방과 후에 부모와 신부가 있는 자신의 마을로 돌아갔다. 결혼한 학생과 미혼의 학생들은 옷으로 구별되었다. 결혼한 학생들만 비단옷을 입고, 가죽신을 신었다.

     나의 살던 고향, 고요한 아침의 나라

　축구는 소년들이 가장 좋아하는 운동이었지만, 학교에는 공이
딱 하나뿐이었고 그것도 체육 시간에만 사용할 수 있었다. 그래서
방과 후 축구를 할 때는 테니스공으로 해야 했다. 테니스공도 구
할 수 없을 때는 낡은 천 조각을 노끈으로 단단히 매어 만든 공을
가지고 놀았다. 헐렁한 전통 복장으로 축구를 하는 마을 소년들의
모습을 상상하며, 나는 아버지 강주한과 결혼한 지 얼마 되지 않은
새색시에게 증조할머니 김봉금이 어머니께 한 말을 떠올려 보았
다. 증조할머니는 불평이 아닌 애정의 표현이었겠지만, 손자가 어
렸을 때 학교 마치고 집에 돌아오면 늘 옷이 찢어져 있었다고 손녀
며느리에게 이야기했다고 한다. 그가 집으로 달려갈 때 찢어진 저
고리 소매가 날개처럼 나풀거리는 모습이 마치 새 같았다고 한다.
증조할머니는 매일 밤 주한이 다음 날 입을 옷을 준비했다.

　아버지가 3학년이 되던 1924년에 일본 교육부는 조선 학생들
에게 전통 복장을 벗고 고쿠라라는 회색 일본 교복을 입으라는 칙
령을 내렸다. 학생들은 1학년 때부터 일본어를 배우긴 했지만, 그
때까지는 일본인처럼 보일 필요는 없었다. 하지만 이제는 일본인
처럼 보여야 했다. 일본의 국화인 벚꽃 배지가 달린 군대식 모자와
교복을 입으며 머리 스타일도 바꾸어야 했다. 젊은 남성들은 모두
불교 승려들처럼 머리를 짧게 자르라는 지시를 받았다.

　일본의 첫 번째 팽창주의 실험이 계속되면서 조선인을 일본의
이등 시민으로 개조시키려는 일본의 정책은 더욱더 노골적이고
분명해졌다. 결국 일본어를 배우기에는 너무 나이가 많다고 여겨

지는 노인들만 남겨졌다. 그 외의 모든 사람은 일본에 동화되기를 요구받았다. 일본어가 공식적인 언어가 되었다. 집에서는 조선어로 이야기하고 노래를 불렀지만, 그 소리가 너무 커서는 안 됐다. 일본 경찰은 공포를 조성하는 전략으로 작은 마을까지 통제했다. 감히 규칙을 어기는 사람은 아무도 없었다. 규칙을 어기면 마을의 모든 사람에게 처벌이 돌아갔다.

심지어 국화도 남아나지 못했다. 일본 관리들은 국화인 무궁화를 파내고 벚나무를 심게 했다. 몇몇 가정들은 그들의 정원에 무궁화를 계속 키우기 위해 큰 위험을 무릅썼다. 훗날 이화여대 총장이 된 김옥길은 대학생 시절 교정에서 뿌리째 뽑힌 무궁화 한 송이를 몰래 구해 집 마당에 심었다. 수년 후 해방되었을 때 그녀는 그 나무를 다시 모교의 정원으로 옮겨 심었다. 작은 나무를 옮겨 심는 것이 사소한 일처럼 보일지라도 그것은 용기와 나라를 사랑하는 마음으로 이루어지는 행위였다.

일본인들은 학생들에게 군국주의적 일본인의 외모를 강제하고, 일본어로만 말하도록 통제하는 외에도 신사와 일본 황제의 초상화 앞에서 절을 하도록 요구했다. 이들은 심지어 수백 킬로미터나 떨어진 일본 황궁 방향으로 하루 한 번 절을 하라는 지시까지 했다. 일왕이 태양 여신의 후손으로 신성한 존재라는 것이 황실 신화였다. 일본은 식민지에 천황 숭배를 가져와서 국가의 힘으로 시행했다. 조선인으로서의 정체성을 없애기 위해 일본식 이름을 쓰거나 그렇지 않으면 생계를 잃을 위험을 감수해야 했다. 주한의 교

　　　　나의 살던 고향, 고요한 아침의 나라

사 중 한 분인 김면오는 일본 이름을 쓰는 대신 만주로 떠나는 것을 택했다. 아버지와 같은 젊은이들은 외국의 식민통치자와 그 협력자를 두려워할 필요 없이 자기 민족이 통치하는 자유 국가에 사는 것에 관심을 가졌다. 주한은 지도를 공부하며 일본인에 의해 점령당하지 않은 세계의 많은 장소를 상상하곤 했다. 그는 할아버지가 교회와 집으로 초대했던 선교사들과의 만남으로 미국과 캐나다를 방문하고 싶은 마음을 품었다.

6학년이 되었을 때 주한은 항상 도움을 주고 관대해 보이는 선교사들의 언어인 영어를 배우기로 결심했다. 다른 어린이들이 그랬던 것처럼 아버지도 선교사들의 머리카락을 보며 그들이 나이가 많다고 생각했다. 또한 미국인들과 캐나다인들의 큰 몸에 비해 작은 머리와 좁은 얼굴이 이상해 보인다고 생각했다. 그들의 푸른 눈은 사람의 눈이 아닌 것처럼 보였고, 그 눈을 통해 어떻게 볼 수 있는지 궁금했다. 그러나 영어를 배우고자 하는 열망은 쉽게 채울 수 없었다. 영어를 할 수 있는 조선인이 거의 없었기 때문이다. 선교사들이 할아버지 교회를 수시로 방문하긴 했지만, 그들이 얼마나 바쁜지 알고 있던 주한은 그들에게 요청할 엄두를 내지 못했다. 그는 단천에 영어를 할 수 있는 한 남자가 있다는 이야기를 들었다. 그의 이름은 서 씨였고, 샌프란시스코에서 막 돌아온 참이었다. 모험가였던 그는 세기가 바뀔 무렵 밀항자로 샌프란시스코로 가서 한동안 그곳에 살았지만, 자신의 아버지가 사망했다는 사실을 알고 상속을 주장하기 위해 돌아왔다.

이제 7학년이 된 아버지는 서 씨를 만나러 갔다. 그의 모습은 아버지를 당황하게 했다. 그는 위엄 있는 노인처럼 보였고, 외국인, 거의 미국인처럼 행동했다. 노총각이었던 그는 자기 방에 서양 여성들의 나체 사진들을 걸어놓고 있었다. 아버지는 여자들의 나체 사진은커녕 벌거벗은 남자들의 사진도 본 적이 없었기 때문에 이상하게 생각했다. 이 늙은이는 어떤 사람인가? 주한은 자신이 왜 왔는지 서 씨에게 설명하면서도 의아해했다.

"난 영어를 가르쳐줄 시간이 없다."

그는 직설적으로 대답했다.

주한은 그에게 간청해야 할지 아니면 그냥 떠나야 할지, 어떻게 해야 할지 잘 몰랐다. 자신의 방문을 의미 있게 만들 방법을 생각하려고 애쓰며 머뭇거리던 그는 방 안에 있던 금고를 보며 "금고는 영어로 어떻게 부르나요?"라고 물었다.

"Strongbox."

서 씨는 영어로 답해주었다. 그의 짧은 대답에 주한은 그가 조선인이 아닌 것 같다고 다시 생각했다.

"Strongbox."

주한은 그를 따라했다.

그러고 나서 벽에 걸린 사진을 가리키며 저것은 영어로 어떻게 부르는지 물었다.

"Trull girl."

그가 대답했다.

					나의 살던 고향, 고요한 아침의 나라

"Trull girl."

주한이 따라했다.

방문 중 두 개의 단어를 배운 주한은 노인에게 고맙다고 인사를 하고 떠났다. 그는 'Trull girl'이 매춘부를 뜻하는 단어라는 사실을 몰랐다. 집으로 걸어가는 동안 어떻게 하면 떳떳하게 다시 방문할 수 있을지 궁리하던 주한은 서 씨가 좋아할 만한 음식이 무엇인지 알아보기로 했다. 여기저기 물어본 결과, 노인이 먹는 것보다는 마시는 것을 즐긴다는 것을 알게 되었다. 그래서 그는 막걸리를 사 들고 서 씨의 집을 재방문했다. 서 씨는 그를 다시 만나 기쁜 듯했다.

"앉아라, 학구적인 애야."

그는 하인에게 잔을 가져오라 이야기하며 말했다. 서 씨는 술을 마시며 "good morning", "good-bye", "how are you?" 등의 기초적인 표현을 가르쳤다. 그 뒤 이따금 주한은 영어 수업을 받기 위해 막걸리를 한 병씩 들고 서 씨의 집으로 갔다. 서 씨로부터 몇 달간 교습받은 뒤 그 노인의 영어 실력이 원래 생각했던 것만큼 좋지 않을지도 모른다는 의심이 들기 시작했다. 그때 단천에 일본에서 고등학교를 마치고 막 돌아온 김낙구라는, 영어를 할 수 있는 또 다른 사람이 있다는 이야기를 들었다. 주한은 그의 집으로 서둘러 가서 영어를 가르쳐줄 수 있는지 물었다.

"물론이지."

김낙구는 주한의 계획을 칭찬하며 대답했다. 하지만 그는 이

일을 의미 있게 만들기 위해 주한에게 영어를 공부하고 싶어 하는
다른 학생들을 모으라고 말했다. 아버지는 여섯 명의 급우를 찾아
서 모았다.

교회의 한 방을 빌려 김 씨는 3개월 동안 매일 아침『킹스 크라
운 리더 북 1권』을 가르쳤다. 1930년 여름이 끝날 무렵 주한은 책
전체를 외우고, 영어로 편지를 쓸 수 있었다. 그는 일본에서 영어
책과 사전을 주문해 꾸준히 공부했다. 그런데 모든 사람이 주한의
아버지와 이동휘 장군에 대해 알고 있었기 때문에 경찰은 그의 조
용한 삶에 의혹을 품었다. 어느 날 일본 경감과 협력자인 조선인
앞잡이가 반역 행위의 증거를 찾겠다며 집으로 들이닥쳤다. 그들
은 아무것도 찾지 못했지만, 갑자기 조선인 앞잡이가 주한의 책상
에 있는 영일 어휘 사전을 집어 들고, 그 안에 있는 일본어와 영어
로 쓰여 있는 혁명이라는 단어를 찾았다.

"이것 좀 보시지요."

그는 일본 경감에게 이야기했다.

경감이 그것을 살펴보았다.

"이게 무슨 뜻이지?"

그는 주한을 째려보며 물어보았다.

"단지 단어일 뿐입니다."

주한이 대답했다.

"이걸 좀 보십시오."

그는 자신이 쓴 많은 영어 단어들이 적힌 낡은 노트를 넘기면

　　　　　　　　　　　　　나의 살던 고향, 고요한 아침의 나라

서 이야기했다.

더 이상 문제 삼지 않고 경감은 떠나갔지만, 주한은 자신에게 일어난 일을 도저히 믿을 수 없었다. 단순히 사전에서 찾은 새로운 단어들을 적어놓는 것이 경찰에게 신호가 될 것이라고는 생각지도 못했다. 만약 수첩에 혁명이라는 단어만 쓰여 있었다면 경찰서에 끌려가 심문을 받았을 것이라는 확신이 들었다. 그는 일제 치하에서 살아가는 것에 대해 더욱 낙담하게 되었다. 이제 주한에게는 영어를 배우는 것만이 이 억압에서 벗어나는 유일한 방법이었다.

주한이 본격적으로 영어를 공부할 기회는 1930년 어느 날 찾아왔다. 나의 증조할아버지 봉호는 함흥 지역에서 교회 업무를 보고 있었다. 그는 그곳에 있는 동안에 한 고등학교를 방문했다. '영생학원'이라 불리는 그곳은 캐나다 선교사들이 세운 학교였다. 상해에서 이동휘 장군과 함께 일했던 독립운동가 김규식 열사의 사촌 동생인 김관식 교장은 봉호에게 학교를 견학시켜 주었다. 봉호는 손자를 이 훌륭한 학교에 보내기로 결심했다. 물리학 및 화학 실험실, 서양식 실내 배관, 증기 기관 등을 갖춘 잘 정비된 벽돌 건물에 깊은 인상을 받았기 때문이다. 아버지는 집을 떠나 살겠다는 생각을 한 적은 없었지만, 그것이 영어를 공부할 수 있는 유일한 방법이라면 그렇게 해야겠다고 마음먹었다. 그래서 그는 함흥에 있는 기숙 학교에 머물렀고, 주말에는 집으로 돌아왔다. 그는 밤낮으로 영어를 공부했다. 걸어갈 때는 소리 내어 읽으며 발음 연습을 했고, 언젠가는 영어 교사가 되겠다는 꿈을 꾸었다.

학교의 설립자이자 조선어를 유창하게 하던 선교사 윌리엄 스콧 목사는 외관이 희한했다. 짙은 갈색 양복을 입은 그는 키가 크고, 매우 말랐으며, 갈색 가발과 테가 없는 안경을 썼다. 영어를 가르치는 데 전념한 그는 주한의 학구열을 매우 기쁘게 여겼다. 1934년에 스콧 박사는 아버지를 전국한인중학생영어웅변대회를 위해 준비시켰다. 서울에서 열린 이 대회에는 전국의 우승자들이 참가했다. 일등상을 탔을 때 주한은 너무 흥분해서 시상식 도중 트로피를 떨어뜨렸다. 주한이 학교를 마치고 1940년에 교사 자격증을 취득했을 때 스콧 박사는 그를 고용하여 학교에서 영어를 가르치게 했다. 이십 대 중반에 아버지는 이미 영어 교사가 되는 꿈을 이뤘다.

아버지는 교사 자격증을 준비하는 동안 단천의 한 보통학교에서 가르쳤다. 함흥 출신의 젊은 교사인 최석원을 만난 것은 이 시기였다. 1939년 두 사람이 결혼한 후 어머니는 관례대로 교직을 그만두고 집에 머물렀다. 강씨 집안 2대 독자의 아내로서 아들을 낳아야 한다는 부담을 안고 결혼을 한 것이었다.

집 바깥에서는 일본의 식민 통치를 상기시키는 일이 끊이지 않았다. 직장에서 주한을 비롯한 다른 조선인 교사들은 괴롭힘과 차별을 겪었다. 일본인 동료들에 비해 적은 월급을 받는 것은 물론 교무실에는 항상 모든 교사가 떠날 때까지 머물러야 했고, 모든 사람의 왕래를 추적하는 정보원들에게 그들의 일거수일투족을 감시당했다.

영생학원에서 주한이 맡은 업무 중 하나는 학교 도서관을 관리하는 것이었다. 하루는 교장이 조선어책을 모두 버리라고 명령했다. 주한은 비밀리에 그 책들을 집으로 가지고 갔다. 그리고 해방되었을 때 그 책들을 도서관에 돌려놓았다.

기독교인으로서 그는 특히 모든 사람이 신사 의식에 참여해야 한다는 요구를 혐오했다. 교사들은 아침에 학교에 와서 가장 먼저 교무실에 있는 신사 앞에 절을 하고 또 교무실에 들어올 때마다 책상에 서서 벽에 걸린 신사 방향으로 절을 해야 했다. 그리고 하루를 마치고 떠나기 전에 다시 절을 해야 했다. 한 달에 두 번, 1일과 15일에 교사들은 학생들을 일렬로 세워 공원의 큰 신사로 행진하고, 일본의 신들에게 공경을 표해야 했다. 그는 캐나다인이 세운 미션스쿨에서 가르치고 있었기 때문에 신사 의식에 대한 많은 논의가 있었다. 선교사들과 조선인 교사들은 일본인들을 화나게 해서 학교가 문을 닫는 일을 피하려고 일단은 지시에 따르기로 했다. 주한은 제자들을 신사 앞으로 데려가는 것을 경멸했고, 사찰의 사제처럼 머리를 짧게 자르는 것을 싫어했으며, 조선인의 정체성과 존엄성을 그토록 조직적이고 영구적으로 파괴하려는 일본인들을 혐오했다.

이등 시민 만들기

서울에 있는 통감부는 일제 강점을 유지한다는 단일 목적을 가진 작은 규모의 일본 정부였다. 초대 통감 이토 히로부미는 조선을 향한 일본의 계획을 수행하는 업무를 총괄했다. 그 계획은 조선의 모든 영토를 완전히 통제하고, 이천만 조선인을 일본의 이등 시민으로 만드는 것이었다.

사실 일본은 문화 예술 유산의 많은 부분을 한국, 특히 한반도의 서쪽에 있었던 백제로부터 빚졌다. 백제는 세련된 문화와 예술로 알려졌고, 그 예술가들은 일본에 전해준 건축과 도자기 분야에 뛰어났다. 백제는 일본과 우호적인 관계를 맺었고, 두 나라 사이에 교류가 활발했다. 백제 작품의 가장 훌륭한 표본 중 하나는 백제의 장인들이 지은 유명한 호류사 사원에 남아있다. 그리고 1592년 도요토미 히데요시가 주도한 임진왜란 이후 7년간의 전쟁 동안 수많

     나의 살던 고향, 고요한 아침의 나라

1940년대 한국의 거리

은 미술품이 일본군에게 약탈당하여 일본 땅으로 옮겨졌다. 일본은 또한 일본 도자기에 헤아릴 수 없는 기여를 한 도공들을 포로로 삼았다.

그러나 일본제국이 확장을 시작함에 따라 처음에는 한반도에서 그리고 다음에는 아시아 전역에서 서양과 경쟁하여 아시안들을 규합하기 위하여 우수한 야마토 인종에 대한 신화를 만들어 냈다. 이러한 우월성의 신화는 한반도에서 조선인의 정체성을 파괴하고 그들을 이류 시민으로 만들겠다는 목표로 강조되었다. 일본은 바깥 세계에는 선전을 통해 조선에서 행해지는 모든 일이 조

조선통감부

선인에게 진보라고 확신시켰는데, 실상은 정반대였다. 예를 들어 1920년대 후반 일본 문무성이 경성제국대학을 설립했을 때 관계자들은 그 학교가 교육의 향상에 큰 역할을 할 것이라고 주장했다. 그러나 그 존재의 중요성을 인정한 조선인은 거의 없었다. 학교 행정가들의 이중적인 잣대로 조선 학생들은 가장 우수하고 똑똑한 소수만 입학하는 반면 일본 학생들은 자격이 부족할지라도 대거 입학했다. 동경제국대학에 입학하지 못한 학생들은 조선에 가서 경성제국대학에 입학했다.

통감부는 일본인을 최고 관리로 하는 치밀한 행정 조직을 확립하여 서울의 중앙정부에서 시골의 작은 촌락까지 칙령이 시행되도록 했다. 이렇게 해서 일본은 거의 40년의 식민 통치 시기에 쌀 수확량의 절반을 걷어갈 수 있었다. 급속한 산업화로 추진된 국제

   나의 살던 고향, 고요한 아침의 나라

권력을 차지하기 위한 일본의 계획은 방대한 물적 자원과 그것을 작동시키기 위한 노동력이 필요했다. 식민통치자로서 일본은 욕심이 많고, 기발하고 옹졸하고 단호하게 목표를 추구했다. 학교에서 어떤 자격을 갖추었는지, 얼마나 오래 근무했는지와 상관없이 조선인은 교장이 될 수 없었다. 조선인 교사가 상급 직위까지 도달하면 그는 그보다 높은 직위의 일본인 교사가 있는 대도시의 학교로 배정이 됐다.

일본인 행정관들 역시 다른 방식으로 조선인들을 억압했다. 그들은 일본인들만 철도 운영권을 가지도록 했다. 전국에서 가장 외진 기차역조차도 일본인들이 운영에 관련된 모든 권리를 갖고 있었다.

농업은 일본인들의 필요에 맞게 재편성되었다. 농부들은 과일, 채소, 특히 일본인들이 선호하는 쌀과 같은 최고의 농산물을 낮은 가격에 먼저 일본에 팔아야 했고, 그 후 남은 것만을 가질 수 있었다. 수확량의 절반이 일본으로 넘어가게 되면서 국내에서는 쌀이 귀해졌다. 일제는 조선인들에게 콩에서 기름을 짜내고 남은 찌꺼기인 콩깻묵을 쌀에 섞어서 양을 늘리라고 지시했는데, 여기서는 톱밥 맛이 났다. 일본인들은 보통 비료로 쓰는 말린 콩깻묵을 만주로부터 가져와 식용으로 팔았다. 사람들은 명절과 같이 특별한 날에만 다른 게 섞이지 않은 흰 쌀밥을 먹을 수 있었다.

하지만 우리 부모를 화나게 한 것은 쌀을 비롯한 다른 곡물들이 어디로 가고 있는지를 지속해서 상기시키는 광경이었다. 매일 기차역에서 산더미같이 많은 쌀, 콩, 기장이 일본으로 향하는 것을 볼 수 있었다. 정오가 되면 농작물이 사라지지만, 다음 날 아침에는 또 산더미같이 많은 곡물이 그 자리를 대체했다. 거의 35년간 전국의 모든 주요 기차역에서 비슷한 상황이 벌어졌다.

일본인들은 음식만이 아니라 사람들까지도 강탈했다. 청년들은 일본제국의 전쟁 물품을 만들기 위해 일본, 사할린 열도, 만주 등의 광산과 군수 공장에서 일하도록 징집되었다. 젊은 여성들은 일본 군인들의 성노예로 납치되었다. 일본인 사이에 성병이 만연하자 그들은 처녀를 공급하기로 했다. 일본 정부는 이를 위해 식민지인 한국에서 소녀들을 납치했고, 이후 일제의 아시아 정복이 확대되며 조선인보다는 그 수가 적었지만, 중국, 필리핀, 싱가포르, 인도네시아, 네덜란드 여성들까지도 납치했다.

'위안부'라는 말은 모든 조선인이 알고 있는 끔찍한 말이었다. 일본인에 의해 납치되는 것을 피하려고 일부 소녀들은 바깥에 나갈 때 남자아이처럼 옷을 입고, 농부의 밀짚모자를 쓰기도 했다. 시골에서 온 가난한 농민 소녀들이 가장 인기 있는 목표였지만, 다른 모든 사람도 걱정해야 했다.

"우리는 항상 위안부에 대해 경고받았다."

어머니가 들려준 말이다. 외조부모는 어머니와 두 여동생을 지켜야 했다. 왜냐하면 모든 소녀가 일본 군대의 잠재적인 성노예였기 때문이다. 무고한 소녀들이 저녁 식사를 위해 산나물을 따거나 개울가에서 빨래하다가 납치됐다. 시장에서 심부름 일을 하는 가

    나의 살던 고향, 고요한 아침의 나라

난한 시골 소녀들은 이상적인 공장의 일자리에 관한 이야기에 현혹되었다. 일본인들은 총 10만 명 이상의 소녀들과 젊은 여성들을 모집하거나 납치했는데, 이들은 일본 군인들을 따라 만주와 중국 그리고 나중에는 동남아시아 전역으로 끌려갔다. 그들은 일본군과 함께 이동하며 막사 앞에 살았다. 이러한 잔학 행위는 반세기가 지난 1990년대에 들어서야 밝혀져 국제적 스캔들이 되었다.

1923년 도쿄와 요코하마 지역을 관통한 관동대지진 이후 일본이 조선인들에게 끔찍한 만행을 저지른 사건이 발생했다. 일본 경찰과 군인들은 지진 후의 혼란을 틈타 조선인들이 우물에 독을 타고 불을 지른다는 근거 없는 소문을 내고 6천 명의 조선인을 학살했다. 일본에 거주하는 동안 우리 가족은 도쿄한인교회에 다녔는

관동대지진

데, 그곳에서 시무하던 오윤태 목사로부터 당시의 학살에서 살아남은 조선인들이 겪었다는 끔찍한 이야기를 전해 들었다. 오 목사는 일본인들, 심지어 기독교인들조차 얼마나 무자비했는지 들려주었다. 그들도 모든 조선인을 죽이려 했다는 점에서는 마찬가지였다는 것이다.

도쿄의 한 지역에서는 한 번에 열 명씩 손이 뒤로 묶인 조선인들이 아라카와 운하의 둑으로 끌려가 기관총에 의해 학살되었다. 60년 뒤인 1982년 초등학교 교사인 유키에 키누타(Yukie Kinuta)가 이끄는 한 민간단체가 살해된 조선인들의 유해를 발굴했다. 그녀는 학살된 조선인 희생자들의 영혼을 위로하기 위해 이 프로젝트를 기획했다고 말했다.

불합리한 운명의 비틀림으로 소련에 있는 한인들은 일본의 잠재적인 간첩으로 의심받아 희생되었다. 일본이 만주를 침략하고 3달이 지난 1937년 가을, 소련의 지도자인 이오시프 스탈린은 20만 명에 가까운 조선인들을 소련 극 동부 연해주로부터 중앙아시아의 카자흐스탄으로 강제 이주시켰다. 아무런 설명 없이 이틀 전의 통보 후 그들은 시베리아를 횡단하는 긴 여행을 위해 소 떼처럼 기차에 실려 갔다. 그 여행에서 수백 명의 사람이 죽었다. 이 강제 이주는 1937년 9월에서 12월 사이에 일어났다. 이들의 후손들은 중앙아시아 전역에서 흩어져 살고 있다. 끔찍한 아이러니는 스탈린이 일본의 잠재적이거나 실제 간첩으로 의심하고 있던 한인들은 고향에서 일본의 탄압을 피해 소련으로 도망을 왔다는 사실이었

   나의 살던 고향, 고요한 아침의 나라

다. 러시아 작가 알렉산드르 솔제니친(Aleksandr Solzhenitsyn)이 아니었다면 스탈린의 이 강제 이주는 알려지지 않았을 것이다. 그는 자기의 저서 『**수용소 군도**』(*The Gulag Archipelago*)에서 강제 이주를 서술했다. 그는 강제 이주를 이렇게 설명한다.

> 1937년 중풍에 걸린 노인부터 아기에 이르기까지 거지 같은 몰골을 한 수만 명의 한인이 극동 지방에서 카자흐스탄으로 신속하고 조용하게 이송되었다. 그들은 창이 없는 진흙 벽돌집에서 첫겨울을 보내야 했다. 그리고 이 이주가 얼마나 조용하게 이루어졌는지 이웃 카자흐스탄 사람들을 제외하면 아무도 이 강제 이주를 알지 못했고, 외신 기자를 포함해 아무도 이에 대하여 한마디도 내지 않았다.

솔제니친은 다른 책에서 조선인들의 강제 이주도 스탈린의 "인종을 기반으로 한 강제 이주 사건"이라고 말했다. 그의 폭로 이후 재외 동포들과 일본의 학자들은 이 사건을 둘러싼 정황을 조사하기 시작했다. 그러나 구소련 공화국 아래에서 한인들의 고립과 기록된 문서의 부족으로 연구자들이 구체적인 내용을 알아내는 것은 어려웠다. 직접 경험한 한인이 최고의 증인이지만, 어떤 이유에서인지 그들은 침묵을 지켰다.

러시아 동포 4세인 라리사 김(Larisa Kim)은 모스크바의 정신과 의사이다. 그녀의 할아버지는 소련 극동 지방에서 중앙아시아로 이주한 후 스탈린의 통치 중 살해되었고, 외할아버지는 같은 운명을 피하려고 하얼빈으로 탈출했다. 그녀는 우즈베키스탄의 수도 타슈켄트(Tashkent) 인근의 작은 마을 앙그렌(Angren)에서 자랐고, 이후 부모가 교수로 재직하고 있는 모스크바에서 자랐다. 그녀는 자기 할머니가 보복을 두려워하여 할아버지의 살해 사실을 평생 비밀로 해왔다고 했다. 구소련의 중앙아시아를 찾는 많은 한인이 1937년의 강제 이주에 대해 알아내기 위해 노력했지만, 나이 든 러시아 한인들은 그들의 피, 땀, 눈물의 이야기를 무덤까지 가져가고 싶어 하며 말하기를 여전히 꺼린다.

일본 제국주의는 모든 조선인에게 큰 피해를 주었다. 그러나 지금처럼 약소국의 목소리는 국제적인 영향을 가지지 못했다. 민족주의 지도자들 사이에 의견 차이가 문제를 더 어렵게 만들었다. 독립운동은 미국을 중심으로 한 그룹과 시베리아-만주를 중심으로 한두 개의 그룹으로 나뉘었다. 하와이에서 활동 중인 미국 중심 그룹의 지도자 이승만은 독립을 쟁취하는 방법으로 외교적인 방법과 미국의 도움을 믿었다. 그러나 시베리아-만주 그룹을 이끌었던 이동휘는 일본인과의 공개적인 전쟁을 벌이기를 원했다. 이동휘 장군은 일본의 한반도 점령을 도왔던 미국이 조선의 독립을 돕기 위해 어떤 조치도 취하지 않을 것이라고 정확하게 예상했다. 그는 미래의 어느 시점에 미국과 일본이 전쟁하게 될 것도 정확히 예측했다. 1922년 상해에서 열린 임시정부 특별 회의에서 이루어진 두 그룹 간 대결에서 이동휘 장군은 수가 더 많았던 친미 그룹에 패배했다. 이동휘 장군은 총리직을 사임했고, 안창호는 노동국장

　　　　　나의 살던 고향, 고요한 아침의 나라

직을 그만두었다. 시베리아로 돌아온 이동휘 장군은 강력한 혁명적 대중 정당만이 민족주의의 목표를 시행할 수 있는 유일한 길이라 믿으며 한인사회당을 결성했다. 소련의 지도자 블라디미르 레닌(Vladimir Lenin)은 그에게 도움을 주며 금전적 지원을 약속했다. 이동휘 장군이 1918년 시베리아에서 처음 모스크바로 갔을 때 그는 단순히 소련과 민중운동을 믿은 것 외에 어떤 사상이 있지 않았다. 레닌이 조선에 얼마나 많은 노동자 계층이 있는지 물었을 때 그는 대답할 수 없었다. 그는 알지 못했었다. 레닌은 웃으며 보좌관을 불러 이야기했다.

"우리는 이동휘 동지를 도와야 합니다. 그는 조선의 독립을 위한 뜨거운 피를 가지고 있지만, 방법을 모릅니다. 이것이 자연스러운 동양의 상태입니다. 그들에게는 혁명적 기반은 없고, 테러와 군사행동의 배경만이 있습니다."

이 기간에 반역적인 친일파들은 일본을 돕기 위해 같은 동포들에게 고통을 가했다. 일본인들은 국내외를 막론하고 조선인이 사는 곳이라면 어디든 그들의 요원과 조선인 앞잡이를 보냈다. 안창호의 장녀 안수잔은 로스앤젤레스에서도 어린 시절 일본 요원들이 가족을 염탐하며 집 안팎을 드나드는 사람들을 감시하던 것을 기억하고 있다. 그 앞잡이들은 편안히 살고, 자기 자녀를 일본인들이 명문이라고 여기는 학교에 보내는 특권을 누렸다. 친일파들은 부정적 유산을 역사에 남겼다. 그들은 식민지적 사고방식과 사대주의를 뿌리내리게 했다. 이것들은 해방 후에도 오랫동안 지속되어 군사정권의 행태로 확대되었다.

일본의 합병과 식민지 지배는 나의 고조할아버지 수일로부터 나에게 이르기까지 강씨 집안 5대에 걸쳐 영향을 미쳤다. 다른 수백만의 한국인들과 마찬가지로 우리 가족들도 일본에 협력하기를 거부함으로써 큰 대가를 치르게 되었다. 일제에 의해 막강한 지위가 사라진 수일은 날개 잘린 독수리처럼 식민지 지배하에 사반세기를 살았다. 하나밖에 없는 손자 명환이 망가진 것을 보며 그는 큰 괴로움을 느꼈을 것이다. 그러나 수일은 하나뿐인 증손자인 나의 아버지에게 관심을 쏟으며 그 비극을 견디어 냈다. 말년에 그의 취미는 파이프 담배를 위해 담뱃잎을 제조하고, 아끼는 연회색 당나귀를 돌보고, 그네를 만들고, 이야기를 들려주는 등 주한을 위한 여러 가지 일들을 하는 것이었다. 아버지가 스물한 살이던 1934년에 여든여덟의 나이로 수일은 세상을 떠났다. 그는 '가장 오래 사는 사람'이라는 뜻의 이름에 걸맞게 살았다. 당시에는 그렇게 나이가 들 때까지 살아있는 사람이 거의 없었다. 그는 1859년 열세 살의 나이에 보시골에 있는 강씨 영지로 시집왔던 첫째 부인 옆에 묻혔다.

나의 증조할아버지 봉호 역시 기독교 신앙의 힘으로 일제가 부과한 짐을 짊어졌다. 그는 머지않아 일본이 멸망할 것이라 믿었다. 그는 정의가 궁극적으로 승리할 것이고, 하나님을 믿지 않는 사람들은 오래갈 수 없고, 현재의 절망 때문에 깜빡이는 희망의 불꽃이 꺼지지 않도록 하라는 설교했다. 오직 하나님의 개입을 통해

     나의 살던 고향, 고요한 아침의 나라

서만 조선은 일본의 멍에에서 해방될 수 있다고 주장하며 가능한 많은 사람을 기독교로 개종시키기 위해 노력했다. 봉호의 움직임은 일본 요원들과 조선인 앞잡이들에게 감시받았지만, 그는 두려움이 없었다. 하나님과 함께 있었기에 일본인과 같은 압제자들이 있음에도 불구하고 강인할 수 있었던 것 같다. 그들은 결국 봉호를 내버려 두었다. 아마도 그들은 우리 할아버지 강명환이 망가짐으로써 강씨 집안이 이미 값비싼 대가를 치렀다고 생각했을 것이다.

몇 년 동안 옥고를 치르고 고문을 당한 명환의 망가진 정신은 가족 전체에 어두운 그림자를 드리웠다. 앞서 언급했듯이 할아버지는 연기가 가득 찬 방에 틀어박혀 좀처럼 나오지 않았다. 그의 예측 불가능한 돌발적 행동은 가족들을 불안하게 만들었다. 그의 상태는 아마도 오늘날 외상 후 스트레스 장애라고 불리는 것일 것이다. 당시 그의 병세에는 그런 이름이 없었지만, 직감적으로 총명했던 중조할머니 봉금은 밤에 물러나기 전에 부엌칼들이 모두 숨겨져 있는지 확인했다. 하나뿐인 아들이 정신이 흐려진 것을 보는 그녀의 불안과 슬픔을 상상할 때면 나는 그녀의 찢어지는 고통을 느낀다. '아름다운 이'라는 별명을 가진 이 부잣집 딸이 이런 고통 가운데 하루를 마쳐야 한다는 것은 도대체 어떤 운명인가? 그러나 그녀의 손자, 나의 아버지는 그녀의 인생에 햇빛이 되었을까? 내가 그녀와 대화를 나눌 수 있을 만큼 나이가 있었다면 좋지 않았을까 생각해 보곤 한다.

이 모든 상황에 아버지는 공부에 더욱 전념함으로써 대응했다.

영어에 대한 열정은 그에게 영문학의 흥미로운 세계를 열어주었고, 그를 이 모든 우울함에서 벗어나게 해주었다. 아버지는 테니슨(Tennyson), 셰익스피어(Shakespeare), 워즈워스(Wordsworth), 로버트와 엘리자베스 배렛 브라우닝(Robert and Elizabeth Barrett Browning), 키츠(Keats), 예이츠(Yeats), 하디(Hardy)의 작품에 빠져있었다. 그는 영어를 마스터하고 싶어 했으며, 늘 정치적 개입을 피해 공부했다. 그는 의사소통을 위한 도구로써 영어의 중요성을 인식하고 있었기에 그의 유창한 영어 실력은 일제 통치하에서 독립심의 토대가 되었다. 나는 영어가 그에게 구원이 되었다고 생각한다. 증조할아버지의 개종이 우리 가족의 삶의 여정을 바꾸어 놓았듯이 아버지의 영어에 대한 애정은 그와 강씨 집안의 다음 세대에 불가역적으로 영향을 끼쳤다.

　1910년 8월 22일부터 일본이 2차 세계대전에서 항복한 1945년 8월 15일까지 36년간 일본 통치자들의 횡포에서 벗어날 방법이 없었다. 조국이 없이 그리고 가족의 성, 언어, 국기, 국화조차 빼앗긴 채 조선인들은 일본의 통치 아래에서 고통을 겪었다. 조선이 자유로워질 수 있는 유일한 방법은 미국과 일본의 충돌이었다. 이동휘 장군은 일본이 미국의 도움을 받아 조선을 점령할 음모를 꾸미고 있지만, 두 강대국 사이에 전쟁이 일어날 것이라고 예견한 바 있었다. 우리 가족은 믿음을 잃지 않았고, 그 믿음은 일본의 몰락과 함께 증명되었다. 그러나 또다시 고래 사이에 갇힌 조선인은 자신을 스스로 방어할 수 없는 또 다른 상황에 부닥쳤다.

　　　　　　　　　　　나의 살던 고향, 고요한 아침의 나라

해방, 그 잔인한 장난
(1945~1950)

4

매년 8월 15일이 되면, 국내외에 있는

우리 한국인들은 우리의 오래된 한을 떠올린다.

그날은 만주, 중국, 러시아, 미국 등 어느 곳에서나

한국인의 영혼에 깊은 상처를 남긴

잔혹한 일제로부터 해방된 우리의 광복절이다.

그러나 이 영광스럽고 즐거운 날은 여전히 우리의 꿈과 열망을 무시하고 있다.

우리는 받아들일 수 있는 운명으로부터 거저 주어진 해방을 간절히 바란다.

우리가 어디에 사는지는 상관없다.

우리는 모두 야만적인 이웃의 잔인한 힘 아래에

한 조각씩 고요한 아침의 나라에 대한 우리의 기억을 떠나보낸다.

_ 이경원(K. W. Lee, 1928~), 1994년 저자와의 인터뷰에서 발췌

주요
인물

강주한 아버지

강봉호 증조할아버지

최석원 어머니

한계손 외할머니

윌리엄 스콧 목사 아버지의 영어 교사

1941년 12월 8일 진주만 공습을 계기로 미국이 일본과의 전쟁을 선포하자 강씨 일가 또한 매우 기뻐했다. 그들은 이것이 일본의 통치로부터 해방될 수 있는 신이 내린 기회라고 보았다. 하지만 막대한 전쟁 비용을 충당하기 위해 일본이 식민지들을 더욱 쥐어짜면서 삶은 더 어려워졌다. 식량 배급이 더욱 엄격해지고, 경찰의 감시가 철저해졌다. 전쟁 발발 후 서양 선교사들이 본국으로 송환되면서 기독교인이라는 이유로 친미 성향으로 분류되었던 강씨 일가를 향한 경찰들의 잔혹성은 더해갔다. 우리는 철저하게 일본인과 조선인 앞잡이의 손아귀에 있었다.

무고한 행동까지도 일본에 대한 음모로 읽혔다. 예를 들면 증조할아버지 봉호가 떠나가는 선교사 가족에게서 사 온 젖소가 경찰의 수사를 불러왔고, 이에 따라 결국 그는 죽음에 이르는 형벌을

진주만 공습

받았다. 이때까지 17개의 교회를 세우고 함경남도 전역에 알려진 강봉호는 일반 범죄자와 마찬가지로 경찰서에 소환되었다. 경찰은 눈처럼 하얀 머리와 콧수염을 기른 72세의 장로를 노려보며 미국의 첩자라고 비난했다. 그렇지 않으면 어떻게 선교사로부터 소를 받을 수 있느냐고 말했다. 증조할아버지는 1941년 당시에는 상당한 돈이었던 300달러 상당의 금액을 지불하고 소를 샀다. 그런데도 그들은 증조할아버지가 그 소를 받은 것이라고 주장하면서, 나이를 고려하여 가두지는 않는 대신 매일 아침 9시에 경찰서에 출두하라고 명령했다. 봉호는 수개월 동안 찌는 듯한 더위와 비와

 나의 살던 고향, 고요한 아침의 나라

눈 속에 경찰서를 오갔다. 그는 너무 많은 대가를 치러야 했다. 체중이 줄기 시작했고, 병에 걸린 후 회복되지 않았다. 그리고 내가 태어나고 열 달이 지난 1943년 9월 22일에 사망했다. 내가 증조할아버지 강봉호에 관해 기억하는 것은 틀니와 대머리 두 가지뿐이다. 몇 년 후 증조할아버지의 입에 손을 넣어 틀니를 잡으려 했던 일을 떠올리자, 어머니는 나의 상세한 기억력에 놀라워했다. 어머니는 증조할아버지가 나를 붙잡으려 할 때마다 내가 할아버지의 민머리를 작은 손으로 찔렀다는 이야기를 해주셨다. 내가 평생 증조할아버지께 감사하는 이유는 제2차 세계대전이 한창이던 1942년 11월 11일 나의 탄생을 반겨준 유일한 남성이었기 때문이다.

시베리아에서 불어온 바람이 굵은 눈을 흩뿌리던 유난히 추웠던 밤, 나는 마사라는 이름의 조선인 기독교인 산파의 손에 태어났다. 목에 탯줄이 다섯 바퀴나 감긴 채로 온몸에 멍이 든 채 세상에 나왔지만, 아이는 살아남았다. 외할머니 한계손이 내 혀에 바른 세 방울의 약초가 생명을 살렸다. 딸이 태어났다는 사실이 알려졌을 때 아버지는 나를 인정하지 않았다. 그는 아들을 기대했고, 남자아이를 위한 이름들만 지어두고 있었다. 그는 2주 동안이나 아이를 보지 않았고, 집안 여자들이 머리맡에 모여 위로하는 산모의 방에도 들어가지 않으려 했다. 어머니 주변의 모든 여자가 울고 있는 그 상황은 마치 초상집의 울음 같았다. 그러나 증조할아버지 강봉호가 손자를 꾸짖으며 산모를 위로했다. 그리고 내 어머니를 편들며 여자들에게 이야기했다.

"하나님께서 아들을 주시는지 아니면 딸을 주시는지는 나에게 아무런 차이가 없다."

10개월 후 그는 고통 가운데 미소를 지으며 죽어갔다. 마지막 순간 증조할아버지는 나의 백일 사진을 보고 있었다. 마침내 딸을 받아들였을 때, 아버지는 내게 꽃의 이름을 따거나 전통적인 여자아이들처럼 간단한 이름을 붙이는 것을 반대했다. 대신에 자신의 좌우명인 '안정적이고 일정한'이라는 뜻을 가진 견실이라는 이름을 지어 주었다. 그것은 매우 독특한 이름이어서 나는 그와 같은 이름을 가진 다른 사람을 만나거나 들어보지 못했다. 콘스탄스(Constance)의 약칭인 코니(Connie)라는 이름은 견실과 가장 비슷한 이름이다. 1945년 4월 오키나와가 미국에 함락되었을 때 아버지는 다른 한국인들과 마찬가지로 일본의 끝이 가까워졌다고 생각했다. 그러나 누가 전쟁에서 이길지 그가 재직하던 학교의 일본인 동료가 의견을 물었을 때 그는 조심스러웠다.

"아마도 일본이겠지."

많은 정보원이 주변에 있었기에 아버지는 사소한 반일 발언 때문에 공식적인 기소도 없이 구타당하고 투옥되었던 다른 사람들처럼 함정에 빠지지 않으려 애썼다. 예를 들어 단천의 어릴 적 친구는 전쟁이 발발한 후 일본의 시대가 끝났다고 말했다는 이유로 감옥에 갇혔다.

일본 전승 기념일인 1945년 8월 15일 해방이 찾아왔다. 이것은 아버지가 예상했던 것보다 더 빨랐다. 그러나 일본 군인과 경찰

 나의 살던 고향, 고요한 아침의 나라

이 곳곳에 있었기 때문에 그는 기쁨을 표현하지 않으려고 조심했다. 그들이 항복하기 전에 일본이 최대한 많은 조선인을 죽일 것이라는 두려움이 있었기 때문이다. 도쿄에서는 일본이 전쟁에서 패배했다고 이야기하는 히로히토 천왕의 목소리가 라디오를 통해 전파되었다. 사람들에게 신성한 혈통이라고 믿어지던 천황도 결국 인간에 불과하다는 것이 드러나는 순간이었다.

해방 후 아버지가 가장 먼저 한 일은 머뭇거리는 수위에게 교무실의 신도를 철거하라는 지시였다. 이튿날 일본인 교장이 돌아왔을 때 사라진 신사를 바로 눈치채고 물었다. 아무도 대답하지 않았다. 교장의 전화를 받은 수위가 강주한이 신사를 없애라고 지시했다고 대답하자, 교장은 아무런 말도 하지 못했다. 반면에 주한은 일본인에 대해 억눌렀던 분노를 억제할 수 없었다. 몇 달 동안 교장이 교사들에게 학생들을 근처 산으로 데려가 소나무 뿌리를 캐도록 했기 때문이었다. 뿌리에서 나온 기름이 일본 전투기의 부품을 청소하는 데 사용되었을 것이다. 이러한 작업은 하루에 다섯 시간에서 여섯 시간 동안 계속되었고, 그렇게 학생들의 공부 시간을 빼앗은 것에 분개했던 주한은 이제 권력을 잃은 교장을 보면서 더 이상 자제할 수 없었다. 어떻게 아직도 감히 신사에 관해 물어볼 수 있지? 그는 교장의 머리를 치며 말했다. "어떻게 네가 자신을 교육자라고 할 수 있냐? 너는 학생들을 가르치는 것보다 우리가 신사에 절하는 것에 더 관심이 있었어. 너는 학생들을 가르치는 것보다 윗사람들의 눈에 들기 위해 소나무 뿌리를 모으러 산으로 보내는 데 더 관심이 있었지. 공부해야 하는 학생들의 노동력을 착취해서 너희 나라가 기름을 얼마나 가져갔다고 생각하느냐?"

그는 다시 교장을 쳤다. 다른 교사들은 믿지 못하겠다는 듯이 계속 지켜보았다.

조선인 이웃의 보복이 두려워 피신한 일본인 남성들과 여성들이 학교로 모여들고 있었다. 주한은 그들의 얼굴을 힐끗 쳐다본 후 위협을 느끼고 전술을 바꾸었다. 그는 일본인 교장이 재임 기간 저지른 비행들을 하나하나 열거했다.

그러고 난 후 교장에게 말했다.

"너희 나라는 전쟁에서 졌다. 너는 너희 나라를 위해 무엇을 했는가?"

교장은 부끄러워 그저 고개를 숙이고 있었다. 주변의 일본인들도 한마디도 하지 않고 지켜보았다.

대일본 전승 기념일 이틀 후 주한은 단천공원에 모인 수천 명의 사람과 함께 축하를 나누었다. 그들은 여러 해 만에 처음으로 대중 앞에서 태극기를 흔들고, 애국가를 불렀다. 몇 년 후 주한은 나에게 조선인들이 태극기 아래 자유롭게 살 수 있다는 사실에 그당시 자신이 얼마나 희망에 차 있었는지 말했다. 그는 이 새로운 자유가 지속되는 기간이 얼마나 짧을지 알지 못했다.

오늘날 북한의 함경남도에 속하고 산지에 접해 있지만 남쪽으로 평야가 펼쳐진 단천은 1945년 4만 명의 인구를 가진 중소 도시였다. 비옥한 토양은 질이 좋기로 전국적으로 유명한 '단천대두'를 재배할 수 있게 했고, 동해와 근접해 연중 신선한 해산물을 구할 수 있었다. 산에는 금, 은, 구리, 철, 텅스텐이 있었다. 들에는 유명한 단천 소가 풀을 뜯고 있었다. 도시의 자원 때문에 일본인들은 단천의 광물, 소, 콩을 일본으로 가져가기 위한 큰 항구를 건설했다. 공장, 광산, 농산물의 선적을 감독하기 위해 단천에 많은 일본인이 살고 있었다. 일본인들이 가장 좋은 집들을 차지하고 있었고, 기차역의 상점과 같이 수익성 있는 시설의 운영권은 일본인들에게만 주어졌다. 1910년부터 1945년까지 단천에 있는 일본인들은 부유하게 살았다.

전쟁 직후 소지품을 챙겨 단천의 한 고등학교로 도망쳐 들어
간 일본인들은 보복에 대한 두려움 속에 송환 지시를 기다리고 있
었다. 1945년 8월 미국이 발의하고 소련이 동의한 연합군의 규정
에 따라 삼팔선 이북의 일본인들에게는 소련군이, 이남의 일본인
들에게는 미군이 항복을 받게 되었다. 한반도를 절반으로 갈라놓
게 되는 삼팔선을 택한 것은 가능한 한 북쪽으로 진출하고자 했던
국무부와 미국이 소련보다 먼저 한반도에 도착한다는 것이 논리
적으로 가능성이 적다고 버티던 군부 사이의 절충안이었다. 이 명
령은 일본군이 도쿄만 미주리호에 승선해 항복 조인 문서에 서명
한 9월 2일 연합군 최고사령관 더글러스 맥아더 장군에 의해 내려
졌다. 소련군이 북한에 들어오는 데 약 일주일의 시간이 걸렸다.
하지만 모든 일본인이 공식적인 송환을 기다린 것은 아니었다. 그
들은 뒤늦게 자신들의 악행과 자신들을 향한 분노와 원한을 깨닫
고 일부는 배를 타고 한반도의 동남 해안을 향해 길을 나서 그곳에
서 일본으로 건너갔다. 그러나 일본인 대다수는 지시를 기다렸다.
그러한 상황에서도 일본인들의 절제된 행동에 아버지는 깊은 인
상을 받았다. 특히 송환을 기다리기 위해 단천 학원으로 온 대규모
일본인 그룹이 기억에 남았다. 절박한 상황에서도 그들은 책이나
잡지를 읽으며 시간을 보냈고, 질서정연한 태도를 유지했다.

해방 후 처음 며칠간은 기쁨의 시간이었다. 일제 강점기 시절
일본, 유럽, 미국에서 학업을 마치고 돌아왔지만, 지금까지 몸을
낮추거나 숨어 있던 지식인들이 나와 지도적 역할을 맡았다. 그들

   나의 살던 고향, 고요한 아침의 나라

은 일본으로부터 무기를 압수하고 직접 방공호를 메우게 했다.

기억에 남는 어느 날 오후, 일본인들은 줄을 서서 단천에 있는 커다란 신사로 태극기를 들고 행진했다. 그곳에서 신사를 허물라는 지시를 받은 일본인들은 말 한마디 하지 않고 그 일을 했다. 그들은 도리이(신사 입구에 세워진 문) 주변에 밧줄을 묶어 끌어내렸다. 같은 방식으로 신사도 무너뜨렸다. 그러나 조선인들이 다스리는 시간은 짧았다. 곧 소련 점령군이 나타나 평양, 함흥, 단천 등 북부의 도시들을 점령했다. 소련군의 도착은 모든 것을 바꾸어 놓았다. 러시아는 중국 공산주의자들과 함께 소련에서 훈련받은 김일성이 주재하는 임시 인민위원회가 구성되었다. 그들은 중국, 만주, 시베리아에서 돌아온 많은 저명한 민족주의자들을 숙청한 후 공산화 정책을 시행했다. 북방 전역에 걸쳐 인민위원회가 구성되었고, 교육받지 않은 농민 계층에서 위원들을 모집했다. 농민과 지식인들 사이에서 권력 투쟁이 일어났다. 소련의 지원을 받은 농민들은 교육받은 계층과 싸워 무기를 압수했다. 소련군은 많은 지식인을 체포하여 지식인 지도자가 출현하지 못하도록 막았다. 공산주의자들은 거의 매일 붉은 깃발을 흔들며 행진을 벌였다. 이 행진에는 가난한 사람들과 교육받지 못한 사람들만 참여했다.

인민위원회는 학교를 포함한 모든 공공기관에 그들의 대표단을 파견했다. 그들은 교사들에게 학생들을 집회와 모임에 데려올 것을 요구했다. 모임은 매일 소집되었으며, 누가 왔고, 누가 오지 않았는지 기록되었다. 아버지는 요청에 따라 공개 집회에 학생들을 데려갔지만, 저녁이나 일요일의 초대는 무시했다. 인민위원회가 눈치채고 이것을 그를 구속할 구실로 삼으려 했다. 연합군의 승리로 일본의 억압에서 해방되기를 기대했지만, 이것은 단지 한 압제자가 다른 압제자로 대체된 것 같았다. 일본 제국주의의 자리를 공산주의가 대체했다. 그리고 그들의 통제는 어떤 면에서는 일본군보다 훨씬 더 엄격했다.

아버지는 공산주의자들로부터 비협조적인 사람으로 낙인찍혀 해방 후 첫 크리스마스를 감옥에서 보냈다. 크리스마스를 사흘 앞두고 교회에서 영어 수업을 마치고 돌아와 잠자리에 들려던 참에 두 명의 사복 경찰이 찾아왔다. 그들은 아버지에게 경찰서로 따라오라고 말했다. 왜인지 물었을 때 '당'의 명령이라고만 대답했다.

"보통 우리는 쇠고랑을 채우지만, 당신의 직업을 존중하기에 수갑은 채우지 않겠습니다."

경찰 중 한 명이 말했다.

경찰서에 도착했을 때 아버지는 친하게 지내던 초등학교 동창을 만났다.

"내가 무슨 일을 해서 이렇게 끌려온 거야?"

그 동창의 대답은 똑같았다.

"당의 명령이야."

그들은 아주 작은 창이 나 있고 더러운 담요가 커튼처럼 걸려 있는 변소가 있는 작은 감방에 아버지를 가두었다.

변소에서 나는 악취와 오랫동안 목욕을 하지 않은 사람들의 냄

   나의 살던 고향, 고요한 아침의 나라

새는 참을 수 없을 정도였다. 여기저기에 이와 벼룩이었다. 나무 바닥에는 7~8명의 사람이 앉아 있었다. 아버지는 그중 두 사람을 알아보았다. 한 명은 할아버지의 시베리아 시절 친구였다. 또 다른 사람은 친일파 앞잡이였다. 세 번째 사람은 살인을 저질렀다. 네 번째 사람은 서울로 도망치려다가 붙잡혔다고 말했다. 아버지는 감옥에는 언제나 첩자가 있다고 하셨던 몇 년 전 할아버지의 말씀을 떠올리며 이 남자가 간첩일지 모른다고 생각했다. 또 다른 남자는 서울의 라디오 프로그램을 듣는 죄를 범한 테니스 우승자였다. 모두 감방에 며칠 동안 갇혀있었다.

시간을 보내기 위해 그들은 돌아가면서 자기 이야기를 했다. 시베리아에서 온 할아버지의 친구는 여행 중 호랑이를 보았다고 했다. 정보원으로 의심스러웠던 사람은 공산주의자들을 계속 비판했고, 일부가 비판에 동참했다. 감방 밖에서 키가 크고 얼굴이 음침한 소련군 병사가 기관총을 들고 오가며 순찰을 섰다. 아버지는 그 병사의 존재가 불안하게 느껴졌다.

다음 날 심문받기를 기다렸지만 소환되지 않았다. 테니스 우승자만 불려 갔다. 돌아왔을 때 그는 심문 중 받은 구타로 인해 절뚝거리고 있었다. 그 후 이틀 동안 아버지를 제외한 감방에 있는 모든 사람이 한 명씩 불려 갔다. 그는 첩자로 의심되는 사람의 반공산주의 장광설을 애써 무시하고, 성경을 읽으며 시간을 보냈다.

갇힌 지 사흘째 되는 날이 크리스마스이브였다. 감방에서 멀리 떨어진 교회의 종이 울리는 소리가 들렸다. 오로지 학문과 가르침에만 관심이 있었던 그가 어떻게 해방 후 첫 크리스마스이브를 감옥에서 보낼 수 있단 말인가. 부친에게 일어났던 일 때문에 최선을 다해 정치적인 일들을 피했던 그가 어떻게 적도 아닌 같은 동포 손에 감옥에 갇힐 수 있단 말인가. 그는 계속해서 성경을 읽었다.

투옥된 지 나흘째인 크리스마스 날 마침내 경찰서장을 만날 수 있었다. 아버지는 어머니와 같은 마을 출신인 서장과 아는 사이였다. 그를 보자마자, 아버지는 아무런 잘못이 없는 자신을 감옥에 가둔 것에 항의했다.

"이게 무슨 일이오? 내가 왜 벼룩이 들끓는 감방에 3일 동안 갇혔는지 설명해 보시오. 내가 무슨 일은 했소?"

경찰서장은 실소했다.

"강 선생님, 어떻게 그렇게 순진하시오?"

그가 말했다.

"우리의 이 새로운 해방된 세계에서 당신처럼 학문적 추구만을 하는 것은 충분하지 않소. 사회적 책임을 좀 하시오. 당신의 아버지는 혁명가였고 내가 가장 존경하는 선배였소. 그런데 조국을 위해 자신을 희생했던 그 사람의 외아들이 어떻게 조국에 일어나고 있는 일에 그토록 무관심할 수 있소?"

아버지는 경찰서장에게 자신은 정치에는 관심이 없으며, 정치 때문에 부친이 겪은 일들을 지켜보았고, 평생 그런 개입을 피하려고 노력했다고 말했다. 자신의 유일한 관심사는 언어, 특히 영어를 배우고 가르치는 것이라고 말했다.

 나의 살던 고향, 고요한 아침의 나라

　혐오스러운 한숨과 함께 경찰서장은 다시 한번 훈계를 늘어놓은 다음 그를 풀어주었다.

　"강 선생, 앞으로는 학문과 가르침에만 전념하지 마시오. 당신은 사회에 대한 책임을 보여주어야 하오. 지식인의 일원으로 당신에게는 의무가 있소."

　나를 등에 업은 채 경찰서에서 기다리고 있던 어머니는 남편의 석방에 관한 경고를 받은 터였다. 아버지는 아내를 만나 집으로 가는 먼 길을 걸었다. 도중에 철도병원 앞을 지나던 중 주한의 제자였던 병원장 부인 유 여사와 마주친 그들은 잠시 그 집에 들러 식사하며 휴식을 취한 다음 다시 길을 나섰다.

　아버지는 경찰서장이 자신을 풀어준 이유를 나중에야 알게 되었다. 부친 명환이 서장을 찾아가 제 아들은 정치에 대한 이해도 없고, 관심도 없으며, 자신이 정치에 관여했을 때 일어난 일을 본 이후로 학문에만 집착했다고 간청한 것이었다. 명환은 주한이 전혀 위협이 되지 않는 인물이니 가둬둘 필요가 없다고 설득했다. 그러나 그 경험으로 더 이상 북에 살 수 없다고 판단한 주한은 그 학기 말까지 교편을 잡고 있다가 1946년 3월 31일 국경 지대를 잘 알고 있는 외할머니와 함께 서울로 떠났다. 외할머니 한계손이 가족들의 남하 계획에 대한 총책임자로 나섰고, 나와 어머니는 일단 그곳에 남기로 했다. 해방 직후 상황을 확인하기 위해 혼자서 휴전선을 넘은 경험이 있는 한계손은 남편이 죽은 후 사업을 운영한 비범하고 용기 있는 여성이었다. 누구보다도 삼팔선을 넘는 길을 잘 알고 있었던 외할머니는 사위를 먼저 데려다준 후 돌아와 딸과 손녀를 데려간다는 계획을 세웠다. 온 가족이 한꺼번에 떠나는 것은 의심을 살 수 있었기 때문이다. 아버지가 서울로 떠났을 때 나는 두 살이었다. 내 기억에는 그곳에서 뛰어놀고, 뻐꾸기 소리를 듣고, 유리로 둘러싸인 아버지의 책장과 말 조각을 보고, 가족 방에서 그네를 타고 놀았던 것은 있지만, 아버지와 헤어진 순간은 남아 있지 않다.

　　그때는 1946년 3월 하순이었다. 봄이 왔음에도 불구하고 만주에서 불어온 찬바람에 뼛속까지 한기가 들었다. 북쪽 지방의 봄은 짧았다. 한 달만 더 머물렀다면 200여 그루의 사과나무꽃이 보시골을 아름다운 숲으로 변화시키는 것을 볼 수 있었겠지만 서둘러야 했다.

　　한 달 전인 2월에 평양에서는 5개월 전 소련에서 귀국한 게릴라 지도자 김일성에 의한 북한 임시 인민위원회 설치를 환영하는 대규모 집회가 열렸고, 토지 개혁과 농민들의 시위에 관한 이야기가 오가고 있었다. 크리스마스 억류 이후 아버지는 그곳을 벗어날 생각에 골몰해 있었다. 그의 학교 동료 중 일부는 이미 떠났거나 곧 떠날 예정이었다. 학교 주변에는 연말이 되기 전에 삼팔선이 굳게 닫히고 김일성이 출입을 통제할 것이라는 이야기가 돌았다. 점점 더 많은 사람이 최악의 상황을 예상하고 남쪽으로 길을 떠났다.

이것이 무슨 해방이란 말인가? 머무르느냐 떠나느냐를 선택하도록 강요하고 있는 자신의 운명을 저주하며 아버지는 쓸쓸히 자문했다. 분열된 나라! 이오시프 스탈린(Joseph Stalin), 윈스턴 처칠(Winston Churchill), 프랭클린 루스벨트(Franklin D. Roosevelt)는 단 한 명의 조선인과 상의도 없이 나라를 절반으로 쪼갰다. 루스벨트나 처칠은 그들의 행동이 조선인들에게 어떤 영향을 미칠지 생각해 보았을까? 그들은 다른 지역에 있는 친척을 방문하지 못하는 것이 어떤 것인지 잠시라도 생각해 보았을까? 한반도는 그들이 알지도 못하고 관심도 없는 외딴곳이었을까? 스탈린은 1945년 얄타 회의에서 그의 뜻을 정했다. 민주주의의 수호자로 여겨졌던 미국은 다시 한번 등을 돌렸다. 아버지는 두 명의 루스벨트를 저주했다. 시어도어 루스벨트(Theodore Roosevelt)는 조선을 점령한 일본과 공모했고, 그 후 망명 정부를 인정하지 않으려 했다. 프랭클린 루스벨트는 얄타 회담과 1945년 포츠담 회담에서 조선을 스탈린에게 팔아 넘겼다. 그러한 상황에 분노한 아버지에게 1945년 10월 외로운 어린 시절의 오아시스와 같았던 할머니의 죽음은 슬픔을 더했다. 2년 전 남편이 세상을 떠난 후 병을 얻은 할머니는 독립을 본 지 두 달 만에 눈을 감았다. 아버지의 양육을 사실상 책임지셨던 조부모들이었다.

아버지 강주한처럼 공산 통치하의 삶을 견딜 수 없었던 수만 명이 남쪽에서의 자유를 위해 모든 것을 남겨둔 채 삼팔선을 넘었

     나의 살던 고향, 고요한 아침의 나라

다. 해방 후 첫 2년간 80만 명의 북쪽 사람들이 남쪽으로 이동했
다. 우리 직계 가족 중에는 오직 조부모만이 남았다. 할아버지 명
환은 일본인들이 그에게 가했던 것보다 더 큰 고통을 공산주의자
가 줄 수는 없을 거라고 했다. 설사 조부모가 원했을지라도 건강이
좋지 않아 여행할 수 없었을 것이다. 자식들에게는 남쪽으로 가라
고 권유했다.

"젊은 사람들은 여기서 미래가 없어."

그들은 말했다.

"가능한 한 빨리 떠나야 해."

일본의 항복 이후 미군은 오키나와 주둔 미군 사령관인 존 R 하지(John Reed Hodge) 장군을 단장으로 하는 재조선미육군사령부 군정청(United States Military Government in Korea)을 수립했다. 그는 태평양에서 가장 피비린내 나는 장기전 중의 하나인 오키나와를 성공적으로 승리로 이끈 강한 군인이었다. 그러나 하지를 파견할 때 가장 중요하게 고려된 것은 그 나라에 대한 전문성이 아니라 단지 근처에 주둔하고 있었다는 것이었다. 하지와 그의 부하들은 한반도 남쪽의 상황에 대해 사실상 아무것도 몰랐고, 이러한 무지는 수많은 실망스러운 결정으로 이어졌다. 그가 저지른 한 가지 실수는 상해 임시정부나 서울에 있던 건국준비위원회의 정당성을 인정하지 않고 조선총독부의 일본인 고위 관리들을 유임시킨 것이었다. 1919년 4월 설립된 상해임시정부는 독립운동의 상징이었다. 그것은 블라디보스토크의 초기 망명 정부와 상해의 후기 망명 정부가 합병되어 형성되었다. 러시아와 만주에서 한인을 대표했던 블라디보스토크 정부는 상해보다 한인이 더 많아 선거구가 더 컸지만, 상대적으로 자유로운 상해의 프랑스 거류지역(French Concession)의 위치가 중요하게 고려되었다. 두 망명 정부의 연합은 독립운동의 성공이 지도자들이 한목소리를 내는 데 달려 있다고 믿었던 안창호 선생의 작품이었다. 두 임시정부의 양립은 바깥세상에 분열이 있는 것처럼 보였다. 그리하여 부재중에 있던 워싱턴 출신의 이승만이 대통령으로 그리고 이동휘 장군이 총리로 선출되었다. 전술적 재능을 가진 조정자인 안창호는 1919년 9월 이동휘 장군이 상해로 이전해 초기 정부를 담당하기까지 조직을 운영했다. 그는 노동부장으로 일했다.

도산 안창호

도산 안창호 초상

　그러나 슬프게도 조국의 독립을 회복할 무렵 상해 정부의 가장 강력한 지도자 중 두 명이 사망했다. 중국에서 일본 경찰에게 체포되어 서울로 끌려간 안창호는 그곳에서 옥사했고, 이동휘는 연해주 블라디보스토크에서 병사했다. 이승만이 유일한 생존자였는데, 그는 40년 동안 미국에 살았기 때문에 다른 두 사람보다 미국 관리들에게 잘 알려져 있었다. 그러나 강한 자아를 가지고 있던 이승만은 독선적이고 다양한 관점을 수용하지 않았다.

상해로 망명을 떠나 있던 다른 3인의 생존자인 김구, 김규식, 여운형도 있었지만, 하지와 맥아더는 당시 지도자 중 유일하게 영어를 유창하게 구사했던 이승만을 선호했다. 상해 정부에서 경찰 책임자를 맡았던 김구는 보수적인 애국자였고 항상 두루마기를 입고 다녔다. 제1차 세계대전 이후 임시정부 대표로 파리강화회의에 나가 주권을 인정받으려 했던 김규식은 온건파였다. 농경 개혁을 지지했던 온건 좌파인 여운형은 상해에서 공식적인 직책을 맡지는 않았지만, 자신의 땅을 소유하기를 원하는 대중들 사이에 상당한 추종자가 있었다.

몽양 여운형

　나의 살던 고향, 고요한 아침의 나라

일본의 항복이 임박했던 1945년 여름, 마지막 조선 총독 아베 노부유키는 일본의 항복에 앞서 조선에서 건국준비위원회 구성 가능성에 대해 여운형 등 여러 민족주의 지도자에게 접근했다. 아베의 동기는 자국의 이익을 위한 것이었다. 그는 질서를 유지하고, 일본에 대한 보복을 피하려고 조선의 지도자로 구성된 건

몽양 여운형 기념 우표

국준비위원회가 필요하다고 믿었다. 이 제안은 합리적이었다. 여운형은 아베의 제안에 따라 미국인들이 도착할 때까지 과도정부의 대표직을 수락하기로 했다.

과도기 동안 여운형의 통치는 폭력을 예방하는 데 크게 성공했고, 농촌 전역에 인민위원회를 구성하여 농민들의 지지도 받았다. 그는 또 소작농들이 까다롭지 않은 조건으로 땅을 취득할 수 있도록 허용하고, 일본인과 친일파를 권력에서 몰아내고, 정부 독점을 규제하는 등 다른 대중적 개혁을 주장했다. 이러한 조치들은 빠르게 대중의 지지를 받았지만, 1945년 9월 8일 도착한 미군은 그 모든 조치를 중지시켰다.

하지가 미국 점령군 사령관으로 인천에 도착했을 때 과도정부 관계자들이 그를 찾아갔다. 자신을 환영하기 위해 온 열성적인 조선인들에게, 하지는 여운형에 대해서도 그의 정부에 대해 아는 것이 없다면서 그들을 모욕했다. 이는 여운형을 비롯한 지도자들에

게 치욕이자 굴욕적인 경험이었다. 그들은 사전에 논의되지 않았
지만, 미군정이 자신들을 반길 것이라 오해했다. 만약 그들이 서구
의 문화를 알고 있었다면 미국인들은 누가 과도정부를 운영할 것
인지와 같이 중요한 문제를 사전 논의 없이 상정하지 않으리라는
사실을 알았을 것이다. 하지 장군은 조선이 자신의 권위 아래 통치
될 것이라 이야기한 맥아더의 입장을 이어받았다. 하지는 여운형
을 무시한 채 아베 총독과 다른 일본 관리들이 군정의 출범을 지원
하게 했다. 이는 조선인들의 격분을 샀고, 뒤따르게 될 불만과 마
찰의 전조가 되었다.

조선인들을 모욕하고 분노하게 만든 하지의 결정들은 계속되
었다. 예를 들어 미군 병사들은 조선인들로부터 어떤 음식도 받지
말라는 지시를 받았다. 비록 그 명령이 조선인들이 가난하고 스스
로 먹을 음식도 거의 없는 상황에서 내려진 거라 할지라도, 정 많
은 한국인에게 이는 면박을 주는 태도로 받아들여졌다. 미군정에
서 근무하던 아버지는 조선 사람들의 모임에 초청된 미국인들이
음식 대접받기를 거절했을 때 벌어졌던 양측의 어색함을 기억한
다. 조선 사람들은 하지 장군이 한식을 무시했기에, 그리고 조선인
들의 환경이 비위생적이라 여겼기에 한식을 먹지 말라는 지시를
했다고 받아들였다. 그 지시는 조선의 환대 문화와 상충하는 것이
어서 미군 측의 어떠한 설명으로도 상처 입은 자존심을 달랠 수 없
었다.

하지만 미군정이 정치적 자유를 허용함에 따라 40개가 넘는 정

　　　　　　　　　　나의 살던 고향, 고요한 아침의 나라

당이 생겨났고, 이로 인한 혼란스러운 상황이 되었다. 미국에서 돌아온 이승만, 중국에서 온 임시정부의 김구 그리고 그 밖의 여러 인사들의 복귀는 혼란과 정치적 불안을 가중했다. 여운형과 김구 모두 암살자들에 의해 살해되었다. 오랜 시간 동안 그 살인범들이 이승만의 지지자라는 의혹이 있었다.

이승만, 김구

정치적 혼란을 넘어 분단 이후 경제적 혼란을 초래한 요인들도 있었다. 예를 들면 농업 중심의 남부와 중공업 중심의 북부가 완전히 분리되었다. 단순히 나라의 절반쯤이라는 이유로 미국이 삼팔선을 따라 나누기로 한 것은 어느 쪽도 홀로 살아남을 수 없다는 사실을 모르고 있었음을 알려준다. 게다가 일본 당국은 일본의 항복 직후 일주일 동안 의도적으로 막대한 양의 일본 통화(35억 엔)를 유통함으로써 심각한 인플레이션을 촉발했다. 매주 쌀과 다른 물건들의 가격이 두 배로 뛰었다. 200만 명 이상이 북쪽에서 남쪽 지역으로 건너가거나 중국과 일본에서 귀국하면서 해방 후 첫 2년 동안 경제저 혼란이 가중되었다.

가족 중 공산당의 표적이 될 것이 가장 확실했던 아버지가 먼저 떠났다. 나무꾼처럼 차려입은 그는 포켓 크기의 영독 사전, 성경, 갈아입을 옷, 신발 한 켤레, 1,500원(두 명의 성인이 두 달간 먹을 쌀을 사기에 충분한 금액)이 들어있는 배낭을 메고 떠났다. 계획했던 대로 외할머니 한계손이 아버지와 함께 떠났다. 서울에 정착하면 외할머니가 돌아와서 어머니와 나를 데려가기로 했다.

두 사람은 하늘이 아직 어두운 새벽에 보시골을 떠나 먼저 외할머니네가 있는 오로리로 갔다. 그리고 그곳에서 기차를 타고 남쪽을 오가는 여행객들의 출입이 허가된 국경 도시인 전곡으로 향했다. 그들은 십여 명의 사람들이 한 방에 묵는 여관에서 밤을 보내고, 다음 날 아침 일찍 한탄강을 가로지르는 철교를 건넜다. 강의 남쪽은 미군이 그리고 북쪽은 소련군이 순찰 중이었나. 두 분

　　　　　　　　나의 살던 고향, 고요한 아침의 나라

이 그곳에 도착했을 때 백 명 이상의 사람들이 북쪽에 길게 줄을 서 있었다. 기관단총을 든 소련군 한 명이 사람들과 수화물을 확인했다.

다리 반대편에서 미군 헌병을 통과할 때도 비슷한 검문을 받았다. 젊은 미군에게 영어로 인사하며 아버지는 어쩌면 기뻐했을지도 모른다.

여행자들을 통과시킬 때 미군 병사들은 군용 녹색 캔에서 DDT를 꺼내 그들을 향해 마구 뿌렸다. 그러면 여행자들은 머리와 옷에 하얗게 뿌려진 죽은 이들을 맨손으로 털어냈다. 그리고 삼팔선 이남의 가장 가까운 마을인 동두천을 향해 걸어가 그곳에서 서울로 향하는 기차를 탔다.

외할머니와 아버지는 아무 말 없이 나란히 기차에 앉아있었다. 둘 다 각자의 생각에 잠겨있었다. 근처에서 몇 명의 승객들이 소련군과 북한 공산주의자들을 맹렬히 비난했지만, 아버지는 그들의 목소리가 높아져 방해받을 때를 빼고는 깊은 생각에 빠져있었다. 집으로 돌아가기까지 시간이 얼마나 걸릴지 오직 그것만 궁금했다. 아마도 일 년쯤? 어떻게 일 년이나 집을 떠나서 살 수 있을까? 일 년 동안 집을 비운다는 생각에 가슴이 아팠을 것이다. 자유를 얻기 위해 고향까지 포기해야 한다면 자유가 무슨 소용일까? 적어도 일본인 치하에서는 고향에서 살 수 있었다. 집을 떠난 지 하루도 채 되지 않았지만, 벌써 과수원과 집을 따라 굽이치는 두 개의 작은 냇가와 산들이 있는 보시골이 그리웠다. 그러나 짧지만 투옥되었던 경험 그리고 소련군과 공산당이 국민, 특히 지주들의 삶을 견딜 수 없게 만들었던 기억을 떠올리며 오싹한 기분에 사로잡혔다. 공산주의자들에게 협력하기 위해 그렇게 많은 사람이 나서는 모습은 매우 놀라웠다. 사람들은 소련군이 부유한 사람들로부터 쌀과 다른 농작물을 몰수하는 일을 도왔다. 또한 최소한 하루의 말미도 주지 않고 집에서 내쫓을 때도 있었다. 아버지는 일 년쯤 지나면 정국이 안정될 것이고, 그곳에 살지는 못하더라도 방문은 할 수 있을 것으로 생각하며 스스로를 위로했다. 북쪽으로 돌아가 몇 주안에 어머니와 나를 데려간다는 계획을 세우고 가족들과의 재결합을 고대하면서 남겨진 식구들을 생각하며 힘을 냈다. 일마나 걸릴지는 몰라도 보시골로 돌아가기까지 믿음을 잃지 않고 서울에서 새로운 삶을 시작해야 한다고 다짐했다. 영어를 할 수 있는 사람들에게는 일자리가 많다는 이야기에 아버지는 기대를 걸었다.

북쪽에서 많이 찾는 약품과 단화를 사기 위해 전에 삼팔선을 넘은 경험이 있었던 외할머니 한계순은 이번에 가지고 돌아갈 물품과 딸과 손녀를 남쪽으로 데려가는 데 필요한 준비를 생각했다. 소련군과 그들의 동조자들이 세력을 굳혔기 때문에 곧 삼팔선을 넘는 모든 여행이 금지되지 않을까 우려스러웠다. 남편의 죽음 이후 철물점을 운영해 온 빈틈없는 사업가인 한계손은 돌아갈 때마다 남쪽의 물건들을 가져와서 수익을 남겼다. 그 당시 그녀의 나이 쉰한 살, 지금의 내 나이였다. 지금 나는 만약 내가 외할머니였다

   나의 살던 고향, 고요한 아침의 나라

면 과연 그녀와 같은 용기와 비전 그리고 힘을 보여줄 수 있었을지 모르겠다.

　해방 이후 소련군들이 일시적으로 북쪽을 점령할 것이라는 말이 나왔을 때부터 특히 기독교인들과 부유한 사람들이 남쪽으로 이주하기 시작했다. 그리고 내려온 이들 중 3분의 1가량은 수도에 머물렀다. 실업이 만연한 상황에서 북쪽에서 온 사람들은 노점에서 물건을 팔기 시작했다. 시골에서 쌀을 떼어 도시에 가져다 파는 사람들도 있었고, 그나마 함께 할 친척도 친구도 없는 사람들은 남의 집 현관에 공간을 빌려 살기도 했다. 그마저도 어려운 사람들은 판자 몇 개 위에 시트를 올려놓고 그 아래에 살았다. 물자는 구하기 어려웠고, 머리에 이거나 등에 진 지게로 운반했다. 식량은 부족했다. 식수 양동이 한 통을 얻기 위해 몇 시간 동안 줄을 섰다.

　아버지와 외할머니는 서울역에서 헤어졌다. 두 분의 관계는 정중했지만 냉정했다. 외할머니는 아버지의 직업적 전문성과 지적 능력, 품위와 정직함을 자랑스러워하면서도, 차갑고 거만하다고 생각했다. 아버지는 유교적인 학문을 존중하고, 사업가들을 무시했다. 외가 쪽 사람들은 대부분 상인이었다. 그리고 다른 한국 남성들과 마찬가지로 아버지도 외할머니에게 감사한 마음을 표현하지 못했다. 외할머니는 아버지가 외동아들이고, 아버지가 곁에 머물지 않고 조부모에게 버릇없이 자랐기 때문에 그런 단점들을 가지고 있다고 생각했다. 어쨌든 외할머니도 아버지에게 숙소를 마련해줄 처지도 아니었으므로 두 사람은 함께하지 않았다. 외할머니는 2년 전에 남으로 넘어와 셋방에 사는 고향 친구와 함께 머물 예정이었다. 아버지는 수중에 가진 돈으로 밤을 보낼 수 있는 여관을 찾았다. 역 근처에 여관이라고 적힌 작은 간판이 붙어있는 한옥들 가운데 깨끗해 보이는 한 곳을 골랐다.

서울말을 쓰는 유쾌한 여성이 맞아주며, 두 끼의 식사가 포함된 단칸방 요금이 하루에 100원이라고 말했다. 그 가격이라면 15일 만에 가져온 돈이 바닥나는 상황이었다. 여관은 앞마당이 있는 니은 자 모양의 집이었고, 화분에 심은 화초와 시트가 꽂혀있는 빨랫줄, 수도꼭지, 수조 등이 있었다. 낮은 천장에 가구가 없는 전형적인 한옥 방은 가로 2미터, 세로 2미터에 불과했고, 누렇게 칠해진 벽지는 방을 더욱 작아 보이게 만들었다. 벽에는 옷을 걸기 위한 세 개의 고리가 있었고, 그중 하나에는 수건이 걸려있었다. 한 구석에 접힌 이불이 있었다. 방 한가운데 천장에 전깃불이 외로이 매달려 있었다. 보시골에 있는 하인들도 그보다는 큰방에서 지냈다. 아버지는 자신의 미래가 그 단칸방처럼 암담하다고 느꼈다.

바로 그날 아침 아버지는 여관에서 도보로 25분 정도 떨어진 국회 의사당으로 가서 일자리를 알아보았다. 그는 미군정이 있는 본관 쪽을 향하여 의사당 부지를 걸어가는 길에 누군가 "선생님" 하고 외치는 소리를 들었다. 영생학원 출신의 윤호건이었다. 그는 자신이 몇 달 전에 서울에 도착해서 의사당 건물에서 미군 장교로 일하고 있다며 아버지를 그의 상사에게 소개했다. 그 상사가 아버지의 영어 실력에 몹시 기뻐한 덕분에 다행히도 즉시 그의 통역사

　　　　　　　　　　나의 살던 고향, 고요한 아침의 나라

겸 번역가로 채용될 수 있었다. 숙식비만 하루에 100원인 상황에서 월급 1,500원으로 어떻게 생활해야 할지 걱정이 됐지만 여관으로 가는 길은 아침에 도착했을 때보다는 분명히 더 희망적이었다. 윤호건의 제안처럼 다른 기회가 찾아올 거라는 희망을 느꼈다.

2주 가까이 서울에 머물면서 아버지가 가지고 온 돈은 거의 바닥나고 있었다. 그때 서점에서 한 친구의 아들과 마주쳤다. 그는 방 한 칸을 내어줄 수 있다며 함께 머물도록 초대했다. 적어도 당분간은 월급날까지 어디에서 잠을 자야 할지 고민할 필요가 없었다. 하지만 우산 하나를 살 여유가 없어 매일 비에 젖었다. 일터에 도착할 때쯤 단벌 양복은 흠뻑 젖어서 낮 동안 사무실에서 체온으로 건조되었다. 저녁에 다시 비를 맞아 젖은 양복은 그가 자는 동안 다시 말랐다.

단천에서는 데리러 와주기를 간절히 기다리는 어머니가 있었다. 곧 국경을 봉쇄할 것이라는 소문이 자자했다. 어머니 역시 공산주의자들이 통제를 강화하고 있다는 것을 느낄 수 있었다. 좌우를 막론하고 남자들은 군사훈련에 징집되어 공장과 농장에는 노인들만 남게 되었다. 우울한 분위기가 팽배했다. 국경 폐쇄를 예상하고 지인들은 남쪽으로 떠나는 것 같았다. 어머니는 옷장을 정리하여 가지고 갈 물건들을 챙겼다. 그러다가 새 비단 한복과 사용하지 않고 아껴두었던 고급 도자기를 발견하고 울음을 터뜨렸다. 5월 초 외할머니 계순은 약과 팔 물건들을 챙겨 홀로 북으로 돌아왔다. 그리고 며칠이 지나지 않아 공식적으로 국경이 폐쇄되었다.

그 시점부터 사람들은 은밀히 국경을 넘어야 했고, 심지어 다시 북쪽으로 보내질 위험을 감수해야 했다. 국경을 넘을 권리는 양측 당국의 관대함과 변덕에 달려 있었다. 국경 폐쇄가 한계순의 계획을 바꾸지는 못했다. 외할머니는 북쪽에 있는 모든 가족을 대피시키고 싶어 했다. 어머니와 내가 떠나던 날 친할머니는 눈물을 글썽이며 내 손을 잡고 말씀하셨다.

"애야, 언제 다시 너를 볼 수 있을까?"

그것이 할머니를 본 마지막 순간이다. 그때 내가 네 살이었다.

어머니 등에 업힌 채로, 나는 어머니가 평생 모은 저금을 넣어둔 도시락통을 깔고 있었다. 도시락통은 김밥으로 채워졌다. 누비 모양의 비단 포대기 덕분에 겉으로는 아무것도 보이지 않았다. 이때가 1946년 5월 중순이었다. 일행은 외할머니, 우리 가족의 한 친구 그리고 어머니와 나였다. 우리는 철원까지 기차로 약 500킬로미터를 이동했고, 어머니와 외할머니는 대부분 옷이 들어있는 작은 보따리를 들고 다녔다. 우리는 국경 도시인 동두천보다 두 정류장 앞인 철원에서 기차를 갈아타기로 되어 있었다. 절약하기 위해 외할머니와 친구는 걸어서 연천으로 가고, 어머니와 나는 소달구지를 탔다. 그런데 연천에 도착하기 전에 경찰 조사관에게 붙잡혔다. 다행히도 그들이 보따리만 풀어 보고 포대기는 확인하지 않은 덕분에 김밥 아래 있던 돈은 안전했다. 남쪽으로 가는 사람들을 심문하는 경찰서로 안내되기 전, 어머니와 나 사이에 약속해 둔 게 있었다. 어머니가 내 발을 꼬집으면 내가 소리 내어 울기로 한 것

                              나의 살던 고향, 고요한 아침의 나라

이다. 어머니는 나를 몇 번이고 꼬집었고, 그럴 때마다 나는 울고 또 울었다. 울부짖는 아이를 눈앞에서 치우기 위해 관리들은 재빨리 통과시켰다.

우리가 예상대로 도착하지 않자, 외할머니는 걱정되어 되돌아왔다. 재회한 우리는 연천 여관에서 하룻밤을 묵고 새벽까지 기다렸다가 빠져나와 젊은 남성 안내인을 고용하여 그와 함께 연천강을 건넜다. 외할머니와 친구 그리고 어머니는 긴 한복 치마를 들어 올리며 물을 건넜다. 어떤 곳은 물이 배까지 찰 정도로 깊었다. 어머니 등에 매달려 있는 내 발이 달랑거리며 차가운 물에 닿은 느낌은 지금도 생생하게 기억한다.

"발 시려, 발 시려."

내가 소리치자, 어머니는 나를 조용히 시키려고 사탕 한 조각을 입에 넣어주었다. 강을 건너는 시간이 내게는 영원처럼 느껴졌지만, 실제 걸린 시간은 25분에 불과했다. 몇 년이 지나 어머니에게 들어서 알게 된 사실이었다. 일단 강을 건넌 후에는 서울로 가는 기차를 타기 위해 동두천역으로 걸어갔다.

아버지가 삼팔선을 넘었던 두 달 전과 달리 DDT 깡통을 들고 서 있는 미군 헌병은 없었다. 국경이 폐쇄된 상태여서 그들은 위험을 무릅쓰고 국경을 넘어야 했다.

"이제 우리는 자유야. 두려워하지 않고 교회에 다닐 수 있어."

남쪽으로 건너간 후 외할머니가 처음 한 말이었다. 저녁이 되어서야 아버지가 묵고 있는 집에 도착했다.

"견실이 왔구나."

아버지는 어머니에게 업힌 나를 번쩍 들어 올려 품에 안으며 감격한 목소리로 외쳤다. 이렇게 나의 피난민 생활이 시작되었다.

한 달 뒤 외할머니는 아들 석훈과 어린 딸 석빈을 서울로 데려오기 위해 북쪽으로 돌아갔다. 삼팔선을 넘는 네 번째 여행이었다. 몇 달 후 다섯 번째 여행에서는 자신의 언니와 그 가족을 북에서 데리고 나왔다. 1946년 가을이 되자 외할머니는 국경을 넘어 떠나려는 모든 사람을 데려왔다. 그러나 병든 팔십 대 어머니를 돌보기 위해 또다시 돌아가야 했다. 손녀인 내 어머니에게 여름 비단옷을 입은 나비처럼 보인다고 말했던 외증조할머니는 집에서 숙고 딸의 손에 묻히기를 원했다. 그래서 외할머니 한계손은 그곳에 남아 어머니가 딸의 손을 잡고 잠든 채 돌아가시기까지 돌보았다. 결국 삼팔선을 넘나들며 받았던 압박감으로 인해 나중에 1952년 부활절 주간 뇌졸중으로 58세로 세상을 떠났다.

서울에 도착한 지 한 달쯤 지나, 북쪽에서 내려온 주인집의 친척들에게 자리를 내어주기 위해 집에서 나가야 했던 우리 가족은 영생학원 출신 김승근 장로의 도움으로 여고에 있는 기숙사에 임시 거처를 잡았다. 네 살이던 나는 배고픔을 통해 피난민 생활을 절실히 느끼고 있었다. 나는 원하는 만큼 밥을 먹을 수 있다면 얼마나 좋을까 하고 늘 생각했지만, 쌀은 너무 비싸서 하루 한 번밖에 먹지 못했다. 대부분 간장 육수에 밀가루를 얇게 넣어 끓인 수제비를 먹었다. 심지어 수제비도 충분하지 않았다. 우리보다 더

 나의 살던 고향, 고요한 아침의 나라

가난했던 북쪽의 지인들, 즉 아버지의 예전 학생들과 먼 친척들이 찾아왔다. 갑작스러운 손님을 위해 어머니는 수제비를 내어주었다. 나는 어머니가 굶주림에 어지러움을 느끼고 오후 내내 누워있는 것을 종종 보았다. 보리와 밀을 끓여 그 물을 마시면 배고픔이 달래진다는 이야기를 친구에게서 들은 어머니는 자주 그렇게 했다. 생일과 기념일도 기억하지 못한 채 지나갔다.

어느 날 오후 어머니가 유일한 반찬인 김치를 만들기 위해 배추를 사러 동문시장에 갔을 때 예전 고등학교 친구를 마주쳤다. 덕분에 우리는 당시 수도의 중심지였던 종로에 있는 낡은 한옥 방을 빌려 기숙사에서 나올 수 있었다. 가로 2미터, 세로 2미터 정도로 작은 방이기는 했어도 전에 머물던 곳보다 더 나았다. 이제 기숙사에 있었던 하나의 화로 대신 집 주인의 정원에서 요리할 수 있었다. 주방용품은 냄비 두 개였다. 하나는 밥을 짓기 위한 것, 다른 하나는 국이나 찌개용이었다.

피난민 생활에 적응하는 것이 어머니에게는 굴욕스러운 일이었다. 시장에서 장작더미를 사서 들고 오는 게 너무 창피했던 어머니는 장작더미를 비단 스카프로 덮어서 집으로 가져왔다. 남녀 하인들이 가득했던 고향 집에서처럼 우아한 검정 벨벳 한복과 옅은 금색 비단 재킷을 입고 있었기 때문에, 어머니는 장작을 들고 다닐 때도 눈에 띄었다. 자신의 경제적 상황에 어울리는 옷도 가지고 있지 않았던 어머니는 자주 눈물을 보였다. 가끔 식사 준비를 위해 집주인의 정원에 있는 불을 피우는 어머니의 뺨에 흘러내리는 눈물을 보았던 게 기억난다. 비가 오면 화로를 처마 밑으로 옮겨도 불은 꺼져버리고, 그러면 신문을 말아 넣고 불길이 꺼지지 않도록 강한 부채질로 불을 다시 피우려 애쓰곤 했다. 견실은 어머니를 위로할 방법을 찾지 못했다. 아버지가 바깥에서 일하느라 알지 못하는 동안 가난은 어머니를 더욱 수치스럽게 했다. 적은 돈으로 식탁에 올릴 음식을 준비하기 위해 애쓰는 사이, 인플레이션은 날이 갈수록 심해졌다. 시장에서 몇 가지 물건을 사기 위해 한 움큼의 돈을 가져가야 했다.

이 시기 우리 생활에서 나에게 가장 힘들었던 것은 집주인의 부엌에서 나는 맛있는 음식 냄새를 참는 것이었다. 모든 전통가옥이 그렇듯이 양쪽 집 부엌이 마당을 마주하고 있었고, 수도꼭지와 수조가 마당에 있었기 때문에 문을 열어두었다. 나는 다양한 음식의 냄새를 맡고 그것들이 어떤 맛을 낼지 상상하곤 했다. 초대받아 먹고 싶은 마음이 간절했지만, 그런 일은 절대 일어나지 않았다. 금방 알아차린 어머니는 집주인 아주머니가 남편을 위한 저녁상을 준비할 때마다 나를 방으로 불렀다. 딸이 배고픈 것처럼 보이게 하는 것은 자존심이 허락하지 않았을 것이다. 한번은 참외가 너무 먹고 싶어 집 밖에 있는 쓰레기통에서 갓 버려진 속을 꺼내 맛보았다. 45년이 지나 미국의 노숙자들이 쓰레기통을 뒤지는 것을 보면, 그 시절의 배고프고 집 없는 서러움이 떠오른다. 그때 하나뿐인 아이가 굶주리는 모습을 보는 우리 부모의 마음은 타들어 갔을 것이다.

   나의 살던 고향, 고요한 아침의 나라

　그 당시 영어를 잘 구사하는 사람이 부족했기 때문에 아버지를 필요로 하는 이들이 많았다. 미군정이 다스리고 있는 상황에서 통역관, 번역관이 필요해지면서 아버지는 군정청에서 통역가와 번역가로 계속 일했다. 공식적으로는 35달러 정도였지만, 실제로는 15달러밖에 안 되는 보잘것없던 월급이었다. 세 식구가 한 달 동안 간신히 먹을 쌀을 살을 살 수 있는 1,500원을 벌기 위해 아버지는 외부 번역 일을 했다.

　어머니와 내가 서울에 도착한 지 6개월 후 아버지는 유명한 사립학교인 보성고등학교에서 전임 교직 제의를 받았다. 곧이어 서울대학교에서 영어를 가르치기도 했다. 그의 꿈은 기대보다 더 빨리 현실이 되었다. 아직 종로에 있는 가로세로 2미터짜리 방에 살고 있었지만, 수입이 더 늘어나면서 밥, 채소 반찬 그리고 때로는 구운 생선 토막까지 먹을 수 있을 만큼 나아졌다. 하지만 여전히 북쪽에서의 생활과는 확연한 차이가 있었다. 어느 날 저녁 김 장로가 찾아와서 자신이 교장으로 있는 학교의 교직을 제안했고, 사택이 제공될 것이라 했다. 거절할 수 없는 제의였다. 이듬해 여름 교사들의 거처가 완성된 후 우리는 서울의 변두리에 있는 왕십리로 이사했다. 포장되지 않은 큰길을 따라 옥수수, 양배추 그리고 다른 채소밭들이 내 눈에 보이는 끝까지 있었다. 거름 냄새가 끊임없이 따라다녔다. 노점상들은 먼지가 많은 길을 따라 상품을 펼쳐놓았는데, 동문시장까지 전차를 타고 시장을 보러 가지 않는 주민들을 대상으로 한 것들이었다.

새로운 거처인 방 세 개짜리 집은 궁궐처럼 보였다. 우리는 다른 두 가정과 함께 사용하는 정원에 봉선화, 달리아, 머틀을 심었다. 다른 가정의 아이들이 놀이 동무였다. 저녁 식사 후에는 베란다에 앉아 노래를 불렀다. 달타령이 우리가 가장 좋아하는 노래였다.

"달아 달아 밝은 달아 이태백이 놀던 달아."

이태백은 호수에 비친 달을 가져오려다가 물에 빠져 죽었다는 설화를 남긴 술을 사랑하는 8세기 중국 시인이었다. 나는 배고픔이 무엇인지 금세 잊고 행복감에 젖었다.

아버지가 새로운 학교로 옮긴 지 2년 차에 그가 가르친 학생 중 다섯 명이 서울대학교에 입학했다. 그 학교로서는 첫 입학생을 낸 것이었다. 아버지는 고등학교에서 도보로 45분 떨어진 대학에서도 계속 가르쳤는데, 이는 두 곳에서 월급과 식량을 받는다는 뜻이었다. 다섯 살짜리 아이로서 나는 아버지의 딸이라는 사실이 무척 자랑스러웠던 기억이 있다. 때때로 개나리로 둘러싸인 교정을 걸어가서 친구들과 놀기도 했다. 경비원이 물을 때면 이렇게 대답했다.

"강 선생님 딸이에요"

그 대답으로 충분했다.

우리 가족이 서울에 도착한 후 처음으로 안정감을 느꼈다. 이집, 저 집으로 일 년 넘게 옮겨 다니다 드디어 아늑한 보금자리를 찾은 것이었다. 얼마 지나자, 왕십리의 냄새에도 익숙해졌다. 아

　　　　　　　　　　나의 살던 고향, 고요한 아침의 나라

버지가 미국에 가기 전인 1947년 9월부터 1950년 3월까지 2년 6개월의 기간은 내 어린 시절 가장 긴 평온한 시간으로 기억된다. 아직 학교에 가기엔 너무 어렸기 때문에, 인형 놀이와 고무줄놀이를 하다가 오후에 오는 엿장수 수레를 기다리며 하루하루를 보냈다. 잦은 정전으로 인해 등유 램프를 예비해 두었다. 나는 지금의 내 모습처럼 바닷가에서 책을 읽거나 걷는 일상을 고대했다.

학교가 더 좋은 집을 제공한 덕분에 우리는 왕십리에서 채 1년도 지나지 않아 이번에는 훨씬 나은 주거지역인 신당동으로 옮겨 갔다. 막다른 골목에 교사들을 위한 일본식 주택 다섯 채가 있는 그곳은 왕십리에 비하면 상류층의 집이었다. 욕실에는 커다란 주철 욕조가 있고, 부엌은 널찍했다. 새집에 만족해서 가사에 열정적으로 뛰어든 어머니는 심지어 팥이 든 도넛과 롤케이크를 만드는 법까지 배웠다.

1948년은 선거가 있는 해였다. 정치가를 따라다니던 외할머니는 동문시장 노점을 작은딸에게 맡기고, 나를 데리고 근처 서울 운동장으로 이승만의 연설을 들으러 갔다. 조선인 최초로 미국에서 박사 학위를 취득했다는 명성을 얻은 이승만은 말년에 '박사'로 일컬어졌다. 말년에 그가 선호했던 호칭은 '대통령'이었다. 인파에 휩쓸릴 정도로 만원인 경기장에서 그가 말하는 모습을 보았을 때, 마치 외국인이 이야기하는 것 같았다. 이상하게 들리는 말투로 장광설을 늘어놓는 걸 내가 지적하자, 할머니는 그가 미국에 오래 살아서 그렇다고 했다.

"너무 오랫동안 영어로 말했기 때문에 어려운 영어 발음을 하
며 혀가 꼬였나 봐."

내가 기억하는 것은 이승만의 특이한 말투뿐이지만, 그 첫 번
째 정치 집회 참석은 내 어린 시절 습관을 바꾸어 놓았다. 더 이상
인형 놀이나 고무줄놀이를 하지 않게 되었다. 나는 공직에 출마하
고 싶어졌다. 확성기로 선거운동을 하는 후보들을 흉내 내면서 매
일 밖으로 나가 동네 아이들을 모아놓고 연설했고, 사과 상자 위에
올라서서 최대한 정치인 같은 목소리로 "견실이를 국회로 보내자"
라고 외쳤다. 아이들은 손뼉을 쳤다. 나는 조숙한 다섯 살이었다.

유엔의 주관하에 그 해 선서가 지러졌지만, 북쪽의 소련군이
유엔 관계자들의 접근을 거부해 남한에서만 선거가 이루어졌다.
그때는 몰랐지만, 선거 전에 중대한 사건이 일어났었다. 미군정 집
권 2년 만인 1947년 9월 워싱턴은 드와이트 D. 아이젠하워 장군
(Dwight David Eisenhower)이 의장이었던 합참의 권고를 바탕으로 사
만 오천 명의 주한 미군이 "다른 장소에서 사용될 수 있고", 그들의
철수가 "극동 사령부의 군사적 지위를 훼손하지 않을 것이다"라는
결정을 내렸다. 이 계획에 따르면 미군은 1950년 6월까지 한반도
에서 모두 철수할 예정이었다. 미국은 철수 계획을 수락하며 유엔
에 1948년 3월 말 이전에 한국에서 자유선거를 시행할 위원회를
지명할 것을 제안하기도 했다. 이렇게 정부가 선출되면 한반도 전
체를 통제하고, 미국과 소련은 군대를 철수한다는 것이 미국의 전
제였다. 소련은 한국이 유엔의 회원국이 아니었기 때문에 유엔에

그런 일의 권한이 없다고 주장하며 거부했다. 유엔총회가 나서서 미국의 제안을 수락했지만, 소련은 어떤 선거에도 참여하지 않겠다고 밝혔다. 북한이 끊임없이 군사력을 증강하고 있는 상황에서 신생 국가인 대한민국이 어떻게 살아남을 수 있는가 하는 문제는 진지하게 논의되지 않았다.

남한에서는 우파인 이승만 지지자들이 확실히 우위를 점했다. 미국의 반공산주의 선동을 앞세운 비방 전술로 이승만의 지지자들은 온건한 목소리를 내거나 북한의 공산주의자와의 협상을 옹호하는 사람의 신뢰를 떨어뜨리는 선거 전략을 벌였다. 통일 회담에 참여하기 위해 평양에 갔던 김구와 김규식을 비롯해 통일을 주장하는 사람들은 모두 공산주의자라는 낙인이 찍혔다. 권력에 대한 열망에 많은 사람의 눈이 먼 해방 후 한국에서 양심은 사치였다. 너무 많은 지도자가 사리사욕을 추구했다. 아이러니하게도 일제에 협력했던 이승만의 지지자들은 적들 밑에서 배운 조직력을 발휘해 중국과 만주 등 저항운동에 목숨을 걸었던 김구나 여운형 같은 애국자들을 경쟁에서 몰아낼 수 있었다.

공산주의자들은 남한에서의 선거도 거부하려 했지만, 그 시도는 실패로 돌아갔다. 그들은 5월 11일 선거일에 테러를 벌여 투표소와 주변에서 수십 명이 사망했다. 그런데도 투표율은 등록된 투표자의 90%를 넘었고, 유엔은 그 선거를 "유권자 자유의지의 표현"이라 불렀다. 5월 31일에 한국인들은 국회의원을 선출했고, 제헌국회는 이승만을 임시 국회의장으로 선출하여 헌법 제정을 위한 활동을 시작했다. 1948년 7월 17일 헌법이 공포되었고, 3일 후 이승만은 대한민국 초대 대통령으로 선출되었다. 이승만의 당선은 1948년 8월 미군의 남한 통치가 공식적으로 끝났음을 의미했다. 북한 공산당을 대면하고 새로운 대한민국이 어떻게 살아남을 수 있을 것인가 하는 문제는 워싱턴에서 심각하게 고민되지 않았다.

이승만이 대통령으로 취임한 지 두 달만인 9월 9일, 북한은 김일성을 수상으로, 박헌영을 부수상으로 하여 조선민주주의인민공화국을 수립했다. 소련은 연말까지 북한에서 군을 철수시키겠다고 밝히며, 미군도 역시 동시에 철수해야 한다고 주상했다. 이렇게 두 개의 코리아가 탄생했다. 일본인들의 항복을 받아내기 위한 임시 경계선이었던 삼팔선이 영구화되었다. 소련군과 미군은 한반도를 떠났다.

부모와 할머니는 이런 시나리오를 예상했고 그래서 애초에 북쪽의 집을 떠나왔다. 그러나 실제로 일어나는 일을 보는 것은 또 다른 이야기였다. 우리는 그리운 보시골과 완전히 단절되었다. 〈삼팔선〉이라는 노래가 인기를 얻은 게 이 무렵이었다. 그것은 민족의 운명과 저주받은 분단선을 애통해하는 노래였다. 여전히 목숨을 걸고 국경을 넘어오는 사람들이 북한의 비참한 상황, 즉 말로 표현할 수 없는 규모의 숙청과 피바다에 대해 전했다. 김일성은 독립을 위해 투쟁해 온 민족주의자들을 포함해 조금이라도 위협이 되는 사람들을 모두 제거해 가고 있었다. 남한의 삶이 부패하고 냉

 나의 살던 고향, 고요한 아침의 나라

담했다면 북한의 삶은 생지옥이었다. 부모와 친해질 기회가 없었던 아버지는 그분들의 이야기를 좀처럼 하지 않았다. 그러나 나중에 탈출한 고향 사람들을 통해 친할머니 명화가 1947년에 돌아갔고, 할아버지 명환은 보시골에서 농노들과 함께 살고 있는데 큰 경제적 어려움을 겪고 있다는 이야기를 들었다. 함흥에 있는 어머니의 친척 집에 두고 온 재봉틀을 팔아서 쓰겠다고 부탁할 만큼 상황이 좋지 않았다. 그 시절 값을 매길 수 없던 재봉틀은 내가 태어난 해 증조할아버지가 손주며느리에게 선물한 것이었다. 평생 하루도 일해 본 적이 없었던 명환이 과수원과 재산을 어떻게 돌보고 있을지 짐작도 할 수 없었다.

1950년 2월 초 영생학원에서 아버지의 스승이었던 캐나다 선교사 윌리엄 스콧 목사가 찾아와 아버지에게 미국으로 유학을 떠나고 싶은지 물었다. 밤낮으로 영어 공부를 하던 젊은 시절에는 미국에 가고 싶은 마음이 컸지만, 이제 대학에서 가르치는 목표를 달성한 아버지는 한국을 떠나고 싶지 않았다. 게다가 지난 4년 동안 살아남기 위해 고군분투하면서 세 가지 일자리를 구해 마침내 정착한 그는 이 편안함을 누리고 싶었다. 북한으로 돌아갈 수는 없었지만 적어도 현재 상황은 해결되었고, 좋든 나쁘든 무엇을 기대할 수 있는지 알고 있었다. 1949년 12월 태어난 지 2주 만에 여동생 은실이를 폐렴으로 잃은 부모는 아이를 더 가지고 싶어 했다. 그러나 또다시 통제할 수 없는 무언가가 개입하여 삶의 방향을 바꾸었다. 선교학교를 세웠던 스승이 수제자인 아버지에게 큰 기대를 걸었다. 아버지는 자신이 왜 망설이며 한국을 떠나고 싶지 않은지 떠올리려 했지만, 스콧 박사는 고집스러웠다.

"딱 4개월 만이야."

스콧 박사는 재촉했다.

"4개월은 눈 깜짝할 새 지나갈 거야."

아버지는 결국 승복했고, 스콧 박사는 자신이 모든 서류작업을 하겠다고 했다. 아버지가 해야 할 일은 미국 대사관과 교육부의 시험을 통과하는 것뿐이었다.

1950년 3월 아버지는 다른 여덟 명의 영어 교사와 함께 풀브라이트 장학생으로 특별 연수 프로그램을 받기 위해 미시간대학으로 떠났다. 이 프로그램에 참여한 최초의 한국인들이었다. 나는 아버지가 자랑스러웠고, 흥분된 마음에 4개월 동안 아버지 없이 사는 것이 어떨지 생각도 하지 못했다.

그 시절 한국인들에게 미국은 지상의 낙원처럼 보였다. 사람들은 미국에 가는 것이 '하늘의 별을 따는 것'만큼 힘들다고 말했다. 아버지가 출발하는 날 우리는 김포국제공항으로 갔고 나는 '노스웨스트 항공'과 같은 말들을 처음으로 배웠다. 사진을 찍는 사람들 속에 나일론 스타킹을 신은 여자도 처음으로 봤다. 3월 날씨는 여전히 추웠지만, 아버지 일행에게 꽃을 준 미국인은 속이 드러나 보이는 스타킹을 신었다. 나는 그것을 '유리 스타킹'이라 불렀다. 사진 촬영과 꽃다발, 언론매체로 둘러싸인 추운 김포에서, 그 스타킹은 일곱 살 아이의 기억에 강하게 남았다. 그 상서로운 날, 석 달

     나의 살던 고향, 고요한 아침의 나라

안에 한반도가 전쟁에 휘말리게 되고 17년 동안 아버지가 한국 땅을 다시 밟지 못할 것이라고는 상상도 할 수 없었다. 증조할아버지 봉호의 기독교 개종 사건과 더불어 아버지의 미국행은 강씨 일가의 운명의 방향을 돌이킬 수 없이 바꾸어 놓은 사건이었다. 증조할아버지 봉호의 개종으로 서양의 종교가 가족들의 삶 속으로 들어왔다면, 아버지의 결정은 우리를 물리적으로 다른 세계로 옮겨놓았다. 누가 내 부모가 미국에서 나이가 들고, 그들의 자손이 미국인이 되리라고 상상이나 했겠는가?

한국전쟁
(1950~1953)

5

우리의 소원은 통일
꿈에도 소원은 통일

_ 한국 동요의 가사

주요
인물

최석원 어머니

한계손 외할머니

송 선생 이웃집 주민

최석빈 외숙모

윌리엄 스콧 아버지의 영어 교사

1950년 6월 하순이었다. 7시 반 우리가 아침을 먹고 있을 때, 인근 꽃아까시나무 매미들은 떠들썩한 합창으로 더운 여름날을 맞이하고 있었다. 매미들의 끊임없는 울음소리가 그날을 더 뜨겁게 느껴지게 했던 것 같다. 나는 앞으로 일어날 사건들을 전혀 알지 못한 채, 아버지가 미국에서 돌아올 7월 둘째 주까지의 일수를 세기 시작했다.

신당동 조용한 막다른 골목에서 아이들이 헐렁한 셔츠와 반바지를 입고 고무줄놀이를 하고 있었다.

"하나, 둘, 셋, 넷, 다섯."

두 소녀가 작은 두 아이가 들고 있는 120센티 높이의 주홍색 고무줄 위로 넘나들면서 숫자를 셌다. 다른 한 아이는 점수를 기록하기 위해 기다리고 있었다. 고무줄에 손을 대지 않고 백 번을 뛰어넘는 것이 목표였다. 아이들은 가지고 놀 수 있는 장난감이 없었기 때문에 주위에 있는 잡동사니들, 즉 고무줄, 헝겊 조각, 핀, 빨대, 깡통, 깨진 접시, 돌멩이 등을 가지고 놀았다. 어린 소녀들이 가장 좋아하는 놀이는 손등에 매끈한 돌 다섯 개를 올려 손바닥을 위로 돌리면서 잡는 공기놀이였다. 매끄러운 돌을 찾을 수 없을 때는 부서진 기와 조각으로 공기를 만들며 시간을 보냈다.

나는 아버지의 귀가를 기대하며 벽에 걸린 달력에 날짜를 표시했다. 그리고 허쉬 초콜릿과 나비스코 와플 그리고 몇 개의 인형으로 가득 찬 여행 가방을 들고 비행기에서 내리는 아버지를 상상했다. 그가 3월에 떠난 이후 파란색과 빨간색 줄무늬 테두리의 항공우편 봉투에 담긴 편지를 받았고, 사진 속에서 나는 새로운 Made in the U. S. A의 의상과 테 없는 안경을 쓴 모습이 이미 미국인처럼 보이는 것 같았다. 회색 줄무늬와 매끄러운 뒷면의 체리 핑크빛 비단이 들어 있는 선물꾸러미도 도착했다. 나는 미국의 모든 사람이 그렇게 아름다운 천으로 만들어진 옷을 입는지 궁금해하며 그 천을 계속 만져보았다.

6월 어느 날 오후, 교회가 끝난 후 어머니와 나는 이웃 재봉사에게 가서 어울리는 새 드레스를 주문했다. 재봉사는 미제 천에 감탄하며 이것으로 옷을 만드는 기회를 얻게 되어 기쁘다고 말했다. 아버지가 돌아오는 7월 10일에 우리는 공항으로 마중을 나가고 싶었다. 그날이 1950년 6월 25일이었다. 재봉사와 이야기를 나누던 그날 아침 이른 시각에 북한이 기습적으로 공격했고, 공산군 전차

    나의 살던 고향, 고요한 아침의 나라

연대가 서울을 향해 움직이고 있다는 사실을 우리는 전혀 몰랐다.

다음 날 어머니가 라디오에서 소식을 듣기 전까지 우리는 전쟁에 대해 알지 못했다. 어머니는 외할머니의 노점이 있는 동문시장에 가서 소식을 전해야 한다고 했다. 외할머니는 한국인들이 '양키물건'이라 부르는 미국 제품을 팔았다. 질 좋은 옷이 부족했기 때문에 미국 교복, 스웨터, 재킷까지 수요가 많았다. 나는 어머니와 나란히 걸어가며 과연 아버지를 다시 볼 수 있을까 하는 생각이 들었다. 아버지가 미국에서 돌아올 수 없게 되는지 걱정이 됐기 때문이다.

공산당의 공격에 대해 들은 외할머니의 얼굴은 잿빛으로 변했다. 그녀는 너무 늙고 허약해 보였다. 외할머니가 기절하지는 않을까 걱정스러웠다. 긴 침묵이 흐른 후 할머니가 말했다.

"어떻게 하지? 어떻게 해야 해?"

외할머니는 겨우 서울에 정착해 삼촌을 의대에 입학시켰다. 공산주의자들이 서울을 탈환할 것이라는 예상은 그들에게서 벗어나기 위해 집과 사업체 그리고 친구들까지 떠났던 외할머니에게 악몽이었을 것이다. 평정을 되찾고 나자, 외할머니는 근처 노점상들에게 소식을 전했고, 그들 역시 하늘이 무너진 것처럼 반응했다. 외할머니는 그날로 장사를 접었다.

의지가 강한 여자였던 한계손은 30대 초반에 어머니와 관계가 소원해지는 것을 감수하고 기독교로 개종했다. 계손의 어머니는 무속을 믿었고, 병과 다른 삶의 불행한 일을 일으키는 혼령을 달래기 위해 무당을 찾아갔다. 1931년 이웃 교회에 몰래 다니던 계손은 목사에게 세례를 받고 싶다고 이야기했다. 남편의 허락은 이미 받은 상태였다. 하지만 아직 처리해야 할 일이 남아 있었다. 어머니가 혼령을 모시던 제단을 어떻게 할 것인가 하는 문제였다. 계손의 어머니는 집안에 문제가 생기면 제단에서 흰 종잇조각에 불을 붙여 혼령들에게 기도를 드렸다. 집안 구성원에게 병이 날 때마다 무당을 불러 굿을 치렀다. 이를 위해 돼지 한 마리가 도살되고, 떡이 차려지고, 병든 사람의 방 옆에 밥상이 차려졌다. 그 위에는 밥, 구운 생선, 사과, 배, 밤, 대추, 삶은 소 다리, 말린 명태, 돼지머리 등을 놓고 촛불을 켰다. 그 후에 온 동네 사람들이 음식을 나누도록 초대되었다.

한계손의 신앙은 당시 다른 한국 기독교인들과 마찬가지로 오늘날의 근본주의적 복음주의처럼 보수적이었다. 그녀는 어머니의 여러 신들과 함께할 수 없다는 것을 알고 있었다. 제단과 제사가 지속되는 한 양심이 편하지 않았다. 그래서 어머니가 안 계실 때 제단을 없앴다. 그 행동은 이미 수년째 대화조차 없었던 어머니를 격분케 했다. 아무리 노력해도 노파는 혼령에 대한 딸의 편협함을 이해할 수 없었다. 계손의 행동은 동네에서 가장 부유한 여인에게도 반감을 샀는데, 그녀는 쫓겨난 혼령들이 이제 자기 집에 정착해서 자신이 더 많은 혼령을 달래야 한다고 주장했다. 그러나 계손은 소신을 굽히지 않았다. 이런 일들이 평생 이어졌고, 오직 믿음만이 그녀의 중심이었다. 그리고 그 믿음이 북한과 공산주의자들을 떠

　　　　　　　　나의 살던 고향, 고요한 아침의 나라

한국전쟁 당시 우는 아이

나게 하는 원동력이 되었다. 공산당의 공격 소식은 외할머니가 편안했던 북한서의 삶을 뒤로하고 피난민으로 서울에서 살도록 한 유일한 이유를 무용지물로 만들었다. 예배할 수 있는 자유를 다시 빼앗길 것인가?

어머니와 외할머니는 과일과 채소를 가지러 노점에 들른 후 터벅터벅 집으로 돌아갔다. 우리는 마치 집안에 상이라도 난 듯 아무 말 없이 저녁을 먹었다. 저녁 늦게 옆집에 살던 송 교사 부부가 갓난아이를 데리고 왔다. 송 선생 역시 북에서 온 피난민이었고, 기독교인이었다. 그때처럼 많은 어른이 그렇게 낙담하는 것을 본 적이 없었다. 주로 아버지에게 무슨 일이 생기지 않을까 걱정이었던 나는 아버지가 무척이나 그리웠다. 생각할수록 아버지가 집에 오지 못할 것 같았다.

다음 날인 월요일 밤 라디오에서는 시민들에게 평소처럼 서울에 남아 있으라는 방송을 내보냈다. 며칠이 지나서야 시민들은 대통령의 메시지가 미리 녹음되어 있었고, 자신은 수행원들과 함께 이미 서울을 빠져나갔다는 사실을 알게 되었다. 대통령 내외와 그 손님들의 일가족이 두 대의 특별 열차를 타고 먼저 수원으로 내려갔다가 그 후 대전으로 갔다는 소식도 들려왔다. 나중에 사람들은 정부 관리들이 피아노와 베개까지 챙겼다고 분노했다. 이승만은 주한 미국 대사를 포함한 외국의 외교관들보다 먼저 서울을 떠난

한국전쟁 북한군 송환

                                              나의 살던 고향, 고요한 아침의 나라

최초의 무리 중 한 명이었다.

이승만의 비겁한 탈출 소식이 긴장의 수위를 높였다. 공황에 빠진 시민들이 남쪽으로 향하는 기차를 타기 위해 기차역으로 향했다. 기차에 자리를 잡지 못한 많은 사람은 어린아이를 업고, 소지품을 머리와 등에 지고 남쪽으로 걸어갔다. 화요일 늦은 밤 아버지의 가장 친한 친구 가운데 하나인 김 장로가 찾아와 가족과 함께 떠나려 한다며 함께 가자고 제안했다. 그러나 외할머니와 어머니는 낙담한 표정으로 자신들과 송 선생 가정은 떠날 힘도 없다고 말했다. 송 씨 가족은 뇌염을 앓고 있는 친척과 생후 몇 달밖에 되지 않은 아기와 함께 살고 있었다. 전쟁 발발 직후의 충격적인 날들을 돌이켜볼 때, 할머니는 삼팔선을 넘던 이전의 여행에서 회복되지 않았기 때문에 서울에 남아 있기로 결정을 내렸던 것 같다. 할머니처럼 강한 여성조차도 끔찍했던 여행으로 인한 심장질환에 시달리게 되었고, 가족을 다시 움직이게 하는 시련을 겪기에는 너무 지쳐있었다.

한강철교

　서울을 가로지르는 한강은 파리의 센강처럼 남한의 수도를 흐른다. 하지만 동서가 아닌 남북으로 나누어진다. 강북은 고궁과 전통 한옥이 있는 오래된 서울이다. 강남은 콘크리트와 유리, 최신 유행의 상점, 고급 주택이 많은 새로운 지역이다. 1950년대로 돌아가면 사실 강남은 시골이었다. 여름에 아이들은 수영하고 보트를 타고 때로는 강에서 낚시를 했다. 겨울에 강이 얼었을 때는 사람들이 스케이트를 탔다. 시인들은 그것들을 영원하게 만들었다. 내가 어렸을 때 한강은 매혹적인 신비로움이 있어서 큰 다리로 강을 건너는 기차들에 매료되곤 했다.

　한강의 다리는 전쟁의 첫 피해 중 하나였다. 한강은 서울을 한반도의 남쪽 지역과 분리한다. 공산군 병사들이 서울을 향해 남진하자, 국방군 지휘부는 다리와 서울 북쪽 도로를 차단하고 폭파할

나의 살던 고향, 고요한 아침의 나라

것을 명령했다. 다리를 폭파함으로써 공산군의 탱크가 한강 이남으로 더 진출하는 것을 막고자 했다. 긴장한 관리들은 6월 28일 수요일 오전 2시 직후에 폭격을 지시했고, 만 명의 한국군과 장비가 여전히 강 북쪽에 있었다. 다리가 강물 속으로 무너져 내릴 때 약 천 명의 사람들이 그 위를 건너가고 있었다. 이 성급한 결정은 전쟁 중 남한 지도자들이 일으킨 셀 수 없는 대혼란 중 하나이다.

나는 할머니와 어머니에게 상황을 전해 듣고, 우리 가족이 서울에 남기로 했기에 망정이지 하마터면 큰일 날뻔했다는 생각에 몸서리를 쳤다. 김 장로의 가족이 폭격 이전에 강 남쪽으로 건너갔을지 걱정이 되었다. 그 후 며칠 동안 어둠 속에서 수백 명의 사람이 죽어가는 모습을 머릿속에서 지울 수 없었다. 때때로 물귀신

한강철교 폭파

처럼 보이는 아이들의 꿈을 꾸었다. 그 아이들은 마른 골격의 몸에 누더기처럼 얇은 젖은 옷을 걸치고, 눈을 반쯤 감은 채 손을 내밀며 외쳤다.

"도와줘, 도와줘!"

그들로부터 도망치려 했지만, 발이 움직이지 않았다.

수요일 밤이 되자 멀리에서 대포 소리가 들렸다. 그 후 며칠이 지나지 않아 소련군 전차들이 서울의 심장부인 광화문에 도착했다. 서울이 점령된 뒤 비교적 한산한 주택가에서도 인민군 병사들이 보였다. 그들의 얼굴은 강렬해 보였고, 눈은 주변 환경을 살피는 것처럼 끊임없이 움직였다. 하지만 어른이나 다른 아이들에게 들었던 것처럼 무서워 보이지는 않았다.

그 후 몇 주 동안 삶이 달라지기 시작했다. 놀라웠던 것은 이웃에 있는 공산주의에 대한 동조자의 수였다. 의심해 본 적도 없는 사람들이 공산주의자이거나 그 동조자였다. 그들은 이웃 사람들의 움직임과 활동을 추적하는 지역 위원회를 구성하기 시작했다. 집마다 돌아다니며 모든 신체 건강한 어른들을 작업 명부에 등록시켰다. 집마다 이오시프 스탈린과 김일성의 사진이 배포되었고, 이를 눈에 띄게 걸어두라는 명령이 내려졌다.

남자들은 공산군을 위해 탄약을 운반하는 짐꾼으로 징집되었다. 이모부 창규와 이웃인 송 선생 모두 삼십 대 중반으로 공산군의 징집 대상이었기 때문에, 할머니와 어머니는 그 두 남자를 집에 숨겨 주기로 했다. 아버지가 미국에 가 있다는 것을 이웃 모두

 나의 살던 고향, 고요한 아침의 나라

가 알고 있었기 때문에 의심하지 않을 것 같았다. 집에는 숨을 만한 장소가 두 곳 있었다. 서재 밑의 저장고와 천장 위쪽의 공간이었다. 천장 위쪽 공간은 아버지의 서재에 있는 옷장을 통해 접근할 수 있었고, 이를 알기 위해서는 집의 구조에 익숙해야 했다. 천장에는 합판이 이중으로 깔려있어 충분히 지지할 수 있었다. 마른 체형의 송 선생은 그 천장 위 공간에 들어맞았다. 창규는 마루 밑의 공간에 숨기로 했다. 여름에는 불을 지피지 않기 때문에 편히 지낼 수 있는 장소였다. 우리는 서울의 풍습처럼 바닥에 꽃무늬 돗자리를 깔고 방 한가운데 탁자를 놓았는데 그 밑에 창고가 있다고 의심하는 사람은 아무도 없었다.

바로 그날 저녁 두 사람 각자의 은신처를 시험해 보았는데 괜찮았다. 이 모든 일에서 핵심적인 역할을 맡은 나는 이웃에 수상한 사람이 있으면 먼저 가족에게 알리고, 그 후에 두 남자에게 미리 신호를 보내기로 했다. 겨우 일곱 살이었지만 나는 어른들의 토론에서 제외되지 않고 언제나 어른들과 함께 있었다. 어른들의 논의 과정에서 배제되거나 소외되는 또래 친구들과 달리 참여가 허락되었던 나는 본능적으로 그것이 나에게 주어진 특권이라고 느꼈다. 송 선생과 창규 삼촌이 안전한지 점검하는 광경을 보면서, 내가 비밀을 잘 지키는가에 그들의 생사가 갈릴 수 있다는 사실을 실감했다. 흥미진진하면서 동시에 무섭기도 했다. 한편 나는 미국에 계신 아버지에 관한 생각을 떨쳐버릴 수 있었다.

공산당이 서울을 점령한 직후 모든 삶이 달라지기 시작했다.

도시 전역의 학교들이 문을 닫았다. 끊임없이 낯선 사람들이 동네를 배회했다. 나는 대부분 시간을 밖에서 놀면서 가족과 송 선생의 가정을 위한 눈이 되었다. 다른 아이들과 함께 놀고 있지만 항상 낯선 사람들의 왕래를 예의주시하고, 이상한 일이 있으면 어머니와 할머니에게 보고하여 송 선생과 창규 삼촌에게 차례로 경고했다. 어머니는 빨래를 두드리는 막대기로 바닥과 천장을 빠르게 세 번 두드려 경고하고, 다시 위험한 상황이 지나가면 천장과 마루를 아주 천천히 두 번 두드렸다. 남자들은 화장실에 가는 것과 같은 급한 일을 위한 다른 신호를 가지고 있었다.

며칠이 몇 주로 늘어나면서 아버지를 만나기까지 오래 걸릴 것이 확실해졌다. 일곱 살에 어른 흉내를 내며 공산주의와 민주주의라는 말을 되풀이했음에도 불구하고 그 말들의 의미를 이해할 수는 없었다. 그러나 나는 전쟁이 내 삶에 미치는 한 가지 즉각적인 영향을 이해했다. 미국에 있는 아버지로부터 편지가 오는 것이 멈춘 것이었다. 나는 내가 사는 곳과 완전히 다른 세계에 대한 설명들로 가득 차 있는 그 편지를 받기를 간절히 원했다. 편지에는 나이아가라 폭포, 필라델피아, 워싱턴 D.C., 뉴욕을 방문한 이야기가 담겨 있었다. 뉴욕에 있는 강철과 유리로 된 건물들에 대한 묘사는 감동이었다. 높은 유리 건물들은 도무지 상상이 가지 않아 마치 환상 같기만 했다. 나는 미국이 세계에서 가장 아름다운 나라라는 확신으로 그곳의 모습들을 상상하려 노력했다. 언젠가 그곳에 가서 그 유리 건물들을 직접 보고 싶었다.

                                나의 살던 고향, 고요한 아침의 나라

날이 갈수록 송 선생과 창규 삼촌은 창백해졌다. 어둡고 좁은 공간에 종일 누워있거나 앉아서 보내다가 걸으려 할 때 송 교사의 발걸음은 흔들리기도 했다. 창규 삼촌의 침구는 늘 축축해서 바깥에서 바람을 쐬어야 했다. 두 남자 모두 변비를 호소했다.

미국 비행기가 서울 상공을 정기적으로 비행하기 시작했다. 공습 동안에는 모두 낡은 담요와 이불, 베개를 보관하던 지하실의 작은 방으로 달려갔고 거기에서 며칠 밤을 지내곤 했다. 7월경 B-29 폭격기가 삼팔선 근처 문산에 도달했고, 이들의 폭격으로 철도가 크게 파손되었다. 빛나는 은색 B-29가 하늘에 나타나면 아이들은 즉시 집 안으로 뛰어 들어갔다. 타격 목표는 공장과 북한 사람들이 물자를 보관해 둔 곳이었다. 그러나 한번은 미국 조종사의 실수로 사람들이 피난해 있던 동네 학교를 폭격했고, 많은 민간인이 사망했다. 폭격은 때로는 한 시간 넘게 지속되었다.

7월 셋째 주에는 공산당 동조자였던 여고생 세 명이 우리 집에 와서 묵을 방을 달라고 했다. 그들은 가정부 방이던 부엌 옆방으로 들어갔다. 어머니는 전쟁 발발 며칠 후 가정부를 시골에 있는 가족에게 돌려보냈기 때문에 방이 비어있었다. 놀랍게도 학생 중 한 명은 무학학원 당시 아버지의 학생이었다. 공산주의자들과 한 지붕 아래에서 살면서 우리는 그들이 숨어 있는 두 사람에 대해 알지 못하도록 주의해야 했다. 어머니는 학생들이 물어볼지도 모르는 질문들에 "몰라"라고 말하라고 지시했다.

"우리 목숨은 너한테 달렸어."

밥을 먹기 위해 천장 위에 있다 내려온 송 선생이 내 머리를 쓰다듬으며 말했다.

"네가 입을 열면 우린 죽게 될 거야."

창규 삼촌이 이야기했다. 이것은 일곱 살짜리 아이에게 엄청난 책임이었고, 나는 이 중요한 일을 하면서 어른이 된 것 같은 기분이 들었다. 그래서 나는 아무것도 모르는 체하고 학생들 주변에서 바보처럼 행동하겠다고 맹세했다. 소녀들은 나를 좋아했고, 공산주의의 미덕에 대해 알려주며 사람들을 동지라고 부르라고 가르쳤다. 그들은 끊임없이 '무고한 민간인을 죽이는 악랄한 미국 제국주의자들'에 대해 이야기하며 '인민의 승리'를 예선했다.

"저 미국 놈들을 이렇게 죽여 버리겠어."

한 사람은 이렇게 말하며 공산당 단체인 여성위원회의 명령에 따라 부엌에 보관하고 있던 죽창을 들고 시연했다.

어느 날 오후 공습 후 한 학생이 비행기가 왜 오는지 아느냐고 물었다. 내가 고개를 젓자, 아버지의 제자였던 학생이 나에게 '악랄한 미국인들'이 어떻게 '우리 모두를 죽이려 했는지' 말해주었다.

"진짜?"

나의 반응에, 옆방에 있던 어머니가 혹시 내가 실수라도 할까 깜짝 놀랐다.

학생들이 다시 외출했을 때 어머니는 비행기에 관해 물어보면 절대 아무 말도 하지 말라고 경고하고, 우리가 미국을 응원하고 있다는 사실을 절대 말하지 말라고 했다.

   나의 살던 고향, 고요한 아침의 나라

"안 해요. 그런데 정말 미국 비행기들이 와서 모든 걸 폭격하기를 원하세요, 어머니?"

나는 어머니에게 물었다.

"전쟁을 끝낼 다른 방법이 없어."

어머니는 나에게 이렇게 대답했다.

"미국인이 이겨야 해. 그들이 우리 편이야."

다행히 학생들은 밖으로 나가 활동하고 있었다. 저녁이 되자 그들은 다른 여성위원회에 들어가 여성들을 모집했다. 애초 조직위원회는 밤에 탄약과 물자를 나르는 임무를 위해 남성들을 모집했으나 여름이 지나고 남성들이 대부분 사라진 후 신체 건강한 여성들도 대상이 되었다. 여성위원회는 모임을 위해 항상 사람을 모집하고 있었다. 집마다 미군 병사들이 낙하산을 타고 집에 들어왔을 때 그들을 죽이기 위한 대나무 창을 나누어 주었고, 학교에서는 그 훈련이 이루어졌다.

밤에는 모든 신체 건강한 동네 여성들이 총검 훈련에 참여해야 했는데, 그동안 그들은 이웃의 중학교로 행진하고, 공산당 지도자들의 지시로 대나무 총검으로 미국인들을 죽이는 동작을 연습해야 했다. 그 여성들은 지원군이 될 예정이었다.

어머니는 북한에서 중학교 친구였던 여성연맹의 지도자에게 간청했다.

"내 딸 견실이와 나 단둘이 있어서 훈련장에 갈 수가 없어."

공산주의자인 그녀는 오랜 친구를 훈련에서 면제해 주었다.

여름이 지나면서 식량이 부족해졌다. 도움이 필요한 학생이나 친척들과 나누어 먹었기 때문에, 우리가 비축해 놓은 쌀은 줄고 있었다. 처음에는 쌀과 보리를 섞어 양을 늘리기 시작했다. 반찬도 점점 더 부실해지고 있었다. 외할머니는 공산주의자 학생들이 쌀을 많이 먹지 못하도록 집안 곳곳의 작은 토기 항아리에 쌀을 숨기기 시작했다. 쌀겨로 속을 채운 베개 안의 작은 자루에도 쌀을 넣어 두었다. 사놓은 쌀이 햅쌀이 나오는 가을까지 버틸 수 있을지 확신할 수 없었기 때문이다. 식량을 마련할 돈이 그때까지 남아있을지도 불확실했다.

서울 사람들이 식량을 많이 가지고 있지 않다는 것을 알고 농민들은 쌀이나 다른 곡식들을 재봉틀이나 자개장과 같은 귀중품이나 심지어 금이나 보석과 교환하기 위해 서울로 올라왔다. 어떤 집에서는 여자들이 결혼예물을 쌀과 교환하기도 했다. 이웃의 부잣집에서는 스위스산 귀한 레이스 한 필을 쌀 한 가마니와 교환한 이야기도 들려왔다. 그 부자는 스위스 옷감보다 쌀이 더 필요했기 때문이다.

물론 밤에 공산군 병사들이 들이닥쳐 숨어 있는 두 사람을 발견할지도 모른다는 두려움도 늘 떠나지 않았다. 아슬아슬했던 적이 한 번 있었다. 공산군 병사들은 신발을 벗지도 않고 집 전체를 뒤졌다. 지하 폭탄 대피소로 내려가 베개를 흔들기도 했다. 또 한번은 내가 어머니에게 신호를 주기도 전에 병사들이 나타났다. 병사들이 집안에서 식량을 찾고 있을 때 송 선생이 다락방에서 자리

　　　　나의 살던 고향, 고요한 아침의 나라

를 옮겨 천장에서 삐거덕 소리가 났다. 나는 송 선생이 가만히 있어 주기만을 기도했고, 다행히 그렇게 되었다. 저녁에 송 선생이 식사하러 내려왔을 때 그들은 당시의 아슬아슬했던 상황에 관해 이야기를 나누었다.

1950년 6월까지 북한은 남한을 공격할 태세를 갖추었다. 해방 이후 4년 동안 그들은 소련에서 훈련하고 세뇌된 군인들이 지휘하는 12개 사단, 거의 20만 명에 달하는 잘 훈련된 군대를 조직했다. 공산군의 5분의 1은 1945년부터 1948년까지 중국 내전 동안 공산주의자들 편에서 싸웠던 의용군이었다. 그리고 해방 후 북한이 소련 통치하에 있는 동안 약 만 명의 젊은이들이 엄선되어 소련에서 훈련받았다. 공산군은 T-34 전차, 트럭, 자동화기, YAK 전투기 등 첨단 무기를 잘 갖추고 있었다. 그에 비해 대한민국의 육군은 군대라 부를 수도 없었다. 해방 후 지구대로 시작된 이승만의 군대는 김일성의 군대의 절반도 되지 않았다. 전차도 중화기도 전투기도 없었다. 차량 절반이 교체 부품이 없어 파손되어 있었다. 가장 중요한 것은 정부처럼 군대도 부패해 있었고, 군인들의 사기가 바닥이었다.

미국도 문제를 해결하지 못했다. 미국의 한국에 대한 정책은 가능한 한 빨리 한반도에서 이탈하는 것이었다. 따라서 이승만 정권이 들어선 지 두 달도 안 되어서 미 점령군은 철수하기 시작했다. 전쟁을 1년 앞둔 1949년 6월에 한국에는 500명의 군사 고문만 남아있었다. 그리고 전쟁 6개월 전 워싱턴에서 열린 언론협회 연설에서 딘 애치슨 국무장관은 한국이 미국의 '방어 경계선' 밖에 있다고 선언했다.

그러나 소련은 다른 계획을 하고 있었다. 한반도 북부를 점령하는 동안 소련은 스탈린의 후견인인 김일성 휘하에 소련식 정부를 세울 기회를 잡았다. 북한 사람들은 공산주의가 수 세기 동안 지속되어 온 부패한 통치와 불평등한 계급으로부터 한국인을 구해줄 수 있는 유일한 방법을 제공한다고 믿었기 때문에 공산주의로 쉽게 전환되었다. 소련은 북한 주민들 사이에서 이 꿈을 알리는 데 비용을 아끼지 않았다.

공산군이 공격 소식이 들려온 것은 전혀 뜻밖이었다. 워싱턴 시각으로 토요일 늦은 밤(6월 24일) 애치슨은 곧바로 미주리주 인디펜던스에서 휴가를 보내고 있는 트루먼 대통령에게 전화를 걸었다. 트루먼이 워싱턴으로 돌아온 일요일 저녁 한국과 미국 관리들의 요청으로 긴급회의를 가진 유엔 안전보장이사회는 북한의 공격을 규탄하고, 삼팔선 이남에 있는 김일성 군의 철수를 촉구하는 결의안을 통과시켰다. 월요일(6월 26일) 늦은 시간에 트루먼은 미 공군과 해군을 한국을 방어하기 위해 투입했다. 이는 1882년 우호조약 체결 이후 처음으로 미국이 한국의 원조에 나선 것이었다. 유엔 안전보장이사회는 화요일 밤 무장 공격을 격퇴하고, "지역에 대한 국제 평화와 안보를 회복하는 데 필요한 지원을 제공"할 것을 요청하는 미국이 제안한 결의안을 통과시켰다. 이 결의안과 관련하여 영국, 프랑스, 독일, 오스트리아, 캐나다, 터키 등 16개국이

     나의 살던 고향, 고요한 아침의 나라

유엔의 푸른 깃발 아래 군대를 파견했다.

　수요일에 도쿄에서 맥아더 장군은 서울에 조사관을 파견했고, 다음 날 한국에 가서 상황을 평가했다. 그는 돌아온 후 트루먼을 설득하여 그의 휘하에 있는 병력을 사용할 수 있는 '전권'을 부여받았다. 맥아더는 6월 30일 금요일에 미군 제1연대를 파견했다. 그들의 임무는 나머지 24사단이 도착할 때까지 북한의 진격을 저지하는 것이었다. 전후 일본에서 안락한 일상을 누리던 미 점령군은 고난과 함께 살아온 북한 병사들의 상대가 되지 못했다. 7월 1일 그들의 대결의 결과는 처참한 퇴각이었다. 제2차 세계대전 이후 국가의 분위기에 맞춘 의회의 예산 삭감과 함께 군대는 축소되고 있었다. 일본으로부터 파병된 최초의 대대는 훈련과 장비가 허술했고, 이들의 대부분은 20세 이하의 청년이었다. 그들은 한국의 찌는 듯한 더위와 계절풍의 영향을 받았을 뿐만 아니라 가파른 산과 굽이굽이 흐르는 계곡, 좁은 흙길, 논에서 나는 퇴비의 메스꺼운 악취와도 싸워야 했다. 7월과 8월에 24사단과 추가 증원군이 도착한 뒤에도 공산군은 꾸준히 남쪽으로 전진했다. 남한과 미군은 간신히 부산 방어선으로 알려진 한국 동쪽 끝 영토의 10분의 1도 채 안 되는 곳을 유지하기까지 후퇴해야 했다. 낮에는 숨고 밤에는 싸우는 공산군은 피난민들 사이에 몸을 숨기며 미군의 시선을 피해 매복했다. 그들은 전형적인 게릴라 전술에 따라 제복을 벗고 마을 속으로 쉽게 섞여 들어갔다. 8월 초 제1해병여단이 한국에 도착하기까지 7월 내내 유엔의 전장에서는 나쁜 소식만 들려왔다. 그러다가 8월 초 처음으로 미군은 낙동강을 둘러싼 격렬한 전투에서 두 번의 공격을 가했다. 밤이 되자 폭격기들이 북한의 도하 지점을 폭격했다.

입에서 입으로 전해오는 전방의 소식은 암울했다. 계속해서 지방으로 떠나는 사람들이 있었지만, 우리 가족은 거의 체념하고 무슨 일이 있더라도 서울에 머물기로 했다. 이미 모든 가정이 지시받은 대로 김일성과 스탈린의 사진을 정문에 달고 공산 치하에서 살고 있었다. 지방으로 가는 것도 장점이 없어 보였다. 그곳도 안전해 보이지는 않았다. 친척 중 한 명은 자신이 공산군이라 주장하는 국군 병사들에 의해 남편을 잃었다. 나는 할머니, 어머니, 이모가 살인에 관해 이야기하는 것을 많이 들었고, 전쟁이 끝나고 누구라도 살아있는 사람이 있을까 하는 생각이 들었다. "죽을 거면 길에서 죽느니 집에 있다가 죽는 게 낫지"라는 이야기를 외할머니가 할때마다 나는 다시는 아버지를 볼 수 없을 거라는 생각이 강하게 들었다. 그러나 아버지가 부재중이어서 다행이라는 할머니와 어머니의 의견에는 동의할 수밖에 없었다.

"네 아버지는 북으로 끌려가는 영순위였을 거다."

"송 선생님이나 창규 삼촌과 달리 우리는 절대 아버지를 숨으라고 설득할 수 없었을 거야."

나는 가끔 아버지의 모습이 정확히 기억나지 않아 기억을 되살리기 위해 사진을 봤다.

집에서는 아버지 학교에서 온 공산주의자 학생들이 〈김일성

　나의 살던 고향, 고요한 아침의 나라

장군의 노래>와 같은 혁명가 몇 곡을 가르쳐 주었다. 그들과 함께 지내는 동안 그 노래가 얼마나 잘 주입되었는지 나는 오늘까지도 그 노래를 외울 수 있다.

> 장백산 줄기줄기 피어린 자욱
> 압록강 굽이굽이 피어린 자욱
> 오늘도 자유조선 꽃다발 우에
> 력력히 비쳐주는 거룩한 자욱
> 아… 그 이름도 그리운 우리의 장군!
> 아… 그 이름도 빛나는 김일성 장군!

공산주의자 학생들이 주변에 없을 때 나는 가끔 "아… 그 이름도 빛나는 김일성 장군" 부분을 "아… 그 이름은 똥 같은 김일성"으로 바꿔 부르곤 했다. 끔찍한 가사에도 불구하고 겨운 멜로디는 호소력 있었다. 아직도 나는 캘리포니아에 있는 내가 그 노래를 흥얼거릴 때면 놀라곤 한다.

아버지는 지구 반대편 뉴욕에서 북한의 침공에 대해 알게 되었다. 6월 26일 미국의 소리(Voice of America)에서 일하는 황재경 목사가 그 소식을 전해주었을 때 컬럼비아대학교 인터내셔널 하우스의 로비에 있었다. 황 목사는 설교보다는 유용한 정보를 주는 재미있는 방송으로 고국에 있는 한인들에게 더 잘 알려진 유머가 넘치는 사람이었다.

그 소식에 아버지의 놀라움이 크지는 않았던 것 같다. 오랫동안 무감각한 상태에 있어서 아무것도 충격으로 다가오지 않았다고 몇 년이 지나 나에게 말해주었다. 아버지의 삶에는 그야말로 자신이 어쩔 수 없는 많은 끔찍한 사건들이 있었다. 아버지 없이 자랐고, 감옥에서 망가진 아버지가 돌아오는 것을 봤고, 일제 치하에서 살았으며, 고향을 떠나 가족부양을 걱정하며 서울에서의 피난민 생활까지 했다. 충격에 무감각해지는 것이 그 세대 지식인들이 버틸 수 있는 유일한 방법이었을지도 모른다. 자신이 통제할 수 없는 고난을 통해 깨우친 이 무감각의 방책에 관해 사람들은 이야기했다.

아버지의 첫 번째 두려움은 북한이 여성과 어린이를 유엔군에

인천상륙작전을 끝마치고 국토통일로 전진하는 2대대 7중대 3소대(1950년 9월 15일)

　　　　　　　　　　　　　　나의 살던 고향, 고요한 아침의 나라

대항해 인간 방패로 사용할 수도 있다는 사실이었다. 서울에 있는 아내와 아이가 무엇보다도 걱정스러웠다. 그러다가 그는 다시 한번 세계열강의 움직임에 휩쓸리는 저주받은 운명, 자신과 모든 한국인의 운명을 한탄했다. 전쟁이 발발했을 때 그는 원래 7월 10일로 예정되어 있던 귀국일을 손꼽아 기다리면서 책, 옷, 선물과 같은 대부분의 짐을 미리 부쳤다. 당연히 그것들은 도착하지 않았다.

9월 초 미국 해병대가 오고 있다는 고무적인 소식이 들려왔다. 며칠 동안 대포의 포격 소리가 들려왔다. 맥아더 장군 휘하의 유엔군이 서울을 수복할 것이고, 그렇게 되면 연합군이 끝까지 가서 압록강 이북의 만주를 공격할 것이라는 말들이 돌았다. 그것만이 통일된 한국에서 자유를 보장받을 길이라는 이야기였다. 실제로는 무슨 일이 일어나고 있는지 알지 못했지만, 어른들의 낙관적인 분위기에 나도 덩달아 희망에 부풀었다. 우울한 여름의 우울한 뉴스 후에 모두 희망이 필요했다.

그때는 몰랐지만, 몇 주 동안 맥아더와 합동참모본부는 서울에서 서쪽으로 25킬로미터쯤 떨어진 항구 도시인 인천에서 상륙 작전을 펼치겠다는 계획을 놓고 실랑이를 벌였다. 맥아더를 제외한 모든 사람이 세계에서 조수간만이 가장 큰 것으로 알려진 인천에

나의 살던 고향, 고요한 아침의 나라

부대를 상륙시키는 어려움을 걱정했다. 게다가 맥아더의 계획을 실행하려면 부산 방어선을 지키고 있던 해상 여단을 철수시켜야 하며, 이는 유일하게 남아있는 연합군에 대한 공산군의 공격을 유발할 위험도 있었다. 맥아더는 자신의 의지를 관철했다. 9월 15일 제1해병여단의 두 개 사단과 한국 해병대 1개 예비대가 인천에 대한 공격을 실행했다. 그리고 그 공격은 성공했다. 9월 15일 새벽에 이루어진 인천상륙작전은 맥아더의 가장 훌륭한 전적 중 하나로 역사에 기록되었다.

그 계획에 따라 맥아더는 전쟁 발발 후 3개월째인 9월 25일까지 서울을 점령하려 했다. 그의 부대는 북쪽으로 나아가 김포공항을 점령하고 한강을 건너 서울을 점령한 후 인천 상륙 서울 위쪽에 반원 모양으로 방어벽을 설치했다. 연합군은 작전을 앞두고 일주일 넘게 인근 지역을 폭격하는 양동 작전을 구사했다.

당황한 공산군은 아무런 저항도 하지 못했다. 많은 사람이 항복하고 일부는 산으로 도망쳤다. 그 후 한국군과 제1 기병대, 제7 보병대와 합류한 해병대는 9월 25일 서울로 북상하여 결사적인 인민군과 전투를 벌였다. 군과 민간인의 피해는 컸다.

9월 27일 유엔군이 국회 의사당 건물을 수복하고, 그 위에 푸른 깃발을 올렸다. 우리는 밖으로 나가 손을 흔들고 손뼉을 치며 탱크와 지프차를 타고 도시에 도착한 병사들을 맞이했다. 병사들의 분홍색 얼굴이 돋보였다. 그때가 추석이어서 외할머니는 숨겨 놨던 쌀들을 모아 명절과 해방을 기념하기 위한 떡을 만들었다. 방아로 쌀을 찧는 소리를 최대한 안 내기 위해 절구 아래 이불을 깔았다. 들려오는 이야기로는 공산주의자들이 퇴각하고 북한까지도 해방되고 있는 것 같았다.

"우리 고향에 돌아갈 수 있을지도 몰라."

어머니가 말했다.

"정말 그럴 것 같네."

외할머니가 동의하며 이야기했다.

9월 29일 맥아더는 도쿄에서 날아와 폐허가 된 도시를 이승만에게 넘겼다.

"자비로운 신의 은총으로 인류의 가장 큰 희망과 인류의 영감이라는 기치로 싸우는 우리 군이 한국의 고도를 해방했습니다."

맥아더는 고개를 돌려 이승만을 바라보며 이야기를 이어갔다.

"대통령님, 나와 내 장군들은 이제 우리 군사적 의무로 돌아가고 이제 당신과 당신 정부에게 시민 안전 보장의 임무를 맡기겠습니다."

한국 군인들이 서울을 다시 장악하며 생활은 정상으로 돌아가는 것처럼 보였다. 국군이 삼팔선을 넘어 어머니의 고향인 함흥과 북한의 수도인 평양, 두 대도시를 점령했다. 유엔군은 압록강까지 계속해서 북상했다. 아버지가 미국에서 돌아와, 우리 가족이 북한으로 돌아가는 것은 시간문제인 것 같았다.

"이대로라면 네 아버지는 미국에서 북쪽의 우리 집으로 바로 돌아올지도 모르겠다."

   나의 살던 고향, 고요한 아침의 나라

어머니가 말했다.

그러나 10월 중순 중국의 인민지원군이 공산군과 합류하며 상황은 갑자기 반전되었다. 10월 말까지 중공군은 8군과 인천상륙작전을 성공적으로 수행했던 해병대를 물리치며 압록강 인근의 한국군을 밀어냈다. 맥아더는 중국을 '불법적인 공격'이라 비난했지만, 소용이 없었다. 11월 중순까지 한중 접경 도시 신의주를 놓고 치열한 접전과 공중전이 벌어졌고, 미 3사단이 증원군으로 도착했다. 11월 24일 맥아더는 공격을 개시했고, 유엔군은 중국 국경으로 접근했다. 세계의 관심은 이제 한국에 집중되어 이것이 제3차 세계대전으로 이어질 수 있다는 우려가 증폭되고 있었다. 다음 날 중공군이 반격을 가했고, 그때부터 무수히 많은 중공군이 뒤따라 내려왔다. 그 결과 연합군은 크리스마스 날 삼팔선을 넘을 때까지 계속해서 후퇴했다. 1951년 새해 첫날부터 남한에 대한 공산군의 공세가 시작되었고, 1월 4일 유엔군은 남으로 후퇴하기 시작했다.

다가오는
공산주의자들의 탈출

이번에는 우리 가족도 떠나야 했다. 중국과의 전쟁은 북한과의 경우와는 달랐다. 그래서 공산군이 7개월도 안 돼 두 번째로 서울을 점령했던 1월 초 마침내 우리는 출발을 결정했다. 어머니와 할머니는 서울의 몰락, 어쩌면 남한의 몰락이 점점 더 불가피해지고 있다고 느꼈다. 불과 두 달 만에 귀향의 꿈과 희망은 물거품이 되었다. 중국의 전쟁 개입은 모든 것을 바꾸어 놓았다. 마지막 국군과 미군이 물러날 때까지 수백만의 중공군이 진격해 내려오는 모습은 무시하기에는 너무 현실적이었다. 이 순간 나는 두고 가야 할 재산에 대해 곰곰이 생각했다. 작은 옷장같이 보이는 앞에 거울이 달린 노란 꽃무늬 보석 상자가 떠올랐다. 그해 크리스마스에 어머니가 준 선물이었다. 여름 동안 송 선생이 묵었던 아버지의 서재 위 다락방에 보석상자를 숨기면서, 나는 나중에 서울에 돌아오면

나의 살던 고향, 고요한 아침의 나라

되찾을 수 있을 것으로 생각했다.

다 같이 이동할 만한 교통수단이 없었기 때문에 가족들이 함께 떠날 수가 없었다. 그래서 어머니와 나는 남쪽으로 150킬로미터 떨어진 대전역까지 트럭을 타고 가서 그곳에서 송 선생 가족을 만나기로 했다. 대전에 먼저 도착한 사람이 역에서 기다리기로 했다. 트럭에는 어른 한 명이 탈 수 있는 공간만 남아있어서 나는 어머니의 무릎 위에 앉았다. 외할머니와 이모는 김 장로의 가족과 함께 곧장 부산으로 향했다(김 장로는 9월 연합군이 서울을 탈환한 후 부산에서 돌아왔다). 우리는 피난민 수용소에서 서로를 찾기로 했다. 삼촌은 그때쯤 군대에 징집되었고, 이모부와 송 선생은 다른 남자들과 마찬가지로 탄약 운반을 돕기 위한 노동자로 징집되었다. 나는 암시장에서 산 미국 담요로 만든 두꺼운 옷을 입고 있었다.

대전에서 우리는 부산행 마지막 '자유 열차'를 탔다. 탈 수 있는 곳은 기차 지붕 위밖에 없었다. 지붕에 타는 것이 내키지 않았지만, 선택의 여지가 없다는 것을 깨달은 나는 이를 순순히 받아들이기로 했다. 말 그대로 아수라장이었다. 조금 더 머뭇거렸다면 지붕에도 자리를 잡지 못했을지 모르겠다. 북한 수도 평양에서 여기까지 내려온 신학생들이 여성과 어린이들이 옥상에 오르는 것을 돕고 있었다. 그들이 내 허리에 밧줄을 묶고 짐짝처럼 끌어 올렸다. 일단 지붕에 자리를 잡으면 밧줄로 고정해 넘어지지 않도록 도와주었다. 꾸벅꾸벅 조는 내 허리에 감은 밧줄을 어머니는 내내 꽉 잡고 있었다. 그날 우리가 가진 재산은 40킬로그램짜리 쌀 한 포대와 속옷, 부엌용품이 들어있는 보따리가 전부였다. 나는 쌀자루에 기대어 앉고, 어머니는 내 곁에 앉았다. 공간을 잘 정리한 덕분에 우리 두 사람과 보따리들을 두는 데 충분한 공간이 생겼다. 긴 여행이 어떻게 될지 궁금했으나 곧 알게 되었다. 자유 열차는 기적 소리를 내며, 때때로는 농경지와 산의 지평선처럼 보이는 곳을 지나 밤새 이동했다.

우리는 두꺼운 옷을 겹겹이 입고 있었다. 하지만 매서운 바람이 몰아쳐 밤중에 얼어 죽지 않고 목적지까지 갈 수 있을지 걱정스러웠고, 너무 추워 이야기도 할 수 없었다.

"잠들지 마, 잠들면 안 돼."

내가 기억하는 것은 밤새도록 내가 잠들지 않도록 했던 어머니의 목소리뿐이었다. 때때로 기차가 몇 시간 간격으로 멈추어 설 때마다 사나운 바람이 느껴지지 않아서 기뻤다. 그 역 중 한 곳에서 나는 멀리 작지만 밝게 빛나는 창문을 보았고, 붉은 천 조각이 흔들리는 것을 보았다. 불 켜진 창문은 시골의 어둠 속에서 눈에 띄었다. 나는 어떤 마법사가 창 뒤쪽에서 빨간 스카프를 들고 의식을 치르는 것 같았다. 바람과 추위 속에서 나는 그녀의 외침과 징소리를 듣고, 향초가 타는 향을 맡을 수 있는 것 같았다. 아마도 그 마법사는 아픈 아이를 치료하기 위해 아니면 죽은 노파의 안전한 여행을 위해 밤새도록 일하고 있었을지 모른다. 기차는 다시 움직였고, 나는 이를 악물고 얼어 죽지 않고 목적지에 도착하기를 기도했다.

     나의 살던 고향, 고요한 아침의 나라

이따금 기차는 터널들을 통과했다. 기차가 터널 안에 있는 동
안은 잠시나마 추위를 피할 수 있어서 좋았다. 나는 질식할 수도
있다는 사실을 모른 채 그저 터널이 더 많기를 바랐다. 어머니가
흔들어 깨우는 중에도 가끔 잠이 들었는지 긴 기차 여행 중 일부만
기억이 남았고, 아마도 나는 그때만큼 아침이 오기를 기다린 적이
없었던 것 같다. 그 감정은 기차 지붕에 옹기종기 있던 모두가 똑
같이 느꼈을 것이다.

아직 살아있다는 감사와 안도의 마음으로 우리는 새벽을 맞이
했다. 처음 들른 곳은 구포역이었다. 상인들은 어린아이의 머리만
한 배를 팔고 있었다. 우리는 아침으로 그것을 사 먹었는데 이빨은
떨리고 양모 벙어리장갑 위로 배즙이 뚝뚝 떨어졌다. 주위를 둘러
보니 지붕에 있는 모든 사람이 그을음에 뒤덮여 굴뚝 청소부처럼
보였다. 구포는 서울에서 동남쪽으로 500킬로미터쯤 떨어져 있었
다. 밤 동안 300킬로미터쯤 여행해서 부산역까지 딱 한 정거장만
남겨두고 있었다.

우리 일행은 어머니와 나 말고도 송 선생의 아내, 아기와 시누
이 그리고 식모로 이루어져 있었다. 마침내 부산에 도착한 우리는
김 장로의 가족과 함께 있던 할머니와 이모가 있는 곳을 찾아 피난
민 부락을 향했다. 도착했을 때는 저녁 시간이었고, 조리용 불이
피워져 있었다. 그곳은 피난민들로 가득했는데, 침대 시트와 누더
기의 임시 칸막이가 가족 간의 거처를 분리해 주었다. 사람들의 냄
새와 음식 냄새가 공기 중에 가득했다. 종로에서 작은 셋방에 살았

던, 서울에서의 피난민 시절보다 사정이 백배는 열악했다. 아이들은 태아처럼 몸을 웅크리고 잠을 잤지만, 부모들은 지친 등을 짐에 기댄 채로 앉아 코를 골며 꾸벅꾸벅 졸고 있었다. 그들은 이곳에서 며칠간 머무른 것처럼 보였다. 여기저기 빨랫줄에 빨래가 걸려있었다. 낯선 사람들과 함께 그곳에서 살게 된다는 생각이 나를 우울하게 했다.

사람들에게 닿지 않도록 조심스러운 발걸음으로 우리는 담요와 시트의 임시 칸막이들을 통과했다. 그때 내 눈에 외할머니의 모습이 들어왔고, 그 옆에는 김 장로의 가족이 저녁을 먹고 있었다.

"할미니!"

"아가, 이쪽으로 와."

할머니가 자기 쪽으로 오라고 손짓했다.

"왔구나, 아가."

나는 할머니와 이모 사이로 파고들어 할머니의 알루미늄 그릇에서 밥과 삶은 새우를 꺼내먹었다. 이틀 만에 먹는 따뜻한 음식이었다. 이후 어머니는 김 장로 등과 함께 밤을 보낼 곳을 찾아 나갔다. 계속되는 피난민의 유입으로 부산 사람들을 화가 나 있었다. 노크하는 곳마다 외면당해 지치고 걱정 가득한 얼굴로 세 사람이 밤늦은 시간에 돌아왔다. 우리는 벽에 기대어 앉아 작은 공간에 함께 머물렀다. 다음 날 가까스로 몇 개의 방을 찾을 수 있었고, 송 선생의 가족과 어머니와 나는 개인 집의 작은 방 하나를 같이 썼다. 외할머니와 이모는 다른 이웃에 방을 두었다. 낯선 데서의 또

    나의 살던 고향, 고요한 아침의 나라

다른 삶이 시작되고 있었다. 그때 내 나이 여덟 살이었다.

두 번째 난민 생활은 내 머릿속에서 영영 사라지지 않는 비디오처럼 기억 속에 새겨져 있다. 사십여 년이 지난 지금도 나는 할머니와 어머니가 마련해준 모든 음식의 맛이 기억나고, 아직도 그날들을 어제처럼 회상한다. 다른 경험이나 책임감 또는 선입견에 얽매지 않은 여덟 살 아이에게 있어 전쟁 중에 사는 경험은 잊힐 수 없는 기억이다. 그러나 부산에서의 삶이 내게는 전혀 이해되지 않았다. 적어도 송 선생과 창규 삼촌을 지키던, 서울에서의 여름 동안은 자부심과 성취감을 느꼈던 반면 부산에서는 그곳에 왜 있는지도 알 수 없었기 때문이다.

부산에 도착한 지 며칠 지나지 않아 외할머니는 언제나처럼 길거리의 휴대용 바구니에 물건을 넣어 장사하고 있었다. 전직 교사, 회사원, 부유한 사업가 그 누구라도 서울 출신의 대부분 사람은 살아남기 위해 그들이 할 수 있는 모든 것을 했다. 가장 손쉬운 것이 작은 노점을 차리고 물건을 파는 일이었다.

부산은 혼잡하고 더러웠다. 수척한 얼굴과 머리에 이가 가득한 누더기를 입은 노숙자들이 남은 음식을 모으기 위해 깡통을 들고 거리를 배회했다. 그들은 때때로 껌이나 사탕을 얻기를 바라면서 흙먼지를 일으키는 미국 지프차를 뒤쫓았다. 미군들이 항상 친절했던 것은 아니었다. 그들은 가끔 아이들에게 "젠장"(goddamn)이라고 외치기도 했는데, 그 말의 뜻을 모르는 젊은이들이 따라 했다. 그리고 생전 처음으로 짙은 화장을 하고 하이힐을 신은 한국 여성

철교 피난민

나의 살던 고향, 고요한 아침의 나라

들이 미군들과 함께 걷는 모습을 봤다. 때로는 아이들은 그들을 따라가며 "양갈보"(서양 창녀)라고 외쳤다. 오늘날까지 한국 여성들은 비아시아인 남성들과 함께 있을 때 매춘부나 접대부로 인식될 위험이 있다.

그렇게 우리는 피난민 가족으로 사는 삶에 정착했다. 어머니는 집안일을 했고, 외할머니와 이모는 부산 노점상에서 새로운 장사를 했다. 가끔 그들의 물건에 미국 통조림 음식이 포함되기도 했다. 할머니는 그중 일부를 집으로 가져왔고, 나는 셰프 보야르디(Chef Boyardee) 스파게티 캔 맛을 처음으로 보았다. 굉장히 맛있었다. 내가 가장 좋아하는 것은 절임 소고기(corned beef)였는데, 아직도 그때처럼 뜨거운 김이 나는 밥에 그것을 섞어 먹는 것을 좋아한다. 삶의 미스터리와 사람들이 역경을 어떻게 견뎌내는지를 상기해 주는 그 음식에 나는 위로를 받는다.

정전과 물 부족은 일상적인 일이었다. 우리는 등유 램프를 사용했고, 공공 수도관에서 물을 받기 위해 몇 시간 동안 양동이를 들고 줄을 섰다. 줄 앞쪽으로 가기 위해 늘 싸움이 일어났다. 때로는 바닷물로 요리했고, 대중목욕탕에서 나온 도랑의 하수도로 빨래했다. 그리고 밤이면 동물원의 원숭이처럼 옷에 붙은 이를 떼어내고, 신문 조각으로 손톱을 닦아냈다. 이 모든 게 북쪽에서 살던 삶을 머나먼 동화처럼 보이게 만들었다. 하지만 어른들은 강인했고, 나는 어려서 회복력이 있었다. 심지어 새로운 환경에서도 흥분거리를 발견한 나는 일기를 쓰고, 종잇조각에 시를 써서 아무도 찾지 못하도록 숨겨두었다. 가끔은 아버지처럼 대학 강사가 되는 걸 생각하기도 했지만, 작가가 되는 것을 꿈꾸었다. 많은 피난민이 야산에 텐트를 치는 상황에서 우리는 운 좋게 영도 지역에 방을 구했다.

그때 쓴 일기를 다시 읽을 때마다 새로운 경험에 내가 얼마나 혼란스러워했는지 새삼 확인한다. 송 선생과 아들 운주와 함께 바닷길을 산책한 후, 나는 일기에 바다가 얼마나 상쾌한 냄새를 풍겼는지 기록했다.

"하지만, 나는 내가 여기에 있는 이유를 모르겠다."

여덟 살짜리 아이가 그렇게 썼다.

"서울이 그립다. 내 집이 그립다. 이 피난민 생활을 빨리 끝낼 수 있으면 좋겠다."

나는 새로운 삶을 관찰하느라 바빴다. 이사한 곳의 사람들을 보고 놀란 나는 이렇게 썼다.

"건물에 있는 여자는 미군과 함께 나간다. 그녀의 눈꺼풀은 초록색이고, 손톱은 길고 빨간색으로 칠해져 있다. 립스틱을 발랐고, 머리는 곱슬곱슬하다. 낮 동안에 자고 밤에 외출한다."

그리고 이렇게 쓰기도 했다.

"이 건물에는 두 자매도 살고 있다. 그들은 서커스단에서 일한다. 서커스에서 직접 본 적은 없지만, 자매들이 내게 말해주었다. 그들은 온갖 도구로 묘기를 부린다. 자매들의 삶은 흥미로워 보인다. 그들은 아름다운 긴 머리를 가지고 있고, 항상 운동한다. 나도

     나의 살던 고향, 고요한 아침의 나라

서커스단에 들어가고 싶다."

이런 일들은 아주 오래전에 일어났는데도, 오늘날 내 삶의 일부이기도 하다. 때때로 나는 그 아이가 어떻게 살아남았는지 신기하다. 아마도 일기를 쓰는 것이 제정신을 지키는 데 도움이 되었을지도 모른다.

부산은 전쟁이 벌어지지 않은 유일한 지역이었다. 수백만의 주민들과 피난민들이 북적이며 살았다. 지역주민들은 자신들의 행운에도 불구하고 밀려 들어오는 피난민들에게 분개했다. 남는 방들은 모두 세를 내주었다. 당시 어린 내 눈에는 그 사람들만 전쟁으로 이득을 보고 있는 것 같았다.

1951년 1월부터 3월까지 한반도 중부 지역에서 중공군과 격렬한 전투가 있었다. 기온이 종종 영하 20도에 달하는 치명적인 한국의 겨울이었다. 3월 중순까지 공산주의자들은 모두 전선에서 철수하기 시작했고, 8군은 서울을 되찾았다. 4월 초 8군단은 삼팔선을 넘어 북으로 진격했다.

전쟁 수행에 대한 트루먼 행정부와 맥아더 사이의 마찰은 1951년 4월에 극에 달했다. 트루먼은 전쟁을 삼팔선에서 멈추고 싶었지만, 맥아더는 한반도에서 중공군을 몰아내고, 필요하다면 핵폭탄으로 국경을 폭격해서 더 이상의 접근을 차단하자고 주장했다. 그는 한국전쟁이 반드시 종식시켜야 하는 공산주의 침략의 본보기라고 주장했다. 그러나 워싱턴 당국자나 유럽의 동맹국들은 모두 한국이 공산주의를 억제할 수 있는 의미 있는 시험장이나 소련과의 전면전을 무릅쓸 만한 가치가 있는 곳이라고 보지 않았다. 트루먼은 맥아더를 해임했다.

맥아더의 해임은 모두를 놀라게 했다. 한국인들은 인천상륙작전의 성공으로 맥아더를 동경했다. 미국의 그 장군이 한국 전역을 해방하고 공산군에게 합류한 중공군을 밀어내기를 바랐던 것이다. 맥아더의 계획은 한국인들이 전쟁 중 유일하게 이해할 수 있는 대목이었기 때문이다. 할머니와 어머니는 전쟁 발발 소식을 들었을 때와 마찬가지로 미국 장군의 해임에 충격을 받은 것처럼 보였다. 장군이 미국인들로부터 비판을 받았던 71세의 나이, 자존심, 위험을 감수하는 고집, 독선과 같은 자질들은 모두 한국 사람들이 동경하던 것이었다. 미국인들은 그가 폭군이라 생각했지만, 한국인들은 그의 지도력을 동경했다. 인천이 내려다보이는 거대한 맥아더 장군의 동상은 아직도 한국인들이 그에게 품고 있는 애정의 증거이다. 그는 오랫동안 미국인의 기억에서 사라졌지만, 한국인의 기억에서는 사라지지 않았다.

여러 차례의 이사를 거쳐 6개월여 만에 우리는 화천동의 한 야산에 친척들과 함께 사용할 침실 세 개짜리 집을 빌릴 수 있었다. 작은 앞마당에는 감나무까지 있었는데, 나는 그곳에 자주 올라가 집에 누가 오는지 살펴보았다. 일본으로 이주하기 전에 거의 일 년간 살았고, 외할머니가 그 집에서 세상을 떠났다는 사실 때문에 그곳은 내게 안정감을 주는 장소가 되었다.

전쟁 중에도 사람들의 일상은 계속되었다. 나는 밀짚 포대가

문 역할을 하는 천막이 교실이고, 진흙 언덕이 운동장이었던 피난 민들을 위한 학교에 다녔다. 아이들은 주로 한국군과 유엔군의 용맹함에 대한 노래를 불렀고, 우리는 길에서 유엔군을 보면 경례하고 "hello"와 "good-bye"라고 인사하라는 지시를 받았다.

어머니는 노래를 가르치고, 송 선생은 어린이 합창단을 결성해 인근 극장과 학교 그리고 부상을 입은 군인들이 있는 병원에서 공연했다. 휴일에는 사진관에서 초상화를 찍었다. 어머니와 나는 사진을 찍기 전에 미용실에 가서 머리 인두로 머리를 곱슬하게 했다. 사진사는 내게 마치 오페라 가수처럼 양손을 꼭 잡고 카메라를 똑바로 바라보게 했다. 난민 생활에 정착하면서, 이제는 고향 집과 서울에 남겨둔 집, 이렇게 두 채의 생각할 집이 있는 느낌이었다. 서울에 있는 집이 감정적으로 애착을 가졌던 곳이기에 더 가깝게 느껴졌다. 주변 어른들에게 들은 소식에 따르면 전쟁이 삼팔선 근처에서 연합군이 영토를 얻었다가 다시 잃는 시소처럼 진행되고 있다고 했다. 휴전에 관한 이야기가 있었고, 일부 피난민들은 서울로 돌아가기도 했다. 우리 가족은 부산에 오래 갇혀있을 것처럼 보였다. 학교에서 새 친구들을 사귀었고, 이전의 정착 생활과 비슷했다.

이때까지 우리 가족은 아버지에 대한 소식을 듣지 못했다. 어머니는 미국에 간 다른 선생의 가족들과 계속 연락했다. 모든 연락이 끊겼기 때문에 아무도 알지 못했다.

1951년 초여름 드디어 기다리던 소식이 들려왔다. 아버지가 도쿄에서 일하고 있다는 소식이 대한적십자사를 통해 전해졌다. 1950년 8월 도쿄에 있는 맥아더 장군의 유엔군 사령부가 아버지와 동료 교사들을 고용했다는 사실을 뒤늦게 알게 된 것이었다. 도쿄에 도착한 교사들은 적십자사를 통해 실종자 광고를 냈지만, 적십자사가 가족들을 추적하는 데 어려움을 겪었다. 몇 달이 걸리긴 했지만, 결국 찾아냈다는 것이 놀라울 뿐이었다. 한국에서 그렇게 가까운 도쿄에 아버지가 있다는 생각에 나는 꿈을 꾸는 것 같았고, 너무 흥분해서 숙제에 집중할 수가 없었다. 언덕길을 달려 반 친구의 집으로 달려가 소식을 전했더니 친구도 나만큼이나 흥분했고, 다음 날이 되자 학교 전체가 이 소식을 알게 되었다. 곧이어 도쿄 유엔군 사령부의 공식 초청장과 함께 아버지의 편지가 도착했다. 도쿄에서 소포도 도착하기 시작했다. 일본에서 보내준 아름다운 천으로 어머니와 나는 새 외투를 만들었다. 그 옷을 일본으로 가는 여행 때 처음으로 입을 생각을 하며 나는 신데렐라가 된 느낌이었다. 아버지와 함께 도쿄에 살게 된다는 생각만 해도 가슴이 두근거렸던 나는 일본에서의 삶이 어떨지 상상해 보려고 일제 강점기에 그곳에 가보았던 어른들에게 물어보았다. 일본이 미국만큼 좋은 곳 같았기에, 나는 그곳에 가기로 마음을 먹었다.

휴전이 선언되기까지는 2년의 세월이 더 걸렸다. 휴전에 대한 첫 소문은 8군단이 중공군을 상대로 결정적인 승리를 거둔 후 들려왔다. 공산주의 세력들은 삼팔선 바로 북쪽에 있었다. 한국에 있는 중공군의 사기가 떨어지고, 보급품과 식량이 바닥나고 있었

      나의 살던 고향, 고요한 아침의 나라

다. 겨울 동안 성공을 거두었던 그들은 새로운 병력과 화력이 충원된 유엔군을 상대해야 했다. 수적 우세에도 불구하고 공산주의자들은 유엔군을 돌파할 수 없었다. 그러나 워싱턴과 연합국들은 북한을 점령해 해방할 의사가 없었다. 맥아더의 후임인 매튜 리지웨이 장군은 그의 회고록 『한국전쟁』에서 "우리는 가장 강력한 저지선이라 믿는 곳에 머물렀습니다"라고 기록했다.

1951년 6월 1일 트뤼그베 리(Trigve Lie) 유엔 사무총장은 삼팔선을 따라 휴전이 이루어진다면 안전 보장 이사회 결의안이 이행될 것이라고 선언했다. 딘 애치슨은 자유롭고 독립적인 한국의 목표를 재확인하는 연설을 했다. 그러나 그는 공산당의 침략을 물리치고 또 다른 침략의 재발을 막기 위한 현실적인 확약을 만드는 것에 따르는 평화를 이야기했다. 6월 7일 국무장관은 미 상원 위원회에 주한 유엔군이 삼팔선에서의 휴전을 받아들일 것이라고 말했다. 세계는 동아시아의 군사적, 정치적 현실을 변화시키기 위해 움직

판문점 휴전 협정

였다. 6월 23일 소련 측 유엔 대표인 야코프 말리크는 한국에 휴전을 제안하며 화해를 청했다. 연합군은 안도의 마음으로 이를 받아들였다.

그러나 휴전 결정을 내린 후에도 유엔 측은 공산주의자들을 상대하는 데 어려움을 겪었다. 북한과 중국이 회담의 당사국이었다. 협상은 1951년 7월 10일에 시작되었지만, 2년 후까지 휴전이 이루어지지 않았다. 토론이 중단되고 싸움이 재개되었다. 1951년 7월부터 1951년 11월 사이에 6만 명의 유엔군 사상자가 생겼고, 그 중 2만 명 이상이 미국인이었다. 1951년 말부터 1952년 말까지 판문점에서 휴전 협상이 지연되는 동안, 미 공군은 공산주의자들을 압박하기 위해 대대적인 폭격 작전을 벌였다.

한국전쟁, 즉 트루먼 대통령(Harry S. Truman)이 '세계 군사 행동'이라 부른 이 전쟁은 54,246명의 미국인 사상자, 25만 명의 미국인 부상자, 8,177명의 실종자를 냈다. 200만 명이 넘는 한국인이 죽었다. 미국은 전쟁에 대한 준비가 되어 있지 않았다. 그 지도부는 동아시아 안보에 있어 한국의 중요성을 오해했다. 역사는 미국에 있어 한국이 "전략적 가치가 전혀 없다"라고 했던 1949년 합동참모본부의 결론이 잘못된 것임을 입증했다. 그러나 당시 워싱턴의 관리들이 잘못 판단한 아시아 국가는 한국만이 아니었다. 일본, 중국, 베트남에서도 이와 유사한 실수가 미국에 지속적인 영향을 미친 정책 결정에서 이어졌다.

우리 가족은 두 번째로 모든 것을 잃었지만, 다행히 살아남았

 나의 살던 고향, 고요한 아침의 나라

다. 많은 사람이 운이 좋지는 않았다. 가진 건 사라졌지만, 불굴의 한국인 정신은 가족들 사이에 온전히 남았다. 1953년 7월 27일 협정이 체결될 당시 나는 한국에 있지 않았다. 체결 8개월 전 아홉 살이 된 나와 어머니는 다시 한번 새로운 곳으로 이동하여 우리의 삶을 다시 시작하려고 했다. 부산으로 가는 기차 지붕에서의 여행처럼 그것은 모험이었다. 그러나 이번에는 한국을 떠나 일본으로 가는 것이었다.

일본에서의 생활
(1952~1958)

6

마음은 마음이 제 집이라 스스로 지옥을 천국으로,
천국을 지옥으로 만들 수 있으리라.

_ 존 밀턴, 『실낙원』

우리가 탄 배는 캄캄할 때 뭍으로 올라왔다. 하루 동안의 뱃멀미 후 육지에 발을 내딛는 기분은 좋았다. 부산에서 일본으로 가는 24시간 동안 어머니와 나는 담뱃갑 크기의 흙이 담긴 용기를 코에 대고 있었다. 누군가가 땅의 냄새를 맡는 게 뱃멀미에 가장 효과적인 방법이라고 이야기했기 때문이다. 별로 도움이 되지 않았어도 흙에 계속 코를 대고 있었다. 우리 자리는 자동차 트렁크보다 좁았고, 어머니는 천장에 부딪히지 않으려고 계속 고개를 숙이고 있어야 했다. 나중에 몸이 아파 갑판으로 기어 올라갔을 때 다른 칸에 숨어 있던 승객들을 만났다. 우리를 포함해서 모두 여덟 명으로 대학생 세 명, 오사카에 있는 가족에 합류하려고 가는 시골 여성 두 명 그리고 가이드였는데, 우리는 가져간 음식을 그들에게 나눠주었다. 일행 중 대학생들은 나중에 내가 바다에 토할 때 배에서 떨어지지 않도록 붙잡아주었다.

어머니와 나는 허리 주위에 돈 가방을 두르고 다녔는데, 우리는 각자 일본에 도착해서 갈아입을 옷과 암시장에서 환전한 2만 엔씩을 실크 스카프 속에 넣어 두르고 있었다. 내 것은 포도색 털바지와 앞쪽에는 작은 네모 무늬가 있는 노란 스웨터 그리고 1950년대 초반 유행했던 맞춤 제작의 암갈색 오픈토슈즈였다. 어머니는 베이지색 개버딘 바지와 어울리는 탑코트를 가지고 있었고, 적갈색 핸드백과 미국에서 온 선물 그리고 신발 가게에서 본 시어스 카탈로그에 있는 것과 유사하게 만들어진 맞춤 구두 한 켤레가 있었다. 이 옷들을 입고 있으면 불법 체류자로 의심받을 리가 없었다.

항해 동안 몇 번이나 배가 가라앉을 것 같았다.

"고래가 있다."

누군가 소리쳤다.

"저것 좀 봐!"

메스껍고 어지러웠지만, 일어나 갑판으로 기어 올라가 살펴보았다. 고래는 보이지 않고 거대한 파도만 보였다. 바다 위에는 우리 배만 홀로 떠서 파도가 부딪칠 때면 좌우로 흔들렸다. 운이 좋아서 날씨가 좋고 잔잔하다고 했지만, 내게는 평온해 보이지 않았다. 우리가 일본에 도착할 수 있을까 하는 의구심이 수없이 들었다. 일본에서 태어나 일본인처럼 보이고 현지인처럼 일본어를 하는 한국 대학생 가이드는 육지에 오르자, 비탈을 올라 언덕을 넘

　　　　　나의 살던 고향, 고요한 아침의 나라

어 기차역을 찾아가려 애를 썼다. 어머니는 일본어를 유창하게 하고 또 오카야마에서 초등학교 교사 연수를 받으며 일본에서 생활한 적이 있었기 때문에 어려움이 없을 것이라 예상했다. 우리는 기차를 타고 도쿄로 가서 아버지에게 연락할 작정이었다. 나중에야 우리는 선장이 잘못된 장소에 배를 댔다는 사실을 알게 되었는데, 우리 가이드가 기차역을 찾지 못했던 건 바로 그 때문이었다. 하카타 대신 가라쓰에 상륙한 것이었다. 가이드는 더 이상 걸을 수 없게 된 나를 업고 밤을 보낼 곳을 찾아 몇 시간 동안 어둠 속에서 헤매었다. 밖에 가축을 기르는 초가집들이 보였다. 개가 짖을 때마다 움츠러들면서, 우리는 마을 술집에서 술을 마시고 집으로 돌아가는 진한 청색의 일본 전통 농부 옷을 입은 마을 사람들과 마주쳤을 때조차 깜짝 놀라곤 했다.

자정이 가까워져 올 때 불빛과 멀리에 포장도로가 보이자, 기차역 근처이기를 바라며 불빛을 향해 걸어가서 작은 건물 옆을 지나갔다. 그때는 몰랐지만, 그곳은 경찰서였다. 나를 등에 업은 가이드는 100미터나 뒤처진 어머니와 다른 두 사람보다 앞서서 걸었다. 왁자지껄한 소리와 함께 건물에서 검은 형체들이 나오는 것을 보고 120미터 정도 더 갔을 때, 손전등이 길을 비추었다. 어머니와 다른 두 사람이 경찰에 발각되었고, 가이드와 함께 걷던 두 학생은 재빨리 수풀로 숨었다. 나를 업은 가이드는 수풀로 숨을 수 있었는데도, 되돌아가 어머니를 비롯한 뒤처진 사람들과 합류했다. 그들은 일본어로 이야기하는 경찰을 따라 안으로 들어갔다. 경찰이 하는 말을 이해하지 못해서 두려웠던 나는 업혔던 가이드의 등에서 내려 어머니 옆으로 가서 손을 꽉 붙잡았다. 어머니와 나는 어떻게 될까? 일본 경찰이 우리를 감옥에 가둘까? 우리를 배에 태워 부산으로 돌려보낼까? 답을 알 수 없는 질문들만 내 머릿속을 맴돌았다. 그래도 적어도 한 가지 나를 안심시켰던 것은 일본 경찰이 한 번도 목청을 높이지 않았다는 사실이었다.

가이드가 자신이 도망칠 기회를 희생했을 뿐 아니라 적절한 초기 대응으로 앞서가던 사람들이 경찰을 따돌리게 해줬다는 사실을 그때는 깨닫지 못했다. 그는 위험을 무릅쓰고 일행 외에 다른 사람들은 없다고 진술했다. 40여 년이 지난 지금도 그 청년을 떠올리면 나는 당시 내가 너무 어렸다는 사실이 안타까울 뿐이다. 결국 우리의 만남은 그날이 마지막이었건만, 그 청년에게 감사의 인사조차 건네지 못했기 때문이다. 어떻게 다시 만날지 단서조차 남기지 않고 우리는 각자의 길을 갔다. 얼마나 한국적인가! 한국인은 자신이 만난 사람들의 이름, 전화번호, 주소를 묻는 일이 별로 없다. 그들은 분명히 다시 만나게 되는 유교적인 마을에 사는 것처럼 만나고 떠난다.

경찰서 안에는 두 명의 경찰이 근무를 서고 있었다. 불안해하는 우리를 진정시키기 위해 경찰들이 흰 찻잔에 녹차를 담아 주었다. 불법 입국 혐의로 체포된 사람들에게 차를 대접하는 경찰들을 상상할 수 없었던 나는 일본이 얼마나 좋은 곳인지 차를 홀짝이며 혼자 생각했다. 그리고 어른들이 심문받고 경찰이 서류를 작성하

   나의 살던 고향, 고요한 아침의 나라

는 동안 가만히 앉아 주변을 살폈다. 그것은 흥미진진한 모험이었고, 밤이 되기 전 감옥에 갇히고 나서야 나는 그 모험의 결과를 깨달았다. 1952년 10월 우리가 부산을 떠날 때 부패한 이승만 정부는 엉망이었다. 빈곤이 만연한데도 고위 관료, 군 장교 그리고 다른 연줄이 있는 사람들은 잘 살았다. 연줄이라는 연줄과 특권을 가진 사람들에 대한 연결을 이야기하는 연줄이라는 단어가 따로 있었다. 연줄이 있으면 전쟁으로 피폐해진 부산에서도 불가능한 것은 아무것도 없었다. 하지만 연줄이 없으면 가능한 것이 아무것도 없었다. 물론 우리는 북쪽에서 왔고, 학계에 있는 아버지의 옛 동료들 외에는 인연이 없었기 때문에 연줄이 없는 사람들이었다. 일본인 밑에서 협력했던 관리들이 외국의 원조를 가로챘다. 일반 대중에게 가야 할 음식, 옷, 기부금이 빼돌려져 길거리에 나앉은 사람들이 받을 수 있는 것은 분유뿐이었다. 분유는 한국인의 입맛에 맞지 않았기 때문에 물을 많이 부어 오트밀처럼 보이는 옅은 쌀죽에 섞어 먹었다. 매일 아침 긴 줄이 늘어서고, 수백 명의 고아가 죽을 먹기 위해 깡통을 들고 줄을 섰다.

정부에 대한 경멸감이 사람들 사이에서 높아갔다. 그러나 전쟁 중 민간인을 대상으로 한 북한의 만행을 본 사람들은 마지못해 이 상황을 두 가지 악 중 그나마 덜한 악으로 받아들였다. 가장 부유하거나 특권층에 속하는 소수만이 가까스로 홍콩으로 밀항했고, 다른 대다수 사람은 운명에 맡겨졌다.

배를 타고 일본으로 탈출할 준비를 하면서 어머니는 나에게 이런 일이 생겼는지 설명해 주려고 애썼다. 어머니는 도쿄에서 아버지가 보낸 공식 초청장을 받고 나서 여권을 신청했다. 그러나 몇 주가 지나고 몇 달이 흘러도 외무부의 관리들에게 들은 말은 딱 하나뿐이었다.

"내일 다시 오시오. 여권이 아직 준비되지 않았소."

어머니와 함께 그곳에 갈 때마다, 나는 어두운 양복을 입은 남자가 여권 창구에 있는 것을 보았다. 창구의 얼굴이 바뀌어도 그 뒤의 남자들은 모두 시큰둥한 표정, 마치 소화불량에 걸린 사람과 같은 표정을 지었다. 그것이 남한 관료주의의 특징이었다. 때때로 그 남자는 작업하고 있던 종이에 눈을 고정하고 올려다보지도 않은 채 다음에 다시 오라고 이야기했다. 어머니는 1년 내내 외무부를 방문했고, 매일 지쳐서 돌아왔다. 여권을 기다리는 동안 외할머니는 뇌졸중으로 쓰러졌고, 결국 그로부터 몇 주가 지난 1952년 4월 세상을 떠났다. 며칠간의 장례 휴가를 얻을 수 있었던 아버지가 장모의 장례식을 위해 커다란 미 해군 함정을 타고 도쿄에서 부산으로 왔다. 김포공항에서 마지막으로 본 지 2년이 지나 아버지를 본 나는 쑥스러웠다. 꿈만 같았다. 아버지를 보았을 때 나는 조금 쑥스러웠다. 미국 양복과 트렌치코트를 입은 아버지가 외국인같아 보였기 때문이다. 다행히 옷, 사탕, 크레용, 공책, 연필 등 많은 선물을 여행 가방에 챙겨온 아버지의 존재로 나는 할머니를 잃은 슬픔을 조금은 이겨낼 수 있었다. 그 이후로도 나의 마음은 "얼라야"라고 부르며 내게 주머니 속 사탕을 꺼내어 주던 외할머니에

나의 살던 고향, 고요한 아침의 나라

게서 한번도 멀어진 적이 없다.

하지만 행복한 순간이기도 했다. 그 당시 나는 아버지를 기다리느라 지쳐있었고, 아버지의 얼굴조차 희미해져 기억을 되살리려고 사진을 보곤 하던 때였다. 어머니, 숙모, 사촌 동생, 친구 등 여자들로만 가득한 집에서 장례식에 입고 갈 흰 상복을 꿰매고 있는 가운데 나는 처음으로 행복과 슬픔이 어떻게 함께 오는지를 자각할 수 있었다. 외할머니의 관은 안방에 있었고, 종일 조문객들이 줄을 이었다. 교회에서 권사로 활동한 외할머니는 많은 사람과 알고 지냈다. 할머니의 죽음이 아버지의 방문과 겹치며 아버지의 전 동료, 학생, 친구들이 모두 몰려와 아버지가 머물렀던 일주일이 순식간에 지나가는 바람에 내가 아버지와 보낼 시간은 많지 않았다. 그러나 떠나는 날 나는 학교의 허락을 받아 어머니와 함께 아버지를 부산항에서 배웅할 수 있었다. 아버지는 우리가 곧 도쿄에서 함께 할 수 있을 거라고 낙관한 아버지는 외교부를 압박하라고 어머니를 재촉했다. 나중에야 그들은 자신들이 얼마나 순진했는지를 알게 되었다. 북한을 떠나온 후로 출세를 위해 돈을 모아본 적이 없었던 그들은 사람들의 말을 그대로 믿었다.

어머니는 머리에 작은 흰 리본을 하고 상복을 입은 채 여권사무소에 갔다. 그녀가 미국 정부에서 일하는 남편을 가진 다른 가족을 만난 것은 이 시기였다. 그녀는 마치 출근하는 것처럼 매일 여권사무소에 가서 아침 내내 줄을 서서 기다리고 때로는 점심시간 후까지 줄을 서서 기다렸다.

이승만 정부의 관료들은 아는 사람이나 뇌물을 준 사람들에게 만 여권을 발급해 주었다. 결혼 후 집에 틀어박혀 있던 어머니는 너무 순진해서 이런 일들이 어떻게 일어나는지 알지 못했다. 시간 이 흐르고 나서야, 10년이 더 지나도 여권을 받지 못하리라는 사실 을 깨닫기 시작했다. 몇몇 사람들이 여권사무소에 오는 것을 그만 둔 뒤에야 어머니는 그들이 정부에게 여권을 받는 것을 포기하고 다른 방법을 택했다는 것을 알았다. 수소문한 끝에 배를 타고 일본 으로 밀항시켜 주는 지하 사업이 번창하고 있다는 사실을 알게 되 었다. 하지만 어떤 사람을 믿을 수 있을까? 최악의 경우 돈만 빼앗 고 바다에 던져 버린다면? 실제로 그런 소문도 돌고 있었다. 그래 도 다른 방도가 없어 보였다. 직계 가족에게만 계획을 알렸다. 함 께 갈 가이드를 외삼촌이 집으로 초대해 함께 시간을 보내며 확인 했다. 여행 경비는 100만 원, 약 500달러였는데 1952년 당시 큰 금액이었다. 어머니는 지난번 방문 때 아버지가 선물로 준 새 롤렉 스시계를 삼촌에게 주면서, 밀수꾼들에게 잔금을 치르게 했다. 무 사히 도착했다는 내용의 쪽지를 펜으로 써서 어머니의 재킷과 내 가 배에서 입은 바지를 배로 실어 돌려보내기로 했다.

그러나 온갖 고생 끝에 일본에는 무사히 도착했어도 체포될 수 밖에 없었던 것이 우리의 쓰라린 운명이었다. 서류 작업을 끝내 고 승합차에 실려 지방 감옥으로 끌려갔고, 그곳에서 어머니가 가 지고 다니던 돈 가방과 소지품 보따리를 압수당했다. 다행히 나이 가 어려서 수색당하지 않았던 내 보따리는 그대로 남았다. 경비원

　　　　　　　　나의 살던 고향, 고요한 아침의 나라

들이 우리를 감방으로 안내했다. 초록색 원피스를 입고, 초록색 아이섀도를 한 이국적으로 보이는 여자가 있는 감방으로 들여보냈다. 그 여자는 다정한 미소로 맞이했고, 환영의 표시로 먹고 있던 흰 빵 덩어리에서 작은 조각을 나누어 주었다. 그녀는 감방 바닥에 걸터앉아 회색 담요가 깔린 벽에 등을 기대고 빵의 안쪽만 뜯어 먹었다. 부산 거리의 가엾은 고아들은 그녀가 버리는 껍질도 감사히 먹었을 테지만, 나는 그녀가 낭비가 심하다고 혼자 생각했다. 하루 이틀 뒤 나는 그녀가 매춘으로 체포되었다는 것을 알게 되었다. 낙담한 표정으로 거의 입을 다문 어머니를 괴롭히지 않기 위해, 나는 무슨 일이 일어날지 묻는 것도 삼갔다. 만약 우리가 한국으로 돌려보내진다면 그저 큰 배를 타고 가기만을 바랐다. 이전의 여행처럼 힘든 여정을 견딜 수 있을 것 같지 않았기 때문이다.

다음 날 아침 문이 쨍그랑거리는 소리와 음식을 나르는 재소자들의 활동에 잠이 깼다. 회색 단발머리를 한 나이 많아 보이는 한 죄수가 보리밥과 두 조각의 단무지 그리고 노란 젓가락을 각 수감자에게 건네주었다. 이것이 아침 식사였다. 전날 밤 감방 동료가 준 빵조각을 제외하고 아무것도 먹지 않았던 나는 이번에는 거의 다 먹었고, 어머니는 손도 거의 대지 않았다. 감방은 겨우 가로세로 2미터였고, 천장에는 전구 하나가 매달려 있었다. 다른 유일한 빛은 벽 한쪽에 가로세로 60센티미터도 안 되는 작은 창문이었고, 그 사이로 작은 하늘을 조금 볼 수 있었다.

아침 식사 후 남자 수감자들은 긴 대나무 막대를 뛰어넘는 등의 운동을 하기 위해 운동장으로 나갔다. 교도관들은 교도소의 유일한 어린아이였던 내게 친절했고, 자유롭게 감방을 드나들 수 있게 해주었다. 그리하여 내가 처음 배운 일본어는 그때 자주 쓰던 말, "문 좀 열어주세요"였다.

"젊은 아가씨, 잠시만."

교도관은 그렇게 대답하곤 했다. 다른 여자 수감자와 어머니는 종일 감방 안에 있었다.

나는 수감자들이 운동하는 것을 지켜보며 시간을 보냈다. 그들 중 일부는 팔에 문신이 있었고, 가슴은 험악해 보였다. 그때까지 나는 문신을 본 적이 없었지만, 내게 말을 걸어오는 그들은 친절해 보였고 마음씨도 좋아 보였다. 수감자 한 명은 이틀 후에 석방될 예정이었다. 감옥의 마스코트가 된 내게 그들은 일본어를 가르쳐주고 싶어 했다. 새롭게 배운 단어에는 이레즈미(문신)라는 말도 있었다.

우리가 머물렀던 감옥은 콘크리트 복도로 분리되어 약 스무 개 남짓한 감방이 서로 마주 보고 있었다. 하루는 아침 식사를 가져다주던 어떤 수감자가 우리의 감방 동료에게 철창을 통해 부드럽게 말을 건넸다. 서로 무슨 말을 하는지 이해하지 못했지만, 나는 그들이 감옥에 갇히기 전에 서로 알고 있었다는 것을 눈치챘다.

어머니와 나는 곧 우리가 감옥의 식사 외에 다른 음식을 먹을 수 있다는 것을 알게 되었다. 그리고 우리는 외부에서 식사를 주문하고, 신선한 과일, 사탕, 세면도구를 살 수 있었다. 그때부터는 보

　　　　　　　　　　　　　나의 살던 고향, 고요한 아침의 나라

기에도 예쁘고 맛도 좋은 음식으로 채워진 도시락을 자주 주문했
다. 나는 바나나를 감옥에서 처음 먹어보았는데, 한국에서 자라지
않는 과일이기 때문에 당시 한국 아이들이 꿈만 꾸던 바나나를 일
본 교도소에서 맛보는 것이 아이러니하다고 생각했다. 바나나에
대해 너무 많이 들어 바나나를 주제로 노래도 부르곤 했지만, 너무
비싸서 부자들만 먹을 수 있었기 때문이다. 나는 바나나가 입 안에
서 녹을 정도로 달콤하고 맛있다고 알고 있었기에 아이스크림 같
은 맛이 날 거라고 기대했다. 막상 바나나를 깨물었을 때 입 안에
서 녹지 않자, 몹시 실망스러웠다.

도쿄에 있던 아버지는 우리가 체포되었다는 전화를 받고, 친한
친구이자 상황이 어떻게 돌아가는지를 잘 알고 있던 전직 외교관
이병창에게 전화를 걸었다. 그의 아내 덕춘은 1940년대 후반 병창
과 결혼해 일본으로 건너갈 때까지 무학학원에서 아버지의 동료
이기도 했다. 병창 아저씨는 아버지에게 당장 어떻게든 해보겠다
고 했다. 체포된 지 일주일 만에 아저씨가 도쿄에서 우리를 만나러
왔다. 그는 보석금을 내고 석방을 위해 노력하고 있다며, 우리가
자유로워지는 것은 시간문제라고 말했다. 방문 중에 그는 분홍색
기모노를 입은 게이샤 여인들이 화려하게 장식된 일본식 방에서
전골을 요리하여 대접하는 우아한 일식집으로 나를 데려갔다. 어
머니는 감옥을 떠나는 것이 허락되지 않았기에, 내 허리띠에 있는
돈을 그에게 건네주라고 했고, 나는 어머니가 시키는 대로 했다.
아저씨는 내가 본 적 없는 큰 백화점에도 데려갔다. 나는 손님들에

게 계속 인사를 하는 친절한 점원들과 물건의 양과 질에 마음을 빼앗겼다. 빨리 감방으로 돌아가 내가 먹고 본 것을 어머니에게 이야기하고 싶은 마음뿐이었다.

아저씨가 방문한 지 며칠 만에 어머니와 나는 감옥에서 나왔고, 다행히도 어머니는 수갑을 차지 않고 경비원과 동행했다. 우리는 기차를 타고 후쿠오카에 있는 혼잡하고 시끄러운 유치장으로 옮겨졌는데, 그곳에는 남한에서 온 청년과 중장년들이 많이 있었다. 그곳에 있는 사람들에게는 모두 고향 땅을 떠나 위험한 여행을 감행해야만 하는 이유가 있었다. 어떤 이들은 자신들에게 어떤 운명이 닥쳤는지 모른 채 몇 주 동안 구치소에 있었다. 한 여성은 우리가 옮겨간 하루 뒤에 세 아이와 함께 도착했다. 그녀는 외딴섬에서 배에 내린 후 그들 일행이 겪은 참혹한 경험을 회상하며 말했다.

"우리는 밤새도록 걸었어요. 짠 바닷물 외에는 마실 물이 어디에도 없었어요. 그래서 우리는 풀과 나무에 맺힌 이슬에 손수건을 적시고, 그 손수건을 빨아서 수분을 얻었어요."

하루 밤낮 섬에서 헤매다가 경찰에게 구조되어서 오히려 기뻤을 뿐이었다.

"나는 갈증이 그렇게 견딜 수 없는 것인지 몰랐어요."

그녀가 말했다.

"음식 없이는 살아도 물 없이는 하루도 못 버텨!"

이십 대 중반으로 보이는 또 다른 수감자는 가족들이 근처 핀

　　　　　　　나의 살던 고향, 고요한 아침의 나라

볼 가게를 소유하고 있음에도 불구하고 자신이 구금되어 있다고
한탄했다.

　도착하고 일주일쯤 지났을 때 우리는 보석으로 풀려날 수 있다
는 기쁜 소식을 들었다. 병창 아저씨는 어머니와 내가 가까운 사립
병원으로 인계될 수 있도록 방법을 고안했는데, 그곳에서 어머니
는 가벼운 내과 수술을 받았다. 나는 어머니와 같은 침대를 썼다.
병실의 창문에서는 2층짜리 주상복합 건물들이 줄지어 늘어서 있
는 모습을 내려다볼 수 있었다. 3주 동안 몇 명의 다른 환자들과
함께 방을 썼는데, 그들 중 대부분은 낙태나 임신과 관련된 합병증
을 앓고 있었다. 하루는 아침 식사 후 결코 잊을 수 없는 일을 경험
했다. 같은 방에 6개월이 지난 태아를 낙태했다가 그 태아에 성기
가 있던 것을 보고 후회하는 여자가 있었다.

　"남자아이였어. 남자아이였어."

　그 여자는 울부짖었다. 종일 신음과 비명을 내었고, 나는 차마
그녀를 바라볼 수가 없었다.

　가끔 여학생들이 낙태하기 위해 병원에 오는 것도 보았다. 대
부분은 오래 머물지 않았지만, 그중 한 명은 오랜 시간 머물렀다.
그녀는 꽤 예쁜 키가 큰 소녀였는데 늘 사랑스러운 기모노 가운을
입었다. 자기 하녀를 개인실에 같이 머물게 했던 걸로 보아, 틀림
없이 부유한 집안 출신이었을 것이다. 어느 날 오후 그녀가 화장
실에서 기절했을 때, 나는 그녀가 기모노 밑에 속옷을 하나도 입지
않았고 또 음모가 매우 많다는 사실에 충격을 받았다.

병원에서 가장 소름이 끼치는 것은 여자 화장실에 있는 커다란 쓰레기통의 모습이었다. 그 시대 대부분의 서양식 화장실과 마찬가지로 여자 화장실은 하얀 타일이 있었고, 매일 아침 깨끗이 문질러 닦았다. 문을 여는 순간 소변 냄새를 줄이기 위한 세척액 냄새가 코를 찔렀다. 소변 냄새와 세척액 냄새 중 어떤 것이 더 안 좋은지 구분할 수 없었다. 화장실 입구에서 짚신 슬리퍼로 갈아 신어야 했다. 들어가면 왼쪽에는 찬물이 나오는 수도꼭지와 비누가 있는 세면대가 두 개 있었다. 반대편으로 연녹색으로 칠해진 문 뒤에 두 개의 변기가 있었다. 세면대와 창문 사이에는 커다란 쓰레기통이 있었다. 그 안에는 일반 쓰레기처럼 노란 밀랍 종이에 싸인 태아가 버려져 있었다.

갓 태어난 아기들이 썩은 채소처럼 버려진다고 생각하니 속이 메스꺼웠다. 그러나 아무도 쓰레기통에 있는 태아에 대해서 이야기하지 않았다. 마치 아무도 이 끔찍한 행동을 인정하고 싶어 하지 않는 것 같았다. 한국에서는 아이들이 어른들이 불편해할 질문은 하지 않아야 한다는 것을 일찍부터 배운다. 그래서 나는 버려진 태아에 대해 어머니에게 묻지 않았다. 그러다 한번은 간호사에게 그 이야기를 꺼냈는데, 그녀가 한 말은 그 태아들은 아직 아기가 아니라는 것뿐이었다.

세 명의 간호사 모두 나를 좋아해서 자신들의 숙소 안으로 들여보내 주었다. 그들은 화장품이 담긴 통들, 보석과 액세서리가 담긴 작은 상자, 일요일에 남자친구와 데이트하기 위해 아껴둔 멋진

    나의 살던 고향, 고요한 아침의 나라

옷을 가지고 있었다. 나는 매료되어 그들이 매일 아침 세수를 하고 세심하게 화장하는 모습을 지켜보았다.

하태라는 이름의 수석 간호사는 강한 인상을 남겼다. 그녀는 매력적이었다. 피부는 창백했고, 웃을 때 유난히 큰 눈이 반짝였다. 하태가 갓 풀을 먹인 흰 제복을 입고 물결치는 검은 머리 위에 흰 모자를 쓰고 있을 때면 천사처럼 보였다. 그녀의 아침 일과는 분홍색 플라스틱 세면대를 가져다가 흐르는 차가운 물을 채운 다음 얼굴을 담그고 물속에서 눈을 여러 번 뜨는 것이었다. 그것이 반짝이는 눈의 비결이라고 했다. 그래서 나는 가끔 그녀의 흉내를 내다가 물속에서 눈을 뜨고 있는 게 그렇게 쉬운 일이 아니라는 것을 알게 되었다.

간호사들은 화장한 후 7시 라디오 프로그램과 함께 아침 운동을 했다. 세 명의 간호사와 나는 라디오 속 남자의 음성에 따라 10분간 운동을 했다. 그 후 쌀밥, 미소된장국, 달걀이나 작은 생선구이, 피클, 차로 구성된 일본식 아침이 나왔다. 이어 자신들의 방, 병원 로비, 의사 진찰실 등을 청소하고 먼지를 털어내는 일이 이어졌다. 그들의 마지막 일과는 살균된 기구들을 정렬하는 것이었다. 화장실은 청소하는 분이 했다. 이 모든 일이 2시간 정도 걸렸고, 작업이 끝나면 간호사 중 한 명이 병원 문을 열었다.

나는 병원에서 일본어를 배우기 시작했다. 어머니는 먼저 일본 글자인 히라가나를 가르쳐줬고, 그 후에 더 어려운 가타카나를 가르쳐줬다. 주변 어디에나 원어민이 있는 상황에서 일본어가 빠르게 늘었다. 아버지는 도쿄에서 자주 전화를 걸어 법적 절차의 진행 상황을 알려줬다.

하루는 병원 문을 닫은 후 간호사들이 파티를 열었다. 한 미군 병사와 그의 일본인 여자 친구가 그들의 아이와 함께 방문했다. 그 여자는 몇 달 전에 그곳에서 아이를 낳았고, 간호사들에게 감사를 표현하기 위해 선물을 가지고 왔다. 음악 소리가 커졌고, 미군 병사와 여자 친구는 춤을 췄다. 통통하고 주근깨 있는 두 번째 간호사의 경찰관 약혼자가 합류했다. 그 경찰관은 매주 토요일에 왔고, 그 간호사는 차려입고 외출했다. 미군 병사가 거기에 있고, 축음기에서 78rpm의 음악이 흘러나오는 동안 간호사와 경찰관은 떠나기 전에 잠시 춤을 췄다. 나는 하테 간호사와 함께 춤을 췄다. 어머니는 즐거워하며 의자에 앉아서 지켜봤다.

일본에 도착한 지 3주 만에 마침내 아버지는 우리가 도쿄에서 가족이 함께 지내게 될 거라는 소식을 전해주기 위해 검은 인력거를 타고 병원에 왔다. 아버지와 병창 아저씨는 일본 국회의원과 연락을 취해서 이민국의 법적 절차가 진행될 동안 우리가 도쿄에 머무를 수 있는 임시 허가를 받았다. 부모는 이미 들어간 비용 그리고 앞으로 발생할 막대한 비용에 관해 이야기를 나누었다.

도쿄를 향하는 기차를 타기 위해 병원을 떠날 때 간호사들의 따뜻한 환송을 받았다. 2년 전 부산으로 가는 북적이는 기차의 지붕에 탔던 데 비해 무척이나 안락했다. 귤밭, 일본인 마을, 창밖으로 스쳐가는 도시들을 보며, 나는 꿈을 꾸고 있는 것 같았다. 도쿄

  나의 살던 고향, 고요한 아침의 나라

에 도착한 날 밤 긴자 거리에서 네온 불빛이 춤추듯 위아래로 흔들리는 것을 보았다. 도쿄는 다른 세상처럼 보였다. 그때까지 나는 서울에서 가장 오래된 백화점인 화신백화점에 네온사인이 있다는 이야기는 들어보았지만 직접 본 적은 없었다.

우리는 병창 아저씨네 가족과 함께 살기 위해 나가노에 있는 일본식 집의 2층으로 올라갔다. 그 집의 주인아주머니는 부드러운 하프와 같은 소리가 나는 일본의 현악기인 고토를 젊은 여성들에게 가르쳤다. 풍족한 식량, 질서정연한 거리 그리고 끊임없이 인사를 하는 일본인의 관습은 전쟁으로 피폐해진 한국을 빠져나온 아홉 살짜리에게는 모두 새로운 경험이었다. 일본인들은 늘 고개를 숙이며 "예, 예"라고 말하는 것 같았다. 그들은 한국인과 너무 달랐다. 집주인 아주머니에게 작은 선물이라도 드리면 아주머니는 여섯 번쯤 고개를 숙였고 또 며칠 동안 고맙다는 인사를 했다.

우리는 귤을 상자로 사서 아래층의 사용하지 않는 욕조에 시원하게 보관했다. 귤을 얼마나 많이 먹었는지 몇 주 후 손바닥과 발바닥이 노랗게 변했다. 딸의 배고팠던 시절을 보상하기라도 하려는 듯 계속해서 선물을 사주는 부모도 행복해 보였다. 그리고 난생처음으로 가족 나들이를 했다. 아버지는 하나의 직장만을 다녔고, 도쿄에 있는 한인교회 예배를 드리고 난 후에는 히비야 공원에 갔다. 우리는 병창 아저씨네 가족과 함께 일본 정부의 관리들에게 우리 사건을 빠르게 처리해달라고 접대하고 선물을 보냈다.

크리스마스와 설날이 지나고 우리가 도쿄에 도착한 지 두 달 정도 지났을 때 부모는 내 학교에 대해 걱정하기 시작했다. 제대로 된 법적 서류가 없이는 일본 학교나 미국 정규학교에 입학할 수 없어서 교육부 인가를 받지 않은 조선학교에 입학했다. 재일 조선인 소년들은 일본 스타일의 검은 제복을 입었고, 소녀들은 세일러 칼라가 달린 남색 제복을 입었다. 부모, 조부모들이 일제 강점기 동안 징용 노동차로 일본에 왔고, 대부분 일본에서 태어난 그 아이들은 한국 이름과 일본 이름을 모두 가지고 있었다. 그들은 일본에서 자신과 가족들이 경험한 차별에 대해 자주 이야기했다.

조선학교일지라도 학생들끼리도 일본어로 대화했다. 무엇보다도 일본어가 그들의 제1 언어였다. 소수민족인 재일 조선인의 곤경에 공감하는 배려심 많고 조용한 하야시라는 일본어 교사 한 명의 수업을 제외하고 다른 수업들은 한국어와 일본어를 혼용하여 가르쳤다. 하야시는 일본어로 가르쳤다. 한국 학생들과 교사들이 일본과 일본 기관에 대해 거리낌 없이 욕을 했기 때문에 그 또한 일본의 재일 조선인 정책에 비판적이었다. 교사들 대다수가 북한에 호의적이었다. 그들은 공산주의에 대한 헌신과 열정을 가지고 가르쳤다.

그 학교에 일 년도 다니지 않았지만, 그곳의 몇몇 교사들은 내게 깊은 인상을 주었다. 그중 한 분이 검은 벨벳 베레모를 쓰고, 허리에 띠가 달린 푸른 벨벳 풀오버 상의를 입고, 짙은 갈색의 바지를 입고, 짙은 갈색의 샌들을 신고, 절뚝이며 음악 과목을 가르치는 박 선생이었다. 그는 클래식 기타를 쳤다. 음악 시간은 가장 즐

 　　　　　　　　　　나의 살던 고향, 고요한 아침의 나라

거운 수업 가운데 하나였다. 스페인과 다른 먼 지역에 관해 이야기하며 기타가 그 사람들에게 중요한 악기임을 설명해 주기도 했던 그는 오른손 손톱을 길게 길렀는데 그래야 기타 줄을 쉽게 칠 수 있다고 말했다. 그 시절에 보기 힘들었던 푸른색 안경을 쓰고 예술가처럼 보이는 박 선생에게 반했던 나는 심지어 그가 절뚝이는 모습도 좋아했다.

나에게 감동을 준 또 다른 교사는 역사를 가르친 조 교감 선생이었다. 민족의 비참한 역사의 무게를 어깨에 짊어지고 가는 듯 얼굴은 늘 엄숙한 표정을 하고 있었다. 당시 오십 대였던 그는 몽골, 만주 그리고 일본 치하에서 한국인들에게 무슨 일이 일어났었는지 이야기를 들려주었다. 매우 감정적이었던 그의 역사 수업은 내게 한국 역사에 대한 흥미를 불러일으켰다. 열 살짜리 아이들이 그의 이야기를 들으며 눈물을 흘리곤 했다.

한일 수교 이전이었던 1953년 양국의 관계는 경색돼 있었다. 이승만이 일본 어부들의 한국 근해 조업을 금지하기 위해 이승만 라인이라 불리는 것을 지정했을 때 교사들은 이승만의 행동에 반대하여 학생들에게 기차역 등 여러 곳에서 전단을 나눠주게 했다. 좌파적인 재일 조선인들은 이승만이 미국 관리들이 시키는 대로 하는 꼭두각시라고 느꼈기 때문에 한국 정권이 하는 모든 일을 반대했다.

내가 학교에서 친구들과 친하게 어울렸기 때문에 우리 가족이 확고한 반공주의자라는 사실이 교사들과 친구들 사이에 알려지는 데는 오래 걸리지 않았다. 교사들과 학생들 모두 우리 아버지가 유엔군 사령부에서 일한다는 것을 알고 있었지만, 내게 친절하게 대해주었다. 몇몇은 반미 선전을 통해 나의 생각을 바꾸어 보려고도 했다. 강제 징용당한 한국인 노동자들의 자녀 그리고 손자 손녀들과 함께 보낸 그 짧은 시간은 내게 깊은 울림을 주었다. 일본이 저지른 만행 그리고 그들을 위해 일하도록 강요당했던 사람들을 계속해서 차별하고 더 이상 쓸모가 없어지면 추위에 떨게 버려두는 비양심적인 정책들을 체험할 수 있었다.

나는 의대를 졸업하고 군대에서 의무 복무를 마친 석훈 삼촌에게 정기적으로 편지를 썼다. 그도 우리에게 자주 편지를 보냈다. 노점상으로 고단한 삶을 사는 외숙모는 매년 크리스마스에 편지를 부쳐 왔다. 남한 우체국이 국제 우편을 검열한다는 것을 알고 있었기 때문에 삼촌의 편지는 그곳에서 일어나는 일들을 장밋빛으로 그렸다. 내가 일본어를 유창하게 구사하기 시작하고, 도쿄 생활에 적응하면서 한국에 관한 생각은 점점 줄어들었다. 아직 한국에 형제자매들이 남아있던 어머니의 마음은 조국으로부터 멀어질 수 없었다. 백화점에 가서 아름다운 상품을 볼 때마다 한국에 있는 오빠와 언니 생각에 목이 멨다. 중간에 집배원이나 다른 사람이 물건을 가로챘기 때문에 한국으로 물건을 보낼 방법이 없었다. 그래서 우리는 그곳에 주둔하고 있는 선교사나 군대 친구들을 통하거나 한국에서 사업을 하는 일본인을 통해 선물을 보냈다. 어머니는 가난했던 세월을 보상받으려는 듯 많은 물건을 샀다. 집을 짓고,

                    나의 살던 고향, 고요한 아침의 나라

예쁜 꽃병, 식탁보, 접시, 냄비 그리고 보시골을 떠난 후 가지지 못했던 여러 가지 물건들을 사는 데 사로잡혔다.

1953년 나는 조선학교를 졸업하고, 도쿄 번화가 이케부쿠로의 집 근처 일본 중학교에 다녔다. 반 친구들은 모두 일본인이었다. 내 말투와 사고방식이 일본인처럼 변해가자, 아버지는 깜짝 놀라 하와이 태생의 일본계 미국인 가정 교사를 고용했고, 나를 미국 사립학교인 크리스천 아카데미에 입학시키기로 결심했다. 여기서부터 나의 미국화가 본격적으로 시작되었다. 영어가 서툴러 성적이 떨어졌지만, 1년 뒤 일본에 있는 미국 학교로 전학을 가면서 다시 성적이 올랐다. 나는 유창하지 못한 영어와 미국식 방식에 대한 생소함 때문에 전학 간 크리스챤 아카데미에서 굴욕스러운 경험을 했는데, 아직도 기억에 남아있을 정도이다. 6학년 가정경제 수업 때는 싱크대 세제로 설거지했다고 공개적으로 질책을 받았다. "싱크대 세제는 싱크대를 닦기 위한 것인지 몰라?" 나는 이전에 싱크대 세제에 대해 들어본 적도 없었다. 미국인들이 접시용 세제를 따로 사용하는지 전혀 알지 못했던 나는 더 이상 가정경제 수업에 참여할 수 없었다. 사소했지만 마음속에 깊이 각인된 사건이었다.

아버지가 항상 한국으로 돌아갈 거라고 이야기했기 때문에 우리 가족은 언제라도 바로 떠날 태세를 갖추고 살았다. 1950년대 초 3,000달러 미만의 돈이면 도쿄에서 작은 마당이 있는 멋진 집을 살 수 있었다. 아버지는 돈을 가지고 있었지만 임대로 사는 것을 선호했기 때문에, 어머니는 이 집에서 저 집으로 옮겨 다니며 임대 생활을 해야 했다. 한번은 내가 작은 임대주택에 사는 게 너무 억울해서 '판매 중'이라는 간판이 붙은 집을 두드려 주인에게 보여 달라고 한 적도 있었다. 나는 집주인에게 부모가 집을 사려고 하신다고 말했다. 노부인이 놀라서 열두 살 아이에게 부모를 모셔오면 집을 보여준다고 했고, 나는 노력해 보겠다고 했다. 그곳은 내가 원했던 집이었다. 벽난로가 있는 넓은 서양식 거실, 서양식 욕실과 수세식 화장실 그리고 잘 관리된 잔디밭이 있었다. 신이 난 나는 집으로 가서 어머니에게 이야기했으나 소용이 없었다. 아버지가 가로막았기 때문이다. 우리 가족은 1952년형 신형 닷지는 가지고 있었지만, 집은 가지고 있지 않았다.

내가 집을 원하게 된 동기는 간단했다. 반 친구들의 집에 초대받게 되면, 나도 답례로 그들을 초대하고 싶었기 때문이었다. 그러나 미국이나 유럽에서 온 친구들을 집으로 데려오기는 부끄러웠다. 왜냐하면 우리 집은 다시 이사 가야 할 때를 대비해서 상자들을 쌓아놓고 한쪽에 걸린 빨랫줄에 옷을 걸어놓은 채 피난민처럼 살고 있었기 때문이다. 다행히도 나의 가장 친한 친구는 지혜라는 한국 소녀였는데 그 가족도 도쿄 한인교회에 다녔다. 다른 한국인들에게는 집이 얼마나 좋은지 혹은 자가인지 아닌지가 중요하지 않은 것 같았다. 적어도 나는 그렇게 느꼈다. 지혜는 나보다 한 살 많은 친구로 우리 집에 종종 놀러 왔다. 거의 5년 동안 지혜와 나는 늘 붙어 다녔다. 동네도 다르고 학교도 달랐지만, 주말에는 서로를 찾아갔다. 주일에 교회가 끝난 후에는 지혜가 우리 가족

     나의 살던 고향, 고요한 아침의 나라

과 함께 히비야 공원에 가거나 밖으로 나가서 놀았다. 지혜와 나는 백화점에서 주로 옷과 장신구를 보며 많은 시간을 보냈고, 종종 같은 옷을 입고 자매인 척했다. 지혜는 우리 가족이 이사하는 곳마다 방문했고, 우리가 사는 방식에 대해 한 번도 이야기하지 않았다. 1954년 강씨 집안의 대망의 후계자인 동생 강만열(Emmanuel)이 태어난 후 부모는 드디어 큰돈을 들여 도쿄 한복판에 집을 샀다. 아버지는 남동생의 한국 이름을 '행복으로 넘쳐흐른다'라는 뜻의 만열이라 붙였다.

나는 형제가 생긴 게 너무 행복해서 아기 침대 주위를 맴돌면서, 거의 열두 살 차이가 나는 헌신적인 보모가 되었다. 이제 온 가족의 일정은 이 소중한 아기를 중심으로 흘러갔다. 아이가 낮과 밤이 뒤바뀌어 낮에 잠을 자고 밤에 깨어있자 어머니도 생활 방식을 바꿨다. 나는 아침을 먹지 못한 채 등교했다. 만열이 태어나고 성격이 달라진 어머니는 이제 강씨 집안에서 당당하게 자신의 주장을 할 수 있는 권리를 가진 것처럼 적극적이고 활동적으로 변했다. 그 변화가 너무 뚜렷해서 나는 아들을 낳는 게 왜 그런 힘을 가지는지 궁금했지만, 다른 가족들이 모두 같은 말을 했기 때문에 아들이 더 중요하다는 사실을 받아들였다. 왜 아들의 탄생이 어머니에게 모든 것을 의미했는지 이제는 알 것 같다. 강씨 집안에 상속자를 선사한 그녀는 딸이 태어났을 때와 달리 집안에서 자신의 입지를 확고히 했다. 어머니 세대의 모든 한국 여성은 아들을 낳음으로써 가족 내 입지를 확보했다. 그래서 어머니는 자신의 어머니가 남동생에게 했던 것처럼 하나뿐인 아들을 두고 야단법석을 떨며, 깨어있는 모든 시간을 그 아이를 위해 들이고, 그의 미래에 대한 꿈을 꾸었다. 나는 열두 살짜리 아이였지만 과연 누가 어머니의 기대를 충족시킬지 의구심이 들었다. 내 남동생은 어머니의 계획에 따르면 바이올린과 피아노를 취미로 연주하는 잘생기고 뛰어난 인도주의적인 기독교인 의사가 될 것이었다. 어머니는 나에 대해서는 꿈을 갖지 않았기 때문에 나는 내 꿈을 스스로 만들었다. 나는 작가, 가수, 배우가 되고 싶었고, 또 사랑에 빠져 결혼하고 싶었다.

이미 한 채의 집을 샀기 때문에 두 번째 집을 마련하겠다는 부모의 결정은 쉽게 이루어졌다. 우리는 기존 부지의 일부를 이용해 그 위에 두 번째 집을 짓고 일본인 가족에게 첫 번째 집을 팔았다. 자금은 아버지가 댔지만, 어머니 혼자서 목수들과 노동자들을 감독하며 모든 작업을 진행했다. 어머니는 집안일보다 그런 일을 훨씬 더 즐겼다. 마침내 우리 가족은 꿈꾸던 집을 가지게 되었고, 나는 후지산이 보이는 나만의 방을 가지게 되었다. 벽돌 색깔의 타일 지붕과 분홍색과 파란색 욕실과 부엌 그리고 위층 발코니가 있는 이 2층짜리 분홍색 집을 나는 무척 좋아했다. 나는 제임스 딘(James Dean), 엘비스 프레슬리(Elvis Presley), 산드라 디(Sandra Dee), 나탈리 우드(Natalie Wood)의 사진으로 침실 벽을 가득 채우고, 레코드플레이어의 음악에 맞추어 〈Love Me Tender〉, 〈Jailhouse Rock〉, 〈Hound Dog〉를 노래했다. 도쿄에서의 생활에 몰두한 나는 한국에 대해 많이 생각하지 않았다. 한국에 대해 생각할 때마다 얼어

     나의 살던 고향, 고요한 아침의 나라

붙을 것 같았던 기차 여행, 부산 그리고 여권 발급을 거부해서 목
숨을 걸게 만들었던 한국 정부가 떠올랐다.

　　그러나 부모는 내가 한국의 유산을 잊지 않도록 애를 썼다. 삼
촌에게 한국어 교재를 보내 달라고 했고, 나는 집에서 한국의 역사
와 사회학책을 공부했다. 또 나는 한글로『걸리버 여행기』,『하이
디』와 같은 많은 미국과 유럽의 책들을 읽었다. 한국인이라는 정
체성은 내게 마치 종교처럼 주입되었다. 부모는 많은 재일동포가
조상의 언어인 한국어로 말하지 않는 것을 안타까워하며 자녀들
이 한국어를 잊어버리도록 방치하는 부모들을 비판했다. 그들은
한국문화도 가르쳐 주었는데, 그것은 내가 미국 학교에서 배우는
것과 모순되었다. 중학교 때 반 친구들은 립스틱을 바르고 화장도
약간 했지만, 그것들은 나에게는 금기였다. 9학년이 되었을 때 친
구들 모두가 춤을 추었지만, 내게는 물어보는 것조차 금지되었다.
모든 것에는 적절한 시기가 있다는 것에 의문의 여지가 없었지만,
부모에게는 지금이 그 시기가 아니었고, 나도 그것을 받아들였다.
나는 가까스로 립스틱 하나를 사서 학교에 가는 기차 안에서 바르
고 집에 돌아오기 전에 조심스럽게 지웠다. 다른 여자아이들도 다
사용하는데 분홍 립스틱을 조금 바른다고 무슨 해가 있는지 이해
할 수 없었다. 내가 10학년이었을 때 매우 조용하고 학구적인 한
소년이 나에게 춤을 추러 가자고 제안했다. 나는 이유를 설명하지
않고 거절했다. 그가 매우 상처받은 것처럼 보였지만, 나는 부모가
데이트하는 것을 허락하지 않는다고 말할 용기가 나지 않았다. 이

름은 기억나지 않지만, 윈즐로(Winslow)라는 성을 가졌던 그는 눈이 예뻤고, 학급에 있는 그 누구보다 긴 속눈썹을 가지고 있었다. 이 모든 모순된 가치관과 관념들이 내 잠재의식 속에서 꿈틀거리고 있었다. 그것들은 이후 몇 년에 걸쳐 크고 작은 방식으로 드러나게 된다. 나는 한국인이자 일본인이었고, 미국인이 되려고 했다.

나는 키가 작아서 일곱 살로 오해받았던 아홉 살짜리 아이에서 세 가지 문화와 세 가지 언어 사이에서 곡예를 하며 상충하는 끌림을 느끼는 열다섯 살짜리 소녀가 되었다. 그리고 점잖은 가정 출신의 한국인은 노래나 연기를 꿈꿀 수 없다는 것을 알고 있었지만, 계속해서 작가, 가수, 배우가 되는 꿈을 꾸었다. 또한 대학에 갈 때까지 남자아이와 데이트하는 것이 허락되지 않으리라 생각하면서도 계속해서 사랑에 빠져 결혼하는 꿈을 꾸었다. 미국 영화배우와 가수의 사진을 벽에 걸고 위층 방에서 그런 꿈을 꾸는 사이에 나의 운명에 또 다른 전환점이 찾아왔다. 아버지가 직장을 옮긴 1958년 여름 우리 가족은 다시 이사해야 했다. 이번에는 오키나와였다.

말론 브란도(Marlon Brando)와 미이코 타카(Miiko Taka)가 주연을 맡고 레드 버튼스(Red Buttons)와 우메키 미요시(Miyoshi Umeki) 등이 출연하는 제임스 미치너(James Michener)의 영화 〈사요나라〉가 일본에서 큰 인기를 끌었던 해였다. 나는 사요나라를 영화로는 딱 한 번 보았지만, 밤늦게까지 몇 번이나 이불 속에서 책으로 읽었다. 그리고 우메키(Umeki)의 〈사요나라〉 앨범을 내 레코드플레이어

   나의 살던 고향, 고요한 아침의 나라

에 항상 틀어놓고 따라 불렀다.

사요나라, 일본아 안녕.
우리가 가는 동안 웃으며 속삭이네 사요나라
더 이상 예쁜 벚꽃을 보기 위한 멈춤은 없다.
더 이상 나무 아래 하늘을 바라보지 말자.
사요나라 사요나라 안녕.

나는 어린 시절부터 청소년기까지의 시간을 보내며, 한국에서는 모르고 있던 예술, 음악, 문학, 생활 양식, 미적 감각에 눈을 뜨게 된 제2의 고향 도쿄를 떠나고 싶지 않았다. 그러나 운명은 우리 가족에게 계속 나아가라고 손짓하고 있었다. 가족이 가는 곳을 따라가야 했기 때문에 그 당시 나에게 "사요나라"라는 말은 정말 작별이었다.

오키나와를 떠나 미국으로
(1958~1967)

7

한 알의 모래에서 세계를 보고

한 송이의 들꽃에서 천국을 본다

그대 손바닥에 안에 무한을 쥐고

한 순간 속에 영원을 보라

_ 윌리엄 블레이크(William Blake), <순수의 전조>

우리 가족이 일본에 머물며 일본의 경제 호황과 더불어 미국 달러 급여로 물질적 풍요를 누리던 50년대에 한국은 전쟁의 폐허로부터 일어서고 있었다. 남한은 세계에서 가장 가난한 나라 중 하나였고, 사람들은 그곳에서 벗어날 모든 기회를 잡으려 했다. 한국의 많은 엘리트는 유학을 떠나고 싶어 했다. 다른 이들은 정부 관료든 기업인이든 상관없이 한국 사회를 뒤덮었던 부패, 도덕적 타락, 냉소주의에서 벗어나고자 짧은 해외여행이라도 가려고 했다.

아버지의 옛 제자들과 동료를 포함한 많은 방문객이 서울에 오가는 길에 도쿄에 들렀다. 부모가 한국으로 돌아가려 한다는 이야기가 나올 때마다 그들은 강력하게 제지했다.

"왜 제정신인 사람이 이런 편안한 삶을 버리고 한국의 비참한 삶으로 돌아가려 하는가?"

정부의 규칙을 따르는 사람들은 거의 굶어 죽어간다는 말이었
다. 나의 마음은 미국으로 대학 진학을 하겠다고 결정한 상태였
다. 부모도 이야기는 하지 않았지만, 마음속으로 그렇게 생각하고
있었을 것이라고 나는 확신했다.

정치 일선에서는 이승만 정권이 권력을 독점하고 있었다.
1952년 8월까지 이승만은 계엄령을 선포하고, 야당 의원들을 체
포하는 등 정치 파동을 일으키며 이른바 발췌 개헌안을 통과시킴
으로써 이승만의 중임을 억지로 만들어 냈다. 1954년 제3대 국회
에서는 대통령 이승만에 대한 3선 제한의 철폐를 핵심으로 하는
헌법 개정안을 통과시키고 차기 선거를 준비했다. 이승만은 이때
거의 80세였기 때문에, 이는 종신집권을 보장하는 것이었다. 드
디어 1956년 선거를 며칠 앞두고 유력한 야당 후보가 심장마비로
사망했음에도 불구하고 이승만은 55%의 득표율로 신승을 거두
었다. 그러나 이승만의 러닝메이트였던 전직 비서 이기붕이 야당
의 장면 후보에게 패배함으로써 이승만의 추종자들에게 경종을
울렸다.

권력을 유지하는 데만 몰두한 이승만의 추종자들은 언론의 비
판을 포함한 모든 반대파를 탄압했다. 상대를 공산주의자로 낙인
찍은 이승만의 심복들은 살인까지 저질렀다. 한국인들은 과거의
이승만이 보여주었던 애국심을 기억하며 인내했고, 그의 실정에
대해 아랫사람들을 비난했다. 팔순 노인이 건강이 좋지 않다는 소
문이 돌았다. 도쿄의 우리 집을 방문했던 몇몇 고위 공무원들이 이

   나의 살던 고향, 고요한 아침의 나라

승만의 측근들이 그의 기분을 상하지 않게 하려고 취했던 조치들에 대해 들려주곤 했다. 한 육군 고위 장교는 그 노인이 현실과 얼마나 동떨어져 있는지 이야기했다. 그중에는 이승만이 병사들을 시찰하는 동안 주머니에 지폐를 넣어주며 나가서 맛있는 점심을 먹으라고 말했는데, 그 돈은 버스 요금도 되지 않는 금액이었다는 이야기도 있었다. 우리 가족이 오키나와로 이사하던 1958년 한국의 상황이 이러했다.

1958년 8월 3일이었다. 태양이 그렇게 뜨겁고 강렬할 수가 없었다. 나는 간신히 눈만 뜰 수 있었다. 일 년 중 가장 더운 날 오키나와에 도착한 나는 도쿄로 돌아가고 싶은 생각이 간절했다. 어머니가 도쿄의 집을 팔기까지 몇 달 먼저 와서 머무르고 있던 아버지가 공항으로 가족들을 마중 나와 당시 오키나와섬의 유일한 1급 호텔인 류큐호텔로 데리고 갔다.

그 호텔의 3단 유리로 된 녹색 기와지붕과 눈에 띄는 붉은 나무 기둥은 웅장했다. 녹색 유리를 쓴 두 마리 사자가 악령을 막기 위해 입구를 지키고 있었다. 우리 가족은 가운데 작은 낮은 탁상이 있고, 그 주변에 쿠션이 둘려 있는 넓은 다다미방을 빌렸다. 옷장 안의 이불들은 가지런히 접혀 있었다. 나는 그 방이 마음에 들었다. 다다미의 한쪽 구석에는 간단한 꽃꽂이가 있었고, 그 뒤에는 두루마리가 걸려있었다. 다른 장식은 없었다. 그것들은 내가 아직 일본에 있다는 느낌이 들게 해주었다. 일본 음식을 먹으면서도 그러한 느낌이 들었다. 이런 느낌은 애착 이불처럼 나에게 안정감을 주는 중요한 요소들이었다.

그 호텔에서 보낸 첫 밤은 전혀 편하지 않았다. 당시 네 살이던 동생이 고열이 나서 의사를 불렀더니 열사병이라 진단했다. 설상 가상으로 나이트클럽의 바로 윗방이었던 까닭에, 아래층의 음악이 밤새도록 계속 들려왔다. 동생의 울음소리, 그칠 줄 모르는 더위 그리고 아래층의 나이트클럽에서 들려오는 시끄러운 음악의 조합이 그날 밤에 대한 나의 기억이다.

내가 호텔에서 제공하는 기모노를 걸치고 뒤척이는 동안 한 여성이 듣기 좋은 목소리이지만 서툰 발음으로 패티 페이지(Patti Page)의 히트곡인 〈Tennessee Waltz〉, 〈I Went to Your Wedding〉, 〈Blue Moon〉 그리고 영화 〈오후의 사랑〉의 주제곡을 불렀다. 나는 본 적도 없는 아래층 나이트클럽의 모습을 상상했다. 상상 속에서 그곳에는 희미하게 불이 켜져 있고, 빨간 유리 받침에 빛나는 촛불, 포도주잔이 부딪치며 담배에서 피어오르는 연기의 고리를 통해 말하는 사람들이 있었다. 나는 스팽글이 달린 타이트한 검은색 새틴 원피스를 입고, 길고 검은 머리에 붉은 히비스커스를 꽂고, 보석으로 장식한 손, 인상적인 표정을 짓는 가수를 상상했다. 그리고 노래를 홍얼거리며 지혜와 함께 도쿄에서 봤던 영화의 장면들을 상상하며 잠자리에 들었다. 그 후 매일 저녁 식사 후에는 아래층에서 들려오는 노랫소리를 들으며, 그곳으로 내려가 그 가수와 함께 무대에 서고 싶은 마음을 부모께는 말하지 않았다. 집을 사서 우리가 호텔을 떠날 때쯤 나는 그 가수의 레퍼토리에 있는 노

　　　　　나의 살던 고향, 고요한 아침의 나라

래 가사 대부분을 외웠다.

　이번에는 도착한 지 열흘 만에 집을 샀다. 믿을 수 없었다. 자기 집을 가지는 것이 얼마나 좋은지, 아버지가 마침내 생각이 바뀌었음을 인정했다. 오키나와의 경치는 좋았고, 영화에서 본 하와이를 연상시켰다. 그러나 더위와 높은 습도는 에너지를 빼앗아 갔다. 류큐 열도의 본섬인 오키나와는 길이 110킬로미터, 폭 11킬로미터밖에 되지 않는다. 차로 섬의 한쪽 끝에서 다른 쪽 끝까지 3시간 만에 여행할 수 있었다. 그 작은 크기와 아열대성 기후 때문에 나는 한증막에 갇힌 것 같은 느낌이 들었다.

　길게 늘어선 그 섬들에는 다채로운 역사가 있었다. 오키나와는 그들만의 고유한 언어, 음악 그리고 독특한 문화를 가지고 있었다. 14세기 오키나와 군도가 중국의 지배를 받기 전까지 이 섬은 독립된 왕들의 지배 아래에 있었다. 17세기 일본이 류큐 열도를 침략했고, 주민들은 일본과 중국이라는 두 나라의 지배를 받았다. 그러다가 이 섬들은 19세기 일본에 합병되었다. 2차 세계대전 동안 오키나와의 위치는 전략적 중요성을 띠게 되었고, 1945년 4월 1일 부활절 일요일 미군의 침공은 태평양전쟁의 가장 피비린내 나는 최후 전투의 서막을 알렸다. 10만 명이 넘는 일본인과 1만 2천 명의 미국인들이 이 마지막 전투에서 목숨을 잃었다. 일제 치하에 살고 있던 한국인들에게 희망을 준 미군의 승리였다. 전쟁 이후에 류큐 열도는 미 행정부에 속하게 되었고, 오키나와는 1972년 미국이 일본에 반환할 때까지 미국의 전략 군사기지로 개발되었다.

오키나와에서 미군과 그 부양가족의 존재감은 절대적이었다. 그곳은 작은 미국이었다. 어디에나 미국인이 있었다. 오키나와가 미국 행정부의 지배 아래에 있었기 때문에 그들은 왕족처럼 살았다. 1950~60년대 원주민들과 그들의 생활 방식을 무시하는 아시아에 거주하는 미국인을 의미하는 '어글리 아메리칸'은 어디에나 있었다. 그들은 미국인의 평판을 나쁘게 만들었다.

나는 군인 가족이 주로 다니는 국제학교에 11학년으로 등록했고, 최고의 성적을 내기로 마음먹었다. 9월 개학 첫날 도쿄에서 친구였던 조지아 출신의 마샤를 만나게 되어 기뻤다. 마샤와 나는 늘 붙어 다녔다. 우리는 노래와 다이어트를 좋아한다는 공통점이 있었다. 둘 다 뚱뚱하지는 않았지만, 세븐틴이나 글래머와 같은 잡지에 나오는 모델들의 사진을 보고 그들처럼 날씬해지고 싶었다. 마샤와 나는 틴탑스라는 듀오를 결성했고, 지역군인 TV와 학교 행사에 출연했다. 우리는 포트 버크너 클럽(Fort Buckner's Officers Club)에서 두 번 노래를 불렀는데 스릴 넘치는 일이었다. 마샤의 아버지가 그 클럽의 매니저였기 때문에 부모는 이를 허락했다. 똑같은 라벤더 원피스와 카우보이모자를 쓰고 올가미를 들고 킹스턴 트리오의 〈Tom Dooley〉를 공연했다.

좋든 나쁘든 오키나와는 내게 미국인의 삶에 대한 첫 번째 통찰을 주었다. 나는 오래전부터 민주주의와 평등을 구현한 사람들의 비민주적 행동에 충격을 받았다. 한동안 류큐 열도의 미국 행정관은 차량 번호판에 군인과 민간인 모두의 계급이 표시되도록 지시했다. 계급의 영향이 미치는 범위를 확대한 이 지시는 몇 년 후 법원에서 위헌 판정을 받았으나 이러한 관행이 지속되는 몇 년 동안 계급이 낮은 많은 사람이 불필요한 굴욕을 받았다. 국방성은 미국인이 아닌 직원들에 대한 노골적인 차별로 악명 높았다. 미국인이 아닌 직원 중 상당수가 우수한 교육과 근무 경력을 가지고 있지만, 급여는 적었고, 퇴직급여도 주지 않았다. 그들은 미군에서 25년 이상을 근무한 후 퇴직하거나 해고될 때만 퇴직금 명목으로 적은 돈을 받을 수 있었다. 군대가 가장 함부로 대한 사람들은 오키나와의 현지인 직원들이었다. 오키나와 주민의 15퍼센트 이상이 미군기지에서 일했다. 미국은 그러한 행동을 통해 친구를 얻지 못했다. 이러한 사소한 일들은 오키나와 사람들의 반미 감정을 불러일으켜 일본의 지배를 받는 게 더 낫다고 생각하게 했다.

이러한 행동들이 미국에 부정적인 영향을 미쳤지만, 한편으로 나는 많은 미국 가정이 빈곤한 가정이나 미혼모에게서 태어난 아시아 아이들을 기꺼이 입양하려는 의지를 가진 것에 감동했다. 이 인도주의적 행동은 혈통을 강조하여 아이를 좀처럼 입양하지 않는 한국의 문화와 대조되어 깊은 인상을 주었다. 또한 미국인들의 사랑에 대한 관념에도 감명받았는데, 그들은 사랑을 위해서 결혼했기 때문이다. 나는 미국인들이 오키나와의 아이가 딸린 과부와 결혼하는 것을 보고 당황했다. 아시아 문화에서는 좀처럼 일어나지 않는 일이었다.

도쿄에서의 삶 이후 오키나와에서의 삶은 재미없고 따분했다.

작은 섬의 크기 때문만이 아니라 주변에 한국인이 거의 없었기 때문에 나는 고립감을 느꼈다. 일본에는 100만 명의 가까운 한국인이 살고 있었지만, 오키나와에는 미 국방성에 소속된 소수의 한국인뿐이었다. 부모는 그 어느 때보다 한국어를 강조했다. 어머니는 우리 남매에게 항상 한국어로 이야기했고, 집에서는 주로 한국 음식을 먹었다. 한국교회가 없었기 때문에 나는 아버지와 함께 미국 교회로 그리고 어머니는 영어를 하지 못했기 때문에 근처의 오키나와 교회로 갔다. 우리 가족은 고립된 사회생활을 했고, 일본인들과 달리 미국인 동네에 살았다. 오키나와 사람들은 자기들끼리 모여 살았으며 대부분 가난한 사람들이었다.

나는 학업, 학교 신문, 음악에 힘을 쏟았다. 내 피아노 강사는 미국 시민과 결혼한 일본인 여성이었고, 노래 강사는 공군 장교와 결혼한 위스콘신 출신의 여성이었으며, 클래식 기타 강사는 차분하고 공손한 오키나와 사람이었다. 나는 기타로 팝송을 연주하고 싶었지만, 팝송을 위한 화음은 배우지 못했다. 마샤와 함께 오키나와 수도 시내로 노래 연습하러 가거나 쇼핑하러 갈 때를 제외하면, 나머지 대부분의 시간을 공부하는 데 썼다. 모든 과목에서 A 학점을 받아 미국 대학에 가고 싶었던 나는 11학년 2학기까지 미국의 대학 편람 수십 개를 받았다. 부모는 항상 우리 가족이 한국으로 돌아갈 것이기 때문에, 한국어를 구사하고 한국의 전통과 관습을 아는 능력을 유지해서 만일의 사태에 대비해야 한다고 했다. 하지만 나는 미국에서의 큰 변화가 나를 기다리고 있음을 느끼고 있었다.

나는 오키나와의 태양, 예측할 수 없는 소나기, 고구마와 바나나와 파인애플 외에 다른 것이 나지 않는 불모의 붉은 토양, 태풍 그리고 사람과 짐승들을 밤낮 집안에 가두어 두는 반시뱀에 싫증이 났다. 오키나와의 땅과 같은 색을 가진 이 토착 생물은 바위나 나무 아래에서 잠을 잔 후 밤이 되면 먹이를 찾아 휴식처에서 나왔다. 반시뱀에 대적할 수 있는 것은 뱀을 물어뜯어 산산조각 내는 몽구스뿐이었다. 사람들은 반시뱀과 몽구스의 싸움을 보러 갔다. 이 싸움은 다른 지역에서 닭싸움을 보는 것만큼 인기 있었지만, 나는 그것을 볼 용기가 없었다.

동중국해가 내려다보이는 언덕 위에 있던 우리의 하얀 집에서는 그림 같은 바다의 풍경을 볼 수 있었다. 하지만 나는 그 풍경이나 느릿느릿한 생활의 여유가 감사하지 않았다. 강렬한 열기는 피부가 시럽처럼 녹아내리는 느낌이 들게 했고, 기운을 뺏어가 그곳에서의 모든 경험을 무색하게 했다. 그러나 오키나와 원주민들에게 그 날씨는 문제가 되지 않았다. 오키나와 주민들은 성격이 느긋하고 상냥한 것이 하와이 원주민들과 많이 닮았다. 그들이 세계에서 가장 긴 평균 수명을 가지고 있으며, 그보다 더 오래 사는 사람이 많다는 사실이 놀랍지 않았다. 그곳에서는 약속을 지켜야 한다는 생각이 통용되지 않았다. 예를 들어 신문 배달부는 종종 일간지인 〈오키나와 타임스〉를 일주일 동안 모아서 한꺼번에 가져다주곤 했다.

"미안해요. 결혼식과 다른 집안일들이 있어서요."

그렇게 웃으며 말했는데 그것으로 끝이었다. 도쿄에서 시간 엄수에 대해 배운 나는 그런 태평한 생활 스타일에 익숙해질 수 없었다.

십 대에 접어든 나는 그곳에서 벗어나고 싶었다. 집에서는 한국인으로 그리고 밖에서는 미국인으로 살아가던 나에게 가장 큰 장애물은 이승만 정부였다. 그 정부가 발급해 주지 않아서 나는 여권이 없었다. 만약 우리 부모가 좀 더 약삭빠른 사람이었다면 이승만 정권의 관료들에게 뇌물을 줄 수 있었을 것이다. 하지만 그들은 그 부패한 정권에서는 통하지 않는 오래된 규칙을 따랐다. 불법으로 일본에 입국한 뒤 일본 의회의 유력 의원들을 통해 영주권을 얻을 수 있었지만, 일본에서 떠날 때는 그 영주권을 포기해야 했다. 아버지가 미 국방성에 고용된 한 나는 부양가족으로 오키나와에 머물 수 있었지만, 여권이 없었기 때문에 섬 밖으로 여행도 할 수 없었다. 우리가 한국을 떠나온 지 거의 10년의 세월이 지났는데도 남한의 관리들은 여권 발급을 무기로 삼아 자국민들을 줄 세우고 또 대가를 치르게 하고 있었다.

그러던 중 뜻하지 않게 나를 구원해 줄 놀라운 사건이 벌어졌다. 고등학교 졸업을 두 달 앞둔 1960년 4월 한국의 학생 시위대가 이승만 정권을 무너뜨렸다. 이승만 정권의 몰락에 대해 희비가 엇갈렸다. 대부분의 다른 한국인들과 마찬가지로 부모는 이승만의 독재적인 방식을 측근들 탓으로 돌리며 당사자에게는 관대한 평가를 했다. 하지만 나는 그러한 의견에 동의하지 않았다. 국민에

    나의 살던 고향, 고요한 아침의 나라

게 그토록 많은 고통을 주고, 한국에 민주주의가 자리 잡을 수 있던 기회를 날려버린 이 노인이 더 이상 대통령이 아니라는 것이 기뻤을 뿐이다.

이승만은 프린스턴대학의 우드로 윌슨 밑에서 민주주의의 원리를 배웠다. 하지만 조국이 일본의 멍에에서 해방되고 권력을 얻어 귀국하자마자 민주주의를 버리고 폭군이 되었다. 그는 일본 제국주의와 싸웠고, 심지어 『일본의 가면을 벗기다』(*Japan Inside Out*)라는 통렬한 책을 쓰기도 했지만, 반대파를 없애고 자신의 통치를 영속시키기 위해 친일 세력을 존속시켰다. 30여 년이 지난 지금까지 이승만에 대한 나의 판단은 달라지지 않았다. 미국의 교육을 그토록 자랑스러워했던 사람이 그 가치를 실현하지 못한 것은 그에게 있어 비극이며, 동시에 한국에 있어서도 비극이었다. 거대한 자아와 이중적인 잣대에 그는 눈이 멀었다. 국가와 국민을 위한 장기적 승리와 단기적 이득을 구별하지 못했다. 이승만의 결점은 자신과 의견이 다른 사람들을 참지 못하여 자기 주변에 아첨꾼들만 두었다는 것이다. 그렇게 함으로써 그는 한국에 민주주의가 세워질 기회를 가로막았다. 그는 자신을 향한 자유를 갈망하던 사람들의 호의를 배반했고, 마침내 젊은 학생 세대가 그에게서 돌아섰다.

그는 자칭 독실한 감리교 신자였지만 이미 한국인 부인이 있었음에도 오스트리아 여성 프란체스카 도너(Francesca Donner)와 결혼했다. 그 시대의 몇몇 저명한 한국 남성들이 미국에서 새 아내를 맞아들이고 한국 아내를 낡은 신발처럼 집으로 돌려보냈던 것은 사실이다. 그러나 그런 사람은 한 나라의 지도자가 되어서는 안 되었다.

프란체스카는 남편 이승만에게로 가는 길을 지키는 문지기였다. 한국에 대해 무지하고, 한국어를 할 줄 몰랐음에도 불구하고 그녀는 이승만 통치의 중심에 있었다. 그녀가 야심만만한 이기붕의 아내 박마리아를 측근으로 삼았을 때 한국에 불운은 더 커졌다. 박마리아는 심지어 아이가 없는 대통령 부부에게 자기 큰아들을 입양하도록 설득했다. 마리아의 야망은 자신의 아들 손에서 끝이 났다. 1960년 4월 이승만이 불명예스럽게 사임한 후 그는 자기 부모, 형제를 죽이고 자살했다.

한 달도 채 지나지 않은 3월 15일 이승만은 한국 역사상 가장 부패한 선거로 재선되었다. 이승만의 자유당은 승리를 보장하기 위해 선거함에 총투표수의 3분의 1에 해당하는 표를 추가로 넣는 조처를 했다. 선거일은 폭력으로 얼룩졌고, 3개 도시에서 반정부 시위로 최소 열 명이 사망한 것으로 알려졌다.

선거 이후 남부의 항구 도시인 마산에서는 시위가 잇따랐다. 4월 10일 시위에 참여했던 김주열이라는 고등학생이 집으로 돌아오지 않았다. 경찰은 그의 행방을 모른다고 부인했으나 2주 뒤 한 어부가 머리에 최루탄 조각이 박혀있는 소년의 시신을 발견했다. 이 소식이 전해지자, 화가 난 마산의 시민들은 서울로 옮겨 국회에 보여줄 수 있도록 소년의 시신을 요구했다. 당국이 이를 거부하자 군중들은 시청을 점거했다.

 나의 살던 고향, 고요한 아침의 나라

그 후 이틀 동안 학생들은 "부정선거 다시 하라", "피를 통해 얻은 자유가 총칼에 빼앗길 수 있는가?"라고 쓴 플래카드를 들고 행진했다. 〈시카고 데일리 뉴스〉(*Chicago Daily News*)의 키이스 비치(Keyes Beech)가 보도했던 것처럼 "점화를 위한 불꽃만이 필요했다." 그 불꽃은 4월 18일 평화적인 시위를 마치고 캠퍼스로 돌아오던 고려대학생들을 공격한 40여 명의 경찰력에 의해 제공되었다.

다음 날인 1960년 4월 19일 화요일 대학생들이 서울 도심으로 쏟아져 나와 대통령 관저를 향하여 행진했다. 빗발치는 경찰의 총알에 학생 142명이 목숨을 잃었다. 질서를 회복하기 위해 정부는 계엄령을 선포했다. 그러나 5일 후 대학교수들이 학생과 시민단에 합류하여 국회 의사당 앞에서 시위를 벌였다. 군인들은 시위대를 향해 발포하기를 거부했다. 다음 날 이승만이 사임하고, 시위는 중단되었다. 그 노인은 고국을 떠나 하와이에 망명하여 남은 삶을 살았다.

이승만 정부가 무너지면서 마침내 그 정부에 의해 인질로 잡혀 있던 수천 명의 사람이 여권을 받았다. 나도 어머니가 부산에서 신청한 지 거의 10년이 지난 후에야 정일형 외무부장의 붉은 직인이 찍힌 첫 여권을 받았다. 금색으로 된 태극기의 음양 상징이 새겨진 새로 발급된 여권을 나는 세상에서 가장 소중한 보물처럼 몇 번이고 살펴봤다. 이제 다른 사람들처럼 오키나와라는 작은 섬에 갇혀 있지 않고 자유롭게 여행할 수 있게 된 것이다. 몇 년 후 미국 시민이 되어 쉽게 여권을 발급받을 수 있게 되었을 때 나는 어떻게 그렇게 오랜 시간 동안 여행의 자유가 볼모로 잡혀 있을 수 있었을까 생각했다.

하지만 여권이 너무 늦게 도착했기 때문에, 그해 가을에는 미국 대학에 입학할 수 없었다. 나는 출발을 1년 미루고, 그동안 오키나와의 메릴랜드대학에서 가능한 많은 수업을 들어 필요한 과목들에서 좋은 학점을 받았다. 나는 신문사에서 일하고 싶었다. 현지 영어 신문인 〈모닝스타〉(*Morning Star*)는 질이 낮은 편이었지만, 내가 충실하게 읽는 이네즈 롭(Inez Robb)의 칼럼을 싣고 있었다. 나는 도쿄에서 인쇄된 〈크리스천 사이언스 모니터〉(*Christian Science Monitor*)와 미군 신문인 〈스트라입스〉(*Stripes*)도 읽었다. 나는 아버지의 친구이자 동료인 황진남의 추천으로 미주리대학 언론학과를 선택했다. 그는 상해에서의 한국 독립운동을 위해 버클리대학을 그만둔 재능 있는 사람이었다.

"미주리대학은 세계에서 처음으로 언론대학을 창설한 곳이야."

내가 신문사에서 일하고 싶다고 이야기했을 때 그분이 해준 말이었다. 나는 그 조언을 의심 없이 받아들였다.

고등학교 2학년이 되었을 때 나는 자신이 언론계로 나아가고자 한다는 것을 깨달았다. 노래하는 것은 재미있었지만, 현실적으로 좀 더 존중받을 만한 일을 선택해야 한다고 느꼈다. 학교 신문부에서 유일하게 일본어를 할 줄 알았던 나는 학교 대표로 학교 신문을 인쇄했던 오키나와 타임스 빌딩에 자주 갔다. 내 저널리즘 지도 교수는 감명받아서 A+를 주었다. 사설 외에 특집 기사들을 쓰

  나의 살던 고향, 고요한 아침의 나라

면서 나는 2학년과 3학년 사이 여름에 소설도 썼다. 그리고 그 소설을 펜실베이니아주 퍼카시(Perkasie, PA)에 있는 작가 펄 벅(Pearl Buck)에게 보냈다. 그녀는 편지에 자필 사인을 한 사진과 함께 원고를 넣어 돌려주었는데, 작가의 첫 작품은 거의 인쇄되지는 않는다고 이야기하며 계속해서 글을 쓰도록 격려했다. 중국을 외부 세계에 알린 벅처럼 나도 영어권 독자들에게 한국을 알리고 싶었다. 한국인은커녕 한국에 대해서도 전혀 모르는 그들에게 말하고 싶었다.

"한국은 작고 가난하지만, 알 만한 가치가 있어."

그래서 나는 한국을 배경으로 한 첫 소설을 썼다. 그것은 소설, 시 그리고 작곡 분야의 많은 시도와 함께 지금도 금고에 보관되어 있다. 또한 잡지에서 읽었던 할리우드 그룹들에 내 노래를 보냈는데, 그때는 35년 후에 내가 로스앤젤레스에서 일하게 될 거라고는 생각지도 못했다.

저널리즘 외에도 내가 가장 좋아하는 과목은 영문학과 언어였다. 나는 프랑스어, 스페인어, 라틴어는 물론, 좋아하지 않던 과학, 수학 등 필수 과목들도 들었다. 체육 분야를 잘하지 못했지만, 교사였던 스미스 부인에게서 A 학점을 받았는데, 아마도 나의 전 과목 A 학점에 오점을 남기고 싶지 않았던 것 같다. 성적표를 받는 날은 기분 좋은 날이었다. 한 과목에서 A를 받을 때마다 5달러씩 받았기 때문이다. 엘비스 프레슬리(Elvis Presley), 토미 에드워즈(Tommy Edwards), 조니 마티스(Johnny Mathis), 폴 앵카(Paul Anka), 팻 분

(Pat Boone), 코니 프랜시스(Connie Francis), 로즈마리 클루니(Rosemary Clooney), 미요시 우메키(Miyoshi Umeki), 도리스 데이(Doris Day)와 티노 로시(Tino Rossi), 에디스 피아프(Edith Piaf) 등 좋아했던 유럽 가수들의 음반들을 사기 위해 돈을 모으는 한편, 나는 일본 노래도 불렀다. 가장 좋아하던 일본 가수는 50~60년대 최고의 가수였던 미스오라 히바리(Mis ora Hibari), 에리 치에미(Eri Chiemi), 페기 하야마(Peggy Hayama) 등이었다. 한국 노래들은 신곡을 접할 수가 없어서 어렸을 때 서울에서 들었던 오래된 노래를 불렀다. 내 침실에는 피아노가 있었고, 당시에는 이야기보다 노래를 더 많이 했다.

나는 교회학교에서 아이들을 가르치고, 교회 성가대에서 노래를 불렀다. 그 성가대에는 인근 기지에 주둔 중인 미군 병사들도 있었다. 그러나 데이트에 초대되고 싶지 않아서 그들과 거리를 두려고 노력했다. 더 나이가 들 때까지 데이트하는 것을 부모가 허락하지 않을 것이라는 이야기를 하고 싶지 않았기 때문이다.

화장하고 데이트를 나가는 것에 대한 제한에도 불구하고 부모는 나의 학업 활동과 취미들을 지지해 줬다. 여자는 프랑스어를 할 줄 알아야 한다는 아버지의 생각 덕분에, 나는 7학년 때부터 가정 교사 깔랑드로(Calendreau) 부인과 함께 프랑스어를 공부했다. 가끔 아버지는 내가 유엔의 동시통역사가 되면 좋겠다고 이야기했지만, 절대 강요하지는 않았다. "옷이 날개다"라는 한국의 속담을 인용하며 어머니는 필요한 것보다 더 많은 옷을 사줬다. 내가 곡을 쓰면 아버지는 그것들을 작품처럼 보이도록 자신의 사무실 등

　　　　　　　나의 살던 고향, 고요한 아침의 나라

사기 위에 달아 놓았다. 머리가 안 좋은 사람들이나 운동을 한다고 말하는 어머니 때문에, 나는 운동에 뛰어나려고 하지 않았다. 심지어 자전거도 탈 줄 몰랐고, 농구나 테니스도 하지 못했다. 달리기는 가장 먼저 출발하고 가장 마지막에 들어올 정도였다.

하지만 미국 아이들과 미국 학교에 다니면서 농구와 미식축구 경기에서 응원하는 것에 매료되었고, 비록 잘하지는 못했지만, 치어리더로 활동하기도 했다. 학교에는 온통 미국인들뿐이었기에 나도 미국인처럼 살았다. 우리 가족은 오키나와 사람들과 어울릴 기회가 없었다. 안타깝게도 그곳에서 보낸 3년 동안 나는 오키나와 친구를 한 명도 사귀지 못했다. 발목까지 올라오는 흰 양말에 흰 신발, 긴치마와 작은 코트, 꽉 끼는 검은 바지와 포니테일 스타일, 올린 머리 등 미국의 패션을 따라 했고, 이따금 공부에서 자유로워질 때면 나는 군부대에서 〈아이 러브 루시〉와 〈오지〉와 〈헤리엇〉의 재방송을 보았다.

어머니가 모든 희망을 쏟아부은 내 동생은 네 살 때 바이올린 교습을 시작했고, 그 후 곧 피아노 교습도 시작했다. 내가 1961년 대학으로 떠날 때 그는 겨우 1학년이었다. 나이 차이 때문에 형제가 있다고 느껴본 적이 없는 나처럼 동생도 마찬가지였을 것이다.

　여권을 기다리는 시간이 길었기 때문에 나는 미국으로의 여행을 충분히 준비할 수 있었다. 도쿄에서 같은 학교에 다녔던 제니스가 유일한 미국인 친구였다. 나는 오키나와에 머물며 여러 해 동안 제니스와 편지를 주고받았다. 캘리포니아 출신인 제니스는 함께 버클리대학교에 다닌다면 재미있겠다고 생각했지만, 나는 저널리즘으로 평판이 좋은 미주리대학으로 가겠다고 말했다. 제니스뿐 아니라 제니스의 어머니도 나에게 예상되는 것들, 학교에 가져가야 할 것들 그리고 미국 대학생들이 입는 옷의 종류 등에 대해 긴 편지를 써주었다. 열대 기후에서 3년을 살았던 나는 추운 날씨에 입을 옷을 준비해야 했다.

　출국하기 몇 달 전부터 나는 일상복, 교회에 갈 때 입을 옷, 파티복 등을 준비하기 위해 어머니와 함께 재봉사를 매일 찾아갔다.

　　　　　나의 살던 고향, 고요한 아침의 나라

옷에 집착하는 모녀를 지켜본 아버지는 이렇게 말했다.

"너 미국에 공부하러 가니 아니면 옷 자랑하러 가니?"

"옷이 날개예요. 특히 여자아이들에게는요."

어머니는 이렇게 대답했다.

나는 여름방학을 맞아 귀국한 학교 친구들의 언니들과 대학 생활에 관해 이야기를 나누었다. 이야기는 조금씩 달랐다. 예를 들어 스미스, 마우트홀리요크칼리지와 같은 여대에 다니는 학생들은 캠퍼스에 남학생이 없어 옷에 신경을 쓰지 않는다고 했다. 미국의 물가가 비싸다는 이야기를 들었기 때문에 나는 모든 것을 충분히 준비하기로 했다.

미국으로의 여행은 1961년 9월 첫째 주에 시작되었다. 오키나와의 작은 한인 커뮤니티에서 유학을 떠나는 첫 사례였기 때문에 친구들과 이웃들이 나하 공항으로 배웅을 나왔다.

"네게 기대가 커."

감사 인사를 하느라 정신없던 내게는 그 한마디만 기억에 남아 있다. 오키나와 재봉사가 만든 파란색과 흰색의 민소매 드레스를 입고 있던 나는 새로 산 흰 샘소나이트 캐리어와 여행 가방을 끌면서, 미국에 입국하는 개발도상국 여권을 소지한 사람들에게 요구되는 흉부 엑스레이가 들어있는 커다란 서류 봉투를 들고 있었다.

비행기에 올라 창밖으로 부모를 비롯해 손 흔드는 사람들을 보았을 때 울컥하는 마음이 들었다. 느리고 시끄러운 비행기가 바다 위를 날아가고 있을 때 초록색 오팔의 섬처럼 보이는 바다를 바라보며 나는 벌써 가족과 오키나와에 대한 그리움을 느꼈다. 그렇게 나 집을 떠나고 싶었는데, 막상 떠나니 새가 둥지에서 뛰어내린 기분이었다. 아무리 오키나와에 있는 것을 즐기지 않았어도 그 3년 동안의 삶이 얼마나 안정적이었는지를 깨달았다. 우리 가족은 동중국해가 보이는 탁 트인 전망에서 바나나를 키우며 정원에는 히비스커스, 포인세티아 및 다른 식물들과 나무들이 일 년 내내 꽃이 피는 편한 집에서 살았다. 오키나와에서는 학업 성적으로 인정받았고, 많은 교사, 특히 교장 엘리엇의 특별한 관심을 받았다. 공항에서 사람들이 내게 해준 말을 생각하며 나는 그들을 또 나 자신을 실망하게 하지 않기로 결심했다. 스낵과 음료를 받고 얼마 지나지 않아 비행기는 도쿄의 하네다국제공항에 착륙했다. 어릴 적 친구인 지혜와 이 씨 아주머니와 그 딸 린다가 선물을 가지고 맞이해주었다. 그들을 마지막으로 본 지 3년이 지나 있었다. 하지만 그 만남은 너무 짧게 끝이 났다. 우리는 곧 다시 만나기로 약속했다.

호놀룰루로 향하는 비행기를 타고 앞으로 닥쳐올 날을 생각하는 동안, 나는 수준 높은 교양 교육을 받고 저널리즘을 훈련받고 싶은 희망에 가득 차 있었다. 학사, 석사, 박사 학위까지 이수하려면 7년 정도 걸릴 것이고 그 후에는 한국으로 돌아가 나라에 이바지할 것이다. 아마도 그때쯤이면 대학 교수인 한국인과 결혼할 것이다. 도쿄나 오키나와에 있을 때 한국 남자아이와 어울린 적이 없었던 나로서는 사실 이상한 생각이었다.

호놀룰루에 도착한 나는 높은 야자수가 내려다보이는 발코니가 있는 호텔 방에서 하룻밤을 보냈다. 그 풍경은 도쿄에서 본 하와이에 관한 일본 영화를 떠올리게 했다. 하와이의 풍경이 오키나와와 유사해서 마치 집에 있는 느낌이 들었다. 놀랍게도 혼자 있다는 게 무섭지 않았다. 아시아인의 외모를 가진 사람들이 많았기 때문에 미국에 와있다는 실감이 나지 않았다.

그러나 샌프란시스코에 있는 하얏트호텔 방에서 보낸 미국 본토에서의 첫날밤은 무서웠다. 나는 추위에 몸을 떨면서, 마크 트웨인(Mark Twain)이 샌프란시스코에서 보낸 여름이 가장 추운 겨울이었다고 한 말이 무슨 뜻인지 실감했다. 나는 백인들로 가득 찬, 이 커다란 외국 도시에서 혼자 있다는 것에 긴장해서 몸을 떨었다. 너무 불안해서 잠을 잘 수가 없었다. 피곤한 가운데도 잠에 들지 못한 나는 창 바깥의 가로등을 바라보며 집을 생각했다. 그리고 무거운 안락의자와 작은 가구들을 밀어 문을 가로막았다. 그러나 여전히 잠에 들지 못했다. 그리고 아침이 밝아온 것에 감사하며 호텔 커피숍에 가서 아침 식사를 했다.

미주리주 캔자스시티로 가는 아메리칸 에어라인 비행기에서 내 옆자리에는 컬럼비아로 가는 소녀가 앉았다. 여자 전문대학인 스티븐스칼리지에서 2학년 학기를 시작하는 학생이었다. 그녀가 휴대한 유일한 수화물은 충격적인 분홍색 드레스와 검정 재킷에 어울리는 세련된 핸드백과 강아지 인형이었다. 대학생이 그렇게 인형을 가지고 다니는 게 내 눈에는 이상해 보였다.

비행기가 광활한 평야를 날아가는 동안 창밖을 바라보며 나는 미국이 끝없이 넓어 보인다고 생각했다. 눈에 보이는 끝까지 산맥들이 펼쳐져 있었다. 익숙한 일본의 작은 산맥이 아니라 크고 험준한 산맥이었다. 지리 수업 시간에 배운 것을 기억해 내서 내가 보고 있는 것과 맞춰보려 애썼다. 아래쪽의 풍경에 매료되어 창밖을 내려다보며 내가 알고 있던 곳들과는 완전히 다른 곳에 있다는 생각이 들었다. 미국에서의 새로운 삶에 내가 어떻게 적응할 수 있을지 알 수 없었다. 샌프란시스코 이후 나는 아시아에 체류하는 미국인들이 현지의 미국인들과 어떻게 다른지 느끼기 시작했다. 기내식을 받았을 때 쌀밥이 없어졌다는 데서부터 벌써 달랐다. 옆 좌석 동료와의 대화를 거의 기억하지 못하는 것으로 보아 나는 나만의 생각에 골몰하고 있었던 것 같다.

캔자스시티에서는 비행 내내 바람에 흔들리는 15인승 오자크 비행기로 갈아타고 콜롬비아의 작은 공항으로 갔다. 그리고 스티븐스칼리지 학생의 룸메이트가 그녀를 마중 나와 있어서 그들과 함께 택시를 탔다. 그들이 나를 라스럽 홀(Lathrop Hall)에 내려주었고, 나는 도움을 받아 방을 찾아갔다. 다른 방들과 마찬가지로 방문이 활짝 열려 있었다. 방에 들어갔을 때 젊은 금발 여학생이 책상 앞에 앉아 있었다. 방의 한쪽 면이 그녀가 2년 과정을 마친 루이지애나 주립대학의 스티커로 장식되어 있었다.

루이지애나주 러스톤에서 온 식료품점 주인의 딸인 조안나 업쇼(Joann Upshaw)는 나를 데려다준 스티븐스칼리지 학생이 자신의 룸메이트가 될 거라고 오해하고 있었다. 동양인과 함께 지낼

 나의 살던 고향, 고요한 아침의 나라

거라고는 생각해 본 적도 없었기 때문이다. 조안나는 3학년이었고, 아름다운 목소리를 가졌다. 더 친해진 후에 우리는 함께 노래도 하며 시간을 보냈다. 그중 코니 프랜시스(Connie Francis)의 〈My Happiness〉와 앤디 윌리엄스의 〈Moon River〉가 우리가 가장 좋아하는 곡이었다. 같은 방에 노래를 같이 부를 사람이 있어서 행복했다.

그곳에서 내가 돌아보는 모든 곳에 백인의 흰 얼굴이 있다는 사실이 매우 이상하게 느껴졌다. 오키나와에서는 미국의 영향력과 힘이 압도적이었지만, 그곳은 아시아였고 아시아인이 다수였다. 그곳에서 나는 인종뿐 아니라 진짜 미국과 미국인에 대한 지식이 거의 없는 소수자이며 겉돌이였다. 오키나와는 미국의 연장이었지만 왜곡되어 있었다. 로마에서는 로마인처럼 행동하라는 말을 따르기로 결심한 나는 기숙사에서 첫날 저녁 룸메이트를 따라가 다른 여자아이들과 함께 저녁을 먹었다. 어떤 이유인지 모든 소녀가 오렌지 셔벗 한 스쿱이 들어있는 멜론을 주문했다. 이상한 저녁 메뉴라고 생각했지만, 다른 모든 사람이 주문했기 때문에 나도 그렇게 했다. 학생들은 주크박스에 동전을 넣었고, 〈Michael Row the Boat Ashore〉가 울려 나왔다. 다른 사람이 동전을 하나 더 넣었는데 이번에는 〈Never on Sunday〉가 나왔다. 기숙사 동료 중 몇몇은 자리에서 몸을 흔들며 춤을 추었다.

첫 저녁 식사 후 룸메이트는 내게 울워스로 함께 나가자고 제안했고, 나는 그곳에서 견과류, 사탕, 면도 로션, 향수가 조합된 미국의 독특한 냄새를 처음으로 맡았다. 처음 맡는 냄새였지만 마음에 들었다. 울워스 다음으로 우리는 하워드 존슨 호텔로 갔다. 조안나는 루이지애나에서부터 플리머스 차량을 몰고 왔다. 나는 그렇게 먼 거리를 운전한다는 걸 상상도 할 수 없었다. 하지만 미국인들은 대륙 횡단도 아무렇지 않게 여긴다는 것을 곧 알게 되었다.

오키나와에서 차를 몰고 등교하는 몇몇 고등학생들을 본 적이 있지만, 여기서는 거의 모든 사람이 차를 가지고 있는 것처럼 보였다. 그들에게 차는 다리와 같아서 몇 블록 떨어진 곳에 갈 때도 차를 타고 갔다. 기숙사 앞 주차장은 늘 만원이었다. 한국이나 일본 학생들에게 차를 몰고 학교에 가는 것은 상상도 할 수 없는 일이었다. 부자이더라도 운전기사를 두는 편이었다.

1961년 9월 10일 콜롬비아에서 집으로 보낸 첫 편지에서 나는 비싼 음식값과 팁을 주는 미국의 이상한 문화에 관해 썼다. 평균 식사비가 1.5달러이고, 웨이터들은 팁을 받을 것이라 여기고 있다는 사실에 충격을 받았기 때문이다. 그리고 기숙사 여학생들이 얼마나 수다스러운지, 룸메이트가 조용하고 사색적인 성격이며, 미국 캠퍼스에서 보낸 첫날 밤에 어니스트 헤밍웨이(Ernest Hemingway), 로버트 브라우닝과 엘리자베스 배럿 브라우닝(Robert and Elizabeth Barrett Browning)에 관해 이야기할 수 있었다는 사실에 관해서도 썼다.

가끔 아침에 일어나면 금발, 하얀 피부, 분홍색 곱슬머리를 한 소녀와 방을 같이 쓰는 것이 이상해서 마치 꿈을 꾸는 듯했다. 정

 나의 살던 고향, 고요한 아침의 나라

말로 미국에 와있다는 것이 믿어지지 않았다. 기숙사 어느 곳을 보아도 백인의 흰 얼굴이 보였다. 방을 공유해서 쓰는 두 명의 흑인 학생을 제외하면 모두 백인들이었다. 도착하고 이틀이 지나고 나는 외국인 학생들을 위한 환영회에 초대받았다. 그곳에서 생화학 석사과정을 밟고 있던 또 다른 한국인인 플로렌스를 만났다. 그 가을학기 미주리대학에 36인의 한국 학생들이 등록했고, 나를 제외한 모두가 대학원생임을 알게 되었다. 미주리대학이 대학원생들에게 등록금을 받지 않는 몇 안 되는 학교 중 하나였기 때문에 학생들에게 매력적이었다. 당시에는 한국 정부의 철저한 외환 통제 때문에 정부에 연줄이 있는 사람만 국내에서 돈을 받을 수 있었다.

어린 시절과 사춘기 대부분을 일본에서 보낸 나는 한국인으로서의 정체성이 강한 한국 학생들을 만나니 묘한 기분이 들었다. 한편으로는 사라진 조상들의 나라와의 연결점을 내게 느끼게 했다. 하지만 다른 한편으로 내가 다른 한국 학생들과 얼마나 다른지도 알게 되었다. 나의 사고방식은 일본에서의 생활과 미국 학교 교육이 혼합된 산물이었다. 한국 학생들은 대부분 이십 대 중후반이었고, 나는 십 대 후반이었다. 내게는 그들이 뻣뻣하고 진지해 보였다. 모두 냉소적으로 보였는데, 그들이 남한의 위선과 경제적 어려움을 견뎌야 했기 때문이라고 나는 생각했다. 우리의 차이에도 불구하고 그들은 나를 여동생처럼 대해주었다. 내게 유행하는 한국 가요, 농담, 숙어들을 가르쳐주었다. 그렇게 미주리에서부터 나의 한국인화가 시작되었다. 진짜 교사에게 한국을 다시 배우는 어린 소녀가 된 기분이었다. 우리 부모는 나름대로 노력했을지라도 이미 한국으로부터 떨어져 살아온 지 오래라는 사실을 나는 깨닫게 되었다. 한국에 대한 감정과 지식은 부모의 마음속에 얼어붙어 있었고, 가치 체계는 한국전쟁 이전 시대에 머물러 있었다. 우리 부모는 오랫동안 한국에서 떨어져 있어서인지 나쁜 기억들은 잊고 좋은 기억들만을 간직했고, 향수를 가지고 한국을 바라보는 경향이 있었다. 나는 그곳에서 진짜 한국에 대해 배우고 있었다. 그 학생들에게는 한국에 대한 환상이 없었다.

한국 학생들은 대부분 혼자 살았다. 그것이 그들에게 더 편한 방법이었을 것으로 생각된다. 그들은 다른 미국인들에게 자극적인 마늘이나 한국 향신료의 냄새에 대한 걱정 없이 음식을 준비할 수 있었다. 그것은 또한 미국 학생들로부터 받아야 하는 어리석고 의미 없는 질문을 최소한으로 유지하는 방법이었다. 외국어로 진행되는 강의를 따라가며 학교 공부를 하는 것만으로도 그들은 충분히 힘겨워했다. 그리고 아시아인의 관점에서 불편하게 느낄 수 있는 미국인들의 습관, 즉 다른 사람의 입장을 고려하지 않고 모든 걸 묻는 습관이 있었다. 미국인들에게 묻지 못할 질문은 없었다. 모든 것에 대해 공개적인 논의가 가능했다. 이러한 접근은 그들의 전통이었고 시민 문화가 수립될 수 있게 해주었지만, 그 문화에 익숙하지 않은 사람들에게는 불편한 것일 수 있었다. 이 학생들은 모두 한국으로 돌아갈 계획을 세운 한국의 엘리트였기 때문에 미국의 주류에 속하는 것은 이들에게 그리 중요한 일이 아닌 것 같았

     나의 살던 고향, 고요한 아침의 나라

다. 아이러니한 점은 한국을 통치했던 독재자들 때문에 학생들 다
수가 귀국해 조국의 성장에 이바지하지는 않았다는 점이다. 오히
려 그들은 미국에 정착하여 미국 시민이 되었다.

한국인 여학생의 수가 적었기 때문에 한국인 남학생들의 삶은
특히 외로웠다. 그래서 그들은 함께 모일 기회들을 노렸다. 나의
첫 생일은 한국 남학생들과 여학생들이 함께 모이기 위한 구실이
되었다. 그들은 나를 위해 콜롬비아 외곽에 있는 타이거 호텔에서
파티를 열었다. 표면적으로 나를 위한 모임이었지만, 그 자리는 다
른 결혼 적령기의 여학생들에게 관심을 가진 남학생들에게 기회
가 되었다. 생일이나 명절을 다른 평범한 날과 같이 여기는 집에서
자란 나로서는 이런 특별한 행사의 주인공이 되어 감격스러웠다.
호스트가 파티를 위해 방을 빌렸고, 우리는 훌륭한 저녁을 먹었다.
나는 생일 케이크를 잘랐고, 태평양 횡단 중 잃어버릴 때까지 여러
해 동안 가지고 다니게 될 흰 페르시안 고양이를 선물로 받았다.
남자들은 술을 많이 마셨고, 한 명은 기절했다. 나는 12시 30분 통
행금지 시간 전에 기숙사에 돌아와야 했다. 파티 참석자들은 모두
호스트의 쉐보레 차량에 탔다. 그 차는 다른 차를 추월하다가 사
고를 냈다. 그 차에 탄 사람들 모두 술을 많이 마셨고, 한 명은 기
절한 상태였다. 그 사고는 지역 신문에 실렸다. 통행금지 시간 이
후에 도착한 나는 몇 주 동안 외출을 금지당했다. 그들이 집에 데
려다준 후 나는 그날 밤 그들의 운명을 걱정하느라 잠에 들지 못했
다. 내가 죄책감을 느끼지 않게 하려고 그들이 결과를 이야기하지

않았기 때문에 나는 그 사건의 결과는 알지 못했다.

　기숙사가 문을 닫은 크리스마스 연휴 동안 나는 브룩스 부인에게서 방을 빌렸다. 브룩스 부인의 또 다른 방들은 연휴 동안 머물 곳이 필요했던 다른 한국 여학생들에게 임대되었다. 한국 남학생들이 매일 캠퍼스까지 태워다 줬다. 크리스마스를 얼마 앞둔 어느 날 저녁 한 학생의 차를 타고 집으로 오는 동안, 갑자기 나는 북적거리는 뷰익에서 벗어나고 싶었다. 눈이 내리고 있었고, 거리에는 아무도 없었다. 서울에 살던 네다섯 살 때부터 그런 눈을 본 적이 없었다. 운전자가 천천히 앞으로 가고 우리는 차 뒤를 따라 걸어갔다. 부츠 밑에서 눈이 바삭바삭한 느낌이 들었고, 차가운 공기가 기운이 나게 해주었다. "Silver bells, silver bells, it's Christmas time in the city." 우리는 노래를 부르며 브룩스 부인의 집에 도착했다. 나는 요즘도 그 노래를 들으면 콜롬비아에서의 그날 밤이 기억난다. 미주리주 콜롬비아 거리를 거닐며 눈 속에서 즐겁게 노래를 부르는 한 무리 한국인의 모습이 얼마나 이상해 보였을까? 하지만 나에게는 그것이 또 하나의 유대 의식이었다.

　별로 하고 싶지 않거나 할 말이 별로 없을 때도 나는 의무감에 성실하게 매일 집에 편지를 썼다. 엄격한 장로교 한인 가정에서 자랐기 때문인지, 칼뱅의 장로교 직업윤리가 유교의 교육열과 성취욕이 결합하였을 때 만들어 내는 압박감은 엄청났다. 아버지는 열성적인 기독교 가정에서 자란 다른 많은 사람과 마찬가지로 조용한 신앙인이었다. 내가 기억하는 한 아버지는 항상 성경을 공부하

　　　　　　　　　　나의 살던 고향, 고요한 아침의 나라

고 신앙 서적을 읽었지만, 전도는 하지 않았다. 아마도 복음을 전파하기 위해 사방으로 돌아다닌 전도자이자 집에서 매일가정예배를 했던 부친 명환의 영향 때문이었을 것이다. 아버지가 매일가정예배조차 거르면서, 누구에게나 복음을 전파할 의무가 있다고 믿는 기독교인이던 어머니는 불행해했다. 오키나와에서의 고립된 삶은 어머니의 종교적 열의를 부추겨 집사로서 교회 일에 많은 시간을 쏟아붓도록 만들었다. 어머니가 섬김을 자원해 미국 선교사들과 함께 일하는 사이, 나의 종교 생활은 수년간 혹독한 시험을 거쳤다. 그래서 나는 나 자신을 기독교인으로 여기면서도 동시에 깨달음의 길을 보여주려고 노력했던 부처나 다른 스승의 추종자이기도 해서, 종교가 선과 악이 우위를 점하기 위해 다툴 때 우리의 잠재적인 선을 생각나게 하는 수단이라고 믿게 되었다. 그 결과로써 신앙을 믿지 않는 신념을 가진 사람들에게 더 관대해지기를 바라게 되었다. 하지만 내가 대학에 다니는 동안에는 기독교만 접했고, 다른 종교에도 장점이 있다고 생각하는 것조차 죄악으로 여겼다.

이와 비슷하게 시간을 낭비하는 것도 죄라는 느낌에 사로잡혀 있던 나의 주문은 "공부, 공부, 공부!"와 "전 과목 A!"였다. 좋은 성적보다 나은 삶이 있는지 알 수 없었다. 나는 아버지가 한국 신문에서 박사 학위를 취득한 학생들에 관한 기사를 스크랩한 것을 기억하며 나에게 앞으로 다가올 일들을 그려보았다. 언젠가 아버지는 졸업 모자와 가운을 입은 채 박사 학위를 들고 있는 어떤 여성의 사진을 보여주며 웃는 얼굴로 말했다.

"이 한국 소녀는 열여덟 살인데 박사 학위를 땄어."

아무리 노력해도 18세까지 박사 학위를 받을 방법이 없다는 생각에 나는 속이 울렁거렸다. 이미 열다섯 살이었고, 고등학교 3학년이었던 나는 부모를 기쁘게 해드릴 수 없다는 생각에 짓눌리는 느낌이 들었다. 아버지가 손가락으로 가려 숫자 8만을 보여주고 있던 사진을 낚아채 직접 읽었을 때 그 숫자는 18이 아니라 28이었다.

"열여덟이 아니라 스물여덟 살이네!"

화가 나는 한편 안심되어 소리치면서 나는 아버지에게 말했다.

"3년 안에 대학을 마치고 1년 안에 석사 학위를 받으면 스물두 살이나 스물세 살쯤에는 박사 학위를 받을 수 있어."

그처럼 나 자신을 위해서가 아니라 부모의 기대에 부응하기 위해 공부하던 내가 정말 하고 싶었던 것은 책을 읽고, 소설을 쓰고, 작곡하고, 노래를 부르고 그림을 그리는 것이었다. 나는 한국의 패티 페이지나 에디트 피아프가 되고 싶었다. 나는 지금도 박사 학위를 받은 한국인에 관해 쓴 기사들을 볼 때마다 그 신문의 편집자들에게 전화를 걸어 젊은이들의 삶에 압력을 행사하는 것을 그만두라고 말하고 싶다.

고등학교 시절 내내 나는 집에서 벗어나고 싶어 견딜 수 없었다. 이해되지 않은 채 따를 수밖에 없었던 모든 엄격한 규정들을 벗어나고 싶었다. 그런 기분은 미주리에서도 계속되었다. 마치 기

  나의 살던 고향, 고요한 아침의 나라

독교와 가족에 대한 의무라는 두 가지 종교를 가지고 있는 것 같았다. 가족에 대한 의무가 자신에 대한 의무보다 강조되는 축복이며 동시에 저주이기도 한 유교적인 한국스러움을 벗어나는 데 몇 년의 시간이 걸렸다. 나에게 한국스러움은 가족에 대한 의무, 가족에 명예를 가져다주는 의무였다. 한국스러움의 또 다른 부분은 가족을 넘어 한국인에게서 정신적 연결점을 찾는 것이었다. 외국 문화권에 사는 동안 개발되지 않았던 후자의 한국스러움이 미주리에서 마침내 깨어났고, 이 30여 명의 한국 학생들과 함께 지내며 확인되었다. 정체성을 확인하고 나 자신에게 맞는 자리를 찾아가고 있다는 느낌에 만족스러웠다. 이후에도 그것은 나를 지탱해 주는 힘이 되었다.

탈북 이후의 피난민 시절, 한국전쟁, 일본으로의 밀입국, 그 후의 감금과 자유에 대한 기억과 같은 어린 시절의 혼란은 나에게 안정성에 대한 갈망과 정체성에 대한 열망을 키웠다. 그러나 그 세대의 다른 한국인들과 마찬가지로 자신이 살아온 격변으로 무감각해져 자녀의 심리적 안정성이나 편안함과 같은 사치스러운 개념에 세심한 주의를 기울이지 못했던 부모로부터는 채워질 수 없었다. 그들에게는 충분한 음식과 살 곳을 가지는 것이 우선이었고, 그 밖의 모든 건 사치였다. 하지만 나는 더 많은 것들을 갈망했다. 도쿄에서는 늘 이사를 다녔다. 1952년에서 1954년 사이에 나는 네 곳의 학교에 다녔다. 일본에 있는 동안 손에 넣을 수 있는 것들은 일본의 미학, 사고, 언어, 예술과 같은 일본 것들이었다. 일본인들은 예의 바르고 관대해 보여 매력적이긴 했지만, 그들도 피상적으로 보였다. 작은 선물 하나에도 끊임없이 인사하고 감사하는 행동은 겉으로는 매력적이었지만 인위적으로 보였다. 그러나 그 문화는 매력적이었고, 나는 그 문화에 혼합되어 소속되고 싶었다. 설날 동네 아이들이 밝은 기모노를 입었을 때 나도 따라 입고 싶었지만, 나는 감히 부모께 말하지 못했다. 그래서 다른 사람들이 명절 옷을 입는 동안 평상복을 입고 일본의 전통적인 설날 오락인 하고이타(Hagoita)를 했다.

사춘기 동안 일본과 미국의 문화를 포용하는 것은 나를 문화적으로 표류하게 하여 불만족스럽고 불안하게 만들었다. 아마도 그것이 내가 나이 많은 한국인 대학원생과 함께 어울린 이유였을 것이다. 그들이 내 영혼을 채워주었다. 십 대 후반 시기 대학에서 한국인들과 이런 유대감을 형성하지 않았다면 도쿄나 국제학교의 한국인 친구들처럼 오늘날까지도 한국이나 한국인과 깊이 연결되지는 못했을 것이다.

미주리에 있는 동안 나는 한국스러움의 또 다른 측면을 배웠다. 결혼에 대한 일반적인 조건들에는 감성적 매력보다 훨씬 더 세심한 계산이 필요하다는 것이었다. 학교, 고향, 가정환경, 사회적, 재정적 지위들 모두 로맨틱한 결합에서는 필요한 항목이었다. 이러한 계산이 더 보편화되어서 1980년대 신랑을 위한 '3개의 열쇠'가 필요하다는 말이 한국에서 생겨났다. 유망한 의사나 변호사 남편을 확보하기 위해 예비 신부 가족은 '집 열쇠, 차 열쇠, 사무실 열쇠' 이렇게 3개의 열쇠를 제공해야 한다고 사람들은 말했다. 의사나 변호사는 유망한 인물이기 때문에 부유한 가정의 여성들에게 인기가 있었다. 그 3개의 열쇠로 젊은 남자는 병원이나 변호사 사무실을 차리고 전문직을 시작할 수 있게 된다. 그는 다른 친구들보다 한발 앞서나가게 된다. 나는 마침내 "딸이 셋이면 문을 열어놓고 잔다"라는 오래된 한국의 속담을 이해하게 되었다.

주말에는 친구들과 함께 콜롬비아에 있는 슈퍼에서 구할 수 없던 콩나물이나 두부를 사기 위해 중국 마트가 있는 150킬로미터 떨어진 세인트루이스나 캔자스시티에 갔다. 남자들이 부엌에 들어가는 것은 터부시되었지만, 몇몇 남학생들은 어쩔 수 없이 요리를 했다. 바퀴벌레가 우글거리는 이 한국 남자들의 지하 부엌에서 콜롬비아에서 가장 맛있는 음식을 먹었고, 부유한 집안 출신의 한 대학원생이 마련해준 식사가 특히 기억에 남아있다. 그는 룸메이트와 함께 미주리주립대학과 스티븐스칼리지에 있는 여학생 셋을 초대해 탕수육을 포함한 맛있는 한식과 중식 요리들을 대접했다. 남자들에게 요리를 금지하는 전통이 있었지만, 이 남성들은 음식을 준비할 뿐만 아니라 식사를 나누기 위해 여성들을 초대했다. 미국의 상황은 확실히 한국과 달랐다. 아니면 미국이 사람들을 변화시켰다.

1960년대 다른 대학의 캠퍼스에서도 그랬듯이 미주리주립대학도 한국 남학생의 수가 여학생보다 많았다. 여학생은 나를 포함해 세 명이었던 반면 남학생은 스물여섯 명이었다. 새로운 여학생이 올 때마다 이 지역과 인근 주의 대학에 소문이 퍼졌다. 남학생들은 가끔 사교 모임에서 새로운 얼굴을 보기 위해 수백 킬로미터를 운전해 왔다. 여학생들은 이상한 소문이 도는 것을 막기 위해 데이트에 나가지 않고 조심했고, 대신 단체로 저녁 식사를 하거나 영화를 보러 갔다. 한정된 비용으로 한 명만 초대하고 싶었으나 어쩔 수 없이 매번 우리 셋을 다 데리고 나갔던 가련한 남학생들이 떠오른다.

남학생 대부분은 이십 대 중후반이었던 만큼 이들에게 배우자를 찾는 것은 중요한 일이었다. 한국 여학생이 부족해서 일부 남학생들은 미국인과 데이트를 하고 결혼까지 했는데, 이는 고국에 있는 가족들에게 많은 실망감을 안겨주었다. 한 남성은 자신이 미국 여성들과 결혼한 이유를 이렇게 이야기했다.

"한국 여학생들은 수가 너무 적어서 심하게 잘난 척을 해. 그리고 대부분 여학생이 부잣집 출신이라 나 같은 가난한 남자들은 거들떠보지도 않아."

한 사람은 대학원 지도교수에게 어머니가 편찮으셔서 집에 돌아가야 한다고 했지만, 사실 그는 결혼을 위해 한국에 간 것이었다. 그는 몇 달 후에 아내와 함께 돌아왔다.

한국 정부의 엄격한 외환 정책 때문에 한국 학생 대다수는 장학금을 유지하고 아르바이트를 구하려고 했다. 여름방학 동안 그들은 1년간 생활할 돈을 벌기 위해 대도시와 리조트의 식당과 술집에서 일했다. 도서관이나 기숙사 주방에서 일하거나 잔디를 깎

 나의 살던 고향, 고요한 아침의 나라

는 일도 많이 했는데, 나는 집에서 보내주는 돈으로 일하지 않아도 되는 몇 안 되는 사람 중 한 명이었다. 아버지는 그런 일을 해서는 장학금을 받을 수 없다고 말했다.

"모든 시간을 공부에만 전념해. 그게 네가 당당해지는 방법이야."

딸의 학자금을 대려고 그렇게 열심히 일하는 아버지를 생각하면 나는 죄책감이 들었다.

일요일에는 제일장로교회에 가서 성가대를 하고, 한국인 친구 집에 가서 점심을 먹곤 했다. 이 시기의 일기장을 읽으면 내가 한순간이라도 즐겁게 지냈는지 궁금할 지경이다. 심지어 일요일 오후까지도 공부하지 않은 것에 대한 죄책감으로 얼룩져 있었다. 일요일 오후를 친구들과 함께 대화하며 보내는 것을 스스로 질책했고, 토요일 밤에 댄스파티에 간 날이면 새벽 5시에 일어나서 공부했다.

중서부 토네이도의 계절이라 불리는 첫 봄학기 동안 나는 미국 대학의 이상한 풍습과 마주쳤다. 어느 날 밤엔 소동이 일어나 잠에서 깼다. 창밖에 여자들의 속옷을 요구하는 남학생 무리가 있었다.

"팬티 습격이야!"

룸메이트가 이야기했다.

"팬티 습격?"

나는 반문했다. 그런 건 들어본 적도 없었다. 곧 기숙사의 여학생들이 흥분해서 자신들의 속옷을 창밖으로 던지기 시작했다. 당황한 나는 이 이상한 미국 대학의 봄 의식에 참여하지 않았지만, 그 광경을 흥미롭게 지켜봤다. 팬티를 잡기 위한 습격이랄까? 그건 친밀한 접촉의 대용이었을까? 몇 시간 후 다시 잠을 자려고 노력하며 나는 미국에서 표현의 자유는 제한이 없다고 생각했다. 어둠 속에서 남학생들이 모든 팬티를 잡지는 못했다. 아침을 먹으러 카페테리아로 가는 길에 보니, 땅바닥에 팬티 몇 장이 떨어져 있었다.

컬럼비아대학교뿐만 아니라 모든 교민이 소속되어 있는 한인학생회는 코스모공원에서의 연례 소풍과 같은 사교 행사를 했다. 독신 남성과 결혼한 학생들은 다음 날까지 배부르게 먹을 수 있는 바비큐와 쌀, 김치 그리고 다른 물품들을 충분히 가지고 왔다. 항상 노래를 부르며 사교 행사를 마쳤는데, 한국 노래의 가장 인기 있는 주제인 가정, 어머니, 사랑에 대해 노래했다. 한인학생회는 한국 노래를 부르고 춤을 추는 한국의 밤과 전통 결혼식을 후원했다.

　　　　나의 살던 고향, 고요한 아침의 나라

학생들은 물리적으로 미국에 있었지만, 마음만은 한국을 향해 있었다. 그들은 지역의 신문을 읽을 때도 한국에 대한 소식에 관심을 가졌다. 미국 신문들은 한국에 관한 기사를 거의 싣지 않았고, 라디오와 텔레비전은 이를 훨씬 더 적게 다루었다. 한국 신문을 구독하는 학생도 있었고, 전 세계로부터 무료 신문을 받는 저널리즘 스쿨 도서관을 찾아와 한국 뉴스를 읽는 학생도 있었다.

이 시기는 한국에서 박정희 장군과 군대가 삼엄한 통제를 하던 시기였다. 박정희는 이승만 정권을 계승한 민주적이지만 비효율적인 장면 정부를 전복시킨 후 1961년 5월 쿠데타로 정권을 잡았다. 장면이 재임했던 열 달 동안 한국인들은 구속받지 않는 자유를 처음으로 경험했다. 새 정부 출범에 일조했던 한국 학생들은 거의 매일 이런저런 항의로 자유를 남용해 신생 정부에 온갖 요구

5·16 군사정변

를 했다. 그 혼란스러운 상황이 군사 쿠데타의 발판을 마련했다. 그 결과는 18년에 걸친 끔찍한 박정희 정권의 통치였다. 한국인들이 무슨 짓을 했기에 이승만보다 더 나쁜 독재자를 가지게 되었을까? 때때로 나는 우리 민족이 저주받은 사람들이라고 생각했다. 박정희는 자신에게 반대하는 정치인, 지식인, 언론인을 투옥했다. 1949년 일본제국군의 관동군 장교였고, 공산당이 주도한 여수·순천 반란의 핵심 인물이었던 박정희가 자신을 반대하는 사람들을 '공산주의자'로 규정하고 가둬둔 것은 아이러니의 극치였다. 박정희는 자신의 종신집권을 위해 헌법을 개정했다. 1979년 중앙정보부 부장이 그를 암살할 당시 한국은 물질주의, 군부 문화, 권력이

     나의 살던 고향, 고요한 아침의 나라

가장 중요했고 전통적인 유교의 가치는 중요치 않은 나라로 바뀌어 있었다.

미국에 있는 우리는 모두 박정희가 집권하는 동안 그의 영향력과 정보력이 광범위하다는 것을 알고 있었다. 유학생들은 정부를 비판하지 않기 위해 주의를 기울였는데, 남한의 관리들이 언제든 여권을 취소할 수 있었기 때문이다. 이승만에서 시작된 전통은 박정희 아래서 완성되었다. 현재 로스앤젤레스에 사는 재미동포 시인 고원은 박정희 때문에 자신이 미국 시민이 되었고, 박사 학위를 받은 후 귀국하지 않았다고 말했다.

윤리학, 저널리즘의 원리, 저널리즘의 법칙에 관련된 이론 수

박정희 대통령 취임식

업은 상대적으로 쉬웠지만, 학교의 유명한 분야인 저널리즘의 실제 수업은 어려웠다. 저널리즘 학생들이면 모두가 의무적으로 일해야 하는 일간지 〈컬럼비아 미주리안〉(*Columbia Missourian*)에서 나는 코요테의 귀에 대한 현상금, 재산 평가, 시와 주의 프로젝트에 대한 낮은 입찰 제출 그리고 법정 공판에 대해서 배웠다. 외국인 학생들에게 도움을 주려고 하는 카운티의 판사와 알게 된 나는 미국 시와 주 정부의 활동을 보도하려 노력했다. 보도 수업 중에 위험을 무릅쓰고 흑인들이 사는 철도 반대편으로 가서 마틴 루터 킹 주니어 목사와 함께 앨라배마의 시민권 시위에 참여한 후 돌아온 목사를 인터뷰하기도 했다. 그 지역에는 가본 적이 없어 불안했던 나는 친구인 플로렌스에게 함께 가달라고 부탁했고, 그렇게 진행한 인터뷰는 성공적이었다. 그 후로는 다른 많은 사람과 이야기를 나누기 위해 주저 없이 그 지역을 방문했다. 새벽의 요란한 시 의회와 학교 이사회에 참석했을 때는 민주주의가 작동되고 있음을 알 수 있었다. 이것은 젊은 한국 여성에게는 놀라운 경험이었고, 미국 언론계에 어떤 일들이 수반되는지 알게 해주었다.

학사 학위를 마친 후 부모와 동생과 함께 오키나와에서 여름방학을 보내기 위해 1963년 집에 잠시 방문하고 나서, 나는 노스웨스턴대학교의 메딜 저널리즘 스쿨 대학원을 시작했다. 집에 가는 길에 잠시 들른 도쿄에서는 이씨 부인과 지혜를 다시 만났다. 2년 전 배웅해 주었던 많은 이들이 나를 환영하기 위해 나하 공항에 나와 있었다. 가장 눈에 띄는 변화는 제법 성장하여 이제 3학년이 된

  나의 살던 고향, 고요한 아침의 나라

남동생 만열이었다. 부모는 한결같아 보였고, 미국으로 떠나기 전과 다름없이 나를 대했다. 집을 떠나 누구의 간섭도 받지 않고 2년간 살았던 나에게 그들의 지시와 참견이 가끔 짜증 나는 일이기는 했지만, 그것을 제외하고는 평소와 다름없이 충실한 딸이자 좋은 누나로 지냈다.

나는 기지 중 한 곳의 여름 캠프에서 아침마다 아이들을 데리고 수영했다. 오후에는 집안일을 돕고 공부를 했다. 그러다가 집에 왔다는 처음의 행복이 사라지고, 섬에 갇혀 부모의 감시 아래 있다는 느낌이 들기 시작하며 짜증이 나기 시작했다. 여름방학 중 반쯤 되자 미국으로 돌아가 다시 독립하고 나만의 생활을 하고 싶은 마음이 간절해졌다.

돈을 아끼기 위해 프로펠러 비행기를 타고 미국으로 돌아갔기 때문에, 오키나와에서 시카고까지 가는 데 거의 이틀의 시간이 걸렸다. 그해 가을 노스웨스턴대학에 한국인은 대학원생 네 명만 남았고, 공식적인 모임은 없었다. 나는 두 명의 다른 여학생들만 정기적으로 만났다. 메딜은 일류 저널리즘 스쿨이라는 평판도 있지만, 십 대 때 유명한 한국 소설인 『순애보』를 통해 그 학교에 대해 읽은 이후로 나는 그 학교에 대한 낭만적인 이미지를 가지고 있었다. 나는 열세 명의 석사 또는 박사 학위 과정 중인 여학생이 모여 사는 큰 집에 방을 하나 빌렸다. 영국인 두 명, 미국계 유대인 두 명, 독일인 한 명, 프랑스인 한 명, 시에라리온 출신 아프리카인 한 명, 아르메니아인 두 명, 한국인 두 명, 쿠바 난민 두 명, 학교와 관련 없는 두 명이 함께 살았다. 식사 시간은 여러 나라 음식의 향기가 뒤섞였다.

노스웨스턴대학에서 1년간 석사과정을 하면서 가장 흥미진진했던 것은 시카고에서 기성 신문기자들과 함께하는 보도 훈련이었다. 리처드 데일리(Richard Daley) 시장을 비롯해 다른 시카고 정치인들을 수없이 볼 수 있었다. 나는 사건을 취재해 기사를 작성하고 그것을 나중에 〈시카고 트리뷴〉, 〈시카고 선타임스〉, 〈시카고 데일리 뉴스〉, 〈시카고 아메리칸〉에서 실제 기자들이 쓴 글과 비교해 보았다.

나는 주 청사의 기자실에서 매우 친절하고 도움을 주는 기자단을 알게 되었다. 그중 한 명인 플레처 월슨과 그의 부인이 크리스마스 저녁 식사에 집으로 초대했다. 로버트 호킨스(Robert E. Hawkins)라는 기자는 나에 대해 "한국 소녀를 위한 두 세계의 결합"이라는 기사를 썼다. 나는 기사의 사본을 오키나와에 있는 부모께 보내드렸다. 그리고 나는 또 다른 기자인 폴 웨스트(Paul West)는 레이먼드 힐리어드(Raymond Hilliard) 복지부장을 통해 인터뷰 기사를 쓸 수 있었다. 힐리어드는 당시 시카고에서 가장 바쁜 관리 중 하나였기 때문에 교수님께 깊은 인상을 주었다. 후에 일리노이 주 퀸시 헤럴드 편집장이 된 찰스 바뭄(Charles E. Bamum)에 의해 이루어진 공보 보도 수업 중에는 더 많은 공무원을 만났다. 가장 기억에 남는 수업 중 하나는 저널리즘 스쿨에서 널리 사용되는 교과서 『해석적 보도』(Interpretive Reporting)의 저자 커티스 맥두걸(Curtis

MacDougall)과 함께한 것이다. 그의 강의는 특별해서 단순한 저널리즘이 아니라 철학에 가까웠다. 메딜은 주요 뉴스 기구의 최고 편집자와 출판자 등 언론계의 유명 인사들을 대거 영입했다. 시카고에서 중요한 신문사 행사가 있을 때는 학생들도 초대받았다. 나중에 가넷신문사 회장이 된 분으로 당시 로체스터 본사의 기사 총책임자였던 알 뉴하스(Al Neuharth)를 만난 것도 이러한 편집자와 출판사 회의 중 하나였는데, 나는 그날 다른 신문사 간부들과도 이야기를 나누었다. 뉴하스는 인상적이었다. 메딜의 석사 프로그램은 매우 유익했지만 힘들었기에 나는 그 프로그램을 마쳤을 때 기뻤다.

그 프로그램은 내게 저널리즘은 단순히 말을 한곳에 모으는 것 이상으로 대중의 눈과 귀가 되는 것이라는 의미가 있음을 가르쳐주었다. 언론의 자유에는 사회적 책임이라는 부담이 따른다. 저널리즘은 육체적으로나 정신적으로 힘들고 보수가 적기 때문에 끝까지 남는 기자들은 그 일을 사랑하는 사람이어야 한다는 것을 배웠다. 나는 그 일이 좋았고, 어쩌면 사랑하게 될 것 같았다.

나는 졸업하기 2개월 전에 뉴하스에게 편지를 썼고, 기쁘게도 취업 가능성에 대해 의논하자는 신속한 답장을 받았다. 곧이어 조간신문 〈데모크랫 앤 타임스〉의 편집장인 노리스 레드 베그(Norris "Red" Vagg)로부터 인터뷰를 위해 일등석을 타고 로체스터로 오라는 초청하는 편지를 받았다. 믿을 수 없었던 나는 확인을 위해 편지를 다시 읽었고, 그 후 함께 거주하던 마를린 노만(Marleen Norman)에게 달려가서 그 소식을 전했다. 오늘날까지 좋은 친구로 남아있는 루이지애나 출신의 연극 전공생인 마린은 꽉 안으며 축하해 주었다. 그날 저녁 우리는 피자를 주문했고, 포도주 한 병을 사 와서 으스스한 지하실 부엌에서 축하의 초를 켰다. 수업이 끝난 다음 날 나는 면접을 위해 에번스턴에서 가장 비싼 가게 중 하나인 브람슨즈에서 검정색 외투와 흰 바탕에 검은색 물방울무늬 블라우스와 흰색과 검은색 모자를 샀다. 로체스터에 도착했을 때 〈데모크랫 앤 크로니클〉의 편집장이 다른 임원들과 함께 나를 인터뷰했고, 그 후 뉴하스의 사무실로 데려다주었다. 곧 나는 일자리를 제의받았고, 주급은 99달러였다.

그 후 몇 주간은 매우 힘들었다. 끝내야 할 글과 과제가 너무 많았지만, 내 머릿속은 신문기자로서 첫 임금을 받는 꿈을 꾸고 있었다. 미주리에서 온 친구 플로렌스는 박사 학위를 공부하던 중에 내 졸업식에 참석하기 위해 텍사스로부터 와서 부모처럼 사진을 찍어주었다. 학사의 모자와 가운과 달리 석사 가운에는 목 주변에 빨간 벨벳 후드가 있어 특별한 느낌이 들게 했다. 나는 예정대로 석사 학위를 받았다. 그 후 플로렌스의 도움으로 책과 옷을 챙기고 로체스터로 날아가 집을 구하기까지 YMCA에 머물렀다. YMCA에 머문다는 생각은 비행기에서 만난 로체스터 출신 여성의 제안이었다.

1964년 여름 미국의 대도시 신문사에서 일하는 한국인은 없었다. 미국에 있는 한국인들은 언론계가 백인들이 독점하는 직업이라 결론짓고, 그곳에 들어갈 생각조차 하지 않았다. 얼마 후 나는 내가

 나의 살던 고향, 고요한 아침의 나라

미국 저널리즘에서 일하는 첫 번째 한국인이 아니었음을 알게 되었다. 나중에 좋은 친구이자 멘토가 된 이경원(K. W. Lee)이라는 이름의 남자가 1956년 테네시에서 먼저 언론계 활동을 시작했던 것이다. 그곳에서 그는 웨스트버지니아의 〈챨스톤 가젯〉(*Charleston Gazette*)으로 옮겨 그곳에서 1964년 시민권법이 통과되기 몇 년 전에 레스토랑과 통합에 관한 이야기를 썼다.

졸업 때까지 많은 친구가 직장을 구하지 못하는 상황에서 나는 운이 좋은 편이었다. 게다가 모국어가 아닌 언어로 언론인의 몫을 해낸다는 데서 뿌듯함을 느끼는 한편 긴장감도 컸다. 영어가 모국어가 아니었을 뿐만 아니라 미국의 삶에 대해 모르는 것이 너무 많았다. 열심히 일해서 한국인도 미국의 언론인이 될 자격이 있고, 그럴 수 있다는 것을 증명하는 본보기가 되겠다고 나는 다짐했다.

1964년 6월 22일 일을 시작했고, 그해는 신문사 〈게넷〉(Gannett)이 "통합으로 가는 길"이라는 제목의 인종 관계에 대한 시리즈로 퓰리처상을 받은 해였다. 로체스터의 뉴스룸에는 활력이 넘쳤다. 여성부 네 명의 기자 중 하나로서 나는 약혼과 결혼에 대한 연재물인 Brides를 담당하고, 나머지 시간은 특집 기사를 쓰며 보냈다. 베트남 전쟁에 대한 현지 반응부터 점성술과 고위 관리의 방문까지 하루에 한 개 이상의 기사를 쓰고, 그 기사들을 카피하여 하나는 스크랩북에 넣고 하나는 오키나와에 있는 부모께 보냈다. 언론 활동 초년생이자 외국인이라는 배경은 선배들로부터 관심과 배려를 동시에 이끌어냈다. 나는 식사 초대를 많이 받았다. 그처럼 돌보아 주는 환경에서 언론인으로서 활동을 시작한 것은 예외적인 행운이었다.

YMCA에서 거의 3개월을 지낸 후 나는 아파트로 개조된 플리머스 에비뉴 남부 249번지에 있는 처칠 홈이라는 낡은 벽돌 주택의 원룸을 임대했다. 그 집에는 복도에 작은 냉장고가 있는 부엌과 작은 샤워실이 있고, 침실 겸 거실이 있었다. 그곳은 과거에 응접실로 쓰였던 곳이기 때문에 천장에는 샹들리에가 있었고, 대리석 벽난로 위에는 아름다운 거울이 있었다. 나만의 첫 집이었던 그곳에서 낯선 동네에 혼자가 된 느낌에 나는 미주리와 노스웨스턴대의 옛 친구들이 그리웠다. 그 집은 흑인들이 주로 거주하는 제3구의 중심부에 있었고, 그곳은 1964년 6월 로체스터 인종 폭동이 시작된 지점이었다. 그 동네에서 유일한 동양인이었던 내가 동네 빨래방에 갈 때면 흑인 아이들이 빤히 쳐다보았다. 동네 사람들에게 나는 당시 로체스터 시내의 유일한 중국 음식점 린파르의 주인과 함께 '중국인'으로 인식되었다. 중국인보다는 한국인으로 알려졌으면 좋았을 테지만, 그 시대의 미국인들에게 중국인, 한국인, 일본인을 구분하는 것은 어려운 일이었다. "한국이 무엇이냐?", "한국이 어디에 있냐?"와 같은 질문을 불러일으킬 뿐이어서 나는 내가 한국인임을 설명하기보다는 '중국인'이 되는 편을 택했고, 이후 중서부에서도 같은 경험을 많이 했다.

로체스터가 가넷신문사의 본사였으므로 사무실 환경은 쾌적했다. 가넷신문사가 재정적으로 매우 튼튼했기 때문에 업무를 위해

　　　　　　　　　　나의 살던 고향, 고요한 아침의 나라

택시를 타는 것에 문제가 없었다. 특히 운전하지 않는 내게는 큰 도움이 되었다.

나는 언론뿐만 아니라 미국에도 푹 빠져들어, 작곡가 하워드 핸슨과의 인터뷰부터 춤 수업을 통해 외로움과 싸우는 노인들, 십 대의 임신, 베트남 전쟁에 관한 기사까지 학생 때 경험할 수 없었던 미국에 대한 감각들을 가지게 되었다. 현재 하는 일을 계속하고 싶은 마음도 있었지만, 마음속 깊은 곳에서는 박사 학위를 따야겠다는 생각이 커졌다. 집에서 오는 편지에서 가끔 그 사안이 언급되고는 했는데, 그것은 나에게 나 자신이 아직 자유롭지 못하다는 것을 상기시키기에 충분했고, 결국 대학원으로 돌아가기로 했다. 출입국 및 귀화 서비스 규정에 따라 외국 학생들은 실무 교육으로 18개월 동안 일할 수 있고, 그 후에는 고용주에게 영구 체류를 청원하도록 해야 했다. 한국 관료들과의 불행한 경험 때문에 미국 관료들을 어떻게 대해야 할지 자신이 서지 않았다. 어떤 길이 나을지 확신할 수 없었지만, 가족과 의논을 거쳐 나는 궤도에서 벗어나지 않기로 했다. 좋은 교육을 받는 것이야말로 우리 가족에게 가장 중요했고, 그 길에서 벗어나서는 안 된다고 생각했다.

동료들은 로체스터 교외에 있는 고급 그리스 식당에서 송별회를 해주었다. 유일한 가구인 접이식 침대를 신문사 동료인 케이 피쉬(Kay Fish)의 다락방에 보관하고, 콜롬비아에 있는 친구에게 개인 물품 20박스를 보낸 후 나는 그해 7월 말 오키나와에 있는 집으로 돌아갔다. 부모는 기뻐했고, 이제 6학년이 된 동생은 오리올스 유니폼을 입고 야구를 하느라 바빴다. 동생을 제외하면 오키나와는 예전 그대로 남아있는 것 같았다. 기자로 1년간 활동을 했는데도 달갑지 않은 부모의 조언은 계속되었기 때문이다. 한 달 후 나는 대학원을 시작하기 위해 미주리주의 콜롬비아로 돌아갔다.

그러나 불과 몇 주 만에 나는 박사 학위 취득에 대해 재고하게 되었다. 매일 새로운 것을 만들어 내는 신문사에 비해 학교의 리듬은 너무나 느리고 둔해 보였기에, 학업에 복귀하는 것이 내키지 않았다. 특히 저널리즘에 관한 학문적 연구의 지루함은 말 그대로 지겨울 정도였다. 결국 공부를 중도에 그만두고 떠나는 선택을 했다. 박사 학위가 부모에게는 의미가 있을지언정 현장에서 매일의 저널리즘의 흥분을 맛본 후에 부모를 위한다는 이유로 동기부여를 할 수는 없었다.

또한 사랑에 빠져있었던 내게는 그 당시 로맨스가 학위를 따는 것보다 훨씬 더 중요해 보였다. 정치학 수업에서 만난 데이비드는 총명한 데다 아시아의 역사에 관심이 많아 보였다. 만난 지 얼마 되지 않아 그들은 동시에 서로에게 끌렸다. 데이비드는 십 대 때부터 아시아에 관심이 있었고, 중국학을 전공할 계획이었다. 이전의 학부와 대학원 시절 다수의 한국인과 편하게 교제했지만 나에게 의미 있게 다가온 관계는 없었다. 세인트루이스에서 온 미국 청년 데이비드와 함께 있을 때 바로 무엇인가가 느껴졌다. 몇 달 동안의 연애를 통해 나는 내가 얼마나 미국인이 되었는지를 깨달았다. 서양 남자들이 하는 작은 일, 즉 여성을 위해 문을 여는 일, 유

　　　　　　　　나의 살던 고향, 고요한 아침의 나라

머 감각에 끌렸고, 그에 비해 한국 남자들은 너무 뻣뻣하고 과묵해 보였다. 우리가 닥터 지바고를 보러 간 그날 저녁 데이비드가 청혼 하자, 나는 이를 받아들였다. 집으로 보내는 편지에서 데이비드에 대해 언급하지 않는 대신, 여름을 맞아 귀국해서 약혼 소식을 전했 다. 내가 그 이야기를 했을 때 부모는 폭발했다. 다른 인종과의 결 혼을 못마땅하게 여겼던 다른 한국인 부모들과 다르지 않았다.

"우리가 도중에 공부를 그만두고 미국 남자를 만나라고 너를 미국에 보내고 어렵게 번 돈을 너에게 아낌없이 준 줄 알아!"

어머니는 분노했고, 아버지도 똑같이 화를 냈다.

부모, 특히 아버지가 여러 가지 일에 대해 자유주의적 견해를 지지했기 때문에 좀 더 개방적일 것이라고 기대했던 나는 인종 간 결혼과 같은 가정사에 대해서는 한국의 정신이 자유주의 사상보 다 우선시된다는 것을 깨달았다. 부모나 한국문화와 겪을 갈등의 깊이를 상상하지 못했기에, 나는 그 압박감에 떠밀려 결국 파혼을 하고 그해 가을 미국으로 돌아가지 않았다. 대신 한국에 가서 일하 기로 했다.

도시와 문명의 틈바귀에 끼어
작은 행복을 비비고 살아가는
부스러진 나의 사람들이여

타오르는 마음의 불꽃을 가리고
긴 세월
너무나 많은 빈 밤들을
나 호올로 지킨 것이 아니겠습니까

고국으로
(1967~1970)

8

기다리움이 사라진 까닭이 아니올시다
하나의 약속에
긴 긴 밤이 채워진 까닭이 아니올시다

낙엽과 햇볕이 이글이글 타오르는
가을
가을 길 목에 서서
우리 서로 오랜 이야기들을 고이 끝내기 위하여
무더운 여름
괴로운 날과 날들을 착한 마음으로
… 이렇게 견뎌야 하는 마음들이 아니겠습니까

_ 조병화(1920~2003), <도시와 문명의 틈바퀴에 끼어>

나와 닮은 사람들의 재발견

나와 닮은 사람들 사이에 속한다는 것은 기분 좋은 일이었다.
나를 닮았고, 공통의 역사를 공유하는 사람들 사이에서 대중의 일
부가 됨으로써 얻어지는 심리적 안락함을 나는 알지 못했다. 그곳
에서는 한국스러움이 무엇인지 누군가에게 설명할 필요가 없었
다. 주변에서 한국어로 이야기하는 것을 들으며, 내가 어떻게 한국
어를 안 듣고 그렇게 오래 살았나 하는 생각마저 들었다. 내 귀에
마치 한국어가 음악처럼 들렸다. 사람들은 풍부한 형용사와 부사
를 사용해 대화했고, 구어체 한국어는 시처럼 들렸다. 자극적인 냄
새에 대한 걱정 없이 하루 중 아무 때나 한식을 먹을 수 있는 것과
같은 사소한 것들이 모여 큰 차이를 만들었다. 마늘, 양파, 고추,
참기름, 간장 등의 향기는 치즈, 우유, 햄의 불쾌한 냄새를 오래 참
았던 내 감각에 향을 더해주었다. 길거리에 있는 어느 식당에 들어

가 좋아하는 한국 음식을 시킬 수 있다는 것은 새로운 즐거움이었기 때문에 마치 마늘로 만든 디즈니랜드에 있는 어린이가 된 것 같았다. 소박하지만 만족스러운 느낌의 소속감은 그처럼 사소한 것들로부터 생겨났다. 서울에서 보낸 첫 며칠은 정말 신나는 날들이었다.

귀국 후 첫날 아침 한 무리의 초등학생들이 내가 네 살 때 배웠던 노래를 부르며 학교로 걸어가는 소리를 듣고 나는 목이 메는 것 같았다. 아이들의 주변 환경은 매우 안전해 보였다. 노란 유치원복을 입은 아이들이 모퉁이를 돌아 사라지는 모습을 보며 나는 한국인이 아닌 사람들 사이에서 자라난 어린 시절에 내가 느꼈던 박탈감과 외로움을 떠올렸다. 그날 늦게 엿장수의 가위 소리를 들었을 때는 어린 시절을 재현하듯 엿을 사서 먹었다. 엿장수는 신문지로 만든 봉투에 참깨가 붙은 엿을 넣어서 주었다. 그 순간 변한 게 거의 없다는 생각이 들었다. 향수와 고향 땅을 재발견하는 감각이 어우러져 마음을 사로잡을 때, 나는 현기증을 느꼈다.

어느덧 한국을 떠난 지 15년이 지나 있었다. 그 세월 동안 나는 아홉 살짜리 아이에서 스물네 살의 언론인으로 변했다. 한국에는 '십 년이면 강산이 변한다'라는 속담이 있다. 정말로 그랬다. 길었던 여정 속에서 나는 나의 세계 외에 두 개의 새로운 세상, 즉 정규교육과 직업 그리고 사랑의 맛을 경험했다. 또한 사랑이나 개인적 혹은 직업적 열망보다도 더 강력해 보이는 한국문화라는 전통의 무게를 경험했다. 전쟁의 폐허에서 벗어나 재건된 한국은 계속하

　　　　　나의 살던 고향, 고요한 아침의 나라

여 기술적으로 선진국이 되기 위해 노력하고 있었다. 비록 여전히 가난한 나라였고, 미국과의 연줄이 있는 사람들을 부러워하는 이들이 많았지만, 현대화에 대한 의지가 가득했다. 어떻게 보면 한국도 그리고 나 자신도 과도기에 있었다. 아버지의 고등학교 동창인 이홍수 씨는 문화공보부 최고위급 공무원으로, 아버지가 그에게 보낸 편지 한 통이 나에게 문을 열어주었다. 가을에 한국으로 돌아가는 게 나의 운명이 되었다.

서울에 도착한 지 사흘 만에 새 직장에 출근해 신고하면서 나는 처음으로 현실을 직시했다. 아시아 태평양 방송연맹 서울 사무소장이라는 화려한 직함을 가졌지만, 곧 고국에 돌아오는 것에는 장밋빛 측면 외에 다른 면도 있다는 것을 알게 되었다. 새로운 사람을 만날수록 같은 인종과 민족이지만 그들과의 차이를 깨달아갔다. 새로운 사람과의 만남에서 느껴졌던 행복감은 의구심과 함께 양가감정으로 바뀌었다. 어떤 측면에서는 그곳에 소속되었지만, 다른 측면에서는 그렇지 않았다. 고지식하고 고압적인 태도로 늘 담배를 피우며 기름칠해 윤기 나는 검은 머리에 검은 정장을 입은 한국 남성의 관료주의를 어떻게 참아낼 수 있을까 하는 생각이 들었다. 벌써 미국이 그리웠다.

"외국물을 많이 먹은 분 같네요."

출근하는 길에 만난 택시 기사의 이런 말로 하루가 시작되었다.

"모두가 이 끔찍한 장소에서 벗어나려고 하는 상황에 왜 돌아왔어요?"

그리고 정부 관료의 이런 말로 하루가 끝이 났다. 내가 한국인의 얼굴을 가지고 있다고 해서 한국 사회에 다시 적응할 수 있는 것은 아니라는 의구심이 생기기 시작했다. 나는 돌아온 탕자가 아니었다.

인사를 하기 위해 방문한 사무실에서 만난 고위층 간부 대부분은 참을 수 없을 정도의 남성우월주의자였다. 상사가 앞서서 걸어가고 있는지를 확인하며 사무실들을 다닐 때 나는 내가 아닌 다른 사람의 하루를 보는 것 같은 느낌이 들었다. 모든 게 너무나 비현실적으로 보였다. 마치 대본에 쓰여 있는 것처럼 서로 고개를 숙여 인사하고, 존경을 표하는 말로 형식적인 인사를 했지만, 제스처와 말이 너무 과장되어 보였다. 사무실에서 손님을 맞이하는 비서들이 타 주는 커피는 너무 달았다. 한국인들은 설탕이 듬뿍 든 커피를 좋아했다. 설탕은 귀한 물건으로 여겨졌다. 비서는 접수 담당자와 가정부의 역할을 겸하고 있어서 책상 옆 작은 탁자 위에 커피 잔, 네스카페 한 병, 찻주전자들을 놓아두었는데 이는 칙칙한 금속 캐비닛과 관청의 사무용 가구들과 전혀 어울리지 않았다. 전화를 받고, 상사의 손님들을 위해 커피를 준비하고, 심부름을 하는 것이 그들의 일이었다. 비서들은 대학 졸업자였지만, 잘난 체하고 편한 말투로 말을 건네는 상사로부터 여종업원과 같은 대접을 받았다. 그들이 이를 억울하게 여기지 않는 것을 보면, 일부는 알맞은 상대를 찾아 결혼하자마자 이 직장을 떠날 것 같았다.

통용되는 관습에 대한 반응에서 나는 나 자신이 얼마나 서구화되었는지를 깨달을 수 있었다. 하지만 그것이 최악은 아니었다. 남자와 여자는 관공서 건물에서 공용화장실을 함께 사용했다. 여성들은 화장실에 들어가기 위해 소변기에 서서 소변을 보고 있는 동료나 상사와 같은 남자들을 스쳐 지나가야 했다. 미국에서의 경험에 비추어 보면 원시적이고 터무니없는 환경이었다. 더 최악인 것은 한국 남성들의 행동 방식이었다. 무의식적으로 몇몇은 화장실에서 나와 복도를 걸어가면서 바지 단추를 채웠다. 화장실에는 구두를 닦는 십 대 초반의 구두닦이 소년들이 두어 명 상주했다. 매일 아침 건물을 돌며 신발을 모아 화장실에 있는 자신들의 공간에서 구두를 닦아 다시 가져다주었다. 한국 회사원들은 책상 밑에 슬리퍼를 보관해 두고 일하면서 신었기 때문에 구두닦이 소년들에게 신발을 맡기기에 시간이 충분했다. 구두를 닦으며 생계를 유지하던 소년들과 편하게 구두를 닦을 수 있는 관리들 모두에게 이익이 되는 방법이었다. 어떻게 소년들이 모두 비슷한 모양의 수백 켤레의 구두를 기억하고 구분하는지 놀라웠다.

다른 아시아 국가들과 방송 활동을 조율하고 해외로 출장을 가는 것이 내 업무였지만, 나는 그곳에서 일하는 동안 해외에서 단 한 통의 전화도 받지 않았고, 출장도 가지 않았다. 직함과는 달리 아시아 태평양 방송연맹을 위한 독립된 사무실도 없었다. 나는 적어도 열 명의 다른 직원들이 함께 사용하는 큰 사무실에서 일했다. 벽을 등지고 서로를 마주 보는 디귿 자 형태로 책상들이 배치되어 있는 공간의 중앙 끝 쪽에는 가장 높은 직위의 남자가 앉아있었다.

분리된 책상과 커다란 의자가 그의 직위를 눈에 띄게 드러냈다. 그는 담배 연기 사이로 눈을 가늘게 뜨고 소작농을 살피는 집주인같이 사무실을 살폈다. 일도 거의 하지 않으면서 이따금 서류 몇 장을 읽고 도장을 찍었을 뿐 나머지 시간에는 의자에 앉아 신문을 읽고 있었다. 한국 정부에 직업윤리는 존재하지 않았다. 오후에 사람들이 목욕탕을 가거나 머리를 자르는 일은 흔한 일이었다. 자리에서 신문 밑에 머리를 파묻고 낮잠을 자는 사람들을 지켜보는 일은 고역이었는데, 실제로도 하는 일이 거의 없는 그들을 도저히 이해할 수 없었다. 비서로부터 고위 간부까지 일하는 것과 노는 것을 함께 했다. 그들은 오랜 시간 동안 점심을 먹고, 근무 시간에 이발소, 미용실, 목욕탕, 다방을 다녔다. 그것이 그들의 삶의 방식이었다. 개인적인 삶과 직업적인 삶 사이에 명확한 구분이 없었다. 동료와 윗사람이 위계적으로 자신의 사회 집단의 일부가 되었다. 결혼식, 장례식 그리고 동료의 돌잔치도 사무적인 일이었기 때문에 근무 시간에 장례식과 결혼식에 가는 것도 용인되었다. 퇴근 후 모든 남자는 집으로 향하기 전에 함께 술을 마시러 갔다. 술을 마시러 가는 것은 그 이상의 의미가 있었다. 그것은 미국에서의 직장 경험과 너무나 대조적이었다. 그곳에서는 대부분 사람이 퇴근하면 가족에게 돌아갔다. 술을 마시러 간다면 그것은 말 그대로 한두 잔이었다. 퇴근 후 밤새 술집을 돌아다니는 사람들은 독신이거나 알코올 중독자였다.

내 자리는 전형적인 관료 출신이 아닌 윤용이라는 젊은이 옆자리였다. 그는 대학원을 미국으로 진학할 준비를 하고 있었고, 틈만 나면 부지런히 영어를 공부했다. 그는 종종 서울에서 발행되는 영어 신문의 일면을 소리 내어 읽었고, 내게 영어 단어의 정확한 발음에 관해 묻곤 했다. 나는 한국어를 향상하기 위해 한국 신문으로 공부하며 여가를 보냈다. 윤용은 한국에 대한 나의 질문에 대답해 주었고, 나는 미국에 관해 이야기해 줬다. 40달러 정도의 적은 급여를 고려한다면 뭔가 일을 더 해야 할 것 같다는 죄책감을 느끼지는 말았어야 했지만, 나는 기독교적 직업윤리를 발휘해 쉬지 않고 일했다. 해야 할 일은 늘 마지막 순간에 몰려왔다. 한번은 25쪽짜리 분량의 라디오 대본을 빨리 영어로 번역해달라는 부탁을 받았다.

"이런 일을 하려면 적어도 하루 이틀은 필요해요."

"하지만 그럴 시간이 없어. 경연에 참여할 예정인데 내일까지 보내야 해."

이런 일은 다반사였다. 마지막 순간에 모든 것을 하는 것이 일상적인 일 처리 방식으로 보였다.

한국에 온 지 2주밖에 지나지 않았을 때 나는 〈코리아타임스〉 편집국장 이규현의 전화를 받았다.

"물고기는 물에서 놀아야지요."

그는 정부에서 일하고 있는 나에게 농담을 던지며, 다른 신문사로 이직하면서 나를 〈코리아타임스〉로 데려오기로 후임인 홍순우 씨와 약속했다고 했다. 2주 뒤 정부 기관에서 노예처럼 일하며 약 한 달의 시간을 보낸 나는 한국 내 두 곳뿐인 영어 신문사 중 하나인 〈코리아타임스〉에서 일하게 되었다. 또 다른 신문사는 정부에서 운영하는 〈코리아헤럴드〉였다.

가을이 한창인 10월이었다. 낭만적이고 운명론적인 한국인들은 가을을 좋아했다. 1967년 가을은 내 기억 속에서 가장 아름다웠다. 가을은 한국에서 가장 아름다운 계절이었고, 시인들과 작가들이 이야기한 것처럼 모든 게 아름다웠다. 한국의 하늘은 푸르고 구름 한 점 없이 다른 세상으로 무한히 뻗어있는 것처럼 보였다. 한국에서는 단풍의 색깔도 일본이나 미국 중서부보다 더 깊고 아름다워 보였다. 감들은 나무에 매달려 익어가고 있었다. 배와 사과, 포도는 입에서 녹는 것같이 달았다. 매년 가을 그렇듯 맛 좋은 햅쌀이 추수되어 시장에 나왔다. 나는 점심에도 두 그릇씩 밥을 먹었다. 일자리를 바꿈으로써 이제 한국 기준으로는 많은 100달러 정도의 급여를 받았다. 서울의 부모 집에 방이 있었기 때문에 집세를 내지 않아도 되었다.

언론계로의 복귀는 고립되어 있던 섬에서 문명으로의 탈출처럼 느껴졌다. 그 사이 인구가 세 배로 늘어난 서울을 재발견하는 것은 재미있었다. 하지만 서울은 서로 모두 알고 있는 작은 마을처럼 느껴졌다. 개인적 관계가 한국 사회라는 바퀴를 움직였다. 부모는 아직 오키나와에 살고 있었지만, 가족의 인맥이 도움이 되었다. 나는 누구누구의 딸로 소개되었다. 정부나 학계의 수많은 사람이 아버지의 학교 동창, 전 학생 혹은 동료들이었다. 사람을 안

  나의 살던 고향, 고요한 아침의 나라

다는 것은 직장에서 모든 걸 의미하기도 했다. 몇 사람의 이름만 언급해도 서로 얽힌 관계가 어떤 방향으로 이끌어 주었다. 마찬가지로 가족관계 때문에 가족의 친구들도 어떤 부탁을 해왔다. 사람들은 영어로 편지를 쓰거나 서류를 작성해야 할 때마다 도움을 청했고, 나는 만인의 통역가이자 번역가였다. 그리고 그러한 부탁은 대개 최후의 순간에 왔다. 부탁을 들어주지 않는 것은 한국의 예의에 어긋나기 때문에 일정을 조율해야 했다. 아버지의 체면을 지키기 위한 행동이었고, 그것은 후에 적절한 시기에 갚아야 할 특혜와 의무라는 양날의 검이었다. 한국의 인간관계에서 공짜는 없었다.

〈코리아타임스〉의 구성원이 되는 것은 대가족의 일원이 되는 것과 같았다. 느슨한 분위기와 직원들의 서로에 대한 개인적 관심은 놀라울 정도였다. 모든 사람이 다른 사람들의 일에 관심을 가졌고, 이것은 복합적인 감정을 불러일으켰다. 대가족에 속하는 것은 기분 좋은 일이지만, 원치 않는 조언과 말들은 사양하고 싶었다. 또한 일을 마쳐야 할 때는 불쾌한 일일지라도 모두 힘을 합쳤다. 어느 토요일에 〈코리아타임스〉 편집진 전체가 영어 신문 아시아의 일요 부록인 〈아시아 매거진〉에 삽입된 북한에 관한 기사를 가리기 위해 늦게까지 머물러 달라고 요청받았다. 북한에 대한 정보를 유포하는 것은 한국의 국가보안법에 위배되는 것이었다. 남한 당국의 통치자들은 북한에 대한 어떠한 정보도 차단함으로써 김일성과 그 수하에 있는 자들을 악마로 묘사하는 선전 활동을 유지했다. 이를 위해 북한이나 공산주의에 관한 기사는 엄격히

금지되었다. 공산주의 서적을 지니고 있다가 붙잡힌 남한 사람들은 두려움의 대상인 중앙정보부에 끌려가 심문받고 처벌받았다. 그래서 기자들이 모두 책상에 쭈그리고 앉아 기사와 사진들을 검게 칠했다. 아마도 다들 분단된 나라에 사는 비참한 운명을 저주하고 있었을 것이다. 하지만 아무도 드러내지 않았다. 그저 계속해서 검은 잉크로 페이지를 색칠했다. 나는 침울하게 책상에 앉아있는 김승현이라는 동료를 보았다. 그는 키가 120센티미터밖에 안되는 장애를 극복하고 최고 명문대에 입학한 후 언론인이 된 똑똑하고 용기 있는 사람이었다. 그 일을 더 이상 참을 수 없었던 김승현이 마침내 책상에서 일어나 방에서 걸어 나왔다. 조용히 나가는 그를 아무도 말리려 하지 않았다.

이삼십 대의 직원들은 대부분 기혼자였다. 결혼은 단순한 남녀의 결합이 아니라 가족과 가족의 연합으로 간주되기 때문에 한국인에게 결혼보다 더 중요한 것은 없다. 호화스러운 장례식은 삶을 반영하는 것이기 때문에 죽은 자를 위한 고별 의식도 사교적인 행사였다. 결혼식과 장례식 때문에 가족들이 빚을 낼 만큼 사치가 요구되기도 했다. 사치가 한국 생활에 꼭 필요한 요소라는 사실을 알게 되었지만, 내게 익숙한 관습은 아니었다. 내 부모는 기독교 신앙 때문에 우상 숭배와 동일시되는 조상 숭배를 피했고, 전통적인 결혼이나 장례 관습을 강조한 적이 없었다. 우리 가족은 일반적인 한국 가족과 달랐다. 따라서 나에게는 과하다고 여겨지는 것들이 있었다. 결혼에 대한 강박관념으로 신문사 내 일부는 내가 남편을

　　　　　　　　나의 살던 고향, 고요한 아침의 나라

찾기 위해 한국에 돌아온 것으로 생각했다. 스물네 살의 나는 물론 한국 기준으로는 결혼 적령기였다. 귀국하게 된 복잡한 상황에 대해 아무에게도 이야기하지 않았기에, 나는 사람들이 내 결혼 문제를 거론할 때마다 오히려 이를 즐겼다.

모든 사람이 규칙을 알고 이를 준수했기 때문에 사람들의 행동은 예측할 수 있었다. 모든 사람이 하루의 일정에 맞춰야 하는 사회적 의무를 이해했다. 누구도 그것에 대해 이야기할 필요가 없었다. 이런 사회적 리듬에 익숙해지고 그 페이스를 즐기는 데는 그리 오래 걸리지 않았다. 동료들과 마찬가지로 나도 근무 시간에 목욕탕에 가거나 사소한 일들을 했다. 때로는 또 다른 여기자인 김소용 씨와 서울 5번가에 있는 패션의 거리 명동을 찾아 윈도쇼핑을 했다. 그리고 초판이 나오는 시간인 저녁 7시 직전 사무실로 돌아와 기사에 실수가 없는지 확인했다.

한글 신문과 영어 신문 모두 4페이지에 불과했고, 광고도 거의 없었다. 기사는 짧게 요점만 정리해야 했다. 나는 매주 네다섯 편의 짧은 기사들을 썼다. 한국 저널리즘에는 공정성 정책 같은 것이 없었기 때문에 뉴스를 수집하는 데 훨씬 시간이 적게 걸렸다. 뉴스 기사가 종종 사설이나 수필처럼 쓰였다. 기사에서 양측 입장을 다 담는 일은 드물었다. 동료들이 쓴 몇 개의 기사를 보고 그 기사의 허술함에 숨이 막힐 것 같았지만, 아무 말도 하지 않았다. 예를 들면 어떻게 정부 관리의 말을 그대로 받아들이고 이를 토대로 기사를 작성하는지 믿을 수가 없었다. 아무도 그 이야기에 다른 사람들의 견해를 덧붙여 구체화하려 하지 않았다. 아니면 기사가 이름 없는 출처로부터의 소문과 추측에 근거한 것들이었다. 무엇보다도 범죄 기사를 다루는 방식에 소름이 끼쳤는데, 한국에서 범죄 용의자가 되는 것은 유죄판결과 다름없었다. 이것이 한국 스타일의 정의였고, 언론 매체들은 이에 의문을 제기하지 않았다. 그러나 정부에 관한 기사를 다룰 때 그들은 매우 신중했다. 물론 한국 언론인들이 박정희 정권에 의해 검열을 받았기 때문에 이는 이해가 갔다.

그곳에서 일을 시작한 지 6주 만에 주간 칼럼을 쓰고 싶다는 내 소원이 이루어졌다. 나는 처음부터 내 기사를 좋아했던 홍순일 편집장을 설득했다. "서울 캐러셀"은 내 사진과 함께 일요일에 실렸다. 이것은 즉각적이고 빠르게 독자들에게 인기를 끌었다. 나는 칼럼과 함께 보통 매주 두세 편의 기사를 썼고, 다방이 직장의 연장선이 되었다. 종종 뉴스룸보다 다방에서 더 많은 영감을 받았다. 한국 다방에서만 느낄 수 있는 매력과 친밀감이 있었다. 모든 다방은 장식, 음악, 메뉴에서부터 웨이트리스들의 외모와 태도까지 다른 특징들이 있었다. 다방에는 보통 서로 마주 보는 두 개 또는 네 개의 의자가 있었다. 의자들은 대부분 등받이가 높은 벨벳 의자였지만, 벨벳이 더럽혀지지 않도록 흰색이나 인조가죽 커버를 씌워놓았다. 그러나 작은 리본으로 묶인 커버의 가장자리에서 파란색과 적갈색 벨벳이 드러났다. 어떤 다방들은 벽을 희미하게 비추는 금박 액자에 르누아르와 드가의 그림이 걸려있는 관광호텔 커피숍과 같은 현대적인 외관을 가지고 있었으며, 다른 다방

          나의 살던 고향, 고요한 아침의 나라

들은 한국의 풍경화와 창호지 등이 걸려있는 전통적인 외관을 가지고 있었다. 다방에는 게시판에 메시지를 남기는 규칙이 있었다. 그 메시지 중 일부가 분홍색과 크림색 종이의 작은 선풍기 모양으로 정교하게 접혀 있고, 여러 가지 색의 핀으로 게시판에 붙어있었는데, 그것들은 아마 연애 쪽지였을 것이다. 아무도 찾지 않을 때는 다방의 직원들이 그 쪽지를 읽었을지 나는 종종 궁금해지곤 했다. 60년대 서울에는 다방이 수백 개 있었다.

몇 달 만에 나는 좋아하는 다방 몇 개를 정했다. 그곳들은 전혀 다른 모습이었다. 금란다방에서 음악을 담당하던 젊은 여자는 냇 킹 콜(Nat King Cole)의 〈Rambling Rose〉가 내가 좋아하는 노래 중 하나라는 것을 알고 그 곡을 틀었다. 나는 담배 연기로 가득한 다방에서 냇 킹 콜, 티노 로씨(Tino Rossi), 앤디 윌리엄스(Andy Williams)의 노래를 들으며 글을 쓰는 것을 좋아했다. 글을 쓰는 칼럼과 이야기의 종류뿐만 아니라 쓰는 방식도 내가 자유롭게 결정할 수 있었다. 때때로 다방에서 오후를 지낸 후 하나의 기사가 아니라 여러 가지 기사를 작성하기도 했다. 나는 사람들의 이야기를 엿듣는 걸 즐겼다. 다방은 한국 사람들이 함께 모여 예비 구혼자들을 소개해주는 중매쟁이부터 취업 면접에 이르기까지 모든 걸 거래하는 장소였다. 때때로 나는 미국에서도 이런 언론의 자유를 개발할 수 있었을지 궁금했다. 그곳의 신문 사업은 전통적으로 뉴스와 특집 기사의 작성에 있어 훨씬 더 엄격한 규율이 있었기 때문이다. 예를 들어 〈로스앤젤레스 타임스〉나 〈뉴욕 타임스〉에서는 단편 기사나 시를 찾아볼 수 없었지만, 한국 신문들에는 연재되었다.

서울의 영어 신문은 한글 신문보다 발행 부수가 적었지만, 영어로 글을 쓰는 데는 뚜렷한 이점이 있었다. 권위주의적인 박정희 대통령이 어느 때보다 자유를 옥죄고 있던 시기였는데, 영어로 글을 쓰던 나는 한글로 글을 쓰는 칼럼니스트들보다 수많은 제약에서 벗어날 수 있었다. 박정희 정권을 비판하고 싶을 때는 쇠고기를 적게 먹거나 쌀을 적게 먹을 것을 촉구한 소비절약운동처럼 우스운 캠페인을 통해 관계자들을 조롱하는 칼럼을 쓰곤 했다. 그리고 영어 실력이 제한적이었던 검열관을 피하고자 많은 영어 관용구를 사용했다. 일주일에 6일 일하고 1년에 3일만 휴가를 보냈지만, 나는 서울의 〈코리아타임스〉보다 편한 마음으로 일했던 적이 없다. 출장을 가면 외출하는 기분이 들었기 때문에 늘 출장을 기대했고, 하루하루가 새로운 모험이었다.

내가 쓴 기사들은 모두 큰 반응을 얻었는데, 사람들이 한국 기자들의 형식적인 문체와 다른 내 산문의 명료함과 신선함을 알아차렸기 때문이었다. 신문사 안팎에서 호기심의 대상이 되면서, 나에게 면접 요청, 학생과의 대화 초청, 잡지 기사 작성 요청 등이 쇄도했다. 신문사의 동료들을 통해 내 결혼 여부에 관한 질문들은 물론이고 취업 제의도 들어왔다. 〈코리아타임스〉의 허락을 받아 나는 아버지의 옛 동료들이 설립한 한국외국어대학교의 교직을 수락했다. 일주일에 두 번 영어 작문과 국제 관계를 가르치는 일은 한국 생활의 또 다른 국면을 열어주었다. 내가 자리를 비운 세월

　　　　　　　나의 살던 고향, 고요한 아침의 나라

동안 한국에서 자란 대학생들과 함께 있다는 것은 그간 놓친 것들에 대한 대리적인 만족을 주는 것 같았다. 학생들은 내가 가진 미국의 교육 경험을 부러워했고, 다수는 미국으로 유학하러 가고 싶다고 말했다. 영어는 미국과 연결되기 위한 열쇠였기 때문에 그들에게 있어 영어를 배우는 것은 중요했다. 나는 학교에서 가르치는 것을 즐겼고, 수업은 인기가 많았다. 학생들은 다음 수업 시간까지 기다리지 못하고 〈타임스〉와 〈뉴스위크〉의 복사본을 가지고 신문사까지 찾아와 질문을 했다.

나는 해외에서 방송되는 한국문화의 측면을 다룬 한국 국영 방송사의 라디오 프로그램에도 참여했고, 소득이 두 배 이상으로 늘었다. 적어도 서류상으로는 내무장관보다 더 많은 돈을 벌었고, 그 대부분을 택시를 타고 외식하는 데 사용했다. 영어를 유창하게 하는 것은 마법과 같아서 심지어 두드리지 않은 문도 열어주었다.

영화를 감상하는 것부터 방문하는 고관들, 교수들, 노점상들, 고아들을 인터뷰하는 것까지 매일 너무 재미있어서 나는 미국에 대해 많이 생각하지 않았다. 퇴근 후에는 저녁을 먹으러 갔다가 다방이나 나이트클럽에서 이야기를 나눈 후 자정 전에 택시를 타고 집으로 돌아갔다. 한국은 한국전쟁 이후로 1980년대까지 통행금지를 유지했다. 하루 네다섯 시간밖에 못 잤지만, 정신적인 에너지가 넘쳐났던 나는 피곤했던 기억이 없다. 일요일에는 밤에 집으로 가는 택시를 잡는 번거로움을 피하려고 작은 방에 머물렀다. 가로세로 2.5미터 정도의 흰 방에는 이웃 목수가 만든 작은 침대, 책상의 두 배 크기의 낮은 탁자, 커피 테이블, 옷장으로 사용했던 비단 스카프로 덮인 골판지 박스, 책장이 갖춰져 있었다. 에메랄드 녹색의 갓을 가진 책상 램프와 드가의 댄서들의 작은 그림이 그 방의 유일한 특징이었다. 나는 손으로 직접 조심스럽게 빨래를 했는데, 부모 집의 가정부가 빨랫방망이로 옷을 두드려 빠는 습관이 있었기 때문이다. 빨래를 마친 후에는 방에서 알베르 카뮈(Albert Camus)와 T. S 엘리엇(T. S. Eliot)의 글을 읽었다. 그 드문 고독의 순간들 속에서 나는 종종 내 인생의 역설적인 측면, 즉 서구적 지성과 동양적 감정을 지녔다는 것에 부딪쳤고, 이 두 부분을 어떻게 조화시킬 수 있을지 궁금해했다.

어느 날 저녁 퇴근 후 나는 집에서 무속 의식이 진행되고 있는 것을 보고 깜짝 놀랐다. 기독교인인 부모가 알았다면 기절할 만한 일이었는데, 집을 관리해 주는 부부가 무당을 부른 것이었다. 연탄가스를 마신 남편이 몇 주일이 지나도록 회복되지 않았다고 했다. 보통은 동치미 국물 한 사발이면 되었을 텐데, 그 남자는 오십 대였고 건강이 좋지 않았기 때문에 중독의 영향이 오래갔다. 안으로 들어가 떡, 생선구이, 사과, 배 밤, 대추, 삶은 소발, 마른 명태, 돼지머리 등을 가득 담은 옻칠한 탁자와 깜박거리는 촛불을 보니 섬뜩한 느낌이 들었다. 오십 대로 보이는 무당은 피부가 얇고, 작지만 길쭉한 눈매, 콧구멍이 큰 넓은 코, 두툼한 입술을 가지고 있었다. 그녀는 짙은 청색의 비단 치마와 짧은 흰 저고리와 그 위에 가운을 입고 새 깃털이 달린 머리 장식을 한 채 몸을 리드미컬하게

     나의 살던 고향, 고요한 아침의 나라

움직이며 주문을 외다가 징을 쳤다. 무당은 장구와 징 소리에 맞춰 과장된 몸짓으로 춤추고 노래하고 울부짖었다. 밤이 깊어 갈 무렵에는 무당의 몸을 빌린 혼령들의 목소리를 들을 수 있었다. 나는 밤늦도록 방에 누워 징과 꽹과리 속에서 무당이 잡귀들을 몰아내 남자의 병을 고치기 위해 울부짖는 소리를 들었다. 밤새도록 그 독특하고 으스스한 소리를 들으며 잠을 설쳤다. 화장실에 가려고 새벽에 일어났을 때는 접시에 떡이 쌓여있는 것을 보고 깜짝 놀랐다. 무당과 도우미들은 유령처럼 사라지고 없었다. 무당이 굿을 한 그 밤은 한국판 단테가 지옥으로 향했던 여정 같았다. 다음 날 회사에서도 지난밤의 소리와 이미지가 사라지지 않았다. 무당과 함께 보낸 밤이 동서양의 열매를 모두 맛본 나의 화해할 수 없는 갈등에 대한 메시지가 아니었나 싶었다. 내부자이면서 동시에 외부자가 된다는 딜레마와 객관적인 시선으로 자기 민족과 문화를 바라보는 경험은 내가 예상하지 못했던 귀국 선물이었다.

가을은 너무 빨리 끝이 났다. 한국전쟁 중 기차의 지붕에 타 부산으로 향했던 운명적인 탈출 이후 16년 만에 한국에서 맞이하는 첫 겨울은 강렬했다. 첫눈이 내리자, 미국에 대해 생각하지 않으려 노력했음에도 불구하고 내 생각은 미주리주의 콜롬비아로 내달렸다. 하지만 그 눈은 지난겨울 데이비드와 미래를 함께하고자 했던 가슴 아픈 기억마저 떠오르게 했다. 그때 우리는 박사 학위를 마치고 정착한 후 갖게 될 아이들의 이름까지 지어놓고 있었다. 데이비드의 모습과 미국을 마음에서 밀어냈다. 부모를 거역하지 않음으로써 뒤바뀐 인생을 곱씹으며 나 자신을 스스로 고문하고 싶지 않았다. 아직 앞길이 넓게 펼쳐져 있는데 왜 뒤를 되돌아보겠는가? 다른 사람이 있을 것이라고 스스로 이야기하며 첫사랑으로부터 마음의 문을 닫았다.

나는 겨우내 추위에 떨며 보냈다. 난방을 위해 연탄을 때면서 서울의 공기가 나빠졌다. 집마다 하루 최소 두세 장의 연탄을 땠고, 집이나 사무실, 상가 건물에서 연기가 쏟아져 나왔다. 아침에 입은 흰 블라우스는 점심이 지날 때쯤 더러워졌다. 한국의 전통가옥은 중앙난방이 없고, 부엌의 아궁이에서 여러 방으로 연결된 통로를 통해 아래쪽에서 바닥만 가열된다. 온돌 시스템은 겨울 동안 24시간 내내 요리할 수 있는 불을 제공해 주지만, 난방 효과를 누리기 위해서는 바닥에 앉거나 바닥에 누워서 잠을 자야 했다. 침대에서 자다가 온돌바닥에서 잠을 자려니 허리가 아팠다.

바닥은 열을 가함으로써 금세 금색으로 노화되어 황금 거울처럼 보였다. 처음에 나는 동네 목수를 통해 침대를 만들었지만, 겨울의 혹독한 날씨가 시작된 후 침대를 치우고 바닥에서 잠을 잤다. 깨어있을 때도 바닥에 앉았다. 하체만 따뜻한 구조여서 이불을 뒤집어쓰고 있어야 했다.

추위 때문에 일에도 집중하지 못하게 된 나는 〈코리아타임스〉 뉴스룸이 너무 추워서 코트를 한 벌이 아니라 두 벌을 입고 출근해 모두를 폭소케 했다.

"코트를 두 벌이나 입었네요."

수줍음 많은 복사 담당 직원도 몸을 가누지 못할 정도로 웃음을 떠뜨렸다.

"얼어 죽는 것보다는 낫지요."

"하지만 웃겨 보여요."

그녀는 겸손히 입을 가리며 말했다.

"그래도 얼어 죽는 것보다는 나아요."

그들이 결국 내가 외국물을 너무 많이 마셔서 그렇다고 치부하리라 여겼건만, 사실 그들은 그러지 않았다. 내가 자주 방문하는 다방의 마담까지도 이렇게 말했다.

"미국에서 돌아온 사람들은 약하네."

결국 다른 사람들이 하는 대로 나는 시장에 가서 화려한 붉은 내복을 샀다. 부츠도 한 켤레 맞췄다. 나는 내가 원하는 타입의 보그지에 나온 사진을 구두수선공에게 주었다.

"예쁜 부츠네요."

그는 눈을 가늘게 뜨고 그림을 살펴보며 말했다. 그리고 며칠 후 가게에 다시 갔을 때는, 지퍼가 없는 것을 제외하고 사진과 똑같이 생긴 부츠를 자랑스럽게 꺼내주었다. 그런데 그 부츠는 신는 건 괜찮지만 혼자서는 도저히 벗을 수가 없었다.

"걱정하지 마세요. 늘어날 거예요."

장담과 달리 부츠는 늘어나지 않았고, 결국 그 부츠는 친척에게 돌아갔다.

뉴스룸에서 가장 추운 곳은 하나뿐인 기름 난로에서 가장 멀리 떨어진 편집국장 자리였다. 나는 그가 어떻게 몸을 따뜻하게 했는지 궁금했지만, 홍순일 씨가 추위에 대해 불평하는 것을 들은 적은 없다. 사실 그 난로는 바로 앞에 서 있지 않은 한 별로 소용이 없었다. 대학의 상황은 더 암울했다. 학생들과 강사들은 깨진 창문과

   나의 살던 고향, 고요한 아침의 나라

갈라진 벽으로 외풍이 들어오는 시멘트 교실에서 수업했다. 사람들은 햇볕을 쬐기 위해 창가에 몸을 바짝 붙였다. 학생들은 다른 교수들도 수업을 취소했다며 나에게도 휴강을 요청했다. 거절하는 대신 나는 대학 건너 다방에서 수업을 진행했고, 학생들과 다방의 주인은 이를 좋아했다. 그런데 다방에서 진행하는 영어 수업에 대한 소문이 캠퍼스에 퍼지는 바람에, 불필요한 주의를 끌지 않기 위해 중단해야 했다. 히터는 교사 휴게실, 학장실 그리고 고위 관리들의 방에만 설치되어 있어서, 겨울방학으로 학교가 문을 닫기 전까지 추위로 고통을 겪으면서 왜 한국 학교들의 겨울방학이 그렇게 긴지 알게 되었다.

겨울 동안 깨져있던 창문들은 영부인의 방문을 앞둔 화창한 5월이 되어서야 모두 교체되었다. 미국에서 영문학 석사 학위를 받은 동료에게 이런 아이러니를 이야기하자 그는 이렇게 말했다.

"여기는 한국이야. 우선순위가 다르지."

우선순위는 정말 달랐다. 학생들이 코트를 입고 앉아 얼지 않도록 주기적으로 손에 입김을 불어 넣어가며 기말고사를 치러도 학교 관리자들은 무심했다. 보리차 주전자가 끓어오르는 커다란 기름 난로가 있는 사무실에서 관리자들을 볼 때마다 당황스러웠다. 교실 난방에 들어갈 하루 40장의 연탄을 구매하는 대신 그 예산으로 어떤 기념일을 축하하기 위해 화분을 구매하는 이 행정관들의 결정이 나는 의아하기만 했다.

1968년 1월 새해가 지나고 얼마 되지 않아 한 친구가 자신이

존경하는 사람이 만나고 싶어 한다며 나를 소개하고 싶다고 말했
다. 내 칼럼을 읽었다는 찬호라는 남자였다. 세 사람은 퇴근 후에
함께 만나 저녁을 먹었다. 잘나가는 사업가였던 찬호는 나이가 지
긋한 만큼 세련되고 재치가 있는 매력적인 남자였고, 영어도 유창
했다. 우리는 그날 저녁 식사를 즐기고 영어로 대화하며 몇 시간을
보냈다. 나는 뭔가 좋은 느낌을 받았다. 기대했던 대로 찬호에게
서 다음 날 아침 전화가 왔다. 그때부터 우리는 매일 저녁 퇴근 후
만났고, 서울의 최고급 레스토랑에서 식사하고 밤늦게까지 춤을
추었다. 찬호는 화려했고, 선물 사주는 것을 즐겼다. 이것은 컬럼
비아에 있는 동료 학생들과는 완전히 다른 관계였다. 찬호를 통해
한국 생활의 또 다른 측면인 남녀관계를 발견하는 한편, 관계가 깊
어지면서 의사소통의 단절을 실감했다. 해외여행을 다니고 서양
문화에 노출되었다고 해도, 그는 전통적인 한국 남자였다. 나이 차
이도 한몫했다. 그즈음 나는 매튜라는 미국 저널리스트에게 끌리
게 되었다. 이것은 마치 아침 식사로 달걀과 베이컨을 먹어야 할지
아니면 밥, 국, 생선, 육류로 된 한식을 먹어야 할지와 같은 사소한
일에서부터 남편의 조건으로 무엇을 고려해야 할 것인가와 같은
중요한 일에 이르기까지 내가 이미 한국과 미국 사이에서 상충한
다고 느끼던 감정을 더욱 고조시키는 듯했다.

날이 갈수록 내면의 갈등은 가속화되었고, 생김새나 선물을 주
고받는 것과 같은 관습에서도 차이들을 마주했다. 한국인들 사이
에서는 선물 가격이 얼마인지를 계산하는 것은 중요한 것이 아니

   나의 살던 고향, 고요한 아침의 나라

었다. 모든 호의가 중요했고, 되돌려 받을 것이 기대됐다. 또한 사회는 권력과 부패로 인해 너무 뒤틀려져 정직한 사람들이 어리석다고 여겨졌다. 권력과 돈을 추구하지 않으려 유혹을 견디기 위해서는 특별히 강직한 성격을 가져야 했다. 한국 사회의 그런 양상을 인식하면서 나는 두 세계 각각에서 자신의 한계점을 발견했다. 사소한 대화를 할 때는 한국인들과 더 편했지만, 대화가 더 깊은 논의로 바뀌면 한국식 논리라는 걸 느끼고 좌절감을 느꼈다. 한국인은 다른 사람의 비동의를 인정하기 힘들어하기 때문에, 견해차가 드러나면 토론은 오히려 빨리 끝났다. 공개적으로 동의하지 않는 것은 그 사람의 얼굴을 후려치는 것과 다름이 없었다. 그래서 거절되어야 할 때 아무도 거절하지 않았고, 그 결과 말하지 않은 채로 남겨진 많은 해결되지 않은 모호함이 남았다. 이것은 내가 미국에서 경험했던 것들과 정반대였다. 그곳에서는 사소한 대화는 어려웠어도 긴 대화와 토론은 쉽게 이루어졌다. 이 문제와 관련해 이것이 내가 모국어인 한국어로 사회화가 시작되었지만, 영어로 지적성장이 이루어졌기 때문이라는 생각이 들었다. 그리고 한국인들이 실제로 대화하지 않는다는 사실을 발견했다. 나이와 사회적 지위가 가장 중요한 한국 사회의 위계적 구조 때문에 대화할 때면 상대방을 존칭하거나 하대했다. 모든 사람이 직함을 가지고 있었고, 이름이 아닌 직함을 통해 사람을 불렀으며, 높은 직함을 가진 사람은 즉시 높은 위치를 차지했다. 그런 상황에서 어떻게 의견의 교환이 있을 수 있겠는가? 낮은 직함을 가진 사람은 단순히 듣기만 하

거나 명령을 받았다. 신문사와 대학교라는 내 세계에서도 기억해
야 할 직함들이 수없이 많았다. 유일한 예외는 어린 시절 친구나
오래된 학교 동창들 사이였는데, 한국에서 학교에 다니지 않았던
내게는 중요한 사회관계망이 부족했다.

　가난하고 후진적이라는 열등감을 극복하고 현대화해야 한다
는 끊임없는 압박으로 너무 많은 것들이 동시에 이루어진 60년대
는 한국 역사에서 가장 치열했던 시기였다. 박 대통령은 6년간의
집권 후 더 억압적으로 되어 장기 통치를 목표로 했다. 이전에 사
회적 지위가 낮았던 군인들이 이제는 나라를 운영했다. 문화적으
로 한국은 각성하고 있었다. 국악과 고전무용의 부활이 진행되고
있었다. 수십 년의 일제 강점기 동안 한국인들은 자신들의 문화가
열등하다고 믿도록 세뇌되었다. 하지만 미국의 점령과 전쟁과 함
께 한국문화는 국민에 의해 새롭게 탄생하고 재인식될 준비가 되
었다. 반도호텔은 한국에서 가장 높은 건물이었고, 10층에 있는
스카이라운지는 방문해 봐야 할 곳이었다. 그곳의 커피숍은 부유
한 사람들 또는 자신이 그곳에 있다는 사실을 과시하고 싶은 사람
들에게 인기가 높았다. 부자들은 검은색으로 칠한 중고 미국 지프
차를 타고 반도호텔에 도착했다. 당시 차를 소유한 사람들은 눈에
띄고 많은 부러움의 대상이 될 정도로 자동차를 가진 한국인은 극
히 적었다. 외교관, 미국 장병, 대한민국 대통령 내외만이 대형 외
제 차를 몰고 다녔다. 사람들은 외국 제품, 특히 미국 제품들을 찾
았다. 사람들은 암시장에서 팔리는 미국 화장품, 통조림, 생활용품

　　　　　　　　　　나의 살던 고향, 고요한 아침의 나라

등을 터무니없는 값을 지불하고 샀다.

마찬가지로 한국인들은 미국에 가는 것에 대해 선입견을 품고 있었다. 한국인들은 미국이 천국과 같은 곳이라 생각했다. 미국에 대해 부풀려진 인상 때문에 미국인들 모두가 부자이며 계단이 딸린 큰 집에 살고 있다고 믿었다. 그래서 나는 대학에서 제자들이 미국에 대해 믿는 것이 실제와 많이 다르다는 것을 어떻게 이해시켜야 할지 난감했다. 그들은 미국에 가는 것이 자신들의 운명을 바꿀 방법이라고 생각했기 때문에 영어를 공부하고자 했다. 미국에서 학위를 취득하면 그들은 교수나 공무원이 되고 대기업에 들어갈 수 있었다. 학생들의 끝없는 질문들을 마주할 때면, 나는 때때로 내가 미국에 대해 정보를 제공하는 사람처럼 느껴졌다. 그럴 때마다 나는 대다수 미국인이 생계비를 벌고 아이들을 학교에 보내기 위해 재미없는 일을 한다고 말하며 미국에 대한 고정관념에서 벗어나게 해주고 싶었지만, 성공한 것 같지는 않았다. 사람들은 자신이 듣고 싶은 것만을 듣는다. 할리우드가 만들어 놓은 미국인의 삶에 대한 인상은 쉽게 바뀌지 않았다.

당시는 사회적으로 혼란한 시기였다. 내가 보기에 사회 전체가 근대화를 원하고 있지만, 그들이 소중히 여기는 한국의 생활방식에 대한 영향이나 치러야 할 대가에 대해 생각하지 않는 것 같았다. 게다가 나 스스로 한국을 일본이나 미국과 비교함으로써 혼란이 가중되었다.

하지만 몇몇 한국의 문화는 나에게 확실히 흥미로웠다. 예를 들면 12월 31일에는 행운을 상징하는 복조리를 목청을 돋우어 외치며 파는 상인들이 몰려들었다. 그리고 설날에 상사의 집을 방문하는 풍습이 있었다. 출판국장의 집을 시작으로 편집국장, 편집장의 집을 방문해 존경을 표했고, 답례로 맛있는 식사를 대접받았다. 이것은 고용주와 피고용인의 구분이 없어지고 모두가 하나의 대가족이 되는 유대 의식인데 미국에서는 있을 수 없는 경험이었다.

그렇게 나와 한국 그리고 한국문화 사이에 애증의 관계가 시작되었다. 한편으로 나는 한국에 대한 강한 감정적 애착이 있었지만, 한국 사회의 경직성이나 만연한 위선에 대한 지적 혐오와 씨름해야 했다. 위선은 미국에서도 만연했지만, 일자리와 자원이 더 적었던 한국에서 더 크게 느껴졌다. 이러한 것들은 가지지 못한 사람들 사이에서 분노와 체념을 불러일으켰을 뿐만 아니라, 다시 기회가 오지 않을 수 있으므로 가능할 때 모두 챙기자는 한탕주의를 낳았다. 각자 자신의 만족을 위해 최선을 다한다는 생각은 더 이상 가치 없는 개념이었고, 돈을 벌기 위해서라면 아무런 제약이 없었다. 일단 재물을 얻으면 그것을 얻기 위해 사용했던 방법들은 잊혔다. 돈은 무엇이든지, 심지어 존경까지도 살 수 있었다. 혹은 다르게 말하면 열심히 일하는 것이 아니라 운이 좋아서 적당한 기회를 잡음으로써 부자가 되었다는 냉소주의 때문에 그 누구에 대한 진정한 존경도 없었다. 일본의 식민 지배와 한국전쟁을 거치며 그리고 양심적이지 않은 부역자들에게 성공을 보장한 두 명의 대통령이 집권한 시기 동안 전통적인 가치들이 파괴되었다. 특권층과 빈

   나의 살던 고향, 고요한 아침의 나라

곤충, 남자와 여자, 교육받은 자와 교육받지 못한 자들을 나누는 이중 잣대가 만연했다.

이러한 위선과 이중 잣대에 대한 혐오감은 이후의 내 모든 결정에 영향을 미쳤다. 그리하여 내가 가족과 한국 사회에 대한 반란처럼 보이는 매튜와의 결혼을 결심하고 부모께 그 소식을 알리자, 그들은 결혼을 막기 위해 오키나와에서 날아왔다. 그 남자의 모든 것, 그의 인종, 사회적 지위, 종교, 심지어 외모까지도 반대하는 그들과는 타협의 여지가 없었다. 문을 잠그고 사람들을 붙여 24시간 감시하는 부모의 행동은 나의 결심을 더 굳힐 뿐이었다. 부모는 해외에서 여러 해 동안 살았음에도 불구하고 기대와 달리 자식이 100퍼센트 한국인으로 남아있지 않은 사실을 인정하지 않았다.

어느 날 아침 어머니와 다투던 내가 말했다.

"어머니가 뭐라고 해도 나는 내가 원하는 사람과 결혼할 거예요."

그러자 어머니는 '깡패들'을 동원해서라도 둘 사이를 떼어 놓겠다고 협박했다. 깡패라는 단어를 들었을 때부터 그것은 더 이상 로맨스의 문제가 아닌 의지의 전쟁이 되었다. 나는 굴복하지 않고 반드시 이길 작정이었다. 이미 부모는 딸의 연애에 개입하는 데 성공했고, 나는 소식을 전한 것 자체를 후회했다. 정직하게 말한 대가가 간섭이었고, 이번에는 무슨 일이 있어도 그들이 간섭하도록 내버려 두지 않을 작정이었다. 내가 예고 없이 사무실에 출근하지 않자 많은 사람이 집으로 전화했다. 가족의 친구들과 친척들은 나를 설득해서 미국인과 결혼하는 것과 같은 말도 안 되는 생각을 버리게 하려 했다. 순수 한국인이라는 게 무엇이 중요했기에 그들은 하나가 되어 반대하는지 나는 이해할 수가 없었다.

며칠 후 나는 어머니를 설득해 출근했고, 나는 퇴근 후 바로 돌아오겠다고 약속했다. 하지만 사무실에 가지 않고, 공중전화로 매튜(Matthew)에게 전화를 걸어 겨우 집 밖으로 빠져나왔다고 했다. 매튜는 늘 만나던 금란에서 보자고 하고는 여행 가방을 가지고 나왔다.

"지금 결혼하러 가자."

나는 그날 저녁에 집에 돌아가려 생각했고, 돌아가겠다는 약속도 했지만, 차마 매튜의 말을 거절할 엄두가 나지 않았다. 마치 자신이 스스로 통제력을 가져야 한다는 의식과 능력을 잃어버린 카뮈의 『이방인』에 나오는 소외된 주인공처럼 느껴졌다. 부모와의 약속을 항상 지켜왔지만, 이성보다 더 큰 무언가가 나를 재촉했다.

"결혼은 하겠지만 오늘은 아니야."

나는 그날 매튜에게 그렇게 말하지 못한 자신이 원망스러웠다. 하지만 어머니의 '깡패' 운운하던 말이 떠올랐을 때는 자신의 의지가 사라져 버리고 어떤 마법에 걸린 것 같았다. 우리는 서울 시청에 가서 결혼 허가증을 받고 미국 대사관에 가서 정식으로 결혼했다. 아이러니하게도 그 순간에 나는 찬호가 선물해 준 검은 터틀넥과 갈색 개버딘 미니스커트를 입고 있었다. 내가 그날 결혼할 줄

　　　　　　　　나의 살던 고향, 고요한 아침의 나라

알았더라면, 그보다는 더 주의 깊게 옷을 입지 않았을까?

우리는 서로를 어떻게 불러야 할지 의논하면서 반지를 교환했다. 그리고 택시를 타고 매튜의 집으로 가서 옅은 갈색 가발을 썼다. 언젠가 내가 한국인이 아닌 사람과 서울에서 데이트할 때 눈에 띄지 않는 게 얼마나 어려운 일인지 이야기했을 때 한 미국인 친구가 건네준 가발이었다. 긴 머리를 가발 안에 넣고 커다란 선글라스를 쓰고 나오는 나에게 그 집 가정부는 아무 말도 하지는 않았지만, 문을 잠그기 위해 나왔을 때 의아한 눈으로 쳐다보았다. 시골로 가는 택시를 타기 전에 나는 부모의 오랜 친구인 의사 부인에게 전화를 걸어 부모께 내가 저지른 일을 전해달라고 말하고 그들을 돌봐달라고 부탁했다. 내가 그들을 거역했다는 소식으로 부모가 충격을 받지 않을지 걱정스러운 것이었다. 어머니가 말한 '깡패들'이 두려워서 우리는 신혼여행 동안 여러 번 호텔을 바꿨다. 첫 방문지는 온천으로 유명한 온양이었다. 그러나 한국인들이 오랫동안 칭찬해 온 온천의 효능을 즐길 기분은 아니었다. 인생에서 가장 행복했어야 할 그날의 고통을 덜어줄 그 어떤 물도 없었다.

"너, 너무 슬퍼 보여."

그 말밖에 할 수 없는 매튜 앞에서 나는 싸늘해진 감정으로 이렇게 말하고 싶었다.

"네가 원하는 대로 됐잖아. 하지만 내가 치러야 할 대가를 봐. 나는 이렇게 결혼하려고 하지 않았어."

부모를 배신한 이유를 어떻게 다른 사람에게 말할 수 있을까?

쓰라린 반항을 해야만 했던 이유를 어떻게 한국인에게 이해시킬 수 있을까? 내게 그 결혼과 탈출은 예전에 봤던 나쁜 영화 같았다. 다음 날 우리는 택시를 타고 더 남쪽으로 이동하여 대구의 외곽에 있는 수성못 인근의 호텔로 갔다. 내가 겪고 있던 곤경과 달리 시골의 풍경은 너무나 평화로웠다.

갈등의 소용돌이 속에서 사랑이 초라해 보였다. 6월 중순이었고, 인근의 들판에서는 농작물이 익어가고 있었다. 벼, 밀, 보리가 모판에서 녹색, 금색, 호박색으로 자라고 있었다. 물의 관개 수로가 모판 옆에 있었고, 작은 초가지붕 집이 근처에 있었다. 시골에서 모두가 일하는 바쁜 시기였고, 사람들은 뜨거운 태양을 맞으며 진흙에 무릎을 꿇고 벼를 심고 있었다. 때때로 자동차가 울퉁불퉁한 비포장도로를 달리며 하얀 먼지를 일으켰다. 밤의 아름다움을 훼손하는 고층 건물과 네온 불빛 그리고 항상 번잡한 사람들이 아직 손대지 않은 땅을 느끼는 것은 너무나 상쾌했다.

이튿날 아침 호숫가에 있는 작은 산을 오르자 부드러운 바람에 흔들리는 두꺼운 녹색 카펫처럼 논이 눈앞에 펼쳐져 있었다. 농부들은 심은 벼가 더 많은 곡식을 생산하도록 구슬땀을 흘렸다. 햇볕으로부터 보호하기 위해 흰 수건을 두른 여성들이 남편과 형제들을 도왔고, 아이들은 심부름하며 함께 일했다. 이러한 모습을 보며 마치 해마다 같은 비료, 소, 낟알을 이용해 쌀을 생산하고, 추수 후 그 볏짚으로 새롭게 지붕을 놓던 이전 세대의 가족을 보는 것 같은 느낌이 들었다. 나는 잠시 그들이 부러웠고, 나도 땅과 가까워져 그 일부가 되고 싶었다. 들판 옆에는 작은 무덤들이 있었고, 살아 있는 사람들이 죽은 자들과 함께 어울려 일했다. 남자는 태어나서 집에서 밭일을 배우고, 여자를 데려와서 아내로 삼고, 아이를 낳고, 들판의 일을 함께했다. 그 아들과 그의 아들 역시 때가 되면 같은 방식으로 살았다. 그리고 그 남자가 늙어 더 이상 일을 할 수 없게 되면 자신에게 생명을 주었던 그 땅으로 돌아가기까지 손자들이 노는 것을 지켜보고, 자녀들의 노동 결실을 누렸다. 그것은 의

1960~1970년대 서울 거리(아틀라스)

심 없이 지켜지는 삶의 방식이었다.

주변을 둘러보며 나는 사람들이 왜 내 결혼에 반대했는지 더 깊이 이해하게 되었다. 외국인과 결혼한다는 것은 단지 한국인이 아닌 사람과 결혼하는 것 이상이었다. 우리가 탈출해 간 그곳의 풍경이 부모를 이해할 수 있는 단서를 주었다. 아무리 외국에 오래 살았을지라도 그들은 전통적인 한국인처럼 생각하고 행동하며 자기 자손들 역시 자기들처럼 생각하고 행동할 것을 기대한다. 내 생각에는 그것은 비합리적인 기대였지만, 그들에게는 자연스럽고 합리적이었다. 그리하여 신혼여행은 나의 자아 찾기와 내가 흘린 눈물로 기억에 남았다. 나는 공개적인 반항의 표현으로 그들의 뜻을 거스르고 있었다. 내가 이겼지만, 그 승리는 마음속 고통과 뒤섞여 묘한 분위기를 자아냈다. 호텔로 돌아온 나는 위스키를 마시고 잠이 들었다. 잠에서 깨었을 때 말로는 전할 수 없었던 매튜의 마음이 쪽지로 남겨져 있었다.

나는 내가 사랑하는 여자의 슬픔을 깊이 느낀다. 우리는 자주 대화를 나누었기 때문에 각자가 서로의 일부라고 느낀다. 보통 이것은 사랑이나 행복의 순간이었다. 냉소주의자들은 이 시기에 함께 있다는 느낌을 이기적인 환상이라고 여길지도 모른다. 슬픔을 그렇지 않다. 아무도 자신이 고통을 겪기 위해 이러한 인상을 만들지는 않을 것이다. 그러므로 내가 느끼는 그녀의 슬픔 속에서 나는 우리가 서로의 일부라는 것을 안다. 그녀의 손가락을 찌르는 것은 내 손가락

   나의 살던 고향, 고요한 아침의 나라

을 찌르는 것이고, 그녀의 심장을 찢는 건 내 가슴을 찢는 것이다. 하지만 이 감정이 우리가 공유하는 것을 상기시키는 만큼, 그것은 또한 우리가 여전히 둘이고 나는 나이며, 그녀는 그녀라는 사실을 상기시켜 준다. 나는 나 자신의 슬픔을 어떻게 견디고 대처하고 해소해야 하는지 알고 있다. 하지만 그녀의 슬픔에 대해서는 알지 못한다. 오늘 오후 곁에 누워 그녀를 바라보며 머리를 쓰다듬었다. 그녀를 내 품에 안는 것이 답이 될 수 있을까? 상처를 치유할 수 있는 말을 안다면 얼마나 좋을까? 아아, 그렇지 않다. 내가 그녀를 조금이라도 도울 수 있을지, 그녀를 위해 조금이나마 버틸 수 있을지 모르겠다. 그러나 나는 이 의자에 앉아 화장실에서 나오는 불빛에 이 글을 쓰고 침대에서 자는 그녀를 기다릴 수밖에 없을 뿐이다.

내 결혼이 스캔들이 되어 마치 신문사와 대학에서 모두가 그 사실을 알고 있는 것처럼 느껴졌다. 나는 저자세를 유지하려고 노력했지만, 사람들은 온갖 종류의 원치 않는 조언을 했다. 한 한국인 남성 친구는 "대체 그 사람한테서 뭘 본 거야?"라고 물었고, 다른 친구는 "더 잘할 수 있었을 텐데"라고 말했다.

지인으로부터 소식을 전해 들은 부모는 〈코리아타임스〉 편집자에게 연락을 취했고, 그는 즉시 시청 기자들에게 혼인신고서 발급 여부를 확인하게 했다. 혼인신고서가 발급된 것이 확인되자 경찰에 연락해 신혼부부의 뒤를 쫓자는 신문사 누군가의 제안도 있었지만, 부모는 그렇게까지 하지는 않기로 했다. 어머니는 만다린 고리가 달린 녹색 비단 원피스를 비롯해 내가 좋아하는 옷들을 갈기갈기 찢으며 분통을 터뜨렸고, 보석함을 뒤져 구슬 목걸이를 부숴버렸다. 나중에, 그걸 보관해 두었던 가정부가 자신이 가져도 되겠느냐고 물었다.

어머니는 몇 달 동안 나의 가출을 마음 아파했다.

"나는 항상 네가 훌륭한 한국 남자와 결혼하고 많은 신부 들러리와 함께 하얀 드레스를 입고 서 있는 것을 꿈꿨단다."

시와 예식을 좋아하는 어머니는 일 년이 지난 후에도 외동딸이 달아났다는 사실을 받아들이지 못했다. 그때까지도 나는 결혼식이 실제로는 어머니 자신을 위한 것일 줄 몰랐다.

"나는 그런 예식은 신경 쓰지 않는 거 알잖아요."

"알지."

어머니는 대답했다.

"난 네가 이해가 안 돼. 여자애들은 누구나 인생의 단 한 번뿐인 특별한 날 아름다운 웨딩드레스를 입고 베일을 쓰고 싶어 하지 않니?"

"나는 아니에요."

나는 말했다.

"나는 나를 전시하고 싶지 않아요."

모든 젊은 여성이 성대한 결혼식에서 사람들의 관심 대상이 되는 것을 원하지는 않는다는 것을 이해시킬 도리가 없었다. 실제 결혼을 하면서도, 내게는 그것이 '죽음이 우리를 갈라놓을 때까지' 지

                    나의 살던 고향, 고요한 아침의 나라

속될지 확신이 없었다. 언젠가 결혼 생활이 끝날지도 모른다는 생각이 들었다. 어떻게 확신할 수가 있을까? 결국 사람도 상황도 바뀐다고 나는 생각했다.

부모는 마음이 찢어진 채로 일본으로 돌아갔지만, 어머니는 멀리에 떨어져서도 결혼식을 올리라며 일 년에 걸쳐 나를 윽박질렀다. 마침내 더 이상 견디지 못하고 일 년 뒤 우리는 장로교 교회에서 정식 결혼식을 치르며 부모의 친구들을 초대했다. 부모를 달래기 위해 이루어진 결혼식이었기에 나는 단 한 명의 친구도 초대하지 않았다. 그럼으로써 나는 가족에게 충분한 혼란과 수치심을 안겨주었고, 그것이 내가 할 수 있는 최소한의 일이라고 생각했다. 어머니는 유명한 사진작가인 친척에게 사진 촬영을 맡기라고 했다. 그런데 사진관에서 필름을 잘못된 용액에 넣어 사진이 하나도 나오지 않았다. 그 친척이 화가 나서 사진관에 찾아가 주먹을 휘두를 정도였다고 들었다. 모든 사진을 다 망가뜨렸다고 생각한 것이었다.

우리는 방 두 개짜리 아파트를 빌려 전문직 부부로서의 삶을 시작했다. 가정부를 두었기 때문에 집안일이 나에게 부담을 주지는 않았지만, 미국인과의 결혼은 우리를 서울의 국제적인 환경 속으로 더 밀어 넣었다. 매튜는 한국어로 일상 대화를 나눌 정도는 되었지만, 깊은 대화를 할 정도로 능숙하지는 못했다. 60년대의 한국에서 외국인과의 결혼은 흔하지 않았기 때문에 우리가 함께 걸을 때면 고개를 돌려 살펴보는 사람들도 있었지만, 결국 다들 우리의 결혼을 받아들이게 되었다.

그 결혼은 1970년에 나를 다시 미국으로 데려감으로써 내 삶의 방향을 바꾸어 놓았다. 한국에서 몇 년을 보낸 후 매튜는 자신이 한국에 속하지 않으며, 자기 집은 미국이라는 결론에 도달했다. 그는 베트남전 취재를 마치고 돌아온 후 한국에 대해 흥미를 느끼게 되었다. 그리하여 미국에서 하던 신문 기자 생활을 그만두고 한국에 돌아와 언어, 역사, 문화를 공부했다. 그러나 한국에서 외국인을 받아들이는 데는 한계가 있었다. 1969년 11월 퇴근 후 어느 날 저녁 그는 미국으로 돌아가자고 제안했다. 우리는 내가 대학에서 겨울학기를 마치고 조교수 자리를 내려놓을 때까지 기다렸다.

1970년 1월 뉴욕의 존 F. 케네디 공항에 도착했을 때 나는 나 자신이 20년 후 미국 주요 도시의 모습을 바꾸어 놓게 될 제2차 이민 물결의 일부였다는 것을 알지 못했다.

 나의 살던 고향, 고요한 아침의 나라

미국으로
(1970~1987)

9

모란이 피기까지는

나는 아직 나의 봄을 기다리고 있을 테요

모란이 뚝뚝 떨어져버린 날

나는 비로소 봄을 여읜 설움에 잠길 테요

오월 어느 날 그 하루 무덥던 날

떨어져 누운 꽃잎마저 시들어 버리고는

천지에 모란은 자취도 없어지고

뻗쳐 오르던 내 보람 서운하게 무너졌느니

모란이 지고 말면 그 뿐 내 한 해는 다가고 말아

삼백 예순 날 하냥 섭섭해 우옵내다

모란이 피기까지는

나는 아직 기다리고 있을 테요 찬란한 슬픔의 봄을

_ 김영랑(1903~1950), <모란이 피기까지는 >

내가 미국을 떠나 있던 것은 불과 2년 반이었지만, 1970년 1월에 돌아온 미국은 이전과 달라 보였다. 아마도 그것은 무비판적인 방문객의 눈으로 그 나라를 관찰하는 체류자 신분이던 과거와 달리 이제는 그곳에서 이민자로서 살아야 했기 때문이었을 것이다. 이유가 무엇이든 간에 1970년에 미국에 돌아온 나는 복합적인 감정에 휩싸였다. 때로는 왜 내면의 소리에 귀 기울여 한국에 남지 않았는지 자문하기도 했다. 불만스러운 감정이 커지는 순간이면, 자기 나라로 돌아가는 남자와 결혼하고 그를 따라가기 위해 좋은 조건의 직업을 포기하기로 한 성급한 결정을 내린 자신을 질책했다. 그때 나는 남아서 나중에 합류하겠다고 하고 싶었지만, 어떤 설명할 수 없는 이유로 차마 그런 말을 할 수가 없었다. 쉽게 또는 말로 표현할 수 없는 것들을 무례하게 표현함으로써 영혼이 발가

벗겨지고 싶지 않았기 때문이었을 수도 있다. 아마도 그중 일부는 사생활이 모두의 일인 것처럼 여겨지는 한국에 머무르고 싶지 않은 것과 관련이 있었을 것이다. 마치 타인을 관찰하는 것처럼 나는 내가 선택한 행동의 결과에 대해 곰곰이 생각했다. 이것이 나의 운명일까? 내 고향에서 떨어져 사는 것이 나의 운명이었을까? 나의 내면에서 해답을 찾기가 쉽지 않았다. 더구나 전문직 경력이 시작되자마자 한국을 떠나게 되었다는, 그런 무의미한 질문에 수반되는 '만약'이라는 가정과 후회들을 떨쳐낼 수 없었다.

스스로 설명한 대로 그 결정 중 일부는 나 자신이 한국 여성들에게 요구되는 많은 것을 피하려는 시도로 인해 내적 갈등을 겪고 있었기 때문에 내려진 것이었다. 따라야 할 긍정적인 본보기는 없었고, 따르지 말아야 할 부정적인 본보기들만 많았다. 내 주변에서 남편, 자식, 시댁의 노예가 되어버린 능력 있는 한국 여성들을 너무 많이 보았다. 엄격한 한국문화에서 벗어나 자신의 삶을 창조하겠다는 의지야말로 왜 내가 한국에서 끌려 나와 미국으로 돌아오도록 내버려 두었는지를 설명할 수 있는 유일한 이유였다. 2년 반 전에는 남자 때문에 미국으로 돌아가지 말라는 부모의 참견을 허용했다. 그리고 이제는 한 남자를 위한 준비가 덜 된 상태에서 한국을 떠나자는 그의 의견을 두말없이 수용했다. 나의 행동이 꼭두각시처럼 느껴졌다. 미국으로 가는 비행기에서 나는 매튜가 자리를 잡는 동안 나는 한국에 남아있겠다고 의견을 조율하지 못한 점을 후회했다. 한국에 혼자 남아 나의 한국 내 인맥과 남편 중 어떤 것이 더 중요한지 저울질할 기회를 갖지 않은 게 후회스러웠다.

우리 부부는 매튜의 부모가 계신 곳과 가까운 볼티모어에 정착했다. 둘 다 허스트 신문인 〈볼티모어 뉴스 아메리카〉의 리포터로 일을 시작했다. 에드거 앨런 포(Edgar Allen Poe)와 H. L. 멘켄(H. L. Mencken)의 도시는 어둡고 음침한 장소라는 인상을 주었다. 첫날밤 호텔 창밖에 경찰복을 입은 덩치 큰 남자들과 독일산 셰퍼드가 시민회관에 있는 것을 보고 나는 몸서리를 쳤다. “내가 무슨 짓을 한 거지? 왜 나는 사람들이 미국에서 살인자들의 수도라 불리는 도시에 살게 되었지?” 아름답게 꾸며진 백화점 진열장도 밤 동안에는 사람을 불러 모으지 못했다. 도심에는 쓰레기가 널브러져 있었고, 술집과 스트립 클럽들이 늘어선 ‘The Block’은 이 작고 어두운 도시에 황량함을 더했다. 역사적인 마운트버논광장에 있는 위엄 있는 오래된 집들의 창문은 쇠창살로 장식되어 있었다. 나는 〈볼티모어 뉴스 어메리칸〉의 여성 페이지에 특집 기사를 썼고, 직장까지 걸어갈 수 있는 거리에 살았다. 나는 업무상 주 전역과 워싱턴 D.C.에서 취재 활동을 하면서 그곳에서 여성 문제를 다루었다. 그리고 일을 통해 현재의 삶에 몰두함으로써 나의 변화된 삶이나 한국에 향한 생각에서 벗어날 수 있기를 바랐다.

하얀 사무실의 여성부 분위기는 1960년대 중반 로체스터 신문사의 따뜻하고 서로를 지지해 주던 사무실과 달랐다. 그곳에서 나는 전에는 알아차리지 못했던 미국 생활의 다른 측면들을 보았다. 볼티모어는 이전에 경험했던 곳들보다 남부 도시들의 분위기에

가까웠다. 1970년 도시인구의 약 절반이었던 흑인에 대한 편견이
신문에서도 뚜렷이 나타났다. 여성 택시 기사에 관한 기사를 쓴 후
내가 직접 경험한 일이었다. 그 이야기가 표지 기사로 다루어지면
서, 표지에 세 장의 여성 사진이 실렸다. 최고 편집자들이 화가 나
서 날뛰었다. 한 장은 그럴 수 있지만, 페이지 전체에 흑인 여성의
사진을 싣는다고? 그런 '실수'가 되풀이되어서는 안 된다고 분명
하게 언급했다. 미국 신문사에서 노골적인 인종차별과의 첫 만남
에 나는 울화가 치밀었다. 기사가 나가고 며칠 후에 독자들로부터
나를 '니그로 러버'라고 비난하는 익명의 편지들이 날아들었다. 편
집자들이 이런 비난을 두려워하는 사람들이라고 생각하니 소름이
끼쳤다. 만약 내가 신문사 내 인종차별 분위기에 더 익숙해졌더라
면 그 반응을 예상했을지도 모른다. 하지만 그때까지 나는 흑인 여
성들의 사진이 신문사 간부들에게 그런 고민을 안겨줄 것이라고
는 전혀 생각하지 못했다. 그 이후로 전에 몰랐던 것들을 알아차리
기 시작한 나는 신부를 다루는 기사에서는 흑인 신부들의 사진을
분산시키기 위해 신경을 썼다. 마치 사회적으로 저명한 볼티모어
백인들 사진 옆에 흑인들의 사진이 오는 것을 금지한 것만 같았다.
사회적 연줄로 유명한 사회면 편집자와 그녀의 조수는 편견을 감
추려고도 하지 않았다. 흑인에 대해 노골적 편견을 가진 그들이 부
서 내 유일한 동양인인 나를 어떤 눈으로 바라볼지 나는 궁금했다.
불안했다.

　그 같은 불안한 느낌이 신문사 내에만 국한되는 것도 아니어

　　　　　　　　　　　나의 살던 고향, 고요한 아침의 나라

서, 일과 집안일을 병행하면서 나는 삶의 모든 부분에서 권태를 느꼈다. 서울에서 경험했던 삶의 환희는 사라졌다. 결혼을 하고 그 소식을 가족에게 통보한 식의 행동에 대한 죄책감으로 내면에서 투쟁이 계속되는 가운데, 그런 감정 상태로 새로운 환경에서 이어가는 결혼 생활이 타당한 것인지에 대한 의구심이 커졌다. 내가 여러모로 갈팡질팡하는 와중에, 한국에 있을 땐 그토록 개방적인 것처럼 보이던 그 남자는 이제 나를 광신적 애국주의자라고 비판했다. 급성장하는 페미니스트 운동이 나 자신이 오래 생각해 왔던 것들을 정확히 대변해 주는 환경에서, 때때로 나는 그 딜레마와 불만스러운 생각을 억누르기 위해 서울로 돌아가는 상상을 했다. 남자가 모든 특권을 가지고 여자는 그러한 특권이 하나도 없는 사회에서 살 수 있을까? 내가 예외적으로 존경받는 소수의 전문직 여성 중 한 명이 되는 것으로 만족할 수 있을까? 나는 계속해서 자문했지만, 결국 짐을 싸서 떠날 엄두가 나지 않았다. 그리하여 나는 한국과 연결점을 유지하기 위해 이제는 '회전목마'로 제목이 바뀌었지만, 내가 예전에 담당하던 〈코리아타임스〉의 주간 칼럼을 계속 써서 보냈다. 서울에 있는 나의 전 편집장이 내가 그렇게 할 수 있도록 격려했다. 나에게는 그것이 나와 한국을 연결해 주는 고리였다. 나의 칼럼은 대부분 문화 비교에 대한 것들로, 미국에서 다문화주의와 다양성이라는 말들이 보편적으로 사용되기 이전이었다.

나는 한국에서는 미국인인 것 같았는데, 미국에 오니 한국인인 것 같았다. 한국인으로서의 정체성은 내가 상상했던 것보다 훨씬 더 중요했다. 그곳에서 나는 미국인과 결혼하여 중상층 미국인의 삶을 살고 있었다. 만약 내가 제동을 걸지 않는다면 나는 내가 저항했던 동화 속으로 휩쓸려 갈지도 모르는 일이었다.

〈코리아타임스〉에 실린 나의 주간 칼럼은 내가 미국적인 삶에 휩쓸려 버리지 않고 떨어져 나와 미국 생활을 관찰하는 도구가 되었다. 칼럼을 쓰는 것은 한국스러움에 대해 생각하고 미국을 그러한 관점에서 바라보게 했다. 한편으로는 한국에 있는 독자들에게 재미난 미국과 아이디어들을 소개하고 있었다. 내 작업은 여성운동, 인종차별, 노인 빈곤, 패션 등 미국 생활의 다양한 면에 대한 수다스러운 논평과 관찰이었다. 한국 정부에 대해 지나치게 비판적이라는 점을 제외하고는 집필의 자유가 제한받지 않는 해외 통신원 강견실이 어디까지 쓸 수 있는지에 관해 아무도 언급하지 않았지만, 나 스스로 그 한계를 알고 있었다. 불필요하게 한국에 사는 친척들이나 집안에 문제를 불러오고 싶지 않았기 때문이다. 가끔은 한인들이 미국에서 이뤄낸 역사에 대해서도 썼는데, 뉴욕이나 워싱턴으로 여행할 때마다 그런 장소들을 찾아가 그 날짜를 기재한 칼럼을 썼다. 신문사에서 주어지는 일에 더해서 칼럼까지 쓰다 보니, 다른 일을 할 여력이 나지 않았다.

가정부 없이 혼자서 집안일을 다 하다시피 했기 때문에, 차로 한 시간밖에 떨어지지 않은 곳에 사는 시댁 식구들은 우리 부부가 늘상 방문하기를 기대하지는 않았다. 한 달에 한두 번 만나, 보통

  나의 살던 고향, 고요한 아침의 나라

그들의 컨트리클럽에서 식사했다. 매튜의 아버지는 1930년대에 미주리대 언론대학원을 졸업한 대기업의 임원이었다. 그의 부모는 모든 걸 갖춘 그림 같은 집에 살았다. 매튜의 대가족은 대부분 뉴잉글랜드에 살았고, 매년 추수감사절과 크리스마스에 3대가 함께 모였다. 나는 그들 모두로부터 환영받는 느낌을 받았다. 1971년 가을 내 동생 만열이 볼티모어의 로욜라대학에 입학하기 위해 도착한 후에는 동생도 가족 모임에 함께했다. 그런데도 내가 끝내 익숙해지지 않았던 한 가지가 있었는데, 그것은 매튜의 부모를 이름으로 부르라는 것이었다.

볼티모어에 도착하고 2년이 지나지 않아 나는 이 결혼의 지속에 대해 심한 회의감이 들었다. 외국인이라는 장벽을 극복하게 했던 로맨스는 이제 부차적인 느낌이었다. 한국인으로서의 정체성을 부정당하는 것은 너무 비싼 대가라고 느낀 나는 분한 마음에 더 이상 양보하지 않기로 마음먹었다. 한국적인 방식과의 단절을 내가 거부함으로써 마침내 결혼 생활은 종지부를 찍었다. 나는 결혼 전의 이름을 사용했고, 칼럼을 계속 써나갔으며, 내 부모와 동생에게 미국인이 이해할 수 있는 것보다 훨씬 더 큰 관심을 기울였다. 그리하여 결혼 생활을 유지하는 데 드는 대가가 너무 크다는 결론에 도달했다. 1973년 봄, 신문 클립들로 가득 찬 두 개의 여행 가방을 가지고 새로운 출발을 하고자 캘리포니아로 향하면서 나는 설사 캘리포니아에서 일이 잘 풀리지 않더라도 그곳이 한국에 더 가깝다고 생각했다. 또한 캘리포니아는 내가 오랫동안 살고 싶어

했던 곳이기도 했다. 내가 옮겨간 후 동생 만열은 로스앤젤레스에 있는 로욜라메리마운트대학으로 편입을 지원했다.

햇볕이 내리쬐는 공항에서 택시를 기다리며, 내가 있어야 할 곳에 왔다는 느낌을 받았다. 로스앤젤레스는 돈으로 살 수 없는 그 어느 곳보다 화창한 날씨를 선사했다. 또한 태평양의 가장자리에 있다는 점도 마음에 들었는데, 산타모니카의 오션애비뉴에서 파도치는 것을 보며 고향이 바로 저 크고 푸른 바다 건너편에 있다는 생각에 기분이 좋아졌다. 자카란다 야자수 그늘에서 오롯이 내 마음에 신경을 쓰면서 산산조각 난 삶을 재건하고자 애썼다.

5년간의 습관을 깨고 나는 다시 혼자서 먹고 자는 법 그리고 나 자신의 친구가 되는 법을 배웠다. 모퉁이의 식료품점으로 걸어가면서도 다시 사랑하게 될 수 있을지 자문하며 사랑의 기쁨과 고통을 되뇌었다. 앞으로 무엇을 할지 확실치 않았고, 미래를 그려놓은 청사진은 더 이상 없는 것 같았다. 캄캄한 어둠 속에 앉아 지금껏 풍요로운 경험을 하게 해준 나의 삶을 되돌아보며, 과연 어떤 문제가 있었는지 자문했다. 그리고 언젠가 두 눈 가득 태양을 담고 깨어나기를, 우울함은 사라지기를 기원했다.

비행기로 반나절 떨어진 곳에서 나는 가끔 한국으로 영원히 돌아가는 것을 생각했다. 그러나 동생이 미국에 와있는 지금, 부모의 심정을 생각하면 그를 혼자 두고 가는 것은 이기적인 것 같았다. 나와 남동생은 어머니가 낳은 네 아이 중 살아남은 두 아이였다. 어머니가 동생을 낳기 위해 병원에서 진통하고 있을 때 의사들

　나의 살던 고향, 고요한 아침의 나라

은 산모나 아기 중 한 명만 구할 수 있다고 말했고, 어머니는 자신과 아기의 생명 중에 선택해야 한다면 자신이 죽는 것이 낫다고 주저하지 않고 말했다. 강씨 집안의 남자 후계자를 낳아야 한다는 무거운 책임감에 어머니가 목숨을 내어놓았다는 사실을 알고 나는 괴로웠다. 만약 어머니가 남동생을 남겨두고 죽었다면 어떻게 되었을까? 나는 눈을 감고 생각을 멈췄다. 남동생이 부모 우주의 중심이었지만, 형제가 있다는 것만으로도 행복했기에 나는 전혀 개의치 않았다. 또한 아들이 중요하다고 세뇌를 받은 그 세대의 한국 여성들은 그 개념에 의문을 품지 않았기에, 나 역시 그것을 받아들이게 되었다. 누나가 남동생 곁에서 지켜봐 주기를 바라는 부모의 마음을 잘 알고 있었기에, 다음에 또 기회가 있을 것이라고 나 자신을 다독이면서 귀국 결정을 미뤘다. 지금은 아니라는 마음으로.

1974년 미 국방성은 병력 감축 방안의 하나로 아버지가 근무하던 오키나와 사무소를 폐쇄했다. 나는 서른한 살, 부모는 오십대 후반이었다. 부모는 한국으로의 귀국과 미국으로의 이민 중 하나를 선택할 수 있었다. 자식들 가까이에 있기를 원했던 그들은 나의 만류에도 불구하고 미국으로의 이민을 선택했다. 그렇게 큰 결정을 내리기 전에 먼저 미국을 방문하고 여행해 봐야 한다고 말하며 나는 그들을 설득했다.

"미국은 부모가 생각하는 것과는 달라요."

반복해서 편지도 보냈다.

"지금 시점에 인생을 다시 시작하는 것은 쉽지 않아요."

나의 제안은 묵살되었고, 그것은 충분히 이해할 수 있는 일이
었다. 당시의 다른 한국인들과 마찬가지로 부모의 삶도 아이들을
중심으로 이루어졌다. 부모가 우리와 멀리 떨어져 한국에 살 것으
로 생각되지는 않았다. 그들의 처지에서 그 결정을 이해할 수 있었
지만, 그로 인해 나의 자유가 제한받는다는 사실에 분노가 일었다.
만약 그들이 이민을 온다면 나는 미국에 머물러야만 할 것이다.

내 느낌을 있는 그대로 전하고 싶었지만, 자식으로서의 애정,
감정을 드러내는 것에 대한 혐오감 그리고 한국으로 돌아가는 것
에 대한 불확실성 등 여러 가지 핑계들이 나를 막았다. 게다가 그
들의 마음은 이미 확고해 보였다. 유일한 방법은 그들을 지원하지
않는 것이었지만, 한국적인 양육을 받은 나는 그런 선택을 할 수
없었다. 부모는 집을 내놓고 팔리는 대로 오겠다고 했다.

로스앤젤레스에 있은 지 21개월째였던 나는 샌프란시스코로
이주하려는 계획을 진행했고, 면접을 보기 위해 그곳에 갔다. 감사
하게도 당시 샌프란시스코 지부 편집장이었던 래리 덤(Larry Dum)
이 토요일에 만나는 것을 동의해 주어 일을 쉬지 않고 갈 수 있었
다. 샌프란시스코는 내가 가장 좋아하는 도시로 오래전부터 살고
싶었던 곳이었다.

1974년 가을 도지사 선거운동을 취재하는 동안 공화당 후보
휴스턴 플러노이(Houston Flournoy)를 전담 취재하는 언론 차량에서
베테랑 검시관 기자 앤드루 커틴(Andrew Curtin)의 옆자리에 앉게 되
었을 때, 나는 커틴에게 내가 샌프란시스코에서 기자로서 일자리

   나의 살던 고향, 고요한 아침의 나라

를 찾을 수 있으면 좋겠다고 살짝 귀띔을 해놓았다.

"그래?"

시인처럼 보이는 사려 깊은 표정으로 커틴이 말했다. 조용하지만 최고의 기자 중 하나인 커틴이 샌프란시스코로 돌아가 편집자에게 그 이야기를 전했고, 나는 지부 편집자로부터 연락을 받고 채용되었다. 당시 야간 근무를 하던 보조 편집자였던 덤과 윌리엄 랜돌프 허스트 3세(William Randolph Hearst III)가 나를 노스비치에 있는 레스토랑 마마스로 데리고 갔다. 그들은 느긋하고 친절해 보였다.

다음 날 저녁 샌프란시스코로 돌아왔을 때 나는 시카고에 있는 찬호로부터 연락을 받았다. 나의 결혼을 축하해 준 이후로 대화를 나눈 적이 없었던 찬호는 사업차 미국을 방문 중이며, 로스앤젤레스로 가는 중이라고 말했다. 찬호의 전화는 내게 7년 전 서울에서의 행복했던 시간을 떠올리게 했다. 찬호는 친구에게서 나의 이별과 이혼에 대해 들은 것 같았다. 설명할 수는 없지만, 운명처럼 찬호와 나는 몇 년에 한 번씩 로스앤젤레스나 샌프란시스코 또는 서울에서 운명처럼 마주치곤 했다. 로맨스는 깨끗이 끝났지만, 그의 한국적인 모습은 오래도록 내게 한국적 세계의 일부가 되었다. 그는 나에게 한국의 일부분이었고, 한국을 버릴 수 없었던 나는 그 또한 버릴 수 없었다. 그래서 새로운 도시에서 새로운 일을 하기 위해 출발하기 전날 나의 감정은 여러 가지 면에서 격동했다.

나는 부모를 위해 미드윌셔 구역에 월 165달러의 가구가 딸린 아파트를 유지하기로 했다. 그러나 마지막 순간 부모는 동생이 학교에 다니고 있는 로스앤젤레스로 가는 대신 샌프란시스코에서 나와 함께 머무르는 걸로 결정했다. 1975년 6월 2일 저녁, 부모를 기다리기 위해 샌프란시스코 국제공항에 갔을 때 나는 착잡한 심정이 들었다. 한편으로 가족이 오랫동안 떨어져 살다가 마침내 재결합하는 것에 흥분되면서도, 다른 한편으로는 미국에서의 미래가 걱정되었다. 나는 내게 맡겨지는 가족에 대한 막중한 책임감에 불안하고 괴로웠다. 내가 미국에 속해 있는지도 확실하지 않았기 때문에 그 불안함은 더 컸다. 감정이 고조되며 한국의 가족 체계와 그 관계의 그물에 사로잡힌 느낌이 들었다. 오가는 승객들을 보면서 나는 내가 원하는 것을 할 수 없게 만드는 벗어날 수 없는 한국스러움에 대해 생각하고 있었다. 한국의 가족 제도가 살아남은 것은 "우리가 모든 걸 너에게 주니 너도 우리에게 모든 걸 돌려주라"는 하나의 규칙에 따라 운영되었기 때문이었다는 생각이 들었다. 축적된 의무들은 자녀들이 얽혀있는 것들로부터 빠져나오지 못하게 만들었다. 내가 서구의 개인주의와 자유에 노출되지 않았더라면 한국 가족 제도의 규칙이 그렇게 이상하다고 느끼지 못했을지도 모른다. 그러나 이제 맹목적으로 한국의 방식을 따르는 것이 내게는 불가능했다.

기다리는 중에 읽으려고 『안나의 일기』 5권을 가지고 갔지만, 내 마음은 1961년 미주리주 컬럼비아로 향했던 당시 공항에서의 첫 기억을 떠올리며 방황하고 있었다. 집을 떠나 샌프란시스코의 한 호텔에서 보낸 첫날 밤 이후로 14년은 파란만장한 세월이었다.

　　　　　　　　　　나의 살던 고향, 고요한 아침의 나라

우여곡절을 겪은 긴 여정을 걸어왔고, 이제는 개인적인 삶들에 치여 그 상처들을 잊고 싶었다. 조율해야 할 것들이 많은 부모와 함께 새로운 문턱을 넘어야 한다는 사실이 두렵기도 했다. 미국에서 그 기간은 나에게 힘든 시기였다. 이사를 하고, 새로운 일자리를 잡고, 최근에 이혼했다. 도쿄발 팬 아메리카 항공기가 도착했다는 안내방송에 나는 현실로 돌아왔다. 불안과 흥분으로 초조해진 내가 일어나서 국제선 승객들이 나오는 출구 쪽으로 향했을 때는 이미 많은 사람이 기다리고 있었다. 부모를 찾기 위해 목을 길게 빼고 기다린 지 약 30분쯤 후에 나를 찾으며 여행 가방을 가득 실은 수레를 끌고 유리문을 통과하는 그들이 눈에 들어왔다.

"아버지! 어머니!"

한국어로 외치자, 그들이 고개를 돌렸다. 어머니가 손가락으로 먼저 나를 가리켰고, 이어 아버지도 나를 보았다. 그들은 미소를 지으며 안도의 표정을 지었다. 아버지는 파란색 바지와 셔츠 그리고 갈색 카디건 스웨터를 무심하게 입고 있었고, 어머니는 꽃무늬가 새겨진 여름 원피스를 입고 있었다. 2년 전 봤을 때보다 10년은 더 나이 들어 보였다. 평소에는 유행을 타지 않게 옷을 입으려고 신경 쓰는 분들이었지만, 지금은 그런 것 같지 않았다. 그들이 이웃을 방문한 것처럼 보이는 것이 이상하게 느껴졌다. 사회적 지위가 하락한 새로운 이민자로 사는 삶이 그날 밤부터 바로 시작될 것을 알고 그렇게 왔을까? 집을 팔고 미국으로 올 준비를 하며 어려움을 겪었으리라고 생각하니 죄책감이 들었다. 편안한 마음으로 그들을 맞이할 수 없다는 생각에도 죄책감을 느꼈다. 그들을 껴 안으며 나는 속으로 생각했다. "장녀인 내가 아니면 누구에게 의지 할 수 있을까?" 아버지는 예순 살이었고, 어머니는 쉰일곱 살 생일 을 한 달 앞두고 있었다.

미국에 오는 것은 아버지에게 예상치 못한 사건이었다. 명문 대학의 보호를 받으며 지냈던 지난 방문 후로 25년의 세월이 지났 다. 그는 그때 귀빈 취급을 받으며 미국의 엘리트들과 어울렸다. 그가 기억하는 젊은 시절의 미국은 완전히 달라져 있었다.

"예전에는 대학생들이 스포츠 코트를 입고 학교에 왔었는데 요 즘 왜 이렇게 되었니? 그때 책을 품에 안고 수업에 들어가는 학생 들은 똑똑해 보였고 걸음에 자부심이 있었는데, 지금은 바보 같이 보이는 청바지를 입고 있구나."

아버지는 자신이 본 것을 믿을 수 없어 하며 물었다. 서울대학 교에서 가르치고, 유엔군에서 통역사와 해외 언론 담당관으로 일 했던 아버지는 전문적인 경험이 풍부했고, 십여 개의 언어를 구사 했다. 그러나 그는 자신의 나이에 샌프란시스코에서 전문직을 찾 는 것은 거의 불가능하다는 것을 금세 알게 되었다. 어머니에게는 더 충격적인 일이었는데, 순식간에 눈멀고 귀먹은 존재가 되어버 렸기 때문이다. 이제 살아가기 위해 단 한 가지 감각, 즉 시각에만 의존해야 했다. 자기 생각을 말하고 자기 뜻대로 행동하는 데 익숙 해져 있던 주도적인 여성에게 이는 화가 나는 일이었다. 영어로 소 통할 수 없었기 때문에 다른 대다수 아시아계 이민자들과 마찬가

　　　　나의 살던 고향, 고요한 아침의 나라

지로 보잘것없는 사람 중 하나가 되어 있었다. 그러한 상황은 자신이 미국에 속하지 않는다는 사실을 어머니에게 끊임없이 상기시켰다. 영어로 의사소통하지 못해 생기는 좌절감은 다양하게 나타났다. 그러다 보니 어머니를 위해 통역해야 하는 가족들도 종종 답답해지고는 했다. 어머니는 말을 장황하게 했는데, 그 말이 그대로 번역되지 않을 때면 화를 냈다.

"내가 말하는 그대로 번역만 하지 그러니?"

어머니는 불만을 그렇게 표현했다.

"어떤 미국인도 대화 중에 어머니가 말하는 내용을 다 경청할 만큼의 주의력을 가지고 있지 않아요."

내가 반박해도 어머니는 만족하지 않았다.

"네 말대로 먼저 방문해 보고 결정했어야 하는데."

어머니는 그렇게 말하며 남편을 비난했다.

"네 아버지가 너무 고집이 세어서 말을 안 들었어. 먼저 방문을 해보고 결정했다면 난 미국으로 이주하지 않았을 거야."

하지만 이제 돌아가기에는 너무 늦어버렸다. 결국 그들은 버티기로 했다.

몇 주 동안 나는 부모와 함께 샌프란시스코의 최고급 호텔과 차이나타운에서 멀지 않은 놉 힐 지역의 스톡턴 스트리트에 있는 작은 가구가 딸린 원룸에서 지냈다. 침대만 들어갈 크기의 작은방에서 내가 자고 어머니는 소파를, 아버지는 프랑스 집주인이 빌려준 간이침대를 사용했다.

"나무집에 사는 기분이야."

언덕 위로 높이 솟아오른 빌딩들을 안개가 몰려와 감싸는 독특한 샌프란시스코의 도시 경관을 바라보며 아버지가 말했다.

"이렇게 공중에 매달려 있다니 기분이 이상하네."

아버지는 케이블카의 덜컹거리는 소리가 들리는 언덕 위에 있는 작은 아파트에 사는 것에 익숙해지지 않았다. 퇴근 후 어머니의 요리 냄새가 나는 집으로 돌아오는 기분은 이상했다. 어머니는 가끔 차이나타운에서 생선을 사서 작은 오븐으로 구웠다. 내가 부모께 샌프란시스코의 명소 몇 곳을 소개하려고 했지만, 그들은 관광객 놀이보다는 정착할 곳을 찾고 싶어 했기 때문에, 딱 한번 그들을 피셔맨스워프 근처 기라델리 광장까지 데려갔을 뿐이다.

원룸은 비좁았지만, 가족이 함께 있다는 생각에 마음이 든든했다. 좁은 공간에서 서로 배려하려고 애쓴 덕분에 마찰이 일어나지 않았다. 그들이 도착한 지 한 달도 되지 않아 바다 근처의 한적한 주택가에 있는 방이 두 개 있는 아파트로 옮겨갔다. 풀이나 꽃, 나무를 키울 수 있는 뒷마당이 없는 건물의 가장 위층에 살았지만, 이웃들의 잘 다듬어진 뒷마당을 볼 수 있었다. 두 블록만 가면 슈퍼마켓이 있고, 우체국, 상점 그리고 은행이 걸어갈 수 있는 거리에 있는 그곳에서 부모는 고향에 있는 것 같은 편안함을 느꼈다. 아버지는 특히 링컨 파크 골프장이 6블록 떨어진 곳에 있다는 사실을 좋아했다. 두 달 동안 일하지 않고 쉬면서 지냈기 때문에 일을 몹시 하고 싶어 했다.

"더 이상 게으름을 피우고 있지 못하겠다."

그는 사업을 시작하겠다는 의도를 담아 장난스럽게 말했다.

"콩나물 재배는 괜히 배운 게 아니야!"

어머니는 우리가 식료품점을 차리면 유용하리라 생각하며 콩나물 기르는 법을 배웠다.

"중국 식료품점들이랑 경쟁이 안 될 것 같아요."

내가 이의를 제기했다. 중국 식료품점이 대형 업체들의 재배로 도매가로 운영되고 있는 상황을 고려할 때, 혼자서 콩나물을 대량으로 키우는 것이 얼마나 힘든 일인지 잘 이해하고 있는 것 같지 않았기 때문이다. 결혼 후 교사를 그만둔 이후 바깥에서 일을 해본 적이 없는 어머니였다.

샌프란시스코 한인회의 목회자 등 경험이 많은 사람들과 논의한 끝에, 부모는 26번가와 브라이언트 스트리트의 교차로에 있는 마트를 매입하기로 했다. 모하메드(Mohammed)라는 팔레스타인 사람 소유의 가게였다. 대학을 갓 마친 만열의 도움으로 1975년 가을부터 본격적으로 그들의 이민 생활이 시작되었다. 미래에 관해 결정을 내리지 못하고 로스앤젤레스에 남고 싶었던 만열은 가업에 투입되었다. 처음에는 저항했지만, 며칠 동안의 논쟁 끝에 가족의 압력에 굴복했다. 완전히 좌절한 모습의 남동생을 보며 내 마음에는 희비가 교차했다. 한편으로는 동생이 대학 졸업 후 사회에 첫발을 내디딜 기회조차 얻기 전에 한국 가정의 그물망에 빨려 들어간다고 생각하니 슬펐지만, 다른 한편으로는 짐을 나누어질 사람이 있다는 사실에 안도가 되었다. 부모는 엠마뉴엘이 로스쿨이나 대학원에 진학하는 것과 같은 자신의 미래에 대한 확고한 계획이 없으므로 차라리 가족 일을 돕는 것이 낫다고 말하며 합리화했다. 아들이 미래에 가져야 할 직업에 대한 고려 같은 것은 없었다.

아들이 돕지 않았다면, 부모는 상점을 운영할 수 없었을 것이다. 그 일은 고달프고 지루했다. 하루에 12시간, 주 7일을 일했다. 어머니는 일요일 아침 교회에 가기 위해 쉬었다. 사업을 해본 적이

     나의 살던 고향, 고요한 아침의 나라

없었기 때문에 모든 것을 처음부터 배워야 했고, 술을 마시거나 담배를 피운 적이 없던 부모에게는 가게 안에 있는 포도주, 술, 담배의 무수한 이름을 익히는 것도 큰 도전이었다. 아버지는 영어는 유창했으나 영업을 해본 적이 없었기 때문에 고객의 요구에 신속하게 대응하기 어려웠다. 마가린을 달라고 하는 손님에게 버터를 주고, 일회용 기저귀, 이쑤시개, 비누 그리고 다양한 건어물을 구분하지 못했다. 어머니는 민첩하긴 했지만, 영어가 너무 제한적이어서 손님들이 무슨 말을 하는지 추측해야 했다.

어머니는 전에 본 적 없었던 망고, 아보카도, 살사와 옥수수 칩, 여섯 가지 종류의 버터와 마가린, 강아지 사료, 고양이 사료, 기저귀, 스타킹, 전구 그리고 수많은 종류의 사탕을 팔았다. 당황한 순간 어머니가 한국어로 응대할 때면, 손님들은 의아하게 쳐다보았다. 그들은 아버지나 동생을 향해 이렇게 묻곤 했다.

"그녀가 무슨 말을 하는 건가요?"

생각을 한국어로 하고 있어서 그 생각이 한국어로 나오는 거라고 설명해 주면 손님들은 미소를 지었다.

"어느 나라 말을 하는 거죠? 중국어인가요?"

그중 몇몇은 이렇게 물을 때도 있었다. 하루하루 비극과 희극을 넘나들며 웃어야 할지 울어야 할지 알 수 없는 상황에서, 우리가 지금 미국에서 무엇을 하고 있나 하는 생각이 들었다. 때때로 주말에 일을 돕기 위해 가게에 갔지만, 내게 맡겨지는 업무는 청소와 가족들의 빨래였다. 모하메드와 함께 일주일을 보낸 후 동생은 사업에 대한 감을 잡았지만, 부모는 계속해서 어려움을 겪었다. 정확한 잔돈을 거슬러주는 것이 아버지에게 큰 걸림돌이었다면, 어머니는 영어로 잔돈을 세는 것을 힘들어했다. 어느 날 오후 아버지가 20달러를 내고 8달러의 물건을 구매한 고객에게 12불 대신 22불을 거슬러 주는 일이 있었다. 그 소문이 동네에 퍼져나간 탓인지 사람들이 계속해서 20달러짜리 지폐를 가지고 왔다.

"아버지가 어떤 사업가였을지 상상해 봐라. 고객에게 8달러어치 식료품에 2달러를 더 준 거야. 우리는 10달러의 손실을 봤어."

어머니가 투덜거렸다. 사실 아버지는 사업보다는 라틴계 고객들과 스페인어를 연습하는 데 더 관심이 있었다. 아버지가 손님들과 스페인어를 할 생각에 골몰해 있고, 어머니나 동생이 곁에 없는 상황을 좀도둑들이 파고들었다. 원어민들과 언어 실습을 하는 데 몰두한 나머지, 아버지는 한참을 지나서도 문제가 발생한 사실을 알아차리지 못했다.

"너희 아버지는 무질서한 미국에서 식료품 상점을 경영할 수 없는 인물이야."

어머니는 격분했다. 우리는 상점을 시작한 직후 일본에 있는 집을 판 돈으로 작은 아파트를 구입하고, 내가 저축한 돈 전액을 계약금으로 쏟아부어 건물을 관리하기로 했다. 신문사에서 오랜 시간을 보내고 종종 저녁 늦게 집에 오는 나는 항상 바빴다. 주말에는 건물 청소와 가족들의 세탁, 요리를 하고 칼럼도 썼다. 나는 부모가 이주함에 따라 생활방식이 바뀌어 외부 사회생활을 할 시

    나의 살던 고향, 고요한 아침의 나라

간이 거의 없었다. 식료품점을 열기로 한 부모의 결정으로 우리는 전형적인 이민자 가족이 되었고, 그것은 이전과는 너무나도 달라진 삶이었다. 가족이 작은 마트를 운영하는 것을 생각해 본 적이 없었던 나로서는 우울해지기도 했지만, 부모, 특히 어머니의 에너지와 생존 의지는 놀라웠다. 인사말 외에는 거의 영어를 할 수 없었는데도, 샌프란시스코에 적응해 가는 것 같았다. 또한 억지로 가족의 사업에 끌려와 열의가 없는 동생보다는 나이가 많은 내가 장남 역할을 했다.

미션 지역(Mission District)에서 장사를 하던 시절 우리는 끊임없는 공포 가운데 살았다. 공공기물 파손과 좀도둑질이 횡행했고, 가게 창문도 몇 번이나 깨졌다. 어느 날 밤에는 나에게는 알리지도 않은 채 부모 두 분이 경비업체의 연락을 받고 가게에서 밤을 보냈다. 아슬아슬한 상황들이 있었지만, 항상 어떤 개입으로 위험한 상황에 부닥치지 않을 수 있었다. 한번은 해 질 무렵 젊은이 두 명이 가게에 들어왔다. 남동생이 도서관에 가고 부모만 가게에 있었다. 파격적인 모습을 한 사람들이나 인사에 대답하지 않는 사람들이 들어올 때면 어머니의 심장 박동이 빨라졌다. 한 남자는 입구 바로 앞에 머물렀고, 다른 한 사람은 물건을 고르기라도 하듯 가게 안을 빙빙 돌았다. 그러나 그는 물건을 사려는 사람처럼 보이지 않았다. 그때 그의 허리에 권총이 튀어나와 있는 게 어머니의 눈에 띄었다. 놀란 어머니가 한국어로 아버지에게 알리고 기도하기 시작했다. 하지만 아버지가 눈치를 채지 못하자, 거듭 신호를 보냈다.

입구에는 두 번째 남자가 망을 보는 것처럼 같은 자리에 계속 서 있었다. 복도를 걷던 사내는 빈손으로 계산대를 향해 다가갔다. 어머니는 그가 총을 꺼내 가진 돈을 다 내어놓으라고 할 것이라 확신하고, 기도했다.

"주님, 부디 이 젊은이가 마음을 바꿀 수 있도록 도와주세요."

바로 그때 경찰차 한 대가 가게 앞에 차를 세웠고 경찰관 두 명이 걸어 들어왔다. 두 젊은이는 순식간에 사라졌다. 경찰이 떠난 뒤 부모는 서둘러 가게 문은 닫았지만, 두 사람이 다시 돌아왔다. 이번에는 그들이 강도라는 사실을 확신했지만, 어머니가 할 수 있는 일은 기도뿐이었다. 갑자기 경찰차가 돌아왔고, 같은 경찰관이 가게 앞에 있었다. 두 사람은 서둘러 떠났다. 그날 부모는 가게 문을 닫고 귀가했다. 그 두 남자는 나중에 다른 가게를 털고 체포되었다.

24번가에 있는 두 블록 떨어진 한국인 소유 상점을 포함한 주변의 모든 영업이 중단되었다. 가게 주인들은 그런 불행한 사건들을 지켜보며 서로 경고해 주었다. 다음 희생자가 될 수 있다는 가능성과 두려움이 우리를 떠나지 않았다. 동네 젊은이들은 동생 없이 부모만 계시는 틈새를 이용했다. 그들은 샌드위치를 주문했고, 아버지나 어머니가 샌드위치를 준비하는 동안 가게를 돌아다니며 물건을 훔쳤다. 한번은 고등학생 두 명이 가게 안으로 들어와 맥주 한 상자를 들고 달아났다. 아버지가 반사적으로 도둑들을 뒤쫓았지만 소용없었다. 내가 사업을 그만두라고 할 때마다 부모는 늘

   나의 살던 고향, 고요한 아침의 나라

"생계를 꾸려야 한다"라고 말했다. 더 나은 방식이 있을 거라는 내 주장에 부모의 반응은 늘 "뭘 어떻게?"였다.

"서점을 하는 건 어때요?"

"서점을 하면 굶어 죽을 거다."

"그건 모르죠."

우리는 많은 돈을 벌지 못했다. 계산해 보니 잘 팔린 날에 부모와 동생이 종일 일해서 120달러를 벌었다. 그것은 최저임금보다도 적은 수입이었다.

계속되는 강도의 위협 아래 장시간 일하는 과로는 가족에게 영향을 끼쳤다. 사업 2년 차가 되자 신경이 날카로워지며 논쟁이 일어났다. 때때로 저녁 식탁은 전쟁터가 되었다. 더 오래 하다가는 가족들이 모두 망가질까 우려스러울 정도였다. 사업의 운영에 직접 관여하지 않은 내가 가족 분쟁에서 중재자가 되었다. 어떤 가족도 매일 24시간을 사이좋게 함께 보낼 수는 없을 것이다. 위기가 닥칠 때마다 가족을 돕는 게 마땅하지만, 애당초 그런 상황을 방지할 수 없는 위치에 내가 놓여 있다는 사실이 좌절감을 느끼게 했다. 항상 의지할 사람이 되어야 한다는 사실에 진저리가 났기에, 어떻게 하면 그 상황에서 벗어나면서 동시에 좋은 딸로 남을 수 있을지를 자주 생각했다.

1977년 3월, 동생이 식구들과 언쟁을 벌이고 나서 가족 차를 가지고 사라졌다. 장사를 마친 부모는 그날의 매출을 갈색 종이봉투에 담아 버스를 타고 집으로 왔다. 그리고 우울한 얼굴로 내가 준비한 간단한 저녁을 먹었다. 자정이 넘어도 동생이 들어오지 않자, 놀란 가족들은 혹시 만열이 사고를 당한 것은 아닌지 확인하기 위해 경찰서와 시내의 모든 병원에 전화를 걸고, 밤새도록 전화기 옆에서 소식을 기다렸다. 나는 다음 날 가게를 닫자고 제안했다.

"우리는 그렇게 가게를 닫을 수 없어. 고객에 대한 책임감이 있지. 그들은 우리가 거기에 있을 거라고 믿고 있어."

아버지는 그렇게 반응했고, 차량도 없이 버스로 며칠을 다닌 후 픽업트럭을 빌렸다. 동생 없이 가게를 운영하는 두 노인을 생각하자 직장에서도 마음이 산만해졌다. 며칠 후 만열이 전화를 걸어와 자신은 괜찮다고 말했으나 어디에 있는지는 이야기하려 하지 않았다. 로스앤젤레스에 갔다는 것을 눈치챈 나는 주말에 친구의 도움으로 만열이 다녔던 로욜라메리마운트대학을 돌아다니며 그가 가져간 차를 먼저 발견했고, 옛날 기숙사 휴게실의 소파에서 지내고 있던 동생도 찾아냈다. 지친 데다 집으로 돌아올 준비가 되어 있었기에, 만열은 친구 집에서 하룻밤을 더 보낸 후 나를 따라 샌프란시스코로 돌아왔다. 만열은 좌절한 것 같았고, 나도 마찬가지였다. 그의 자유를 향한 비행은 준비되지 않았기 때문에 아무 효과도 없었다. 부유한 환경에서 태어난 만열은 부모가 이민 생활을 시작하기 전까지 평생 응석을 부리며 살아왔다. 그가 아기였을 때 어머니는 알코올에 적신 화장 솜을 담은 용기를 들고 다녔는데, 교회에서 사람들이 아기를 만진 후에는 세균을 죽인다며 솜으로 닦았다. 나는 만열이 태어난 후 가정에서 어머니의 행동이 변하는 것을

     나의 살던 고향, 고요한 아침의 나라

보았다. 어머니가 만열을 어린 왕자처럼 입혀놓으면, 어린아이인데도 잘생기고 위엄이 있어 보이는 그 아이를 사람들은 멈추어 서서 쳐다봤다. 부모에게는 만열을 향한 큰 계획이 있었지만 무엇을 하고 싶은지 그에게 결정할 기회는 주지 않았다. 숙제를 마친 후에 피아노, 바이올린, 골프, 태권도를 배워야 했기 때문에 그에게는 한가한 시간이 없었다. 그는 전 과목에서 A를 받아서 2년 만에 고등학교를 졸업했다. 그들은 그가 의사가 되어야 한다고 생각했다. 아무런 문제 없이 하버드나 예일대학에 입학할 것이라고 확신했고 의대에 진학하여 잘생기고 재능 있는 음악가이자 운동선수인 의사가 될 것으로 생각했다. 하지만 동생은 아이비리그에 입학하지 못했고, 좌절했다. 성적은 좋았지만, 빨리 졸업하기 위해 입학처장들이 고려하는 요소 중 하나인 과외 활동에는 전혀 참여하지 않은 것이었다. 어느 학교라도 미국에서 좋은 교육을 받을 수 있다고 용기를 북돋워 주는 나의 격려에도, 오랜 시간에 걸쳐 형성된 부모의 기대가 충족될 수는 없었다. 그래서 동생과 내가 로스앤젤레스에서 돌아온 날 밤 집에 돌아온 탕자를 향한 부모의 기쁨에 나는 완전히 공감할 수 없었다. 내 마음 깊은 곳에서는 아무리 좋은 뜻이라 하더라도 부모를 기쁘게 하는 것이 반드시 동생에게 좋은 것만은 아니라는 생각이 들었다. 일본에서 태어나고 자랐지만, 미국 학교에서 교육받은 만열은 미국인처럼 사고했다. 그러나 부모가 집에서 유난히 한국스러움을 강조했기 때문에 만열도 한국문화에서 완전히 자유롭지는 못했다. 동생은 나보다 훨씬 더 큰 소외

감을 느꼈을 수 있다. 그 아이는 정말로 어디에도 속하지 못했고, 한국에 산 적도 없으므로 비교할 만한 지점도 없었다. 한국어를 할 수는 있어도, 한국적 정신에 대한 감정적인 애착을 느끼지 못했다. 나는 저녁 식사 자리에서 동생을 바라보며 그 아이가 얼마나 비극적인 인물인지 다시 한번 생각했다.

또한 부모에게는 옛 친구나 동창들이 있는 한국에서 영위하는 삶이 최선이라는 나의 일관된 생각을 재확인했다. 그러나 자녀와 가까이 있고 싶은 그들의 욕망은 다른 모든 고려 사항보다 앞섰다. 그들의 조건 없는 사랑이 우리를 숨 막히게 했다. 그들이 우리를 떠나보내야 한다는 것, 그리고 만약 스스로 원한다면 자식들은 자신의 삶을 엉망으로 만들 권리도 있다는 점을 이해시킬 능력이 내게는 없었다. 때로 내가 온 가족이 한국으로 돌아가자고 제안하면, 어머니는 동의했다. 하지만 아버지와 동생은 반대했다. 아버지에게는 서울이 아니라 북한의 보시골이 집이었는데, 공산주의자들이 장악하고 있어 결코 돌아갈 수 없는 곳이었다.

"고향으로 갈 수 없다면 샌프란시스코에 있는 것이 낫겠다."

아버지는 그렇게 대답했고, 한국의 어떤 것과도 인연을 맺어본 적이 없는 동생은 한국에 대한 애착이 없었다. 사업을 유지해서 나에게 경제적인 부담을 지우지 않겠다는 그들의 독립심에 감탄하면서도, 나는 그 대가가 너무 크다고 생각했다. 그들이 상점 운영을 걱정하며 사는 것보다 차라리 경제적인 어려움을 겪는 편을 나는 선호했다. 장사를 시작한 지 4년이 지나 동생이 병에 걸려 한동안 일을 하지 못하게 된 후에야 가게는 처분되었다. 가족 모두를 지치게 했던 미션 지구의 그 상점은 홍콩계 이민자 가족에게 헐값에 팔렸다.

나는 가게가 팔리고 부모와 동생이 집에 있다는 사실에 안도하며 1978년 9월 파리로 휴가를 떠났다. 부모가 미국에 도착한 후 처음으로 마음이 홀가분해진 나는 개선문에서 멀지 않은 스텔라호텔의 작은 방에서 온몸의 긴장이 풀리는 것을 느꼈다. 부드러운 프랑스 침대에 몸을 웅크리고 외부의 소음도 의식하지 못한 채 10시간 내내 잠을 잤다. 다음 날 아침 복도를 청소하는 소리에 눈을 떴을 때는 지난 3년의 세월이 내 것이 아니었던 것 같다는 생각이 들었다. 방의 작은 테이블에 앉아 어떻게 집값을 내야 할지 궁리했다. 가게의 수입이 없더라도 내가 꾸려갈 수 있겠다는 판단이 서자, 나는 카페오레와 빵을 먹으러 나갔다. 그리고 카페와 공원 벤치에서 내 생각을 적으며 15킬로미터 이상을 걸었다. 밤에 부모에 대한 걱정 없이 방으로 돌아와 잠을 잘 수 있다는 것이 감사했다. 샌프란시스코와 가족에 관한 생각이 사라지면서, 나는 유학을 위해 미국 대신 프랑스를 선택했더라면 내 삶이 어땠을까 하는 공상에 잠겼다. 중학생 때 도쿄에서 프랑스어 교사였던 깔랑드로 부인의 모습에 사로잡혀 그녀처럼 검은 벨벳 모자를 쓰고 파리에서 예술을 공부하는 모습을 상상해 보기도 했던 나였다. 센느강을 걸으며 나는 가족들의 문제에 휘말리지 않고 그들과 거리를 두기로 결심했다.

10월 2일 샌프란시스코에 돌아왔을 때, 내가 자리를 비운 동안 부모가 다른 비즈니스를 찾았다는 사실을 알게 되었다. 그들은 진행할 준비를 모두 마치고 내가 돌아오기만을 기다리고 있었다. 믿을 수가 없었다.

3개월 전으로 돌아가려고 하는 것일까? 센 강을 걸으며 굳힌 생각, 즉 가족과 떨어져 살겠다던 결심이 순식간에 사라졌다. 화가 났지만, 왜 그렇게 화가 났는지 그들에게 전달할 수 없었다. 어머니는 내가 파리로 떠나고 며칠 후 꾸었던 꿈 때문에 그 기회를 잡았다고 했다. 꿈 내용은 발설하지 않은 채 아버지에게 가게에 가서 신문을 사다 달라고 부탁했고, 아니나 다를까, 좋은 사업 기회에 대한 광고가 눈에 들어왔다고 했다. 시내 3번가에 있는 샌드위치, 우유, 과일, 포도주, 맥주, 잡지 등을 파는 작은 담배 가게였다. 월요일부터 금요일, 오전 6시부터 오후 6시까지 인근 사무실 통근자들과 노동자들에게 음식을 제공하는 곳이었다.

"주에 5일만 운영하는 업체를 어디에서 찾을 수 있겠어?"

어머니는 기뻐했고, 동생도 그 가게를 인수하는 데 관심이 있는 것 같았다. 부모가 판매량에 관한 의심이 생겨 문의했을 때 매도자는 직접 알아보라고 하면서, 자신이 네팔로 휴가를 가는 동안 일해볼 것을 제안하며 열쇠를 넘겨주었다. 그 제안을 받아들인 후, 그들은 그 작은 가게가 얼마나 수익성이 좋은지 확인했다.

"우리에게 내려오는 이 선물을 받지 않는다는 것은 복을 스스로 걸어차 버리는 거야."

　　　　　　　　나의 살던 고향, 고요한 아침의 나라

어머니는 이렇게 말했다. 그들은 기회를 놓칠 수 없다고 결정했다. 그래서 두통이 사라지자마자 나는 또 다른 두통거리를 얻게 되었다.

화가 난 내 표정을 본 아버지는 일을 원만히 처리하려고 애썼다.

"직장이 없다는 게 어떤 건지 너는 이해할 수 없겠지."

아버지는 말을 이어갔다.

"대학에서 가르치든 장사를 하든 중요한 것은 일한다는 거야. 노동의 존엄성을 과소평가하지 마라."

어머니가 덧붙였다.

"가게가 없이 집에 있는 동안 나는 돈에 벌벌 떨고 있었어. 나는 하루 지난 빵을 샀고, 네 아버지와 나는 17번가에 있는 가게까지 장을 보러 갔어."

나는 더 듣고 싶지 않았다. 소리를 지르고 싶었지만, 무슨 소용이 있었겠는가? 백만장자라도 되어 그들의 미래에 대한 경제적 안정감을 느끼게 해줄 수 없는 한 그들이 스스로 생계를 유지하고자 하는 선택을 어떻게 막을 수 있겠는가? 내 마음의 평온과 그들의 생계를 위한 욕구의 대립에서 나는 어쩔 수 없이 굴복해야 했다. 불교에서 이야기하는 것처럼 내가 전생에 부모께 큰 은혜를 받아 이번 생에 그 빚을 갚고 있는 것이라고 스스로 생각했다.

나는 서로 충돌하는 몇 개의 삶을 살고 있었다. 주류 언론인으로서 그리고 한국계 언론인으로서 직장 생활이 있었다. 이민 가정의 구성원으로 사는 삶도 있었다. 그리고 마지막으로 가족이나 직장과는 별개인 개인적인 삶이 있었다. 소설도 쓰기 시작했고, 짬이 날 때는 데이트도 했다. 나는 다시 결혼해 결혼 생활을 잘해 나갈 자신은 없었다. 때로는 한국 가족에 얽매이는 일이 부담스러워 나만의 가족을 만들고 싶은 것은 아닌가 하는 생각도 들었다. 내 일도 겨우 감당하고 있는데 왜 더 많은 책임을 요구받아야 할까? 나는 지속적인 감정적 관계를 키우기보다는 오페라나 음악회에 가거나 숲을 산책하기 위해 남자들과 사귀었다. 또래 여자들은 결혼과 가정을 꾸리는 것에 관해 이야기해 보아도 여전히 확신이 서지 않았기에, 적절한 남자를 만나기 전에는 안 된다고 마음을 다졌다.

한국스러움에 대한 무지를 염두에 둘 때 과연 적절한 남자를 찾을 수 있을지 확신이 서지 않았다. 나는 샌프란시스코에서 나의 가치와 세 가지 문화의 감수성을 가진 내 나이대의 한국인 전문직 남성을 만난 적이 없었다. 몇 명의 친한 미국 여자 친구들이 있었지만, 그들과 나눌 수 있는 대화에도 한계가 있었다. 내가 찾고 있는 것은 내 세계를 공유할 수 있는 사람이라는 불가능에 가까운 목표였다. 한국인 여자 친구들은 멀리 떨어져 있었을 뿐 아니라, 그들이 한국에서 성장했던 반면 나는 그렇지 않다는 점에서 벽을 느꼈다. 불가능한 일을 요구하는 나의 영혼을 감당할 수 있는 사람을 찾는 것은 불가능할까? 파티에 갔다가 시간을 낭비했다고 느끼며 집으로 돌아올 때마다 나는 그러한 잡담과 웃음의 목적이 과연 무엇인지, 그리고 왜 나는 도스토옙스키(Dostoevskii)나 톨스토이(Tolstoy), 카뮈(Camus)나 사르트르(Sartre), 테니슨(Tennyson)이나 브라우닝(Browning)의 책이나 읽으며 집에 있지 않고 그곳에 나갔던 것인지 곱씹었다. 양립 불가능한 여러 삶을 영위하면서, 나는 정신 분열적인 삶을 살았다. 한 가지 삶을 시작하면 다른 면들에 대해서는 문을 닫으며, 앞뒤로, 때로는 분 단위로 여러 삶을 오갔다. 어떤 때는 모든 곳에 다 속한다고 느껴졌고 또 어떤 때는 어느 곳에도 속하지 않는다는 생각이 들었다. 내 삶의 언어, 문화, 감성과 같은 많은 요소를 통합하는 하나의 세계를 찾을 수 있을까?

삶에 영향을 미치는 결정이나 가족 구성원들의 결정을 통제할 수 없었던 것처럼 나는 백인이 주류 신문사에서 주어지는 내 코너에서 거의 할 말이 없었다. 개인적인 호감과는 별개로 그들은 조직의 구성원이자 권력 분배자로서 나를 배척하는 태도를 보였다. 정중한 모습 이면에서 그들은 항상 서로 경쟁하며 권력을 위해 다투고 있었다. 백인이 아닌 사람을 고용했을 경우 대체로 그들은 백인처럼 이야기하고 행동하고 농담하는 사람들이었다. 나는 경영진이 되고 싶은 마음이 없었기 때문에 이를 심각하게 받아들이지 않았다. 직함과 더 많은 돈을 얻기 위해 피상적이고도 계산적인 행위를 참는 것은 에너지 낭비처럼 보였기 때문이다. 신문사의 경영자들 역시 나와 마찬가지로 배경, 교육, 경험의 산물이었다. 어떻게 그들이 그러지 않을 거라고 예상할 수 있겠는가? 내가 법률과 정치 분야를 고수하는 한 철학적 차이를 두고 충돌이 일어나지 않았다. 나는 한정된 나의 영역에서 집중해 일했고, 아시아인들, 특히 한국인과 관련된 문제에 관한 광범위한 기사를 썼다. '한국계 미국인'의 장점인 출구를 항상 가지고 있었다. 그래서 언론인의 세계에서조차도 나는 일반적인 주류 작업과 부가적인 작업으로 두 가지 삶을 살았다. 그러나 아시아로부터 이민자들이 몰려들면서 나는 그들에 대해 눈을 감을 수 없었다. 한국인들은 30년 가까이 미국 언론을 위해 일한 기자 강견실이 아니라 수년간 한국 신문에 칼럼을 기고한 기자 강견실을 알고 있었다.

1975년 5월 나는 법정 분야를 다루기 시작했는데, 이는 판사와 변호사의 업무와 이러한 권력자들과 제도들이 우리의 삶에 어떤 영향을 미치는지에 대한 통찰력을 주었다. 비록 법에 대한 지식

　　　　　　　　　나의 살던 고향, 고요한 아침의 나라

은 대학교 3학년 때 들었던 몇 개의 법학 수업과 미주리주 콜롬비아에 있을 때 법원을 취재했던 것에 한정되어 있었지만 나는 도전해 보고 싶었고, 캘리포니아주 대법원을 취재하자는 생각에 사로잡혔다. 그러나 나의 임무는 또한 공익사업위원회, 법무장관실, 고등법원, 대법원, 캘리포니아주 변호사 협회를 포함한 샌프란시스코에 있는 모든 주립 기관을 포괄하는 것이었다. 지루한 업무로 여겨져 기자들이 피하는 분야였지만 나는 그 가능성에 흥미를 느꼈고 시청의 프레스룸에 있는 뉴스룸 외부에서 혼자 일하는 것이 좋았다. 그것이 왜 인기 없는 분야인지는 바로 알 수 있었다.

무엇을 다루고, 무엇을 다루지 않을지 결정하는 것은 벅찬 일이었다. 경쟁자였던 〈샌프란시스코 크로니클〉의 기자 마이클 테일러가 도와주지 않았다면 나는 첫 주부터 그 어려움을 해결하지 못했을지도 모른다.

"어떤 이야기들을 쳐낼지를 알아내는 것이 요령이야."

테일러는 어떤 이야기가 왜 보도되지 않아야 하고, 가치가 없는지 설득해야 한다고 이야기했다. 나는 테일러로부터 그 분야에 대해 배웠다. 내가 허탈해 보이거나 방대한 법률 용어와 법원의 판결에 넋을 잃고 있는 모습을 볼 때마다 담배에 불을 붙이며 이렇게 이야기했다.

"걱정하지 마! 곧 이해될 거야."

그리고 그의 말은 맞았다. 어느 순간 법적 절차와 전문용어의 어려움은 없어졌다. 얼마 지나지 않아 나는 50페이지에 달하는 주

대법원의 결정을 뒤적여 마감일에 전화로 이야기를 정리할 수 있었다. 그 기쁨을 간직하기 위해 나는 나의 발전을 헤아리고, 그 작은 승리를 자축했다. 고등법원을 취재하는 것도 지적으로 도전되는 일이었다. 사회적, 재정적, 정치적, 경제적으로 중요한 그날의 모든 이슈는 결국 법정에서 나왔다. 나는 집행부나 입법부가 아닌 사법부가 가장 강력한 기관이라고 결론지었다. 검은 법복을 입은 그 사람들이 결국 사람들의 모든 삶에 영향을 미치는 결정을 내린다. 변호사들은 법조계를 필수불가결한 독점물로 만들었다. 그들을 주시하는 것이 좋아서 나는 10년 넘게 법정을 취재했다.

내가 그 분야에 있는 십여 년 동안 대법원장이었던 도널드 R. 라이트는 판사석에 있었고, 주 최초의 여성 대법원장이었던 로즈 엘리자베스 버드는 그녀의 행정 스타일과 진보적 다수파의 결정으로 법원 안팎에서 많은 논란을 불러일으켰다. 사람들은 버드의 관리 방식에 분노하고 걱정했으며, 나는 그 문제와 버드의 법정을 둘러싼 논란에 관해 많은 기사를 썼다. 버드를 지지했던 캘리포니아의 강력한 판사들과 변호사 중 몇 명은 화를 냈고, 나는 마샬 매컴 판사에 관한 기사를 포함해 내가 쓴 기사들 때문에 밤잠을 이루지 못했다. 사태가 너무 험악해지는 바람에 비밀 정보원을 밝히는 대신 감옥에 가야 할지도 모른다며 내가 어머니를 대비시킨 일도 두 차례나 있었다. 몇몇 경우는 권력을 가진 사람들이 내가 다루는 기사를 묻기 위해 압력을 행사했고, 그것이 효과가 없을 때 그들은 내 신용을 깎아내리려 했다. 그런 기사들을 두고 고민할 때마다 편

     나의 살던 고향, 고요한 아침의 나라

집자들이 기사를 실어주었고, 나는 살아남았다.

1970년대 후반과 1980년대에 걸쳐 더 큰 신문사로 옮겨갈 기회가 있었음에도 샌프란시스코에 대한 애정 때문에 나는 그곳에 머물렀다. 오래전 북한에서 탈출한 피난민이라는 내면의 정체성이 나를 아시아에 가까운 해안가에 머물게 했다. 국수 한 그릇을 먹기 위해 차이나타운에 가거나 차를 마시기 위해 재팬 타운에 가는 것 그리고 다른 아시아인들 무리에 들어가는 것은 위안을 주었다. 그런데도 미국에 머무는 기간 동안 고향으로 돌아가고 싶은 영혼의 그리움을 가라앉힐 수 없었다. 나는 한국이 지겨워지기 전에 그곳을 떠났고, 샌프란시스코로 옮겨온 이후 휴가 때 다녀온 한국 여행은 그 그리움을 강하게 했다. 짧은 여행 동안 한국의 매력적인 것만을 보고 돌아왔기 때문이다.

돌아갈 기회는 1987년 한국 학생들이 악명 높은 독재자 전두환 정권에 목숨을 걸고 항쟁할 때 다시 찾아왔다. 서울은 1988년 하계 올림픽을 개최할 예정이었고, 외국 기자들과 사진 기사들이 경기 준비와 소위 경제적 기적을 포함한 개최국의 여러 가지 측면을 취재하기 위해 준비하고 있었다. 과격한 학생들은 전경들과 충돌했고, 그런 상황에 대한 서구 언론인들의 보도는 올림픽이 위기에 처한 것처럼 보이게 만들었다. 밤마다 텔레비전 스크린의 번쩍이는 이미지들은 온 나라가 불길에 휩싸이고 있다고 암시했다. 더 이상 악화될 것이 남지 않았다고 느껴질 때, 당시 샌프란시스코의 신문사인 〈이그재미너〉의 외교부 부편집장이었던 존 커크패트

릭으로부터 메모를 받았다.

"우리가 한국에 있어야 할 것 같아."

그는 내게 갈 의향이 있는지 물었다.

"물론이지."

나는 즉시 서울로 떠날 준비를 하면서 답했다.

고국의 재발견
(1987~1989)

10

애증의 외나무다리 인생의 슬픔을 가로지르는,

돌아갈 수 없는 다리가 그곳에 있다.

다시 만나야 하는 그것은 사람의 몸의 허리이다.

문을 열자 나무로 된 문, 판문점

경비병이 없는 육각형 건물 위에

그들의 손이 아닌 우리의 손으로 하나의 깃발을 세우자.

_ 고원(1925~2008), 《Some Other Time》

1987년 6월 24일 저녁 김포공항에서 탄 택시가 연세대학교 캠퍼스를 빠르게 지나갈 때 나른한 여름 공기에 섞인 최루탄 냄새가 코를 찔렀다.

"오늘 또 큰 데모가 있었나 보네요."

내가 택시 기사에게 말했다. 서울의 많은 택시 기사들이 그렇듯 그는 과로하고 피곤해 보였다.

"5월부터 매일 한 차례씩 하고 있지요."

기사가 대답했다.

"얼마나 오랫동안 나라를 떠나 계셨던 건가요?"

"두 달이요."

나는 지난 4월에 서울에서 열흘간 휴가를 보냈다고 이야기했다.

"운이 좋았네요. 이 근처는 대혼란이었어요. 학생들도 정부도

지긋지긋해요. 하루하루가 위기가 아닌 날이 없네요."

나에게 서울은 항상 위기에 처해있는 도시 같았다. 그곳에 있는 것만으로도 내 심장은 더 빨리 뛰었다. 최루탄이 서울의 일상이 되었다.

부모가 미국으로 건너가 우리 가족이 이민 생활에 몰두해 있던 10년 동안 한국에서는 많은 일들이 일어났다. 한국인들은 박정희와 전두환이라는 두 명의 군사 독재자 밑에서 살아가는 불행을 겪었다. 군인들은 정권을 잡은 뒤 민간인의 옷으로 갈아입고 대통령이 되었다.

박정희는 1961년 이승만 정부를 무너뜨린 4.19 혁명 이후의 혼란을 이용해 쿠데타로 정권을 장악했다. 부패가 없는 새로운 사회를 만들겠다는 선언에도 불구하고 그는 점점 더 억압적으로 변했다. 그리고 1963년 10월 선거에서 겨우 1.5% 차이로 당선된 후 국회의 동의 없이 국무총리와 내각을 임명할 수 있는 권한을 가질 수 있는 새로운 헌법을 통과시켰다.

1967년부터 1970년까지 박정희 대통령의 통치를 경험했던 나는 박정희의 억압과 위선을 직접 맛보았다. 나는 그 당시를 기억하는 징표로 1968년 내가 당시 영부인에 대해 작성했던 〈아시아 매거진〉의 표지 사본을 아직도 가지고 있다. 당시 정치는 사적인 장소에서 친구들끼리만 논의하는 주제였다. 대통령과 달리 영부인은 인자하고 매력적이어서 호감을 샀다. 그해 봄, 한국 정부는 정기적인 소비절약 캠페인 하나를 시작했다. 영부인 자신도 1960년

　나의 살던 고향, 고요한 아침의 나라

대 말과 1970년대 초 한국에서 가장 탐나는 명품이었던 밍크 등의 수입 의류와 액세서리, 사치품을 착용한 한국인을 비판하는 기사를 쓰라고 여성 기자들에게 촉구했다. 인터뷰가 끝나갈 무렵 밍크를 갖고 있는지 묻는 내 질문에 영부인은 코트 한 벌과 숄 한 개를 가지고 있다고 대답했다.

"그런데 착용하신 모습을 뵌 적은 없는데요?"

내가 묻자, 그녀는 국빈 방문으로 남편과 함께 해외여행을 갈 때만 모피와 보석을 착용한다고 설명했다. 흥미로운 정보라 생각해서 나는 기사에 그 내용을 실었다. 그러나 정부 검열관들이 삭제하는 바람에 아시아 전역의 수백만 독자들은 그런 정보를 접할 수 없었다. 앞서 언급했듯이 박정희 정권은 소비자들에게 쇠고기를 덜 먹으라고 촉구하는 캠페인을 벌였고, 다른 한편으로 소비자들에게 값비싼 수입품 구매를 자제하라고 요청했다. 아이러니한 것은 그의 소비절약 운동을 가장 많이 위반한 집단이 고위공직자들이었다는 것이다.

한국인의 삶은 점점 더 어려워져 갔다. 1971년 대통령 선거에서 야당 지도자인 김대중을 물리친 후 박정희 대통령은 모든 반대 의견을 묵살하고 통제를 더 강화했다. 계엄령을 선포하고, 국회를 해산하고, 모든 대학과 대학원을 폐쇄하고, 검열을 가하며, 정치 활동들을 중단시켰다. 그러고는 종신집권을 꿈꾸며, 국회의원의 3분의 1을 임명하여 비상권을 마음대로 행사할 수 있도록 법을 개정하고자 했다. 대통령은 더 이상 유권자들에 의해 선출되지 않고,

의원들로 구성된 선거인단에 의해 선택됐다.

　박정희 대통령은 이와 같은 엄한 조치에도 불구하고 전국적인 항의가 빗발치자, 이를 1년 이상의 징역에 처할 수 있는 범죄로 규정하는 긴급 조치령을 내렸다. 대통령은 북한의 남침 위협을 들어 국민 통합의 중요성을 언급하며 가혹한 조치를 정당화했다.

　박정희의 권력에 대한 탐욕이나 반대파를 억누르는 수법은 끝이 없어 보였다. 심지어 해외에서 반 박정희 운동을 벌였던 야당 대표 김대중을 침묵시키기 위해 중앙정보부 요원들에게 도쿄의 한 호텔에서 그를 납치하라는 지시를 내렸다. 김대중과 윤보선 전 직 대통령이 민주주의의 복원을 요구했을 때 그들을 체포해 5~8

10·26사태

　　　　　　　　　　나의 살던 고향, 고요한 아침의 나라

년의 징역을 선고했다. 학생, 작가들 그리고 항의할 수 있는 사람들은 모두 이와 유사하게 갇혀 있었다. 1978년 12월 총선에서 야당이 다수를 얻은 후 야당 대표 김영삼은 외신에서 박정희 정권의 긴급조치는 위헌적 인권 탄압이라 비난하며 체제를 공격하는 연설을 했다.

대통령은 김영삼을 국회에서 제명했다. 대통령의 행동에 항의하기 위해 1979년 10월 13일 야당 의원 전원이 사퇴했다. 사건 발생 후 2주도 안 돼 대통령은 저녁 식사 중 자신의 정보부장인 김재규의 총에 맞아 숨졌다.

하지만 그가 18년의 통치 동안 후임자를 준비하지 않았기 때문에 큰 정치적 공백이 남겨졌다. 그 공백은 대통령 암살 사건 조사를 맡았던 전두환 기무사령관에 의해 재빨리 메워졌다. 1979년 12월까지 전두환과 그의 동료들은 군을 장악했고, 4개월 만에 정부를 장악했다. 경상도 가난한 농부의 아들이었던 전두환은 계엄령을 내렸다. 정치적 반대의 중심인 대학은 폐쇄되고 검열 대상이 되었으며, 현직 및 전직 대통령들에 대한 비판이 금지되었다. 또한 전두환의 계엄포고령은 비판적 여론의 확산을 금지했다.

그러나 계엄령에도 불구하고 오랫동안 정치적 불만 세력의 중심이었던 광주 시민들은 1980년 5월 전두환에게 저항하기 위해 일어났다. 전두환과 1988년 그의 뒤를 이은 노태우는 정부군을 파병하여 민주화운동을 진압했다. 공식 집계상으로 광주 시민 189명이 목숨을 잃었지만, 주민들은 피해자의 수가 이보다 몇 배 더 많을 것으로 보고 있다. 미국은 광주 학살에 개입했다. 존 A. 위컴 주니어 한미 연합 사령관은 반란을 진압하기 위해 자신의 지휘로 있는 한국 군인들을 동원했다. 피비린내 나는 그 사건에 대한 미국의 불행한 개입은 학생과 지식인들 사이에 반미주의의 씨앗을 심는 계기가 되었다. 한국전쟁 당시 한국인들에게 구원자로 여겨졌던 미국은 더 이상 그렇게 여겨지지 않았다. 전두환은 8년 집권 내내 자신을 괴롭혔던 광주 대학살에서 손을 씻을 수 없었다. 광주에서의 학살 후 3개월도 안 된 1980년 8월 5일 전두환은 자신을 중장에서 대장으로 승진시킨 후 군에서 전역한 다음, 전임자와 마찬가지로 민간인의 옷을 입고 조작된 선거인단에 의해 대통령에 당선되었다.

박정희가 악했다면 전두환은 훨씬 더했다. 적어도 일부 사람들은 한국을 근대화시킨 박 대통령을 존경했지만, 전두환은 아무도 존중하지 않는 웃음거리였다. 그의 대머리와 납작한 얼굴 그리고 세련되지 못한 태도는 농담의 대상이었다. 수다스럽고 친척들이 금융 스캔들에 연루되었던 그의 아내 역시 도움이 되지 않았다. 그러나 한국의 인권 침해에 대해 카터가 승인하지 않음으로써 지미 카터 백악관과의 관계가 경색되었던 박정희 대통령과 달리 전두환 대통령은 공화당 행정부에 친구가 있었다. 로널드 레이건 대통령의 백악관 첫 공식 초청은 전두환을 한국 지도자로서 공인해 주었고, 이에 따라 학생들과 지식인들이 미국으로부터 더 멀어지게 되었다. 1983년 레이건은 서울을 방문하여 전두환을 다시 격려했다.

 나의 살던 고향, 고요한 아침의 나라

1981년부터 1986년 사이에 몇 차례 한국을 방문했을 때 대학과 언론계의 전 동료들 사이에 미국에 대한 반감이 커지는 것을 나도 느낄 수 있었다. 반체제 학생들을 만나, 그들의 몸에 남아있는 전두환의 요원들로부터 받은 전기 고문 자국을 보고 나는 소름이 돋았다. 그리고 1987년 4월 방문했을 무렵에는 나마저도 미국 정부의 위선을 비난하는 친구들로부터 항의를 받았다. 반미주의는 한국계 미국인들에게까지 그 대상을 확대하여 미국 시민권을 가지고 있다는 이유만으로 덩달아 죄인 취급을 받는 지경에 이르렀다.

그로부터 두 달이 지나고 나는 민주주의를 위해 목숨을 걸 준비가 되어 있는 남한 사람들을 보기 위해 돌아왔다. 평소 번화한 시내의 호텔 로비는 텅 비어있었고, 최루탄 냄새가 진동했다.

"최루탄 냄새가 심하군요."

내가 체크인을 하며 직원에게 말했다.

"저는 익숙해져서요."

그녀가 대답했다.

"지금은 아무 냄새도 못 느끼겠는데요. 데모가 몇 시간 전에 있었어요."

"제 말을 믿으셔도 될 거예요. 냄새가 상당히 심해요."

"최루탄에 익숙해졌나 봐요."

그녀는 아이러니한 미소를 지으며 다시 말했다.

이날 오전 한국 천주교 성당인 명동성당 앞에 있는 롯데백화점 모퉁이에서 시위대와 전경 사이에 큰 충돌이 벌어졌다. 성당은 경

1987년 투쟁(6월 항쟁)

찰로부터 피할 수 있는 몇 안 되는 은신처 중 하나였다.

나는 그날 10층 내 방 창문으로 충돌의 잔해들을 볼 수 있었다. 번화한 명동 쇼핑가의 상점 유리창들은 굳게 닫혀 있었고, 거리에는 시위대가 전경들에게 던졌던 벽돌, 바위, 화염병 등이 널브러져 있었다. 모퉁이 주변 명동으로 들어가는 입구에 사람들이 닭장차라고 부르는 4대의 경찰 버스가 세워져 있었다. 필요한 경우 그 버스에서 잠을 자야 하는 전경들에게는 내부 온도가 견디기 힘들 정도였을 것이다.

나는 신문사에 전화를 걸어 그중 한 명과 이야기를 나누었다. 그는 내가 샌프란시스코를 떠난 이후 24시간 동안 벌어진 상황들을 설명해 주었다. 우리는 다음날 계획에 대해 논의했다. 서울과

     나의 살던 고향, 고요한 아침의 나라

샌프란시스코의 시차가 17시간이나 나기 때문에 아무리 좋은 계획이라 할지라도 서울의 시간대와 맞지 않을 수 있었다. 따라서 서울 시간으로 오전 9시와 오후 1시에 사무실에 확인하고, 오후 5시, 즉 샌프란시스코 시각으로 새벽 1시까지 기사를 제출하기로 했다. 나는 떠나기 전에 쓰기로 계획한 십여 개의 기사 목록을 제출했다. 속보를 취재하는 동안 그것들을 함께 쓸 시간을 가지기는 어렵다는 판단이 들었기 때문이다.

전화를 끊은 후 나는 짐을 풀고, 목욕하고, 샌프란시스코에서 한 약속을 확인하기 위해 몇몇 지인들에게 전화를 걸었다. 눈앞의 일들에서 벗어나 잠을 자려 했지만, 긴 비행으로 시차 적응이 잘되지 않았고, 서울로 돌아온 설렘이 가시지 않았다. 잠을 자려 누우니 한국에 처음 돌아왔던 1967년부터 20여 년의 세월이 영화처럼 내 눈앞을 스쳐 갔다. 나는 피로에 서서히 잠이 들며 생각했다. '내 집은 어디지? 난 어디에 속해 있지?'

새벽에 나는 서울의 가혹한 상황을 떠올리게 하는 창밖 자동차들의 소리에 깼다. 바깥에서는 정신없는 또 다른 하루가 펼쳐지고 있었다.

나는 아침 7시부터 사람들에게 전화를 걸기 시작했다. 서울에서는 취재진이 출근하기 전이나 귀가하는 오후 10시 30분 이후에 정보원들에게 연락해야 했다. 한국 남자들은 밤늦게까지 바깥에 머무르는 관습이 있었다. 서울의 직장 남성들은 집에서 많은 시간을 보내지 않고 퇴근 후에 동료들이나 친구들과 술을 마신 후 집에 들어갔다. 이것이 한국 남성들이 스트레스를 푸는 방식이었다.

여기저기 전화하면서 나는 한국이 중대한 전환점에 와 있고, 내가 역사의 증인이 되어야 한다는 생각이 확고해졌다. 과거에는 침묵했던 중산층이 전두환 대통령에 맞서 저항하는 데 앞장섰다. 전두환에게 저항하면 피해를 입기 때문에 과거에 그들은 안전한 거리에서 지켜봤지만, 이제는 상황이 바뀌어 두려움 없이 목소리를 높였다.

1987년 4월, 전두환이 자신의 후계자로 1979년 쿠데타를 함께 주도했던 노태우를 지목한 것이 결정적인 계기가 되었다. 그들은 전두환이 먼저 대통령이 되고, 후에 노태우에게 물려주기로 한 약속을 이행하는 것이었다. 반응은 빠르게 나타났다. 전국 곳곳에서 시위가 터져 나와 몇 주 동안 계속되었다. 화염병을 투척하는 학생들과 시위를 막는 전경들의 모습이 해외 텔레비전 화면에 송출되며 온 나라가 불타는 것처럼 보이게 했다. 이런 모습들은 한국이 1년 남은 1988년 올림픽을 성공적으로 개최할 수 있을지에 대한 의구심을 불러일으켰다.

전두환에게 좋지 않은 상황이었다. 권력을 유지하기 위해 수천 명의 민간인을 학살한 전두환 정권은 올림픽에 모든 걸 걸고 있었다. 전두환은 올림픽을 국가의 경제 기적을 보이는 공개 행사로 활용함으로써 자신의 통치를 정당화하고, 이미지를 개선하고자 했다. 남한의 경제 발전은 많은 관심을 받았으나 억압적인 권위주의 국가에서 번창하는 경제의 역설에 대한 우려를 불러일으켰다. 반

     나의 살던 고향, 고요한 아침의 나라

체제 운동을 하던 학생이 경찰의 고문 도중 사망했고, 야당 지도자
인 김대중은 가택에 연금되었으며, 시민들의 항의는 일상화되었
다. 경제 기적은 한국이 경찰국가라는 사실을 숨길 수 없었다.

6월 10일 불교 승려, 가톨릭 사제, 일반 시민을 포함한 약 50만
명의 시위대가 거리에 나와 세계를 놀라게 했다. 민중 시위의 사
진이 미국 주요 신문 1면에 실렸고, 뉴스에서 헤드라이트로 다뤄
졌다. 나는 격양된 시위와 화염병, 최루탄이 만연하는 가운데 미국
기자의 신분으로 고국으로 돌아왔다.

어디를 가든 나는 암시장에서 산 방독면을 가지고 다녔다. 서
울 도심의 습한 공기 중에는 며칠째 최루탄이 퍼져있었다. 그러나

제24회 서울올림픽대회 강요

88서울올림픽 포스터

이 도시의 시민들은 거즈 마스크나 물에 적신 물수건을 입에 대고 재채기하면서도 일상을 계속해 나갔다.

주요 반체제 단체와 종교 단체들로 구성된 '민주헌법쟁취국민운동본부'는 여당의 자유 대통령 선거를 압박하기 위해 6월 26일 전국적인 "평화행진"을 계획했다. 그 전날 저녁 나는 대학 캠퍼스 여러 곳을 방문하여 팀을 구성하여 플래카드를 만들고, 물류 계획을 짜며 밤늦게까지 준비하고 있는 학생들과 이야기를 나눴다. 대학생 대책본부는 라면과 탄산음료 그리고 어디서나 먹을 수 있는 간식인 마른오징어가 잔뜩 준비된 벙커 같았다.

신촌에 있는 이화여대에서 영문학을 전공하는 한 학생은 집집마다 문을 두드리고 전단을 돌리며 하루를 보냈다고 말했는데, 이는 체포될 수도 있는 행동이었다. 두렵지 않은지 내가 물었다.

"처음에는 두려웠지만 계속하면서 괜찮아졌어요. 그리고 용기도 생겼어요. 모든 사람이 공감하고 있는 것 같아요."

여학생의 대답이었다. 하지만 그녀의 친구 중 세 명은 운이 좋지 못했다. 내가 캠퍼스에 있는 동안 친구이자 가정경제학 교수였던 김숙희는 자신이 가르치는 학생 세 명이 경찰에 의해 감금되었다는 전화를 받았다. 이화여대의 수많은 학생이 전두환과 노태우 대통령에 대해 비난하는 발언을 했다.

"노태우는 가발 쓴 전두환이에요."

한 학생이 전두환의 대머리와 노태우의 숱이 많은 머리를 비꼬며 이야기했다.

                     나의 살던 고향, 고요한 아침의 나라

“둘 다 똑같은 놈들이에요.”

그렇게 말하며 학생들은 폭소를 터트렸다. 학교의 게시판은 형형색색으로 쓰인 “독재 타도”, “전두환 그 죄에 대해 어떻게 속죄할 것인가?”, “광주의 학살자를 죽여라”와 같은 글귀들로 뒤덮여 있었다.

1987년 큰 시위가 있던 날 지금은 대학교 교수가 된 나의 옛 동료 윤용이 전화를 걸어 만나러 오겠다고 했다. 전화 통화는 도청당했기 때문에 뉴스 정보는 전화로 이야기하지 않았다. 롯데호텔의 내 방에서 커피를 마시며 그는 그날 밤의 평화대행진이 결정적인 전환점이 될 것이라고 이야기했다. 그는 서울에서만 백만 명 이상이 참여할 것으로 예측했다. 우리는 사람들의 이름을 언급하거나 민감한 주제를 이야기할 때 목소리를 낮추기 위해 노력했다. 대화를 도청하는 사람이 있다면 알아듣기 어렵게 하려고 우리는 영어와 한국어를 번갈아 가며 이야기했다.

“25년간의 군사 독재로 이제 국민은 군인이라면 진저리를 쳐요.”

윤용이 이야기했다.

“이번이 우리의 하나 됨을 보여줄 수 있는 첫 번째 기회에요. 이번 행진은 학생들과 다른 단체들이 사회의 여러 부분을 모여 전두환에 대한 우리의 반대를 보여주기 위한 노력의 절정이에요.”

떠나면서 윤용이 마지막으로 이야기했다.

“오늘이 바로 내가 기다리던 날이에요. 매우 흥분되네요.”

시위는 밤늦게까지 계속되었다. 나는 최루 가스를 견딜 수 없어 호텔로 돌아왔다. 페퍼 가스는 최루 가스 중에서도 독한 것으로 질식시키고, 눈을 뜨지 못하게 하고, 피부에 화상을 입혔다. 호텔 바깥에서 계속되는 페퍼 가스 발포 소리가 들려왔다. 윤용은 집으로 돌아가기 전에 나를 찾아왔다. 기분이 좋아 보였다.

'국민평화대행진'과 그에 대한 광범위한 보도는 효과가 있었다. 결국 전두환은 7월 1일 방송에서 민주주의의 발전과 국민의 화합을 도모하기 위해 16년 만에 대통령 직선제를 실행하기로 했다. 나는 호텔 방에서 그 방송을 보며 올림픽을 앞둔 상황에서 이루어진 대규모 시위들이 지난 40년간 있었던 모든 움직임보다 한국의 민주화를 앞당기는 데 효과적이었다고 생각했다. 이 모든 일이 독립에 대한 노력에 대해 국제사회가 무심했던 80년 전과 달리 세계 언론이 한국의 반체제 인사들에 집중적으로 관심을 기울였기 때문에 일어났다는 것을 알 수 있었다. 올림픽을 14개월 앞둔 상황에서 올림픽을 한국에서 개최하기 위해 전두환은 말 그대로 항복할 수밖에 없었다. 전두환의 발표 직후 며칠 동안 한국인들은 기대에 차서 어디에서나 민주화에 관해 이야기했다.

며칠 뒤 광주에서는 반정부 시위 도중 최루탄에 머리를 맞아 숨진 연세대 학생 이한열의 장례식이 예정되어 있었다. 나는 장례식을 보도하기 위해 광주로 갔다. 수만 명의 시민이 이한열의 시신을 들고 광주항쟁의 희생자들이 많이 묻힌 망월동 묘지까지 행진했다. 그 시신은 연세대 학생들에 의해 서울에서부터 열차로 운반

　　　　　　　　　　　나의 살던 고향, 고요한 아침의 나라

된 후 3시간 동안의 행진을 마치고 보름달 아래 매장되었다. 장례 행렬이 지나갈 때 시민들은 대로에 나와 추모했다. 그들 중 몇몇은 몇 시간 동안 기다리고 있었다. 검은색과 흰색 상복을 입은 연세대 학생들이 교통을 안내했다. 장례식으로 향하는 사람들이 너무 많아서 우리 일행은 차를 멀리 떨어진 곳에 두고 구불구불한 비포장 도로를 따라 걸어서 묘지로 가야 했다. 걸어가던 중 나는 이한열의 어린 시절 친구라는 젊은 여성을 만났다. 카페에서 일하던 한곽석 씨는 근무 시간 중 직장에서 나와 택시를 타고 묘지에 가서 작별 인사를 했다고 했다. 그녀는 어릴 적 이후로 만나지 못했던 친구에 대해 말하면서 눈물을 닦았다. 장례식이 끝난 이후 그녀는 내가 묵고 있던 호텔로 와서 저녁을 함께 먹고, 내가 방에서 기사를 쓰는 동안 밖에 나가 시위에 참여하겠다고 했다. 그녀는 내 방독면을 챙겨서 나갔고 내가 기사를 정리할 동안 여러 차례 돌아와 일이 어떻게 진행되고 있는지 알려주었다. 자정이 다 되어 내가 밖으로 나갔을 때 묘지에 갔던 사람들은 호텔 근처 시청 앞에 모여 있었다. 그들은 이날 시위행진에서 그 세대의 한국인들이라면 모두가 알고 있고 좋아하는 〈우리의 소원〉을 불렀다. 시위대는 새벽까지 남아있었다.

아침 늦은 시간 나는 한국에서 두 번째로 큰 도시이자 반미 운동의 온상지인 부산으로 향했다. 그 무렵 학생, 지식인, 노동자들 사이에 자리 잡고 커가고 있던 반미주의에 관한 기사를 쓰고 싶었기 때문이다. 부산에서는 급진적인 학생들이 미국문화원 건물에 불을 지른 사건이 있었다. 남쪽으로 향하는 중 나는 한국전쟁 당시 '자유 열차' 지붕에 타서 부산으로 갔던 일이 떠올랐다. 지금처럼 그때도 조국은 갈림길에 서 있었다. 그때는 공산주의 침략으로부터의 생존이었고, 지금은 한국의 미래와 국민의 열망이었다. 전쟁의 잔해 속에서 '경제 기적'을 이루기 위해 노력했던 이들은 이제 '정치적 기적'을 요구했다.

50년대 초로 거슬러 올라가면 먼지투성이의 도로는 소달구지 그리고 등과 머리 위에 보따리를 지고 가는 피난민들로 가득했다. 배고픈 아기들은 어머니의 말라버린 가슴을 빨며 울었다. 많은 여성이 영양실조에 걸려 자녀들도 돌볼 수 없었다. 포장도로는 거의 없었고, 대부분 도로는 자동차 한 대가 겨우 지나갈 수 있을 정도로 좁았다. 피난민들은 병사들이 지나갈 공간을 확보하기 위해 도랑으로 밀려났다. 한국인들은 너무 가난했기에 미군 쓰레기통에서 남은 음식을 수거해 '꿀꿀이죽'을 끓여 먹었다. 장작으로 사용하기 위해 나무를 베어내 산은 민둥산이 되었고, 강과 개울은 목욕탕이나 빨래방이 되었다. 그리고 비료로 사용되던 배설물 냄새가 공기 중에 가득했다.

37년이 지난 지금 나는 차 안에서 나무가 우거진 산을 보고 있었다. 저지대에는 수 킬로미터의 논이 녹색 카펫처럼 펼쳐져 있었다. 과거에는 남성들이 그 논에서 일했지만, 이제 그들은 공장에서 자동차, 컴퓨터, 배를 만들고 있었기 때문에 지금은 여성들이 일하고 있었다. 이제 그 위태로웠던 좁은 길은 찾기 어려웠다. 현대식

　　　　　나의 살던 고향, 고요한 아침의 나라

고속도로가 낡은 도로를 대체했다. 새로운 고속도로에는 아카시아, 포플러, 단풍나무, 대나무 숲 그리고 분홍색과 흰색의 코스모스가 늘어서 있었다. 화학 비료를 사용했기 때문에, 이제 더 이상 분뇨의 악취도 나지 않았다.

"십 년이면 강산이 변한다"라는 한국의 속담이 진실처럼 여겨졌다. 정말로 모든 게 달라져 있었다. 나는 지나간 날들에 대한 향수, 국가의 번영에 대한 행복 그리고 진보된 기술의 무분별한 수용에 대한 두려움 등의 복잡한 감정을 느꼈다. 한국인들은 아직 그 점에 대해 걱정하고 있지 않는 것 같았지만, 캘리포니아에서 온 나는 한국이 기술을 사용하느라 환경을 오염시킨 다른 나라들의 실수를 되풀이하지 않기를 바랐다. 이번 여행에서 본 모습들이 37년 전의 오래된 이미지와 중첩되었다. 내가 가는 곳 어디에서나 한국인들은 음식과 피난처가 아닌 자유와 민주주의에 관해 이야기했다. 얼마 전까지 한국인들은 생존을 위해 노력하고 북한의 위협에 대해 걱정하느라 자유와 민주주의와 같은 사치스러운 개념을 이야기하지 못했었다. 그러나 급부상한 교육받은 중산층은 민주 정부를 갈망했다. 그들은 오랫동안 민주주의를 위해 노력하지 않았다는 사실에 당황해하며 분노했다.

"전두환 대통령이 퇴임해야 한다"는 이야기가 거리와 집들에서 들려왔다. 여당의 대통령 후보였던 노태우 역시 마찬가지였다. 사람들은 광주학살에 대한 책임을 그들에게 물었다.

"어떻게 죗값을 치를 거야?"

전두환이 파견한 병사에 의해 아들이 살해당한 마흔일곱 살의 광주의 어머니 구순악 씨가 물었다.

기사를 위해 인터뷰했던 일흔다섯 살의 홍남순 변호사도 기억에 남는다. 홍 씨는 광주항쟁의 대부로 알려져 있었고, 젊은 반체제 인사들이 그를 따랐다. 그 세대와 사회 계층에는 홍 씨와 같은 사람이 거의 없었기 때문에 그는 눈에 띄었다. 민주화가 대중화되기 훨씬 이전부터 그는 자기 삶과 직업, 개인과 가족의 안락함을 내어놓고 정부에 도전했다. 그는 자기 마지막 25년을 정부와 싸우는 데 바쳤다. 1980년에 반정부 혐의로 종신형을 선고받았지만, 긴 법정 투정 끝에 감옥에서 복역 후 2년 만에 출소했다.

내가 방문했을 때 홍 씨는 온돌바닥에 대나무 돗자리를 깔고 앉아있었다. 그는 긴 바지와 옅은 모시 남방의 여름옷을 입고 있었다. 파란만장한 한국의 현대사를 모두 살아온 홍 씨는 자신은 조국의 미래에 대해 '낙관적'이라며 10년만 더 있으면 민주주의가 실현될 것이라고 말했다. 그는 민주주의에 대한 한국인들의 열망이 미국 신문에 실리고 있어 기쁘다고 말했다.

"우리를 도와주십시오."

홍 변호사는 내게 다시 돌아와 또 보자고 했다.

장 폴 사르트르의 얼굴을 떠올리게 하는 부산의 조태원 씨는 10년 전 부산대학교에 재학 도중 반정부 시위에 연루되어 정상적인 삶을 살지 못하고 또 제대로 된 일자리를 찾지도 못하게 되었다고 말했다. 그는 전쟁과 그에 따른 기아에 대한 기억이 없는 새로

 나의 살던 고향, 고요한 아침의 나라

운 세대의 한국인 중 한 명이었다. 그 시대의 허기진 고통을 겪지
않고 성장한 새로운 세대가 있다는 것을 믿기 어려웠다. 조 씨와
그의 친구들은 한국인들이 자신이 운명을 통제할 수 있어야 한다
고 말했다. 그들은 나이 든 사람들이 미국에 감사하고, 미국에 의
지하려는 것은 어리석은 일이라고 말했다. 나의 일과 사생활이 교
차하는 지점이었다. 나는 내부자의 관점에서 개인적인 견해를 제
공할 수 있었다. 하지만 미국 신문사에서 일하지 않았다면 그 이야
기를 전해줄 수 있는 수단이 없었을 것이다. 그 순간 나는 내가 가
진 특권을 자각했고, 문화 교차 기사를 번역하여 싣겠다는 결심을
했다. 그렇게 할 수 있는 위치에 있는 유일한 한국계 미국인 기자
가 보로 나 자신이라는 생각이 들었기 때문이다. 그것은 내게 부
담되는 일이면서 동시에 내게 부여된 임무이기도 했다.

　남부 지방으로의 여행은 나를 강씨 가문의 본향인 한국 남동쪽
끝에 있는 해안 도시 진주에 데려다주었다. 도착했을 때는 황혼이
질 무렵이었다. 진주에서 처음 들른 곳은 산을 깎아 만든 공원이었
다. 그곳에서 나는 진주에 관한 옛 노래를 생각하며 시와 바다를
내려다보고 서 있었다. 한국의 모든 학생은 16세기 애국심이 가
득했던 논개라는 기생이 일본 장군과 함께 물속으로 뛰어든 사건
과 관련해 진주에 대해 알고 있었다. 그 순간이 내 인생에서 얼마
나 역사적인 시점인지 생각해 보았다. 조상들과 어떤 인연을 맺을
수 있다는 기대에 흥분으로 가득 차 있었다. 6세기도 전에 그들은
더 나은 삶을 찾기 위해 이 해안을 떠나 북쪽의 함경도로 갔다. 후

덥지근한 여름밤 언덕 위에 서서 나는 나의 옛 선조들이 이곳에서 걸어 다니고, 게 농사를 짓고, 물고기를 잡고, 초가지붕을 수리하는 모습들을 상상했다. 강씨 가문의 도시는 올곧고 완고하기로 유명했다. 몇몇 질문들을 하며 나는 수리가 필요해 보이는 낡은 나무 문에 다다랐다. 그곳이 강씨 가문의 종갓집이었을까? 기울어진 현관이 무슨 징조였는지 몰라도 이 일가는 어려움을 겪고 있는 것이 분명했다. 나는 삐걱거리는 대문을 밀치고 안으로 들어갔다.

오래된 대문 뒤편에 슬레이트 색 지붕의 오래된 조선시대 전통 가옥 세 채가 눈에 들어왔다. 마당에는 분홍색 봉숭아들이 피어있었다. 아직 긴 여정과 써야 할 기사들이 남아있는 것을 알았지만 나는 그곳에서 하룻밤을 보내고 싶은 마음이 들었다. 그 집 중 한 채의 창문에 불빛이 비쳤다.

"누구 계십니까?"

내가 다가가 물었다.

"누구십니까?"

문 뒤에서 한 남자의 목소리가 들려왔다.

"저도 강씨 가문의 사람인데 멀리에서 왔습니다."

내가 대답하며 말했다.

내가 베란다로 다가가자 일찍 잠자리에 들었던 것으로 보이는 세 사람이 밖으로 나왔다.

내게 대답했던 남자는 한국 전통의 긴 여름 면바지를 입고 있었다. 여자와 소녀는 서양식 옷을 입고 있었다.

　　　　　　　나의 살던 고향, 고요한 아침의 나라

미국에서는 밤에 낯선 사람의 집을 찾아가는 것을 주저하게 되지만, 그곳에서는 조금도 두렵지 않았다. 나는 미국 신문에 기사를 쓰기 위해 부산에 가는 길이며, 진주가 강씨 가문의 고향이기 때문에 들렀다고 설명했다.

"이런 귀한 손님이!"

그의 아내가 부채를 꺼내다 주며 말했다.

그 남자는 강씨 가문의 가업을 책임지고 있었다. 그리고 자신의 이름이 실제로는 강 씨가 아니라 박 씨라고 하면서, 이내 강씨 가문의 최고 어른이자 학자인 어르신을 모셔 왔다.

근처에 살고 있던 강 씨 어르신이 도착했다. 그는 다정한 사람이었다. 조상의 이름을 묻자, 나는 고조할아버지 강수일의 존함을 댔다. 하지만 항렬을 따라 이름을 짓는 전통적인 방식을 따르지 않았기 때문에 어르신이 이름만으로 내가 어느 항렬에 속하는지를 선뜻 추론할 수 없었다. 내가 가문의 족보 중 어디에 속하는지 정확히 알기 위해서 다음에는 내 조상의 이름을 모두 알아 오기로 약속했다.

그의 이야기를 듣는 동안 모기들이 다리를 물어뜯으며 잔치를 벌였다. 모기를 쫓기 위해서 노력했지만, 어르신은 그런 작은 불편도 잊은 듯 보였다. 먼 친척인 내게 가르침을 주는 데 열심인 그에게 고마운 마음이 들었다. 그날 저녁에 나는 진주에 강씨 가문이 오천 가구가 살고 있고, 월간 소식지를 만들고 있다는 것을 알게 되었다. 신문에 언급된 사람들이 모두 강씨 성을 가지고 있다는 게 놀라웠다. 나는 그곳에서 발견한 것들에 기뻐하며 그곳이 나의 또 다른 세계인 것 같았다. 150만 명 이상의 한국인이 강씨 성을 가지고 있었는데, 이는 일곱째로 많은 성이었다. 어르신은 내가 진주에 머무는 시간이 짧은 것을 알고 도시 위 높은 언덕에 자리 잡은 강씨 가문의 종묘로 안내했다.

"네가 먼 곳에서 왔기 때문에 특별히 이렇게 해주는 거야."

노인이 말했다.

테니스화를 신은 그는 젊은 산악인과 같은 기운으로 가파른 언덕을 걸어 올라갔다. 나는 간신히 따라갈 수 있었다. 그는 잠시도 허비하지 않고 언덕을 올라가는 내내 가문의 역사를 설명했다. 정상에 이르렀을 때 어르신은 관리인을 불러 문을 열고 나를 큰 방으로 안내해 주었다. 그곳에는 강씨 가문 선조의 초상화가 벽에 걸려 있었다. 나는 향은 피웠지만, 초상화에 절을 하지는 않았다. 대신, 실내화를 신고 바깥으로 나가 아래쪽에 펼쳐진 진주의 숨 막히는 경치를 바라보았다.

은빛 구름 사이로 보름달이 비쳐와 몽환적인 분위기를 더했다. 새롭게 찾은 친족과 함께 산비탈을 내려가면서 나는 언젠가 진주로 돌아오겠다고 다짐했다.

"다음에 올 때는 조상들의 이름들을 알아 오거라."

그는 작별을 고하며 말했다.

"네 혈통을 13세기까지도 거슬러 올라갈 수 있어. 곧 돌아오너라."

부산에서 반체제 인사와 노동자들을 만난 후 다음 날 저녁 서울로 돌아가면서, 한국의 여름 혁명과 이를 보도하기 위해 내가 그곳에 갔던 것이 마치 나를 재발견하는 여정이 된 것 같은 느낌이 들었다. 나는 한국인으로서뿐만 아니라 미국인이자 언론인으로 그곳에 갔다. 나는 고향에 있는 독자들을 염두에 두고 신경을 쓰긴 했지만, 그 일을 객관적으로 연구하여 기사를 썼다. 내 감정으로 인해 보도가 치우치게 할 수는 없었다. 짧은 몇 주 동안 나는 서울에서 민주화 시위자들이 전두환에게 양보를 이끌어내고, 이에 따라 행복해하는 것을 목격했다. 국제 언론에 많이 보도된 이 운동을 따라갔고, 전두환의 전경에 의해 살해된 대학생의 장엄한 장례를 보도하기 위해 광주에 갔다. 부산으로의 여행은 1952년 10월 달빛이 비치던 그 밤에 밀항하는 배를 타고 그 항구 도시를 떠난 이후 내가 어떻게 살아왔는지를 떠올리게 하는 옛 기억을 불러일으켰다. 그리고 마지막 진주로의 여행은 내게 뿌리를 일깨워주었다.

7월 말 시원하고 안개가 자욱한 샌프란시스코로 돌아온 나는 잠기지 않는 수도꼭지 같은 기분이 들었다. 쓸 이야기들이 너무 많았다. 때때로 한국인에 관한 다른 기사를 쓸 구실을 찾기 위해 그 것들을 재미교포들과 연결 지었다. 그러나 지금쯤 한국은 〈샌프란시스코 이그재미너〉의 인식 속에 확고히 자리 잡고 있었다. 한가한 시간에 나는 한국과 미국에서 한국 신문 기사를 쓰기도 했다.

운명이었는지, 이 기간에 〈이그재미너〉의 임원들은 아시아에 지국을 개설하는 것을 진지하게 고려하고 있었다. 아시아 인구가 샌프란시스코 인구의 3분의 1에 이를 정도로 많고, 지리적으로 아시아와 가깝고, 아시아와의 무역이 증가하고 있는 상황에서 아시아에 우리 기자가 있는 것은 타당했다. 7월 말 내가 귀국한 후에도 많은 미국 신문사의 기자들이 한국에서 기사를 내보내고 있었다. 서울 올림픽이 코앞으로 다가오며 서울에 관한 기사가 급증했다. 나는 비용이 얼마나 들고 왜 그것이 가치 있는 제안인지를 포함하여 서울에 사무소를 개설하자는 제안서를 올리고, 최고 편집자들의 결정을 기다렸다. 기대했던 대로 그들은 〈샌프란시스코 이그재미너〉 서울 지국을 개설하자는 제안을 승인했다. 정태윤 〈코리아타임스〉 사장의 도움으로 나는 〈코리아타임스〉 사무실을 빌려 전화와 팩스를 연결했다. 한국 정부의 관료주의로 인해 지국을 개설하는 건 어려운 일이었지만, 그것이 나에게 의미하는 바를 고려하면 가치 있는 일이었다. 꿈이 이루어진 것인데 더 이상 무엇을 더 요구하겠는가? 나는 다시 서울에 살면서 고향의 이야기를 전적으로 쓸 것이라는 전망에 신이 났다. 내가 맡아 처리하던 아파트 관리와 같은 걱정거리에도 불구하고, 부모도 기뻐했고 동생도 도와주겠다고 했다. 파리나 런던으로 이사 가는 것이었다면 아마 다르게 느꼈을 것이다. 그러나 서울에서 내가 할 업무를 통해 그들 역시 한국에 간접적으로 함께 가고 있었다. 나는 이 기회가 하나님으로부터의 선물이라고 생각했다. 유니온스퀘어에 있는 백화점인 삭스핍스애비뉴에 가서 겨울 코트와 캐시미어가 들어간 줄무늬 가죽 장갑을 산 다음 서울로 향했다.

                                    나의 살던 고향, 고요한 아침의 나라

1987년 12월 초 서울에 도착해 외신 기자단이 즐겨 찾던 웨스
틴조선호텔에 체크인했을 때는 대통령 선거운동이 한창이었다.
세 명의 김 씨 후보들이 노태우를 상대로 출마하면서 도시 전체가
매일 선거운동 확성기로 떠들썩했다. 불같은 웅변가였던 야당 대
표 김대중이 엄청난 인파를 끌어모았고, 한동안 그의 승리가 유력
해 보였다. 그러나 중상류층은 김대중이 너무 급진적이라고 생각
해 김영삼을 선호했다. 그리고 뒤에 박정희 정권에서 미심쩍은 경
력을 가진 김종필이 있었다. 많은 사람이 김종필의 입후보에 경악
했다. 감히 대통령선거에 출마하다니! 중앙정보부의 설립자로서
그는 박정희 정권과 그의 만행에 연루되어 있었다. 중앙정보부는
반체제 인사들을 고문하는 것으로 악명이 높았다. 그러나 그는 옛
박정희 지지자들 사이에 지지받고 있었다. 유일한 쟁점은 또 다른

군부 출신이 선출될 것인가 하는 것이었다.

16년 만의 자유 대통령 선거를 사흘 앞둔 12월 13일 나는 서울의 한 동네 목욕탕에 가서 사람들의 생각을 알아봤다. 다른 외국의 특파원들은 기사를 위해 한국 목욕탕에 가지는 않으리라 생각했다. 동네 목욕탕에서도 대통령 선거가 화제였다. 목욕탕의 주인 신한복 씨는 정치인뿐만 아니라 학생들에게도 혐오감을 느낀다고 말했다. 그녀는 지난 며칠간 대통령 선거운동을 망쳐놓은 폭력 사태를 언급하며 말했다.

"내가 한국인인 것이 부끄럽다."

그리고 외신의 취재로 인해 해외에서 한국인에 대해 나쁜 인상을 가지게 될까 우려된다고 했다.

"세계의 모든 이목이 한국에 쏠리고 있다고 들었는데, 이 사람들이 얼마나 엉망으로 만들고 있는지 좀 봐요."

이어서 이렇게 말했다.

"88올림픽이 열리면 사람들은 좀 더 세계적인 마인드를 갖게 될 거라고 생각하겠지요. 글쎄, 내가 말했듯이 한국인은 항상 한국인이에요. 한국인들은 너무 많은 자유를 감당할 수가 없어요. 그게 내 솔직한 의견이에요. 때때로 나는 우리가 독재를 당할만하다고 생각해요. 사실대로 말하자면 우리 같은 서민들은 시위와 폭력, 혼란에 진저리가 나요. 화염병과 최루탄은 정직하게 살려고 하는 우리 같은 사람들에게 좋지 않아요."

그녀는 공부해야 하는 시기에 시위만 하는 학생들을 질책했다.

  나의 살던 고향, 고요한 아침의 나라

정부에 대해서는 자신과 같은 사람들에게 안정이 보장되는 한 누가 권력을 잡고 있는지는 중요하지 않다고 말했다. 그녀는 계산소에 앉아 손님들로부터 요금을 징수하며 텔레비전을 통해 행사가 진행되는 것을 보고 있었다.

이어서 택시를 타고 돈암동으로 가서 석훈 삼촌 집 근처의 목욕탕에도 갔다. 거기서도 정치가 화제였다. 탈의실에 있는 텔레비전은 큰 소리로 틀어져 있었다. 그리고 밖에서는 후보자들이 확성기를 이용하여 시끄럽게 유세하는 소리가 들려왔다.

목욕탕 안은 덥고 김이 모락모락 났다. 온탕에 몸을 담그자, 모공에서 몇 주 동안 쌓인 최루탄 찌꺼기가 빠져나오는 것 같았다. 한국인들이 평균 90분가량을 목욕탕에서 보내는 데는 그럴만한 이유가 있다는 생각이 들었다. 2미터쯤 떨어진 곳에서는 두 중년 여성이 정치와 식료품 가격의 관계에 관해 이야기를 나누고 있었다. 그 여성들은 쌀값 상승과 한국 주식에 대한 재고 필요성에 대해 논의하고 있었다. 쌀이 여전히 한국 가정의 행복을 측정하는 척도였다는 사실이 인상적이었다. 대통령 선거운동으로 많은 돈이 유통되며 인플레이션이 만연했다.

그해 여름, 가을, 겨울의 행사는 재외동포 커뮤니티에서 남다른 관심을 받았다. 서울에서 위성을 통해 전달되는 미국판 주요 한글 신문은 국내 정치에 대한 뉴스들로 가득했다. 한국인들은 많은 다른 나라의 이민자 그룹들보다 더 미국과 동시에 모국에 걸쳐 살고 있었다. 그들의 80% 이상이 한국에서 태어났고, 그들 중 절반은 미국에 온 지 15년도 채 안 된 사람들이었기 때문이다. 그들은 물리적으로는 한국을 떠났을지 모르지만, 그들의 마음은 여전히 그곳에 있었다. 그 떠들썩한 몇 주 동안 미국에 있는 한국인들은 마치 자신들이 최루탄을 맛보고 냄새를 맡을 수 있는 것처럼 이야기를 나누었다. 이들은 돈을 모금하여 미국 정부에 로비했으며, 로스앤젤레스와 샌프란시스코에서 당파 시위에 참여했고, 한국에 있는 친척, 동창, 친구들과 계속해서 연락했다.

1987년 12월 선거는 역사적인 사건이었다. 박정희 대통령이 대통령 직선제를 폐지한 이후 16년 만에 시행된 최초의 대통령 직접 선거였다. 또한 이것은 대선 후보들이 전두환이 직접 뽑은 후계자를 상대로 벌이는 첫 경쟁이었다. 그러나 결과는 실망스러웠다. 예상했던 대로 노태우가 당선되었다. 이는 김대중, 김영삼 후보가 반대표를 나눠 가졌기 때문에 발생한 일이었다. 몇 년 동안 한국인들은 '군사정권'을 끝내기 위해 싸우고 피를 흘렸다. 그러나 마침내 기회를 얻었을 때 대통령이 되기를 열망하던 두 야당 후보는 누구도 승리를 위해 양보하지 않았다. 많은 사람이 두 후보를 비난했다.

남한 사람들은 1992년 12월 최초의 민간 대통령을 선출하기 전에 노태우 군사정권 아래에서 또 다른 5년을 보내야 했다. 김영삼은 여당에 입당하여 승리를 거두었다.

선거 며칠 후 나는 관공서, 미국 대사관 그리고 주요 신문사, 식당, 가게들까지 걸어갈 수 있는 거리에 있는 시내의 아파트를 찾았

　　　　　　나의 살던 고향, 고요한 아침의 나라

다. 1만2천 달러의 전세금을 지불했는데, 큰 금액이었지만 서울에서는 일반적인 수준이었다. 1월 초 나는 생활용품 일부를 서울로 보내기 위해 샌프란시스코에 다녀왔다. 서울에 있는 조사국은 11월부터 정식으로 문을 열었지만, 1월이 되어서야 나는 20년 만에 진정한 서울 거주자가 되었다. 소음에 익숙해지는 데는 시간이 좀 걸렸다. 서울은 잠들지 않는 도시였다. 포장마차가 문을 닫는 새벽 2시가 넘도록 내 2층 창문 밑에서는 술에 취한 남자들이 노래를 부르거나 싸움하는 소리가 들려오곤 했다. 잠잘 준비를 하는 10시쯤에는 시내의 도로 공사가 이루어졌다. 그리고 서울의 다른 오래된 아파트 주민들처럼 곳곳에 널려있는 바퀴벌레와 전쟁을 계속했다. 약이 든 '바퀴벌레 덫'에 대한 수요가 워낙 높아 한동안 동네 슈퍼마켓에서는 대기자 명단까지 만들어졌다. 신문사의 한 친구가 급행 우편으로 바퀴벌레약을 보내주었다. 미국에서 서울로 오는 사람이 있다는 소식을 들을 때마다 나는 바퀴벌레약을 챙겨오라고 이야기했다. 그리고 녹슨 물로 목욕하는 게 일반적이었다.

노태우는 1988년 2월 취임식에서 이렇게 선언했다.

"보통 사람들의 시대가 왔습니다."

나는 국회 의사당 외부의 광활한 대지에서 이를 목격한 2만5천 명 중 한 명이었다. 매서운 한기가 돌았고, 손발이 차가웠다. 그는 장군 출신이지만 그래도 전임자에 비해 나을지도 모른다고 생각했다. 다른 것은 몰라도 노태우는 유권자의 64%가 반대편에 투표했다는 사실을 기억해야 했다.

노태우는 취임사에서 옳은 말을 했고, 바른 방식으로 이를 전달했다. 그는 연단에 있는 다른 관료들과 마찬가지로 평범한 의자에 앉았고, 겉치레를 위한 꽃장식도 없었다. 좋은 제스처라고 나는 생각했다. 그의 당선 이후 이미지 메이커들은 담뱃불도 자기 손으로 직접 붙이지 않던 전임 대통령들과 차별화하여 서류 가방을 든 가식 없고 평범한 사람으로 노태우의 이미지를 만들었다. 전 정권에서의 장관이 마치 민주주의의 승리자처럼 말하는 것을 들으면서 나는 그 상황의 아이러니함과 그의 위선이 놀라웠다.

"힘으로 억압하거나 밀실의 고문이 통하는 시대는 끝났습니다."

그는 자신이 핵심적인 역할을 했던 지난 정부를 분명히 언급하며 말했다.

노태우가 취임하면서 이제 관심은 4월 26일 국회의원 선거로 쏠렸다. 그 선거에는 많은 위험이 도사리고 있었다. 여당으로서는 국회의원 선거가 막대한 권력을 연장할 기회였다. 12월 단합에 실패해 당선 가능성이 떨어진 주요 야당으로서는 5년 동안 여당의 영향력을 약화할 수 있는 마지막 기회였다. 선거일이 다가오면서 주먹다짐, 돌 투척, 심지어 납치 사건까지 발생했다.

여당은 국회의원 선거에서 과반수 득표에 실패했다. 이 선거 결과는 한국 신문들이 '426 쇼크'라 부를 정도로 놀라운 일이었다. 한국 증시는 24% 하락했다. 이는 박정희 대통령 암살 직후와 비슷한 수준이었다. 투표에서 단 한 명의 여성 국회의원도 선출되지 않

 나의 살던 고향, 고요한 아침의 나라

았다는 점에 나는 실망했다. 14명의 여성이 출마했지만, 한국 유권자들은 그들 모두를 거부했다. 내가 몇몇 한국 남성들에게 이런 이야기를 했을 때 그들은 "남성 후보도 떨어진 사람이 많은데, 여자 후보가 걱정되느냐"고 이야기했다. 나는 이 미개인들에게 무슨 말을 더 할 수 있을까, 속으로만 그렇게 생각하고 답하지 않았다.

나는 선거가 끝난 것이 기뻤다. 4개월 사이에 두 번의 선거는 너무 많았다. 벽과 가로등에서 정치 포스터가 제거되고, 선거운동원들이 서로 싸우는 폭력적인 장면이 끝나기를 기다릴 수 없었다. 정치활동 때문에 봄의 즐거움을 거의 놓칠 뻔했다. 선거가 끝날 무렵 벚꽃은 지고 없었다. 그러나 개나리와 진달래는 남아있었고, 라일락은 여전히 향기를 품어냈다. 나는 남은 봄을 음미했다.

6월이 되면 주말에 옛 친구들을 만나고 해변에 갈 수 있는 시간을 가질 수 있기를 바랐지만, 긴장이 다시 고조됐다. 사람들은 박정희와 전두환 정권에서 공론화가 금지되었던 남북통일에 관해 이야기하기 시작했다. 여느 때처럼 학생들이 선봉에 섰다. 그들은 1987년 한 달 동안 계속된 대규모 시위를 하며 전두환이 민주적 개혁을 시작하게 된 지 1주년이 되는 6월 10일 판문점에서 북측 대표들과 회담을 가지라고 요청했다. 남한 정부는 그 회담을 반대했지만, 남한 급진주의자들을 이용하고, 그들을 포용하고자 했던 북한 정권은 이를 수용했다.

정부는 남북 대화가 '단일노선'으로 이루어져야 한다고 주장하며 학생들이 판문점으로 향하는 것을 막겠다고 선언했다. 하지만 학생들은 자신들이 죽더라도 판문점을 향한 '국토종단순례대행진'

나의 살던 고향, 고요한 아침의 나라

이 이루어질 것이라고 말했다. 학생들과 전경들이 대치하는 가운데 서울은 다시 한번 끓는 가마솥이 되었다. 경찰본부는 5만 7천명의 경찰을 연세대학교 등 학교에 급파했고, 이들은 학생들을 제지하기 위해 판문점으로 향하는 모든 도로를 차단했다. 정부 관리들은 학생들이 북한의 선전에 놀아나고 있다고 비난했다. 그러나 학생운동가들은 정부가 말하는 것을 믿지 않았다. 왜냐하면 그들은 북한 주민들의 머리에 뿔이 달린 것처럼 생각하게 했던 정부의 반공 선전에 시달렸기 때문이었다. 학교 관계자들은 최악의 상황을 우려해 본관과 학생회관 주변에 그물과 매트리스를 설치하고 옥상 출입을 차단해 학생들이 뛰어내리는 일이 없도록 했다. 이미 통일을 외치던 4명의 대학생이 건물에서 뛰어내리거나 스스로 불을 질러 목숨을 끊은 상태였다. 그들의 죽음은 토론을 더욱더 격하게 만들었다. 일반인들은 잠재적 인명 피해와 더 많은 페퍼 가스와 차량 정체로 인한 불편을 우려했고, 상인들은 장사하지 못하게 될 것을 걱정했다. 관찰자로서 나는 양측의 부조리를 모두 보았다. 초강대국들이 했던 일을 한국의 학생들이 어떻게 되돌릴 수 있단 말일까? 그러나 그들은 이 분단이 자연스럽지 않다는 모든 한국인의 감정을 표현하고 있었다. 건물에서 뛰어내리거나 불을 지르는 등의 극적인 상황을 만들려는 학생들의 열정은 무시무시했다. 그러나 나는 한국 학생들이 다른 방법으로 외국 언론의 관심을 끌 수 없어서 자신들의 명분을 극대화하는 방법을 선택했다는 것을 깨달았다. 한국 정부는 해외에서의 한국의 이미지, 특히 다가오는 올림픽을 통해 갖게 될 이미지에 관심이 있었다.

대학 캠퍼스의 건물과 벽, 나무에는 "판문점에 가서 북녘 형제들을 껴안자"라는 현수막과 플래카드가 걸려있었다. 캠퍼스 게시판에는 북한의 사진과 미국을 비난하는 성난 메시지가 가득했다. 6월 10일 약 1만 7천 명의 학생들이 판문점을 향해 행진하기 시작했다. 이들은 5만 7천여 명의 전경에 의해 저지되었다. 서울의 일부 지역에는 돌, 벽돌, 깨진 유리가 거리에 널브러졌고, 헬멧을 쓴 전경, 경찰 승합차, 버스 수천 대가 사방에 널려있어 전쟁터처럼 보였다. 많은 주요 도로의 교통이 통제되었다. 전경들은 좁은 뒷골목에서도 경계를 서고 있었다. 100명이 넘는 사람들이 다쳤다. 학생 지도자들은 광복 43주년인 8월 15일에 다시 시도하겠다고 다짐했다.

그날 나는 학생들의 제안으로 아침 일찍 연세대학교 캠퍼스에 가서 판문점 행진을 지켜봤다. 캠퍼스에는 붉은 장미와 분홍색 장미가 활짝 피어있었다. 때아닌 오염되지 않은 공기 속에서 나는 그 향기를 맡을 수 있었다. 무더위 속 나무 사이에서는 매미들이 큰 소리로 울고 있었다. 여름방학을 맞아 학교는 방학에 들어갔음에도 불구하고 전국에서 수천 명의 학생이 모여 집회를 가진 후 판문점으로 향했다. 캠퍼스를 둘러싸고 있는 전경들에 의해 행진이 차단될 것임을 모두가 알고 있었다. 하지만 한국인들은 구경거리를 좋아했다. 나이 든 여성들과 심지어 아기를 데리고 온 젊은 어머니까지도 구경하기 위해 캠퍼스로 모였다.

북과 꽹과리를 치며 3천여 명의 학생들이 연세대학교 정문 바깥으로 행진을 시도했으나 진압 차량으로 페퍼포그를 쏘는 전경의 봉쇄에 맞닥뜨렸다. 질식성 가스의 짙은 구름이 캠퍼스를 감쌌다. 학생들은 약 3시간 동안 경찰과 싸우며 계속해서 앞으로 나아갔다. 그들은 처음에는 비폭력을 유지하겠다는 약속을 지켰고, 화염병을 던지지 않았다. 그러나 충돌이 격렬해지고 경찰들이 이들을 구타하기 시작하자 학생들은 화염병과 돌멩이로 대응했다.

"광복절을 축하하는 방법도 참 대단하구나."

대학 관계자가 안타까운 표정을 지으며 이야기했다.

"지도자들의 무능함 때문에 이렇게 청년들을 잃고 있구나."

두 달 전만 해도 학생들은 전경의 상대가 되지 못했다. 정부는 서울에 2만2천 명의 경찰을 배치했고, 연세대학교 캠퍼스 주변에 3천 명을 배치했다. 행진을 지휘했던 전국대학생대표자협의회 의장 등 수백 명의 학생이 체포됐다. 부조리극과 같았다.

투영 깨끗한 이미지의

서울 올림픽이 한 달 앞으로 다가오면서 올림픽 카운트다운 열기가 서울을 사로잡기 시작했다. 라디오 방송국은 서울 시민들이 올림픽 동안 기대되는 방문객들과 어떻게 의사소통하는지 배울 수 있도록 하루에 몇 번씩 영어 수업을 송출했다. 택시 회사와 백화점은 그들의 직원을 위한 영어 수업을 열었다. 라디오와 텔레비전을 통한 공익 광고는 한국인들이 '최선을 다해' 올림픽 개최국에 걸맞은 국민으로서 행동할 것을 촉구했다.

서울의 '깨끗한' 이미지를 보여주기 위해 9월 15일부터 10월 2일까지 경기 동안 수천 명의 노점상이 영업하지 못하도록 했다. 노점상들은 저항했다.

"가난한 사람들을 괴롭히지 말라!"

수천 명이 시위를 벌이며 요구했다.

나의 살던 고향, 고요한 아침의 나라

"올림픽과 개인의 생존권 중 어떤 것이 더 중요하냐?"

한 노점 상인은 내가 참석했던 집회에서 외쳤다.

"우리는 가난하지만, 우리가 번 돈으로 먹고살고 싶다."

노점상들의 시위는 영향력 있는 신문사의 기자들이 그들을 변호하도록 고무했다. 한 칼럼니스트는 정부가 노점상들을 관광 명소로 바꾸어 노점상들을 자본화할 것을 제안했다. 그러나 노점상들은 패배했고, 영업은 금지당했다.

패배한 또 다른 이들이 있었다. 개고기 요리를 내는 식당들은 영국과 미국 동물보호단체들의 압력으로 올림픽 기간 내내 폐쇄되었다. 7월과 8월에 외신 기자들이 개고기 요리에 관한 기사를 너무 많이 쓴 나머지, 마치 한국인이 하루에 세 번 개고기를 먹는 것 같았다. 이 이야기들로 인해 야기된 논쟁은 상당했다. 불행히도 이는 내게 신문사가 특별히 부탁한 몇 안 되는 기사 중 하나였다. 나는 그 아이디어가 마음에 들지 않아 편집을 계속 미뤘다. 이는 서구 언론들이 외국의 선정적인 모습을 확대해서 보여주는 불쾌한 예시였다. 다른 사람들의 문화를 조롱하는 이야기들은 매력적이지 않다는 것이 내 생각이었다. 그러나 개고기에 관한 기사는 〈시카고 트리뷴〉을 비롯한 주요 신문들에도 실리기 시작했다. 편집자들을 나를 독촉하기 위해 그 기사들을 팩스로 보내왔다. 결국 나는 서양 기자들보다 내가 조금 더 이해심 있게 그 주제에 대해 글을 쓸 수 있다고 합리화하며 항복했다.

2주 전 나는 한국 중년 남성들 사이에서 특별한 개고기로 유명한 구도심에 있는 '행복의 집'에 갔었다. 기사를 쓰기 위해서는 개고기를 경험해 보아야 할 것 같아서 나는 친구에게 함께 가달라고 부탁했다. 친구는 가끔 일이 끝나고 보신탕을 먹는다고 했다. 그는 왜 그렇게 많은 외국인이 개고기에 대해 분노하는지 모르겠다고 말했다.

"한국인들은 애완견을 먹는 게 아니야."

그는 개고기 요리를 위한 특별한 품종이 따로 있다고 설명했다.

"그리고 소, 돼지, 양고기를 먹는 사람들은 개고기를 먹는 사람들을 놀리면 안 되지."

나는 그에게 동의했다.

다음 날 나는 개고기가 팔리는 큰 시장에 가서 보신탕을 파는 식당들의 주인들과 그 가게들의 손님들을 인터뷰했다. 수 세기 동안 일부 한국인들이 개고기가 체력과 힘을 주는 특별한 치료 효과가 있다고 생각했음을 배웠다. 나는 어떻게 개고기가 한국에서 별미가 되었는지에 대한 흥미로운 역사가 담긴 긴 기사를 작성했다 그러나 그 기사를 생각할 때마다 나는 여전히 움츠러들게 된다. 그 기사는 가장 나쁜 미국 언론의 전형이었기 때문이다.

정부 당국자들은 외국 특파원들과의 숨바꼭질에 실패했다. 관계자들은 남부지역의 올림픽 마라톤 코스를 따라 길게 늘어선 판자촌을 숨기기 위해 벽을 세우는 것이 좋겠다고 결정했다. 한 영국 기자가 이를 발견하고 정부를 놀리는 기사를 썼다. 곧이어 수많은 외신 기자가 현장에 출동했다. 그들은 벽뿐만 아니라 정부가 숨기

    나의 살던 고향, 고요한 아침의 나라

고 싶었던 보기 흉한 집들의 사진을 찍었다.

이것은 개고기와 관련된 논란 이후에 나와서 한국 사람들을 화나게 했다.

"나는 외신 기자들의 동기가 무엇인지 이해할 수가 없어."

서울 주요 일간지의 한국 기자가 말했다.

"저 사람들이 한국인이 외부에 보여주고 싶어 하지 않는 것들을 들춰내는 목적이 뭐야?"

개고기와 판자촌 사건에도 불구하고 6년 동안 한국의 공식적인 관심사였던 제24회 올림픽은 9월 17일 오전 11시에 시작되었다. 서방 세계에 전쟁고아와 소작농의 이미지가 강했던 한국으로서는 올림픽이 누군가의 희생이 있어야 하는 특별한 일이었다.

하룻밤 비가 내린 후 하늘은 맑고 푸르렀다. 한강 위에 무지개가 잠깐 나타났다. 이것은 한국인들에게 좋은 징조였다. 올림픽 경기장 안의 10만 명의 관중 중 한 사람으로서, 나는 한국인으로서뿐만 아니라 미국인이자 언론인으로서 이 역사적인 순간을 목격하고 있었다. 개막식은 한국뿐만 아니라 해외에 있는 수백만 명의 한국인 모두에게 감동적인 순간이었다.

"우리가 해냈어!"

개회식 때 옆자리에 앉은 한 여성이 말했다.

"오늘은 한국인이라는 사실이 자랑스럽다. 모든 어려움을 극복하고 우리가 해냈다."

곳곳에 있는 수백만의 한국인들에게 9월 17일은 기쁨의 눈물을 흘리는 계기가 되기도 했다. 한국인들에게 순수한 기쁨이란 감정은 없었다. 행복은 슬픔과 함께 찾아오는 것이었다.

내가 대화했던 사람들은 모두 감정에 북받쳤다.

해외에서 온 많은 기자는 올림픽을 한국의 '커밍아웃 파티'라고 불렀다. 정말 그랬다. 세계가 서울로 왔고, 서울은 세계로 뻗어나가고 있었다. 한국적 모티브를 살린 10만 석 규모의 올림픽 경기장에 앉은 내 기분도 들떴다. 박수의 소리와 지속 기간으로 측정한다면 미국이 한국의 최우방국이었다. 미국 선수단 612명의 입장은 한국인 선수단을 제외한 그 어느 팀보다 많은 환호와 긴 박수로 환영받았다. 급진적인 학생들과 지식인들 사이에 반미 감정이 강했을지 모르지만, 다른 대부분 한국인은 여전히 미국에 호의적이었다. 마지막으로 한국의 467인의 선수가 경기장에 들어섰을 때 옆자리에 앉아있던 한 한국인 할아버지는 눈물을 흘리며 고개를 끄덕였다. 한국인들은 올림픽 동안 세계 시민들의 놀라운 모습을 보았다. 세계 각국에서 온 수많은 사람은 한국인들에게 생에 처음으로 세계 구성원의 다양성을 느낄 기회를 주었다.

많은 사람이 자신과 다른 사람들로 인해 즐거워하고 놀랐다. 신문에는 다양한 복장을 한 방문객들의 사진이 가득 실렸다. 유력 신문의 1면에는 여러 색으로 앞머리를 물들인 한 미국 올림픽 대표팀의 한 선수 사진이 실렸다. 탱크톱, 아주 짧은 반바지, 타이즈 차림의 서양 여성들의 사진들도 현지 사진사들의 눈길을 끌었다. 호피 무늬의 딱 달라붙는 옷을 입은 서양 여성의 사진이 많은 신문

　　　　　나의 살던 고향, 고요한 아침의 나라

에 실렸다.

경기 시작으로부터 11일 후 한국인들은 그들의 가장 중요한 명절인 추석을 쇠기 위해 연휴를 가졌다. 사람들이 자동차, 버스, 기차, 비행기를 타고 고향으로 떠나며 1,100만 명의 서울 인구 중 3분의 1이 빠져나갔다. 한국인들에게 고향은 서울이 아니라 감나무와 소나무 숲, 논, 개울이 어우러진 시골 마을이다. 차들이 많이 내려가고, 가을의 맑은 공기를 느낄 수 있었고, 시가지를 둘러싼 맑은 하늘과 산을 볼 수 있었다. 옛날로 돌아간 것처럼 느껴졌다. 화려한 올림픽 시설과 호텔이 한국의 새로운 면모를 보여줬다면 추석은 옛 모습을 보여줬다. 한국의 두 측면, 즉 전통과 새로움이라는 두 측면이 조화와 갈등 속에 공존했다. 그러나 한국인들은 둘 중 하나를 선택해야 할 때 보통 전통을 선택했다. 24회 올림픽 기간에도 추석을 쇠기로 함으로써 평형을 되찾을 기회를 주었다.

한국인들에게 있어 7년간 55억 달러를 들인 올림픽의 성공적인 개최에 따른 가장 큰 부수적인 효과는 올림픽이 그들을 지도에 올려놓았다는 것이다. 국민에게 가장 중요한 것은 그들의 문화와 예술이 드러나는 것이었다. 한국인들은 그들의 문화에 집착했는데, 의심할 여지 없이 일제강점기 동안 그것을 지키기 위해 싸웠던 결과였다. 한국인들은 자신들의 문화가 호의적으로 알려질 때 기뻐하고, 그것이 비하될 때 상처받는다. 정부로서는 외교적 돌파가 올림픽으로 얻은 가장 큰 이익이었다. 올림픽은 한국이 소련 및 다른 동유럽 국가들과 처음으로 접촉하는 계기가 되었다. 올림픽을

보이코트한 북한의 위협에도 불구하고 큰 사고 없이 경기를 개최
한 한국은 선진국 대열에 합류하며 우뚝 설 수 있었다.

 나의 살던 고향, 고요한 아침의 나라

올림픽이 끝나고 내 한국에서의 임기는 단 6개월 남아있었다. 분단된 한반도에서 벌어진 사건들로 인해 분주해져 나는 말 그대로 폭풍과 같은 시간을 보냈다. 그러나 그것은 지금까지 해왔던 일들과는 달랐다. 그것은 내가 20년 전 젊은 기자였을 때보다 더 객관적인 시각으로 한국을 볼 수 있는 기회가 되었다. 그 사이 수없이 서울을 방문했었지만, 그동안 얼마나 좁은 시각으로 보고 있었는지 깨달았기 때문이다. 방문하는 것만으로는 알 수 없고, 그곳에 살아야만 알 수 있는 서울이었다. 오염된 공기로 호흡하고, 늘 있는 하수도의 냄새를 맡으며, 오래된 아파트의 파이프에서 나오는 녹슨 뜨거운 물에 목욕을 해보아야 알 수 있는 서울이었다. 그러한 변칙들은 이치에 맞지 않는다. 예를 들면 내가 사는 아파트 관리인들은 밤이 되면 가장 희미한 형광등 두 개를 제외하고 모두 꺼버려서 아파트 입구로 가는 길이 거의 보이지 않았다. 그러나 겨울에는 난방을 너무 세게 해서 말 그대로 땀을 흘렸다.

하지만 서울은 많은 소박한 즐거움도 주었다. 해외의 소수자로 몇 년간 살아왔던 나는 다수에 속하는 행복감을 누렸다. 내가 깨달은 것은 한국에서 사는 것과 미국에서 사는 것의 차이였다. 그 차이는 기본적이고 지속적인 문화적 충돌로 인한 불편을 주었다. 미국인들이 소수자로서의 느낌을 경험할 수 있는 유일한 방법은 자신들이 소수인 나라에 가서 그곳에 살아보는 것뿐이다. 나는 한국의 라디오나 텔레비전 프로그램에서도 소속감을 느꼈다. 나와 비슷한 얼굴을 한 사람이 전하는 기사를 화면에서 보는 게 위로가 되었다. 그리고 신체적으로 안전하다고 느꼈다. 거의 1,100만 명이 사는 도시에서 밤에 이상한 사람이 나를 공격할 것에 대한 걱정 없이 산책할 수 있었다. 한국에서는 모든 사람이 명확한 규칙들을 알고 있었고, 서로의 행동을 예측할 수 있었다. 나는 신선한 채소와 생선을 사기 위해 아파트 근처의 시장에서 쇼핑하는 것과 같은 소소한 일들을 즐겼다. 공통점은 거의 없었지만, 시장에서 채소를 파는 노인들과도 친밀감이 느꼈다. 그런 의미에서 나는 서울에서 고향의 느낌을, 그리고 내가 한국인이라는 느낌을 많이 받았다.

그러나 다른 대도시에서와 마찬가지로 현대 서울에서의 생활은 정신없이 바빴고, 물질주의에 대한 집착이 만연했다. 서울은 그 정신을 잃어가고 있다는 것을 느꼈다. 한국의 정서와 정신을 느끼기 위해서는 주변의 시골로 가야 했다. 그곳에서 나는 왜 한국인들

                                   나의 살던 고향, 고요한 아침의 나라

이 자신들의 나라인 조선을 '고요한 아침의 나라'라고 불렀는지 알수 있었다. 시골의 아침은 여전히 조용했다. 나는 봄, 여름, 가을, 겨울 모두 시골에 갔고, 계절마다 그곳에 간 보람을 찾을 수 있었다. 겨울이면 발가벗은 논은 갈색으로 변했지만, 곧 다가오는 봄의 모내기를 기대하는 분위기가 역력했다. 한국인들은 봄에 새잎이 돋아나고, 제비가 남쪽에서 돌아오는 광경을 보며 새로운 희망을 품었다. 여름이면 논이 푸르게 변했고, 햅쌀, 배, 단감 등을 꿈꾸며 가을의 수확까지 날짜를 세는 농부들의 심정을 느꼈다. 추수가 끝난 가을에는 논이 황금빛으로 물들었고, 볏짚 더미가 밧줄로 엮여 있었다. 모든 마당에는 나를 초대하듯 감이 보석처럼 가지에 매달려 농부들의 풍년의 만족감을 나누었다.

강원도에는 개울이 꼬불꼬불 흐르는 마을과 마당에 과수나무가 있는 집들이 있었다. 아직도 유교 마을에 사는 것처럼 사람들은 느긋하게 걷고 이야기를 나누었다. 나와 같이 낯선 외지인이 나타나면 마을 사람들은 질문을 하며 모여들곤 했다. 그들에게 미국은 여전히 먼 곳이었다. 미국에서 온 기념품들이 마치 박물관의 유물처럼 전해졌다.

강원도의 한 외딴 마을에 머무는 동안 내가 머리를 감는 것은 사람들에게 하나의 볼거리가 되었다. 실내 수도가 없어 마을 우물가에서 머리를 감아야 했는데, 아이들이 주위에 모여 지켜보았다. 몇몇은 질문도 했다. 그 후 아이들은 방으로 따라 들어와 커다란 수건으로 머리를 감싸고 롤러로 머리를 마는 나를 보고 즐거워했다. 옷을 말리기 위해 거는 것도 신기해했다. 아이들은 나의 일거수일투족을 호기심 가득한 눈으로 지켜보았다. 마을을 떠날 때쯤 마을의 모든 사람이 나에 대해 다 알고 있는 것 같았다.

강원도에서는 커다랗고 시끄러운 굴착기도 의식하지 않고 애완견을 산책시키듯 염소들을 끈에 묶고 걸어 다니는 할머니를 볼 수 있었다. 농부들은 조상들이 그랬던 것처럼 볏짚을 소달구지로 실어 날랐다. 여성들은 냇가에 모여 빨래를 빨고 수다를 떨었고, 손으로 논의 잡초를 뽑았다. 서울 바깥의 삶은 TV와 전화기를 제외하면 많은 부분이 전통 그대로 남아있었다. 농부들은 더 많은 기계 장치를 가지고 있었지만, 사고방식과 일을 하는 방식은 거의 변하지 않았다. 나는 서울이 나라의 다른 부분들과 조화를 이룰 수 있을까 하는 생각까지 들었다.

서울에서 두 번째 겨울을 보내고, 1989년 2월 조지 부시 대통령의 한국 방문을 취재한 후 본사의 편집장으로 새로운 임무를 맡기 위해 나의 또 다른 고향인 샌프란시스코로 돌아갈 때가 되었다. 나는 정치와 무역 분야 취재 맡아 워싱턴 D.C.로 가거나 소수자들의 취재 활동을 강화하는 새로운 프로젝트를 기자단과 시작할 수 있었다. 두 분야 모두 매력적이었지만, 나는 며칠을 고민한 끝에 샌프란시스코에 남고 싶어 후자를 선택했다. 주류 언론의 관심을 받지 못했던 아시아인, 아프리카계, 라틴계 사람들의 목소리를 내는 공헌을 할 수 있는 가능성을 보았기 때문이다.

모험적인 일이 기다리고 있다는 것은 좋았지만, 떠날 준비를

    나의 살던 고향, 고요한 아침의 나라

하며 나는 양가감정이 들었다. 한편으로는 가족과 멋진 공원, 해변, 공기가 좋은 도시에서 평화롭게 지내고 싶었지만, 다른 한편으로는 다수에 속하는 느낌을 잃고 싶지 않았다. 그러나 학생들의 시위나 보도 허가를 위한 토요일 밤 문화공보부 방문이나 남북의 관리들이 만나는 판문점으로의 여행은 그리워하지 않으리라는 것도 알고 있었다.

보도국을 폐쇄하는 기간은 괴로웠다. 폐쇄는 개국만큼이나 복잡했다. 올림픽에도 불구하고 법무부의 관료주의는 단 하나도 바뀌지 않았다. 2년간의 가장 바쁜 시기의 한국을 취재한 후 나는 끓는 가마솥과 같은 서울에 지쳐 긴장을 풀 수 없었다. 서울에 살며 일하는 사람들이 걸린다는 '서울 병'에 걸리는 건 나 또한 예외가 아니어서, 한국에 가서 민족 문화유산을 확인하고 충전을 받는 것은 좋지만, 그곳에서 오래 일하는 것은 미국의 사고와 감정에 익숙해진 나의 행복을 떨어뜨린다는 결론에 도달하게 되었다. 한국에 두 번째 와서야 샌프란시스코가 나의 고향이 되었다는 것을 인정할 수 있었다. 이를 인정하는 것은 나를 슬프게 했다. 그러나 적어도 나는 내가 어디에 속해야 할지를 결정했다.

다시 미국으로

11

청산리 벽계수야 수이 감을 자랑 마라.
일도 창해하면 도라오기 어려오니,
명월이 만공산하니 수여 간들 엇더리.

_ 황진이(1506~1544), <청산리 벽계수야>

뱃고동과 유머 감각

서울에서 돌아온 내게 샌프란시스코는 평화로워 보였다. 돌아온 첫날 밤은 너무 조용해서 잠이 들 수 없었다. 서울 아파트 바깥에서 말다툼하고 소리치고 노래하는 사람들은 어디에 갔을까? 이곳에서는 뱃고동 소리와 이웃집 고양이의 '야옹' 소리 그리고 차고의 쓰레기통을 뒤지는 너구리 소리뿐이었다.

다음 날 아침, 내가 한국으로 가 있는 동안 부모가 이사를 나가고 비어있던 그 집에 익숙해지면서, 나는 화장실, 찬장, 세면대, 부엌의 싱크대 등 모든 게 내게는 약간 높거나 크다는 것을 깨달았다. 물을 끓이려고 주전자를 올렸을 때 그 스토브는 서울에 있던 것보다 10센티는 높다는 것을 알아챘다. 가스레인지를 확인하고 벽난로를 켜기 위해 방문한 사람이 신발을 벗지 않고 집으로 걸어 들어왔다.

이것들은 내가 미국에 돌아왔음을 상기시켜 줬다. 공격적인 운전이 일반적이었던 서울과 달리 차량 통행 역시 상대적으로 질서정연했다. 서울에서 돌아온 후 샌프란시스코의 모든 게 더 안정적으로 보였다.

녹차 한잔과 함께 창밖으로 금문교를 바라보며 나는 서울을 떠나기 전에 결정했던 샌프란시스코가 이제 내 집이라는 결정을 편하게 받아들일 수 있었다. 이전에는 한국이 고향이었지만, 이제는 미국이 고향이었다. 처음 미국에 발을 디딘 지 28년이 지났고, 영어를 배운 지 36년이 지난 후에야 비로소 그 결론에 도달했다. 이 결정에 도달하기 위해 얼마나 많은 길을 오가고 또 심정 변화를 경험했던가. 이것은 영구적인 결정이 될까? 나는 그렇게 되기를 소망했다. 또 한 잔의 차를 내리다 싱크대와 스토브의 높이를 다시 한번 알아차린 나는 내가 선택한 집이 신체적으로는 내게는 맞지 않는 집이라는 아이러니함에 어이가 없었다.

나는 1970년대 중반 우리 아파트 꼭대기 층에 있는 집으로 입주한 이후 창밖으로 늘 보이는 금문교를 바라보며 많은 시간을 보냈다. 그것은 언제나 존재하는 친구 같았다. 반짝이는 4월 오후 금문교는 마치 거대한 조각품처럼 밝고 화려하게 빛났고, 7월의 짙은 안개 속에 그 다리는 숨바꼭질을 했다. 나는 내 인생의 한 부분이 끝나가고 또 다른 한 부분이 시작되고 있음을 느꼈다. 지배적인 미국 문화와 잘 알려지지 않은 문화의 사람들 사이에 연결점을 만들고자 하는 욕구를 깨달으면서 나의 개인적인 삶과 직업적인 삶

　　　　　　　　　나의 살던 고향, 고요한 아침의 나라

이 합쳐지고 있는 것 같았다. 주류 언론은 그런 종류의 보도에 별로 관심이 없었기 때문에 나는 지역 뉴스 매체를 통해 그 일을 했다. 하지만 상황은 변해가고 있었다. 그런 프로젝트를 해나가면서 나는 나 자신을 넘어서는 어떤 힘을 느꼈다. 나는 그냥 따라가기만 하면 되었다.

언론의 세계는 이상한 곳이다. 비록 기자들이 우리 주변의 사람들과 사건들 속의 삶과 소통하지만, 정작 모두의 삶에 정말로 중요한 것들에 대해서는 거의 이야기하지 않는다. 내가 일해 온 30년 동안 동료들이 자신의 신앙을 드러내거나 하나님에 대해 이야기한 것을 들은 적은 한 손에 꼽을 정도였다. 우리는 '우리가 믿는 하나님 안에서'라고 쓰여 있는 동전을 사용하지만, 뉴스룸에는 세속주의가 너무 스며들어 종교를 중요시하는 사람들조차 그것에 대해 이야기하지 않는다. 마치 종교에 대해 말하는 것은 우리의 신뢰도나 공정성을 해치는 것 같이 여겨진다. 그러나 종교는 내 삶의 중요한 측면이었다. 한국전쟁의 폭격과 폭력을 헤치고 나온 사람은 감사하지 않을 수 없다는 것이 내 생각이다. 나는 하나님과 다툰 기억도 없다. 항상 나를 위해 창조주가 예비해 준 삶이었다. 내가 프로젝트에 대해 생각하기도 전에 그것들을 보내주셨다. 그것이 바로 내 경력의 새로운 전환점들을 맞이한 방법이었다. 지금까지 세간의 이목을 끄는 주제에서 선한 일을 하는 데 집중했던 나는 이제 전통적으로 미디어가 무시했던 분야에 집중하여 그 분야를 밝히려 하고 있었다. 이는 후에 전국 신문사 임원들이 자신들의 변화하고 있는 지역사회를 제대로 보도하지 못했다고 고백할 정도로 보람 있는 일이었다. 주요 신문사에서 다른 아시아 기자를 찾는 것이 불가능했던 1964년 신문사에서 생활을 시작한 이후로 진전이 있었다는 것을 인정해야 했다. 소수자들의 의견이 반영된 신문 기사를 쓸 수 있도록 해야 한다는 도전에 나는 힘이 났고, 생각할수록 흥미로운 분야처럼 보였다. 워싱턴으로 가는 대신에 이것을 택한 것이 기뻤다. 내게는 대부분 아시아인이 사는 서부 해안에 머무는 것이 중요했다. 그러나 그 일이 쉽지 않으리라는 것도 잘 알고 있었다.

내가 수년 동안 주요 언론사의 뉴스룸에서 일하며 배운 한 가지 교훈은 편집자들이 현실에서 동떨어져 있다는 것이었다. 나는 미국 뉴스룸에 다른 관점을 가져오는 중개자가 되기 위해 노력했다. 지금까지 여러 가지 분야를 다루었고, 지금이 바로 그 일을 할 때였다. 내가 젊었더라면 그 일을 할 용기가 없었을지도 모른다. 또한 그 일이 감사한 업무라고 여기지 않았을지도 모른다. 왜냐하면 신문사에서는 항상 지역의 일들보다 외교나 국가적인 보도를 더 중요하게 여겨졌기 때문이다. 그리고 지역의 보도들 가운데에서도 소수자나 소수 커뮤니티는 가장 낮은 관심을 받았다. 그러나 나 자신의 전문 분야를 유지해 온 그 순간에 나는 반대로 사람들의 차이에 대한 이해와 관용 그리고 가치를 강조하고 싶었다. 나는 아마도 내가 광야의 외치는 소리가 되리라는 것을 알고 있었지만, 강한 목소리가 되겠다고 다짐했다.

          나의 살던 고향, 고요한 아침의 나라

미국에서 하루가 지날 때마다 나는 누적된 긴장이 스며 나오는 것을 느꼈다. 그리고 호흡할 때마다 샌프란시스코의 상쾌한 공기가 내 몸에 남아있는 서울의 최루탄 잔류물과 잔기침을 털어내고 있다고 확신했다. 밤의 휴식 전에 나는 금문교의 호박빛 불빛을 마주한 채 아파트의 발코니에 서서 힘차게 숨을 몰아쉬었다. 서울에 다녀온 후에는 맑은 공기를 당연하다고 여기지 않게 되었다.

부모와 동생은 내가 돌아온 것을 기뻐했다. 내가 없는 동안 아파트를 관리하는 것이 쉽지 않은 일이었기 때문에, 그들은 그 책임을 넘기는 것을 기뻐했다.

"그동안 네가 했던 일에 정말 고마워."

도시 규제가 많은 샌프란시스코 같은 도시에서 집주인이 되는 데 따르는 끝없는 잡일들을 알게 된 어머니가 그렇게 말했다.

"네가 없으니까 내 오른팔이랑 오른쪽 다리를 동시에 잃은 것 같았어."

나는 기자이자 집주인으로 일하는 일상으로 돌아왔다. 그리고 내가 청소했던 화장실과 세입자들이 이사를 나간 후 직접 페인트를 칠했던 아파트의 숫자를 생각해 봤다. 계획하지 않았던 여행으로 나를 데려갔던 이상한 운명의 전환에 미소가 지어졌다. 거의 20년 동안 아파트를 관리하며 수십 명의 사람이 오가는 것을 보았고, 수백 명의 사람에게 집을 보여주었다. 그러나 집을 가지고 싶어 혼자서 집을 찾아 돌아다니던 도쿄에서의 어린 시절을 기억했기 때문에 불평할 수 없었다. 하나님은 내가 기대했던 것보다 훨씬 더 많은 것을 주셨다.

샌프란시스코의 삶에 다시 정착하면서 나는 스스로가 높이 평가했던 미국 유머의 중요성을 다시 경험했다. 미국인들은 아무리 바쁘더라도 농담할 시간을 만들었다. 긴장이나 단조로움을 깨뜨릴 수 있는 메커니즘이 없고 진지함만 가득했던 서울에서 나는 유머를 놓치고 있었다. 또한 나는 협상과 중재를 통해 합의에 도달하기 위해 애쓰면서 상대편의 말을 끝까지 들어주는 미국의 공정성도 중요시했다. 계급적 구분이 없는 언어인 영어는 신선했다. 나이, 사회적 지위, 교육, 혈통과 관계없이 모든 사람에게 똑같이 대명사 'you'가 사용됐다. 2년 동안 한국인이 사용하는 호칭을 사용했던 나는 'you'에 담겨 있는 의미에 다시 한번 사랑에 빠졌다.

외무/국무 보도국의 구성원이었던 나는 도심 보도국의 보조 편집자 중 한 사람으로 돌아왔다. 그것은 내게 단지 외무/국무 보도국 편집자인 존 커크페트릭 대신 도심 보도국 편집자인 짐 파인프록에게 보고하게 되었다는 의미일 뿐이었다. 월급이 다른 부서의 예산에서 나왔다. 해외에 나가기 전에는 야간과 주말에 편집 업무를 일부 수행했었지만 주간 시간대로 조절되었다. 나에게는 아시아, 라틴 아메리카, 아프리카계 미국인 커뮤니티를 취재하기 위한 기자단이 있었다. 우리는 일상의 이야기와 함께 프로젝트를 진행했다. 내 안에 있는 기자로서의 본능을 억제하는 것은 힘들었다. 그 본능은 항상 수화기를 들고 질문을 하라고 이끌었다. 가끔 팀의 기자들이 업무로 포화가 되었을 때는 나도 취재를 도왔다. 다른 사람의 눈과 귀를 통해 전달받는 대신 뉴스의 정보원과 이야기하는 것만 해도 선물과 같았다. 이 일의 어려운 측면 가운데 하나가 소란스러운 가운데 일해야 한다는 것이었다. 도심 보도국은 모든 뉴스룸의 신경학적 중심부이다. 그곳은 매우 시끄럽고 끊임없이 전화벨이 울려대고 기자들이 수시로 올라와 편집자들과 의견 교환을 했다. 때로는 모든 사람이 동시에 전화 통화를 하기도 했고, TV와 경찰의 무전 소리는 항상 크게 켜져 있었다. 나는 기사를 편집하기 전 생각을 집중하기 위한 침묵이 그리웠다. 마침내 그런 환경에서 일하는 것에 익숙해졌지만, 그 전에 내 이마에는 집중하기 위한 노력의 증거로 주름이 생겼다.

편집자가 되는 데는 보상도 있었다. 기자는 하루에 한 가지 기사만 쓸 수 있고, 나는 이를 한 번에 한 가지 요리를 하는 것에 비유한다. 하지만 편집자는 한 번에 여러 가지 요리를 도울 수 있다. 한 기자는 애피타이저를, 다른 기자는 메인 요리를 그리고 다른 기자는 디저트를 준비한다. 편집자는 이 요리들을 한데 모은 후 최대한 맛있는 풀코스 요리로 만든다. 그것이 편집자의 즐거움이었다. 그러나 나는 우리가 영업 사원들처럼 기사 판매를 위한 회의에 참석할 것이라고 예상하지 않았다. 기사를 팔아야 한다는 생각은 혐오스러운 것이었지만, 그것이 미국 신문사들이 운영되는 방식이었다. 만약 우리 팀 기자들의 기사가 1면에 오르기를 원한다면, 편집자로서 나는 고위 편집자들의 관심을 얻기 위해 강한 스토리라인을 작성해야 했다. 모두 리스트를 가지고 기사 작성 모임에 들어갔고, 우리 기사 중 일부는 받아들여지고 나머지는 받아들여지지 않았다.

나의 주된 책임은 소수민족 공동체에 관한 기사를 더 많이 신문에 싣는 것이었다. 나는 우리 팀에 배정된 4명 외에도 〈이그재미너〉의 여러 기자들을 운용할 수 있는 권한을 부여받았는데 팀원 중 일부가 그들과 의견 충돌을 일으키곤 했다. 따라서 나는 가끔 편집국장 프랭크 맥컬로치를 찾아가 중재하기도 했다. 내가 미국 최고의 편집자로 여기는 맥컬로치는 언제나 내 편에 서서 지지를 보냈지만, 그렇다고 해서 내가 중요하게 여기는 모든 기사를 가지고 편집국장실로 가지는 않았다. 지역의 급증하는 소수민족에 대해 더 자세한 기사를 쓰기 위해 소수민족 내의 정보원 리스트를 작성하는 일을 돕는 데 몇 주의 시간을 보내는 동안 유사한 경험이 나를 기다리고 있었다. 그 노력의 결과물은 컴퓨터를 통해 모든 사람이 이용할 수 있도록 만들어졌고, 책자로도 인쇄되었다. 그러나 멕컬로치의 지지와 직원들이 보낸 메모의 확언에도 불구하고 그 리스트가 거의 사용되지 않았다는 사실이 확인되었다. 기자들은 계속 기존의 취재원들만을 이용했고, 같은 전문가로서 샌프란시스코 지역의 명문대학과 병원과 같은 여러 기관에서 일을 해도 백인이 아닌 경우에는 독자들에게 소개되지 않았다.

소수집단에 대한 보도를 늘리려던 나의 시도는 엇갈리는 성공이었다. 나는 도심 보도국에 영구적으로 배정된 유일한 소수민족 출신이었다. 기사에 대해 논의하는 동안 동료들에게 익숙하지 않은 이슈와 공동체들에 대해 알리는 일에는 많은 인내와 에너지가 필요했다. 기본적으로 뉴스는 편집자들에 의해 신문에 실리는 것이 결정되었다. 편집자들이 아무리 양심적이고 사려 깊다고 해도 그들은 자신의 문화, 사회적 환경 및 경험의 영향을 깊이 받았다. 나는 내 임무가 맥컬로치의 지원으로 큰 도움을 받았다는 것을 알고 있었다. 그는 여러 해 동안 아시아에서 외국 특파원으로 지내며 샌프란시스코가 미국 속의 아시아 도시라는 것을 느끼게 되었다. 다른 편집자 중 몇몇은 공감했지만, 나는 그중 일부만 받아들일 수 있었다. 편집자들은 뉴스가 자연재해, 폭력, 특이한 일 등과 같은 평범하지 않은 것이라는 생각에 사고 잡혀 있었다. 뉴스는 그런 것들일 수도 있지만, 나는 뉴스가 좋은 소식도 알림으로써 균형 잡힌 세계의 모습을 제시해야 한다고 생각했다. 가난한 사람들을 위한 돈을 모으기 위해 크리스마스 장식을 제작하는 여성에 대한 뉴스도 있을 수 있다. 노인 모임을 위해 교회에서 생일 케이크를 굽는 95세의 전직 요리사에 대한 뉴스도 있을 수 있다. 즉, 평범한 사람들에 대한 뉴스도 있을 수 있다는 것이다. 기사 회의에서 나온 몇몇 결정들에 대해 서로 의견이 일치하지 않았다. 대부분의 기사 아이디어에 대한 다른 사람들의 반응이 유사하다는 사실에 놀라며 자리를 뜨곤 했다.

역경에도 불구하고 나는 여러 해 동안 하고 싶었던 이 프로젝트를 간신히 통과시켰다. 대학 시절부터 나는 미국 역사와 사회 교과서에 소수민족이 묘사되는 방식에 문제의식을 갖고 있었다. 이

것을 조사하는 것은 시간이 오래 걸리는 프로젝트일 수밖에 없지만 이제 나와 함께 할 한 명의 기자만 있으면 가능해 보였다. 제안서를 써서 기자들에게 전하자, 그들이 자신들의 제안을 덧붙였다. 결국 나는 그 시리즈 기사를 내보낼 것이며, 샌프란시스코의 졸업생 전체를 대상으로 여론조사를 시행하겠다는 신문사의 약속을 받았다. 이 여론조사는 학생 자신도 역사 교과서에서 아프리카계 미국인, 아시아계 미국인, 라틴 아메리카인 그리고 원주민들이 희생자나 일시적인 영웅으로 그려지는 것 외에는 거의 다루어지지 않는다는 사실을알고 있음을 보여주었다. 이 시리즈는 주 당국이 새 교과서를 채택하는 동안 진행되었기 때문에 우리 팀은 1년에 걸쳐 그 과정을 지켜보면서, 새 교과서에 비판적인 사람들뿐만 아니라 채택을 승인한 출판사와 교육자들에게도 소통의 창구를 제공했다. 채택 과정 등이 이전보다는 개선되었으나 여전히 소수민족의 중요성을 적절히 묘사하지 못했다는 새로운 역사 교과서에 대한 비판에 그만큼 관심을 기울인 신문사는 어디에도 없었다. 또한 기사와 더불어, 왜곡된 정보를 제공하는 교과서를 거부할 것을 주 정부에 촉구하는 사설을 실었다. 주 경계를 넘어 전국적으로 많은 관심과 논란을 불러일으켰던 그 교과서 시리즈는 내가 편집자로서 관여했던 그 어떤 프로젝트들보다 더 큰 만족감을 주었다. 신문에서 시리즈를 연재하는 것은 도심 보도국의 다른 모든 귀찮은 일들도 가치 있게 만들기에 충분했다.

미국에 돌아와 내가 여기에 속해 있다는 결론을 내린 후에도

 나의 살던 고향, 고요한 아침의 나라

나는 한국과의 관계를 끊지 못한 채 한국 신문을 읽고 한국에서 일어나는 일들을 확인하고 있었다. 1990년 6월 서울에서 올림픽이 끝난 지 불과 15개월 만에 샌프란시스코는 한국의 노태우 대통령과 러시아의 미하일 고르바초프 대통령의 역사적인 만남의 장소가 되었다. 당시 휴가 중이었지만, 다른 기자의 취재를 도와줄 수 있느냐는 요청에 나는 "물론이지요"라고 대답했다. 노태우와 고르바초프의 회담은 1988년 하계올림픽에 소련이 참가하면서 시작된 서울과 모스크바 관계의 돌파구의 연속선상에 있었다. 이미 미국에 와 있던 고르바초프는 분명 '스타'였지만, 노태우 대통령은 불과 55분간 진행된 러시아 지도자와의 회담을 위해 먼 길을 오가며 언론의 주목을 받았다. 그 전에 고르바초프는 자신이 페어몬트 호텔의 연회장에서 기업인들을 만나 자국에 대한 재정지원을 강화하는 동안 노 대통령이 페어몬트 호텔의 대통령 전용 스위트룸에서 몇 시간 휴식하도록 했다. 그러나 고르바초프와의 회담은 국내외에서 노 대통령에 대한 위상을 높였기 때문에 긴 여행과 기다림은 그럴만한 가치가 있는 것이었다. 40년 동안 적국이었던 두 나라의 정상이 불과 6개월 만에 미국에서 만나리라고 누가 상상이라도 했을까?

그 일은 한국에 역사적인 전환점이 되었다. 고르바초프의 지원으로 한국은 다음 해에 유엔의 회원국이 되었다. 북한의 오랜 우방으로서 소련은 한국의 UN 가입을 가로막고 있었다. 샌프란시스코 회담 이후 6개월 만에 모스크바에서 또 다른 정상회담이 열렸고, 이는 양국의 역사를 감안할 때 주목할 만한 진전인, 외교관계의 수립으로 이어졌다. 러시아는 한국의 경제원조와 산업 노하우가 필요했고, 한국은 북한을 궁지에 몰아넣고 국제적 지위를 얻는 데 소련의 도움이 필요했다. 상호 간의 필요에 의한 요청은 효과가 있었다. 1991년 4월 고르바초프는 한국을 방문한 최초의 러시아 지도자가 되었다. 고르바초프가 유엔 가입을 지원하겠다는 약속의 대가로 한국은 소련에 30억 달러의 차관을 약속했다. 크릴 열도의 미래를 놓고 나흘 동안 도쿄에서 고된 담판을 벌이던 고르바초프는 훈훈한 제주도에 도착하여 한국인들에게 "도쿄에서는 찬바람을 느꼈지만, 이곳 한국은 제주도의 따뜻한 바람처럼 한민족의 따뜻함만이 느껴진다"고 말했다.

1991년 사설국 편집장인 짐 파이프록은 내게 사설국에 합류하고 싶은지 물었다. 사설 위원이 되는 것은 전통적으로 많은 기자가 경력을 완성하는 길이다. 사설국에서 나는 유일한 소수자가 될 것이었다. 25년간 다양하고 다급한 분야를 다루었던 나는 2층의 비교적 조용한 공간으로 내려가 성찰하고, 의견을 쓰고 싶은 마음이 들었다. 많은 사안에 대해 사설국의 기사들이 보수에서 진보로 거의 180도 전환된 가운데 어떤 이념적인 문제도 예상하지 못했었다. 알고 보니 나는 대부분 다수의 편에 서 있었다. 쓰고 싶은 사설의 아이디어를 발표하고, 각 이슈의 장단점을 논의하는 사설국 회의는 활기찼다. 동료들은 내가 가져온 다른 관점을 중요하게 여기는 것 같았고, 당시 빛을 보지 못했던 이슈에 대한 사설을 쓰는 것

 나의 살던 고향, 고요한 아침의 나라

에 보람을 느꼈다.

오전에는 보통 자체 회의와 사설국을 만나기 위해 온 사람들과의 모임이 있었다. 샌프란시스코 공공도서관 지지자들로부터 줄루 부족장 망고수투 부서레지까지 방문객들은 특정 그룹 전체를 대표했다. 우리와 대화하기 위해 끊임없이 방문하는 그룹과 사람들의 수는 나를 놀라게 했다. 기자로서 나는 사설 위원들이 종일 생각하고 여유를 부릴 시간이 있다고 생각했지만, 마감일과 압박에 우리는 종종 컴퓨터 앞에서 샌드위치를 먹으며 점심을 때웠다. 놀랍게도 나는 기준을 정하고, 강하고 힘찬 방식으로 사설을 쓰는 것을 즐기는 자신을 발견했다. 전 하버드 법대 교수 데릭 벨이 로스쿨 교수들에 대한 소수 대표성의 결여에 항의하기로 한 결정을 지지하는 사설을 썼고, 일본 정부가 사회 교과서에 아시아 이웃 국가들에 대한 전시의 범죄를 수록하지 않는 것을 비판하는 사설을 썼다. 그리고 미국의 주요 신문사에서는 처음인 한자로 된 헤드라인을 단 구정에 대한 사설을 썼다. 내가 작성한 기사 중 〈샌프란시스코 이그재미너〉가 2차 세계대전 동안 일본 혈통을 가진 사람들을 체포하여 서둘러 건설된 수용소에 가두었던 일에 대해 사과한 것에 관한 기사를 나는 가장 좋아했다. 〈허스트〉는 물론 〈새크라멘토 비〉와 〈맥크래치 체인〉 및 〈샌프란시스코 크로니클〉에 있는 다른 기사들도 1942년 미국 캘리포니아 검찰총장이 일본인들의 서부 해안 거주 금지를 요청했던 사실을 보도했다. 독자들과 뉴스 매체들로부터 많은 관심을 받았던 이 사설은 1992년 2월

29일 자 **"수용소의 교훈 배우기: 제2차 세계 대전 간 120,000 일본계 미국인의 수용은 잘못되었다: 사과해야 한다"**라는 헤드라인을 가지고 있었다. 사설은 다음과 같이 결론지었다.

신문은 인간이 가진 모든 단점과 재능, 근시안적 및 거시적 안목을 반영하여 만든 산물이다. 이 시기 미국 역사에서 얻을 수 있는 교훈은 헌법이 모든 사람에게 적용된다는 것을 매일 우리 자신에게 상기시키는 것이다. 우리는 항상 그렇게 되도록 해야 한다.

만약 사설국으로 가지 않았다면 그 사설은 쓰이지 않았으리라는 것을 나는 알고 있었다. 그것을 쓰고 인쇄본을 받음으로써 유일하게 백인이 아닌 사람으로서 느끼는 외로움이 정당화되었다. 사설이 나온 다음 날은 너무 많은 전화를 받느라 그날의 일을 마칠 시간도 없었다. 나는 개인적인 인터뷰를 요청하는 뉴스 언론사들의 전화를 휴가 중이었던 옆자리의 동료 파인프록의 전화기로 돌려놓았다. 알려지고 싶지 않았기 때문이다. 나는 오랫동안 하고 싶었던 일을 해 왔다. 왜 대중들 앞에 나섬으로써 만족스러운 조용한 생활을 엉망으로 만들겠는가?

샌프란시스코가 나에게 완벽한 곳이라는 생각 때문에 나는 여러 해 동안 로스앤젤레스로 이사하고 싶은 직업적 유혹에 저항해 왔다. 나는 〈이그재미너〉와 〈크로니클〉 양측에서 일했고, 〈이그재미너〉에 적응해서 더 편안하다고 느꼈다. 10년이 넘는 기간

나의 살던 고향, 고요한 아침의 나라

동안 〈로스앤젤레스 타임스〉의 여러 편집자가 내가 그곳에서 일할 수 있는지를 묻기 위해 전화했다. 무엇인가가 나를 붙잡아 두고 있었다. 누가 그 아파트를 관리할까? 샌프란시스코가 고향처럼 느껴지는데 어떻게 새로운 곳으로 떠날 수 있을까? 그러던 중 1990년에 나는 여러 편집자와 이야기를 나누며 이틀의 시간을 보냈다. 그 후 1년 동안 〈메트로폴리탄〉의 편집장이었던 크레이그 터너를 비롯한 다른 편집자들이 주기적으로 전화를 걸어와 고용이 동결된 신문사의 상황을 알려주었다. 1991년 말에 터너가 전화를 걸어 아직도 신문사에서 일하는 것에 관심이 있는지를 물었다. 그는 내가 채용 명단의 가장 위에 있는 사람이며, 곧 고용 동결이 풀릴 것이라 이야기했다.

나는 〈타임스〉가 천천히 움직여서 두 직장 사이에서 시간을 끌 수 있기를 바랐지만, 로스앤젤레스 폭동이 일어나자, 그 일정은 앞당겨졌다. 1992년 나는 〈타임스〉의 도심 부서에 합류하기 위해 로스앤젤레스로 갔다. 〈샌프란시스코 이그재미너〉에서는 내가 하고 싶었던 거의 모든 걸 달성했다. 물론 부모의 반응은 엇갈렸다. 아버지는 내가 가야 한다고 생각했지만, 어머니는 내가 왜 로스앤젤레스에 살고 싶어 하는지 물었다. 어머니의 걱정은 또 아파트였다. 나는 로스앤젤레스가 비행기로 한 시간 거리에 있고, 로스앤젤레스에서 집안일들을 처리하는 것이 서울에서 하는 것보다 훨씬 쉬울 것이라고 설득했다.

내게 로스앤젤레스로 이사할 때보다 더 긴장되던 순간은 없었다. 다운타운 아파트에서 사무실까지 6블록을 걸어간다는 것은 노숙인 무리를 지나쳐야 한다는 것이었다. 그 들 중 몇몇은 서둘러 지나가는 내게 인종차별적 비방을 퍼부었다. 흑인들이 동양인에 대해 느끼는 반감은 엄청났다. 나는 폭동이 일어난 후 몇 달 동안 거리에서 그 어느 때보다 더 많은 인종차별적 비방을 들었다. 친구들은 내가 로스앤젤레스 다운타운에 사는 것은 미친 짓이라고 말했지만, 매일 출퇴근에 90분 이상을 보낼 수는 없었다.

내가 왜 로스앤젤레스에 있는지, 그리고 왜 인생의 그 시점에 그곳에 가기를 선택했는지 그 이유를 나는 잘 알고 있었다. 샌프란시스코를 떠나온 것에 대한 후회가 들기 시작할 때마다 나는 내 인생의 임무에 대해 생각했다. 하루는 출근하는 길에 거리에서 분노한 노숙자가 나를 향해 휘청거리며 달려드는 일이 있었다. 사무실에 도착해서 안전한 곳에 들어왔다는 안도의 한숨을 내쉬며 컴퓨터를 켰을 때 지난밤에 일어난 살인 사건들에 대한 메시지를 받았다. 로스앤젤레스에 좋은 소식이 있었을까? 월요일이 최악이었다. 주말 동안의 사건과 살인에 대한 메시지, 업데이트, 공지가 화면을 가득 채웠다. 모든 로스앤젤레스의 지역이 이렇지는 않다는 것을 알고 있었지만, 어찌 된 일인지 도시국에서 전해지는 소식들은 이러한 불행들의 연속이었다. 이 모든 것을 읽는 것은 하루를 시작하는 좋은 방법이었다. 이것은 로스앤젤레스가 샌프란시스코와 크게 다르다는 사실을 상기해 주었다. 자카란다꽃과 도시의 아름다움이 가득한 이곳에서 현실은 아슬아슬하게 살아가고 있었다. 로

　　　　　　　　나의 살던 고향, 고요한 아침의 나라

스앤젤레스는 미국 문명의 종말에 가까이에 있음을 다른 어떤 미국 도시보다도 잘 보여주었다. 동부 해안이나 중서부 도시와는 달리 로스앤젤레스의 인종 간의 긴장은 흑인과 백인이 중심이 아니었다. 모든 사람, 즉 흑인, 백인, 라틴계 사람들 그리고 아시아인들은 줄어드는 미국의 파이를 놓고 경쟁하고 있었다. 크기가 작아서 모여 살아야 하는 샌프란시스코와 달리 로스앤젤레스에서는 사우스 센트럴이나 코리아타운에 가지 않고도 살 수 있었다. 이는 안전하고 비싼 동네에 사는 사람들에게 도심지의 불행을 무시할 수 있는 환경을 만들어 주었다.

1992년 4월 29일부터 5월 3일까지 일어난 LA 폭동은 아시아 지역 외의 가장 큰 한인 거주지역인 로스앤젤레스의 한인 커뮤니

LA폭동

티를 초토화했다. 하룻밤 사이에 수천 명의 한국인이 평생 모은 돈을 잃고, 오랫동안의 수고가 불길에 휩싸이는 것을 보았다. 그 직접적인 원인은 쉽게 밝혀졌다. 한인 커뮤니티 지도자들은 한국인 가게 주인들과 고객 사이의 갈등이 긴장을 악화시켰음을 인정했다. 하지만 그들은 그보다도 한국 상인들에 대해 무도한 사람들로 낙인 찍은 언론의 부정적 묘사가 폭동 기간 한국인들이 표적으로 지목되도록 만든 주된 이유라고 믿었다. 폭동 피해자와 인터뷰하고 글을 쓰면서 나는 "우물 안 개구리"라는 한국 속담이 떠올랐다. 나와 대화했던 피해자들은 좁은 시야로 열심히 자기 일에만 집중하는 것만으로는 부족한 어려운 현실을 배웠다. 그들은 자신들의 시야를 넓혀야 한다는 것을 깨달았다.

폭동 중 몇몇은 스스로 문제를 해결했다. 어떠한 경찰의 보호도 받지 못한 가운데 자신들의 재산을 지키기 위해 반자동 무기와 권총으로 무장하고 건물 옥상에 올라간 한국 젊은이들의 모습을 잊지 못할 것이다. 나는 텔레비전에서 반복적으로 보여주는 총을 쏘는 한국인의 모습을 보며 움츠러들였다. 이러한 이미지들은 언론에서 비추고 있는 한국 가게 주인들의 다른 인종과의 소통의 부재라는 문제들을 강화시켰다. 약탈자에 의해 불타거나 파괴된 2,400여 명의 한국인 소유 사업장과 53명의 사망자와 2,383명의 부상자는 말할 것도 없고, 4억 달러에 이르는 재정적인 피해를 본 것이 현실이었다.

"우리가 경험한 경제적 대학살은 미국과 그 밖의 모든 한국인

   나의 살던 고향, 고요한 아침의 나라

에게 영향을 끼쳤다." 반세기 동안 한국계 미국인을 관찰했던 <로스앤젤레스 코리아타임스>의 은퇴한 편집자인 이경원(K. W. Lee)이 말했다. "LA 폭동은 우리에게 다른 지역사회와 연계를 맺어야 한다는 인식을 심어줬다." 폭동의 트라우마와 약탈, 분노, 공포의 유산이 한국계 미국인들에게 뿌리 깊이 새겨졌다.

거의 3년이 지난 지금 TV 카메라와 기자들은 더 이상 방문하지 않지만, 한국인들은 회복을 위해 여전히 고군분투하고 있다. 사업과 생업을 잃은 많은 사람은 묘사하기 어려울 정도로 심한 정신적 스트레스에 시달렸다. 재정난을 가까스로 이겨낸 사람들은 폭동의 원인이 되었던 오해가 다시 일어나지 않도록 할 방법을 찾기 시작했다. 로스앤젤레스 지역에 거주하는 수백 명의 한국인이 이민자들을 위한 미국 경제와 사회생활의 현실에 적응을 돕기 위한 특별 과정에 등록했다. 비록 그들은 언론에 의해 형성된 한국인들에 대한 고정관념이 불공평하다고 느꼈지만, 그들의 좌절감을 통해 사려 깊은 한인 동포들은 그 오해를 불러온 문화적 장벽을 넘으려 노력하게 되었다.

"미소 짓는 법을 배우자"라는 말을 들었다. 이 말을 들을 때마다 낯선 사람에게 미소 짓는 것이 우리 문화의 일부였다면 어땠을까 생각했다. 그러나 이제 "일, 일, 일"이라는 말 대신에 "미국에 있으니 미소를 짓자"라는 말이 새로운 구호가 되었다. 그리고 그들은 더 많은 메시지를 들었다. "고객들에게 친절하게 대해라. 한국인이 아닌 사람과 함께 일해라. 그리고 가장 중요한 것은 당신은 지금 미국에 있고, 여기가 당신의 집이기 때문에 미국의 언어, 지역, 규칙을 배워야 한다"라는 것이었다.

한국인의 사고와 행동을 설명하는 것보다 더 어려운 일은 생각나지 않았다. 내가 젊은 기자였을 때에는 아시아 커뮤니티를 담당하게 되는 것은 좌천이라는 느낌을 받았지만, 이제 아시아 커뮤니티, 특히 매우 크고 중요한 경제 세력이 된 한국인들은 로스앤젤레스의 주류 언론에서 중심으로 다루어졌다.

〈로스앤젤레스 타임스〉에서 나는 이전의 다른 신문사에서보다 동아시아인과 미국인의 문화적 차이를 더 많이 다룰 수 있었다. 이 분야에서 내가 해낸 작업 가운데 하이라이트 중 하나는 한국 이민자들과 미국인들 사이의 문화적 갈등의 근간으로 유교를 다룬 이야기였다. 그 기사는 한국 이민자들이 미소 짓는 법을 배우고, 다른 사회화의 방법을 모색하는 데 초점을 맞추었지만, 나는 비언어적 의사소통에 대한 감사와 같은 한국문화의 특정 측면을 유지하는 것이 중요하다는 이야기를 전달하고 싶었다.

내가 로스앤젤레스에 있는 편집인들에게 제안한 한국인들에 관한 이야기는 대부분 쉽게 받아들여졌다. 내가 일해 본 어떤 미국 신문사에서는 평범한 미국 시민들의 일상적 관심사를 취재하고, 그들의 인간성을 나타낼 수 있었다.

"일하지 않은 삶은 살 가치가 없다"라는 철학에 맞추어 하루 12시간 주 7일간 일하는 코리아타운의 아흔네 살이 된 한 방앗간의 주인에 관한 내 기사는 〈타임스〉의 독자들로부터 많은 반응을

   나의 살던 고향, 고요한 아침의 나라

불러일으켰다. 그리고 버려진 한국 아이를 기르고 있는 흑인 남성에 대한 1994년 아버지의 날 기사는 전화와 편지의 폭주를 불러일으켰고, 나는 문자 그대로 며칠 동안 질문 폭풍을 맞았다.

마침내 나는 아시아인들을 아시아인이 아닌 주류 사람들에게 소개하고 설명하는 목표를 달성하고 있었다. 그리고 그렇게 하면서 사람들의 본성이 비슷하고, 그들을 구분 짓는 것은 그들의 습관이라는 유교 현인의 말을 떠올렸다. 그리고 나는 시인 로버트 프로스트를 기억한다. 잠들기 전에 가야 할 먼 길이 있다.

에필로그

동짓달 기나긴 밤을 한 허리에 베어내어
춘풍 이불 아래 서리서리 넣었다가
님 오신 날 밤이어든 굽이굽이 펴리라.

_ 황진이(1506~1544), <동짓달 기나긴 밤을>

1994년 추수감사절이었다. 미국으로 돌아온 지 5년 반의 시간이 지났다. 이 순간은 고국과 미국에 있는 한국인들 그리고 개인적으로 나에게 결정적인 시간이었다.

한국에서는 30여 년 만에 처음으로 반체제 인사였던 김영삼이 이끄는 문민정부가 들어섰으며, 한국인들은 1960년 4월 19일 학생들이 이승만 정부를 전복한 후의 짧은 기간을 제외하고 지금까지의 그 어떤 때보다 더 많은 자유를 누리고 있다.

미국에서는 로스앤젤레스 폭동을 통해 한국인들이 인종과 경제적 긴장을 경험했다. 미국의 삶에 대한 과잉 기대는 그들의 꿈과 함께 사라져버렸다. 이 고난의 순간을 통해 한국인 이민자들은 이 나라에 처음 온 사람들로서 자신들의 한계점에 대해 현실적인 인식을 하게 되었다.

그리고 한국인이자 미국인이라는 이중 정체성은 나에게 자주 부딪치는 두 세계 사이를 왔다 갔다 하는 정신적 유연성을 요구한다. 양측에 모두 속하는 긴장이 남아있지만 완화되었다. 나는 심적으로 한국인이라기보다는 미국인이었지만, 영혼은 미국인보다 한국인에 더 가까웠다. 내 심장은 반으로 나누어져 있다. 하지만 미국에 살기로 선택한 나는 마침내 약간의 평화, 즉 해결책을 가지게 되었다.

한국이 1993년 2월에 군부와 무관한 인물을 선출함으로써 마침내 군사정권을 무너뜨렸다는 것은 좋은 소식이었다. 반세기 동안 한국인과 거리가 멀었던 민주주의가 마침내 뿌리를 내릴지도 모르겠다는 생각이 들었다. 나는 그렇게 되기를 바랐다.

한국이 민주주의로 나아가는 여정은 길고도 고달픈 길이다. 그 길은 아직도 많이 남아있다. 한국의 신 유교적 사회 질서를 배경으로 볼 때 서양에서 우리가 알고 있는 것처럼 한국 사람들이 민주주의를 받아들일 수 있을지는 의문이었다. 한국인들이 직함으로 다른 사람을 부르는 언어 시스템을 유지하는 한, 모든 인간이 평등하다는 민주주의는 확신하기 어려운 도전이 될 것이다. 그러나 1980년 후반까지만 해도 일반인이 여권 발급을 받기가 어렵고, 사람들이 자신의 전화 통화가 도청될까 걱정되는 나라에 이러한 정치적 변화는 확실히 '진보'이다.

태평양의 반대편에서도 이 새로운 자유의 바람을 느낄 수 있다. 한국에 있는 친척이나 친구들과 이야기할 때 그들은 내 질문에

   나의 살던 고향, 고요한 아침의 나라

더 이상 침묵이나 모호한 말로 답하지 않았다. 한국의 언론은 이제 자유롭고, 사람들은 정보기관의 처벌을 두려워하지 않고 이야기할 수 있다. 남한과 북한은 지난 3년간 유엔 회원국으로 활동해왔으며, 국제 포럼에서 통일 문제가 논의되고 있다. 구성원들이 오랫동안 떨어져 살아온 사이가 좋지 않은 대가족처럼 남북에는 공통점이 거의 없다. 그러나 통일을 해서 7천5백만 한국인이 하나 되는 것을 느껴야 한다.

1994년 7월 북한의 스탈린, 김일성이 사망한 이후 나는 반세기 동안 우리 가족이 지녀왔던 단천에 있는 우리 집의 녹슨 열쇠들을 바라보며 희망을 품었다. 이 열쇠들이 아직도 그 집의 문을 열 수 있을까? 난 알지 못한다. 그러나 미국과 북한이 외교관계를 수립할 것이라는 전망은 나를 흥분시켰다. 왜 한반도는 냉전의 마지막 남은 유산인 분단된 상태로 계속 유지돼야 하는가?

로스앤젤레스는 가장 많은 한국인이 모여 살기 때문에 재미 한국인들이 살기 가장 좋은 곳이다. 코리아타운에 있는 슈퍼마켓에 장을 보러 갈 때마다 이런 생각이 들었다. 북적이는 사람들 사이에 카트를 끌고 한국어 대화와 한국 음악을 들으며, 한국 향신료의 자극적인 향기를 맡을 때, 나는 순간적으로 내가 미국에 있다는 사실을 잊을 수 있었다. 그리고 무질서와 밀침에도 불구하고 나는 군중 속에서 '한국스러움'이라는 설명할 수 없는 연결됨을 느낀다. 나는 한국 텔레비전과 라디오를 틀 때도 그 연결됨을 느낀다. 영어권 문화에서 긴 하루를 보낸 뒤 집으로 돌아와 문화적 안테나를 끄고 한국 텔레비전의 뉴스를 보고 긴장을 풀기 위해 연속극이나 미니시리즈를 보는 것은 위로가 된다. 교회에 갈 수 없는 일요일 아침에는 텔레비전을 켜고 나성영락교회의 원로 목사인 박희민 목사의 설교와 성가대의 찬양을 거실에서 편안하게 들을 수 있었다. 북미 대륙 안에 이런 일들이 가능한 곳이 또 있을까?

미국과 한국, 각각은 서로에게 더 객관적으로 감사한 마음을 품고 볼 수 있는 거울을 제공한다. 그래서 나는 아침에 한식보다는 달걀, 베이컨, 커피의 향기를 선호하지만, 나는 여전히 나보다 나이 많은 사람들의 이름을 부르기 전에 두 번 더 생각해야 하는 모순을 안고 살아간다. 그리고 김치를 먹고 싶어질 때면 한국인이 아닌 사람들과 함께 일하고 있는 내 운명을 원망한다. 한국인들과 함께 일하고 있었다면 언제든지 김치를 먹을 수 있겠지만, 나는 휴가 중이나 주말에만 소량의 김치를 먹는다. 그러나 점심 식사 후 코리아타운에서 열리는 회의와 행사에 참여하여 강한 김치 냄새를 풍기는 사람들을 보면 "김치는 저녁 식사에만 드세요. 이곳은 미국이고, 대부분의 미국인은 다른 사람의 입에서 나는 김치 냄새를 좋아하지 않아요"라고 충고하고 싶다.

나는 미국의 봄은 좋아하지만, 가을은 한국의 가을을 더 좋아한다. 한강 이남으로 날아가는 제비들처럼 한국인의 후손인 나도 가을이면 토끼 모양을 한 한반도의 고향을 돌아보게 된다. 한국의 하늘과 쌀쌀한 공기, 과일과 채소, 숭늉 한 그릇이 있는 온돌방, 배와 단감 한 접시, 이불 위에서 읽는 좋은 책까지….

    나의 살던 고향, 고요한 아침의 나라

45년 동안 한국을 떠나 살고 잠깐의 방문만 했던 아버지는 어머니처럼 미국교회보다 한국교회에서 편안함을 느껴 한국교회에 다닌다고 이야기했다. 그러나 아버지는 미국과 서구 사상에 많이 노출되어서 한인교회에서 완전히 편안함을 느끼지는 못했다. 그래서 때때로 나와 함께 샌프란시스코 놉 힐에 있는 그레이스 대성당이나 퍼시픽 하이츠의 갈보리장로교회와 같은 미국교회에 갔다. 반면에 나는 한국 이민자 교회보다 미국교회에서 예배를 드리는 것이 집에 있는 것과 같은 편안함을 주기 때문에, 주류 교회에 정기적으로 참석한다. 하지만 가끔 한국교회를 다니기도 하며 그곳에서 한국인들과의 유대감을 새롭게 했다. 한국어로 〈위대하신 주〉와 〈나 같은 죄인 살리신〉을 부르는 것도 기분 좋고, 예배 후 교제할 때 쿠키와 커피 대신 떡과 보리차를 먹는 것도 기분 좋은 변화라 느낀다.

종종 나는 내가 두 문화에 대한 기쁨과 부담감을 모두 지닌 채 분열된 삶을 영위할 운명인지 궁금했다. 그러나 나는 한국인으로 남아있었고, 동양적 세계관의 영향을 강하게 받았다. 동양의 그림에서 인간은 거대한 풍경 속에 있는 작은 점들로 묘사되지만, 서양의 위대한 화가들과 조각사들은 인간을 우주의 중심으로 삼았다. 나는 그들의 오만과 경솔함에 놀라지 않을 수 없다. 서구 문명을 뒷받침하는 것은 그런 종류의 인간 중심적 사고이다. 그리고 19세기와 20세기에 아시아인들이 서구 문명의 침략으로부터 자신을 고립시키려고 노력하게 만든 것은 인류의 위치에 대한 동양의 태도였다. 그러나 서양의 군함 외교는 처음에는 중국, 그 후에 일본 그리고 마침내 작은 나라 한국이 밀어내기에는 너무 강력했다.

21세기 태평양 시대를 앞두고 우리는 이제 사람들이 다른 문명으로부터 배우고, 각각의 문명으로부터 최선을 끌어내야 할 때라는 이야기를 듣는다. 말하기는 쉽지만 실제로 행하기는 어렵다. 서양과 동양 사이에는 그야말로 너무나 많은 내재한 모순들과 상충적 가치들이 존재한다. 예를 들어 의사소통의 측면을 생각해보자. 서양의 문화는 구술적이고 직설적인 것을 좋게 평가한다. 하지만 동아시아의 유교 문화에서는 정반대이다. 미국인들은 "크게 이야기해"라고 말한다. 그러나 크게 말하는 것이 예의 없는 것이라고 여겨지는 문화에서 그렇게 하는 것은 공격적이다. 아시아 사람들은 많은 불행한 경험 후에 뒤늦게야 미국인들이 쓰는 "괜찮아"라는 표현이 "부탁해요"라는 말의 공손한 표현이 아니라는 것을 깨닫는다. 그리고 미국이 아시아와 외교관계를 수립한 지 한 세기가 지난 지금에서야 미국인들은 일본, 중국, 한국에서 의사소통의 뉘앙스를 배우고 있다.

두 문화의 은유들이 그 특징을 잘 보여준다. 서양에서는 "삐걱거리는 바퀴가 기름을 얻는다." 그러나 태평양 건너편에서는 "튀어나온 못이 망치를 맞고", "높은 곳에 있는 나무들이 바람을 맞는다." 여기서 사람들은 경적을 울려야만 들을 수 있다. 동양에서는 높은 자리에 있는 사람들은 사람을 그 사람의 자질로 평가하기 때문에 어설픈 바보들만 자랑한다. 서양에서는 집 밖에서 아내를 좋

 　　　　　　　　　나의 살던 고향, 고요한 아침의 나라

게 말하는 남자를 좋은 배우자로 여긴다. 그러나 동양에서는 배우자에 대해 자랑하는 것만큼 사회적 예절을 어기는 행동도 없다. 서양, 특히 미국에서는 사람들이 자신의 견해를 설명함으로써 소통한다. 한국인들 사이에서 중요한 소통은 비언어적인 경우가 많고, 때로는 말하는 것과 정반대일 수도 있다. 정상적인 한국인이라면 텔레비전 카메라를 향해 "안녕, 어머니"라고 쓰인 플래카드를 흔드는 것은 상상할 수 없었다. 특히 서울 올림픽과 같은 특별한 행사의 경우에는 더욱 그러하다. 그러나 미국에서는 자신의 어머니에게 메시지를 보낼 수 없을 정도로 특별한 일은 없다. 미국인은 대부분은 키스와 포옹을 하는 시간을 가지며, 유럽인들은 그런 제스처를 예술의 한 형태로 만들었다. 이것이 그들이 자신의 감정을 드러내는 방법이다. 한국인들은 조용히 자신들의 감정을 전달한다. 그들은 아들을 전쟁에 보낼 때도 마지막까지 그들을 안아주지 못할 것이다.

나는 미국인과 한국인을 비교할 때면 항상 한국의 유명한 김유신 장군의 이야기를 떠올렸다. 장군은 군대를 이끌고 자신의 마을을 지나가게 되었다. 그는 자신이 살던 집을 지나갔다. 대문을 두드리기만 했어도 그가 그토록 보고 싶었던 사랑하는 어머니의 얼굴을 볼 수 있었다. 하지만 그는 병사들을 보내 된장을 가져오도록 했다. 그는 말에 탄 채로 그 된장의 맛을 보았다. 그 맛이 기억하고 있는 그대로임을 확인함으로써 어머니가 건강하시다는 것을 확인한 그는 말없이 자리를 떠났다.

이야기를 떠올릴 때마다 나는 아들의 모습을 다시 볼 수 있을까 걱정하는 주름진 얼굴로 눈물을 흘리는 장군 어머니의 모습이 떠오른다. 나는 이러한 한국 어머니들을 알고 있다. 한국인들은 이 이야기를 좋아하지만, 미국인들은 아마도 그가 안으로 들어가지 않고 바깥에 머무른 것을 어리석은 행동이라 생각할 것이다. 할리우드 서부극에서 카우보이는 자신의 사랑을 구출하고, 두 연인은 노을을 향하여 길을 떠난다. 한국 영화에서 연인들은 사회의 요구 때문에 서로를 떠나간다.

이 두 시나리오의 차이처럼 한국인들에게는 미국에서 사는 일이 즐겁기는 하지만 피곤한 도전이 된다. 한국 여성들은 한국 남성들보다 미국인들의 삶에 더 쉽게 적응한다. 왜냐하면 미국에서 여성들은 자유롭기 때문이다. 그러나 이는 대부분의 이민 온 한국 남성들에게 정반대의 영향을 미친다. 대부분의 한국 여성들은 집 밖에서 일하지 않았기 때문에 그들은 봉제 공장, 식당, 식료품점, 세탁소, 네일샵 등 어떤 일자리도 기꺼이 받아들인다. 그러나 한국 여성들의 직장 진출과 그들의 소득은 가정 내 긴장을 조성했다. 아내를 기다리는 일이 일상이 된 한국 남성들은 미국에서 자존감이 추락했다. 언어와 문화적 장벽 그리고 자신들이 가져야 한다고 여기는 전문적인 일을 할 수 없는 무력감으로 인해 남성우월주의적인 한국 남성들이 위축되는 것은 드물지 않은 일이었다. 어울리지 않는다는 느낌이 그들을 우울하게 만들었다. 너무 많이 뒤바뀐 역할에 한국 여성들 역시 압도당하고 있다. 미국에서 한국인들의 높

    나의 살던 고향, 고요한 아침의 나라

은 이혼율은 이민 생활의 스트레스를 반영한다.

밑바닥부터 시작하는 미국에서의 삶은 한국인 이민자들에게 깊은 심리적 문제들을 일으켰다. 교육받은 남성들에게 이러한 상황은 특히 어려운 일이었지만, 자신이 아무것도 아닌 것처럼 느껴지는 좌절감을 극복하는 것은 남녀 모두에게 힘든 일이었다. 한국 남성들은 자신들이 받들어지고 있던 사회에서 벗어나 자신들의 본성과 맞지 않는 '레이디 퍼스트' 문화를 접하게 된다. 이 새로운 땅에서는 그들의 아이들이 과도하게 중요해진다. 아버지들이 청소부로 일하고, 주류 상점을 운영하며, 주유소에서 일할 수도 있지만, 자녀들은 일류 학교에 다니고, 부모가 이민자로서 거부당했던 사회적 지위를 얻게 될 것이다. 한국의 부모들이 자녀들에게 가하는 압력은 엄청나다. 대학 시절부터의 일기를 읽어보면 내가 가족의 압박에 무너지지 않은 것이 신기할 정도이다. 한국인의 정신이 수 세기에 걸쳐 지속된 가난과 배고픔이 누적되었던 영향으로 이민자 부모들은 아이들이 배가 부른데도 불평하는 이유를 이해할 수 없었다. "끼니 걱정을 안 해도 되는 상황에서 공부하는 것보다 쉬운 것이 무엇이 있니?" 부모들은 이렇게 생각하고 또 말한다.

40년 동안 이어진 문화적 여행은 내 문화가 허용하지 않았을 많은 길을 가게 해주었다. 동시에 나는 내 문화의 무수한 무형의 제약이나 가족의 얽힘에서 벗어날 수 없었다. 그러나 한국인이 되는 것은 대가족의 일원이 되는 것과 같다. 우리는 기뻐하고, 싸우고, 때로는 상대의 말을 끊기도 하지만, 가족을 하나로 묶어주는 한국식의 사랑인 '정'이 생겨난다. 사랑, 친밀감, 애정, 친화력, 신뢰, 충성심을 아우르는 복합적인 감정인 정은 한국인의 뿌리에 있다. 한국인에게 첫눈에 반하는 것과 같은 것은 없다. 한국식 사랑은 타는 불 속의 불씨와 같다. 오직 배신만이 그것을 끝낼 수 있다. 한恨은 정情의 다른 측면이다. 한국인들의 가슴과 영혼 깊은 곳에서 느껴지는 이 감정들은 말로 표현할 수 없는 운명이다. 영원한 원한, 슬픔, 후회, 소망 그리고 희망에 대한 설명할 수 없는 한국의 믿음이 하나로 뭉쳐진 것이다. 분단된 한반도는 충족되지 않은 감정인 한국인의 집단적 한을 가장 잘 나타내고 있다. 개인적 차원에서 한은 영원한 슬픔, 짝사랑, 끝없는 희망과 소망의 한국적 교리이다.

한국인들이 다른 사람이 자신의 의견에 동의하지 않는 것을 견디지 못하는 것은 정과 한 때문이다. 한국인들은 미국인들이 자유와 정의 그리고 행복의 추구에 대한 이상을 경외하는 것만큼 정과 한을 존중한다. 정과 한은 한국인의 삶을 의미 있게 만들기도 하고, 한편으로 비참하게도 만든다. 그것들은 우리의 감정의 보관함을 깔끔하게 정돈하지 못하도록 얽힘을 만들어 낸다.

나는 외모 때문에 우리 아시아 사람들이 미국에 동화될 수 있다고 믿지 않는다. 이 용광로는 영어를 모국어처럼 사용하는 유럽 출신의 비영어권 백인들의 2세대에게는 열려 있다. 하지만 우리에게는 그렇지 않다. 우리의 조상이 얼마나 오랫동안 이곳에 있었는지 그리고 우리가 얼마나 영어를 잘하는지는 중요하지 않다. 심지

     나의 살던 고향, 고요한 아침의 나라

어 1850년대에 증조부들이 샌프란시스코에 온 4세대 중국계 미국인조차도 미국에서 '외국인'으로 간주된다.

이러한 이유로 나는 우리의 집단 기억과 이중 언어 및 이중 문화적 정체성을 유지하는 것이 필수적이라고 생각한다. 나는 좋은 미국인이 되기 위해서 일단 이곳에 오면 돌아갈 수 있는 다리를 불태워버리고 문화적 기억을 지워야 한다는 미국적 주장에 동의할 수 없다. 오히려 우리가 누구인지, 어디에서 왔는지, 왜 왔는지 알 때, 우리는 미국에 감사한 마음을 가지고 더 나은 시민이 될 수 있다. 강한 정체성은 우리의 행복에 중요할 뿐만 아니라 위대한 미국의 실험이 성공하도록 하는 데 이바지할 것이다. 모든 사람이 그 실험이 성공하게 하는 데 책임이 있다. 나는 이탈리아, 그리스, 프랑스, 독일, 스웨덴 그리고 다른 모든 문화적 배경을 가진 미국인들이 영어 외에 자기 조상들의 언어를 할 줄 알아야 한다고 생각한다. 미국이 단일 언어에 집착하는 것은 오만에 가까운 게으름이다. 다른 언어를 아는 것은 다른 세상을 발견하는 것이다. 다른 세상을 아는 것은 자산이지 부채가 아니다.

내가 목격한 가장 슬픈 광경 중 하나는 조부모와 대화를 할 수 없는 미국 태생의 아시아 젊은이들이다. 나는 우리가 아시아와 미국의 두 가지 유산을 모두 가질 수 있다고 생각한다. 장기적으로 나라가 그러하듯 우리는 그것들로 인해 부유해질 것이다. 한국계 미국인 언론인 이경원(K. W. Lee)이 만든 용어에 따르면 조상들의 언어, 문화, 역사를 모르는 이들은 "문화적으로 거세된 자들"이다.

지식은 강력하기 때문에 우리를 지탱할 수 있다. 나는 "해는 떠올라 사람들의 무지나 산의 그림자와 상관없이 온 세상을 비춘다"라는 고대 경전을 인용하며 자신 있게 이야기했던 티베트의 정신적 지도자 달라이 라마를 떠올린다. 지식은 태양과 같다고 생각한다.

그래서 나는 내가 어디서 왔는지 되돌아본다. 우리 집 뒤편의 과수원에 잠든 조상들이 후손의 의무를 소홀히 했다고 해서 나를 비난하지 않기를 바란다. 미국에서 9천 킬로미터 떨어져 있는 선조들의 안식처를 찾아가 그들의 묘비 앞에 꽃을 놓고 존경을 표할 수 없는 내 운명에 슬픔을 느낀다. 분단의 시기가 곧 끝나게 되는 것이 나의 소망이자 기도이다.

　　　　　　　　나의 살던 고향, 고요한 아침의 나라

이 책을 쓰면서 나는 수백 명의 한국인과 인터뷰를 포함한 내 관찰과 연구뿐 아니라 수많은 국내외 학자와 작가, 언론인의 연구에 의존했다. 그것들은 너무 많아서 열거할 수 없다. 내가 이 책에서 다룬 한국 생활의 일부 측면에 대해 더 많이 읽고 싶은 사람들이 접근할 수 있는 영어로 된 많은 책이 있다.

Allen, Richard C. *Korea's Syngman Rhee: An Unauthorized Portrait*. North Clarendon, Vermont: Tuttle Publishing, 2016.

Baldwin, Frank. *Without Parallel; the American-Korean Relationship since 1945*. [1st ed.]. Pantheon Asia library. New York: Pantheon Books, 1974.

Boettcher, Robert B., and Gordon L. Freedman. *Gifts of Deceit: Sun Myung Moon, Tongsun Park, and the Korean Scandal*. 1st ed. New York: Holt, Rinehart and Winston, 1980.

Carpenter, Frances. *Tales of a Korean Grandmother*. Tokyo: Tuttle Publishing Company, 2017.

Choy, Bong Youn. *Koreans in America*. Chicago: Nelson-Hall, 1979.

Chung, Donald K. *The Three Day Promise*. Tallahassee, Fla.: Father and Son Pub., 1989.

Chung, Henry. *The Case of Korea*. New York: Revell, 1921.

Cook, Harold F. *Korea's 1884 Incident: Its Background and Kim Ok-Kyun's Elusive Dream*. Royal Asiatic Society of Great Britain and Ireland. Seoul: Royal Asiatic Society, Korea Branch, 1972.

Crane, Paul S. *Korean Patterns*. Seoul: Royal Asiatic Society, Korea Branch, 1978.

Cumings, Bruce. *The Origins of the Korean War: Liberation and the Emergence of Separate Regimes 1945-1947*. Studies of the East Asian Institute. Princeton: Princeton University Press, 1981.

Dallet, Charles. *Histoire de l'église de Corée: précédée d'une introduction sur l'histoire, les institutions, la langue, les moeurs et coutumes coréennes, avec carte et planches*. RAS Korea reprint series. Place of publication not identified: Published for the Royal Asiatic Society, Korea Branch, by the Kyung-In Pub. Co., 1975.

Daniels, Michael J. *Through a Rain Spattered Window: Essays on Korea*. Seoul: Taewon Pub. Co., 1973.

Daniels, Roger. *Asian America: Chinese and Japanese in the United States since 1850*. Seattle: University of Washington Press, 1995.

Dean, William Frishe. *General Dean's Story*. New York: Viking Press, 1954.

Dennett, Tyler. *Americans in Eastern Asia, a Critical Study of the Policy of the United States with Reference to China, Japan and Korea in the 19th Century, by Tyler Dennett*. New York: Macmillan, 1922.

Deuchler, Martina. *Confucian Gentlemen and Barbarian Envoys: The Opening of Korea, 1875-1885*. Seattle: University of Washington Press, 1977.

Gale, James Scarth. *Korea in Transition*. Forward mission study courses. New York: Laymen's Missionary Movement, 1909.

Gale, James Scarth, and Richard Rutt. *James Scarth Gale and His History of the Korean People*. Seoul: Royal Asiatic Society, Korea Branch, 1975.

Gardiner, Kenneth Herbert James. *The Early History of Korea, the Historical*

                                                                         나의 고향, 고요한 아침의 나라

Development of the Peninsula up to the Introduction of Buddhism in the Fourth Century A.D. Oriental monograph series. Honolulu: University of Hawaii Press, 1969.

Goodrich, Leland M. Korea: *A Study of U.S. Policy in the United Nations.* Westport, Conn.: Greenwood Press, 1979.

Goulden, Joseph C. *Korea, the Untold Story of the War.* New York: Times Books, 1982.

Ha, Tae Hung. *A Trip through Historic Korea.* Korean cultural series. Seoul: Yonsei University Press, 1958.

Hahm, Pyong-choon. *The Korean Political Tradition and Law: Essays in Korean Law and Legal History.* Monograph series (Royal Asiatic Society--Korea Branch). Seoul, Korea: Royal Asiatic Society Korea Branch, 1967.

Han, Sung-joo. *The Failure of Democracy in South Korea.* Berkeley: University of California Press, 1974.

Han, Woo-Keun. *The History of Korea.* Honolulu: University Press of Hawaii, 1971.

Harrington, Fred Harvey. *God, Mammon, and the Japanese.* Madison: University of Wisconsin Press, 1944.

Henderson, Gregory. *Korea, the Politics of the Vortex.* Cambridge: Harvard University Press, 1968.

Henthorn, William E. *A History of Korea.* New York: Free Press, 1971.

________. *Korea: The Mongol Invasions.* Leiden: E.J. Brill, 1963.

Hulbert, Homer B. *History of Korea.* Edited by Clarence Norwood Weems. New York: Hillary House Publishers Ltd., 1962.

________. *The Passing of Korea.* Series of reprints of Western books on Korea. Seoul: Yonsei University Press, 1969.

Hwang, Sun-wŏn, and J. Martin Holman. *Shadows of a Sound: Stories.* San Francisco, St. Paul, Minn.: Mercury House; Distributed to the trade by Consortium Book Sales & Distribution, 1990.

Hyun, Peter. *Darkness at Dawn: A North Korean Diary*. Seoul: Hanjin Pub. Co., 1981.

______. *Koreana*. Seoul, Korea: Korea Britannica, 1984.

______. *Man Sei!: The Making of a Korean American*. Pbk. ed. Honolulu: University of Hawaii Press, 1996.

Iryŏn. *Legends and History of the Three Kingdoms of Ancient Korea*. Translated by Tae-Hung Ha and Grafton K. Mintz. Seoul: Yonsei Univ. Pr., 1972.

Joe, Wanne J. *Traditional Korea: A Cultural History*. Chungang Taehakkyo. Seoul: Chung 'ang University Press, 1982.

Kang, Hugh H. W., ed. *The Traditional Culture and Society of Korea: Thought and Institutions; Procs Conf. Honolulu. 1971*. Occasional papers of The Center for Korean studies. Honolulu: Univ. of Hawaii, Ctr. for Korean Stud., 1975.

Kang, Younghill. *East Goes West: The Making of an Oriental Yankee*. New York: Scribner's, 1937.

______. The Grass Roof. New York: Scribner's, 1931.

Kho, Songmoo. *Koreans in Soviet Central Asia*. WorldCat. Org. Helsinki: Finnish Oriental Society, 1987.

Kim, C. I. Eugene, and Han-Kyo Kim. *Korea and the Politics of Imperialism, 1876-1910 [by] C.I. Eugene Kim [and] Han-Kyo Kim*. California. Berkeley: University of California Press, 1967.

Kim, Chi-ha. *Cry of the People and Other Poems*. Hayama, Japan: Autumn Press, 1974.

Kim, Il-sŏng. *Juche! Towards a United, Independent Korea: Fifteen Historical and Contemporary Interviews with Kim Il Sung, President of the Democratic People's Republic of Korea*. Melbourne: New Democratic Publications in conjunction with the General Association of Korean Residents in Japan, 1973.

Kim, Jeong-Hak. *The Prehistory of Korea*. Translated by Richard J. Pearson

 나의 고향, 고요한 아침의 나라

and Kazue Pearson. Honolulu: University Press of Hawaii, 1979.

Kim, Key-Hiuk. *The Last Phase of the East Asian World Order: Korea, Japan, and the Chinese Empire, 1860-1882*. Berkeley: University of California Press, 1980.

Kim, Kwan-bong. *The Korea-Japan Treaty Crisis and the Instability of the Korean Political System*. Praeger special studies in international politics and public affairs. New York: Praeger Publishers, 1971.

Kim, Man-jung. *Virtuous Women: Three Masterpieces of Traditional Korean Fiction*. Translated by Richard Rutt and Chong-un Kim. UNESCO collection of representative works. Seoul: Korean National Commission for Unesco, 1974.

Kim, Quee-Young. *The Fall of Syngman Rhee*. Korea research monograph. Berkeley, Calif.: Institute of East Asian Studies, University of California, Berkeley, Center for Korean Studies, 1983.

Kim, Richard E. *Lost Names: Scenes from a Korean Boyhood*. London: Deutsch, 1971.

Kim, Se-Jin. *The Politics of Military Revolution in Korea*. Chapel Hill: University of North Carolina Press, 1971.

Kim, Yung-Chung. *Women of Korea: A History from Ancient Times to 1945*. Seoul, Korea: Ewah Womans University Press, 1976.

Ko, Wŏn. *Some Other Time*. Los Angeles: Bombshelter Press, 1990.

Koh, Byung Chul. *The Foreign Policy of North Korea*. Praeger special studies in international politics and public affairs. New York: Praeger, 1969.

Ledyard, Gari, and Hendrick Hamel. *The Dutch Come to Korea: An Account of the Life of the First Westerners in Korea (1653-1666)*. Monograph series. Seoul: Royal Asiatic Society, Korea Branch, 1971.

Lee, Chong-Sik. *The Politics of Korean Nationalism*. Berkeley: University of California Press, 1965.

Lee, Ki-baik. *A New History of Korea*. Translated by Edward W. Wagner and Edward J. Shultz. Harvard University Asia Center. Cambridge. MA: Harvard University Press, 1984.

Liem, Channing. *Philip Jaisohn: The First Korean-American, a Forgotten Hero*. Elkins Park, Pa.: Philip Jaisohn Memorial Foundation, 1984.

Mackenzie, Frederick Arthur. *Korea's Fight for freedom*. New York: Revell, 1920.

McCune, George McAfee. *Korea Today*. Routledge library editions. Korean studies. Cambridge. MA: Harvard University Press, 1950.

McGrane, George A., Harold F. Cook, and Alan M. MacDougall. *Korea's Tragic Hours: The Closing Years of the Yi Dynasty*. Seoul: Taewon Pub. Co., 1973.

Mckenzie, Frederick *A. Tragedy Of Korea*. London: Hodder & Strongton, 1908.

Meade, E. Grant. *American Military Government in Korea*. New York: King's Crown Press, 1951.

Oliver, Robert T. *Syngman Rhee and American Involvement in Korea, 1942-1960: A Personal Narrative*. Seoul: Panmun Book Co., 1978.

________. *Syngman Rhee, the Man behind the Myth*. New York: Dodd, Mead, 1954.

O'Rourke, Kevin. *A Washed-Out Dream*. Larchmont: Larchwood Publications Ltd., 1973.

Osgood, Cornelius. *The Koreans and Their Culture*. New York: Ronald Press, 1951.

Paige, Glenn D. *The Korean Decision, June 24-30, 1950*. New York: Free Press, 1968.

Pak, Hong-Je, Kañ-Il Kim, and Jin Tak. *Great Leader Kim Jong Il*. Tokyo: Sorinsha, 1986.

Palais, James B. Politics and *Policy in Traditional Korea*. Cambridge, Mass.:

Harvard University Press, 1975.

Park, Yune-hee. *Admiral Yi Sun-Shin and His Turtleboat Armada*. Rev. ed. Seoul, Korea: Hanjin Pub. Co., 1978.

Patterson, Wayne. *Korean Frontier in America: Immigration to Hawaii, 1896-1910*. Honolulu: University Of Hawaii Press, 1988.

Patterson, Wayne, and Hyung-chan Kim. *Koreans in America*. Rev. ed. In America series. Minneapolis: Lerner Publications, 1992.

Rees, David. *Korea: The Limited War*. Pelican book. New York: St Martin'w press, 1964.

Ridgway, Matthew B. *The Korean War*. Da Capo paperback. New York: Da Capo Press, 1967.

Rutt, Richard. *Korean Works and Days: Notes from the Diary of a Country Priest*. Seoul: Royal Asiatic Society, Korea Branch, 1978.

________. *The Bamboo Grove; an Introduction to Sijo*. UNESCO collection of representative works. Berkeley: University of California Press, 1971.

Scalapino, Robert. *North Korea Today*. New York: Praeger, 1963.

Scalapino, Robert A., and Chong-Sik Lee. *Communism in Korea*. Berkeley: University of California Press, 1972.

Schaeffer, Robert K. *Warpaths: The Politics of Partition*. 1st ed. New York: Hill and Wang, 1990.

Seong Hyong Kwak, Tae-Hwan; Lee. *Korean-American Community; Present and Future*. First Edition. Pusan: Kyungnam University Press, 1991.

Solberg, S. E. *The Land and People of Korea*. 1st ed. Portraits of the nations. New York, NY: HarperCollins, 1991.

Solzhenitsȳn, Aleksandr Isaevich. *The Gulag Archipelago*. New York: Harper & Row, 1973.

Son, Po-gi, I-sŏp. Hong, and Ch'ol-chun Kim. *The history of Korea*. Seoul: Korean National Commission for Unesco, 1970.

Stone, I. F. *The Hidden History of the Korean War, 1950-1951*. Forbidden bookshelf. New York: Open Road Integrated Media, 2014.

Suh, Dae-Sook, ed. *Koreans in the Soviet Union*. Papers of the Center for Korean Studies. Honolulu: University of Hawaii Press, 1986.

______. *The Korean Communist Movement*, 1918-1948. Studies of the East Asian Institute. Princeton: N.J., U.P., 1967.

Yi, Mi-rŭk. *The Yalu Flows: A Korean Childhood*. East Lansing: Michigan State University Press, 1956.

나의 고향, 고요한 아침의 나라

나의 고향, 고요한 아침의 나라

Home Was the Land of Morning Calm

— 한국인 디아스포라 이야기

2025년 7월 30일 처음 펴냄

지은이 | 강견실 K. Connie Kang
옮긴이 | 최광서
펴낸이 | 김영호
펴낸곳 | 도서출판 동연
등   록 | 제1-1383호(1992년 6월 12일)
주   소 | 서울시 마포구 월드컵로 163-3
전   화 | 02-335-2630
팩   스 | 02-335-2640
이메일 | yh4321@gmail.com
인스타 | https://www.instagram.com/dongyeon_press

ISBN 978-89-6447-068-8 03040